Izimpabanga Zomhlaba

Izimpabanga Zomhlaba

Frantz Fanon

Ihunyushelwe esiZulwini nguMakhosazana Xaba

inkani

© Inkani Books, 2024

This edition published May 2024

ISBN 978-1-7764215-4-1

Translated by Makhosazana Xaba
Edited by DBZ Ntuli and Nakanjani Sibiya
Proofread by William Zulu

Text set in Source Serif 4 by
Frank Grießhammer for Adobe

Inkani Books
2nd Floor, South Point Corner,
87 De Korte Street
Braamfontein,
Johannesburg,
South Africa,
2001

Inkani Books is the publishing division of
The Tricontinental Pan Africa NPC

inkanibooks.co.za

OKUQUKETHWE

Mayelana nodlame

Ukuqeda ukubuswa ngabezizwe kuyohlale kuyinto eyenzeka ngobudlova, kufana nje nokuqala impi. Ngisho kungakhulunywa ngamkhakha muni wakho – noma ngabe kukhulunywa ngenkululeko yesizwe, noma ukuvuselela ukuziqhenya nokuzazisa kwesizwe, noma ukubuyisela kwesizwe kubantu beCommonwealth. Noma ngabe sikuliphi izinga lokuhlaziya – ingabe sikhuluma ngomuntu ngamunye, ingabe ukuguqulwa kwegama lekilabhu yezemidlalo, uhlu lwabamenyelwe emcimbini weziphuzo, amalungu enhlangano yamaphoyisa, noma amalungu ebhodi labaphathi kahulumeni noma esilondolozamali esizimele – ukuqeda ukubuswa ngabezizwe kusho ukuguqula umnyombo wento, kungufaka enye into esikhundleni senye, lokhu okubesekuguqula uhlobongqangi lwento. Lokhu kuthathelwa indawo kuphelele, akunambandela, futhi kubushelelezi, akunazihibe. Singaqhubeka sikhulume ngokusimama nokudlondlobala kwesizwe, ukubunjwa kabusha kwesizwe, kanye nobudlelwano bezombusazwe, ezomnotho, nesimo sezepolitiki. Kodwa sikhetha ukukhuluma ngephepha elingabhalwe lutho – *itabula rasa*, okuyiyona ecacisa kahle ukuthi ukuqeda ukubuswa ngabezizwe kuyini ngempela, singakuchaza sithini. Okubaluleke kunakho konke-ke ukuthi ngenkathi kusunguleka umzabalazo wokuqeda ukubuswa ngabezizwe ngelanga lokuqala ngqa, okuhamba phambili izimfuno zabantu ababakholonayiziwe. Isiqiniseko sokuthi ukudikholonayiza kuphumelele sibonakala uma indlela yenhlalo nempilo emphakhathini iguquke yonke, iphendukezelwe. Le nguquko ibaluleke ngokwedlulele ngoba isuke ikade yalangazelelwa, ifuniwe, futhi iyelwe empini ngabantu bengabadi. Isidingo sale nguquko sihlezi sisesimweni sokubasisha, sokucindezeleka nesobudedengu ezimpilweni nasemicabangweni yabesilisa nabesifazane abakholonayiziwe. Ekugcineni-ke kodwa ukufinyelela esiphethweni sale nguquko kuziveza njengekusasa elethusayo emiqondweni 'yalezi zinhlobo' zabanye abantu besilisa nabesifazane: amakholonisti.

* * *

Uma inhloso yokuqeda ukubuswa ngabezizwe kuwukuguqula indlela izinto ezenzeka ngayo emhlabeni, kusho ukuthi kuyinhloso yokudala inhlekelele. Kunjalo nje ayisoze yaphumelela ngomlingo, nangenhlekelele yemvelo, nangokuhlala phansi kwesihlahla kukhulunyiswane. Sazi kahle ukuthi indaba yokuqeda ukubuswa ngabezizwe kungumzabalazo ongeze wenzeka ngaphandle kokubheka emuva, emilandweni yezizwe. Ngamanye amazwi, ukuqondisisa ukuthi kuyini ukuqeda ukubuswa ngabezizwe kumele sazi ukubaluleka kwakho kwezomlando, sazi ukufumbatheka kwakho kuzo zonke izindlela zezimpilo nezombusazwe ezakubumba kwabumbeka. Umnyombo wokuqeda ukubuswa ngabezizwe usekutheni abantu abangavumelani ngalutho, abafana nezitha, bazithola sebebhekene ngeziqu zamehlo. Yilo msuka-ke ofukamela uze uzale isimo nesidingo sokukuqeda nya ukubuswa ngabezizwe ngoba indlela yokucabanga yababusi basezizweni ayinaqiniso, iphendula okuyiqiniso ezingqondweni zabo ikwenze iqiniso empilweni. Ngamanye amazwi isizathu sokukholonayiza ezingqondweni zamakholonisti ngukuthi laba abakholonayiziwe bayizitha, lokhu bese bekuphila sengathi kuliqiniso. Ukuhlangana kokuqala ngqa phakathi kwababusi basezizweni kanye nabomdabu kwakuhlale kunodlame olunyenyezayo ngoba ukuxhashazwa, nokuhlukunyezwa okuhambisana nokukholonayizwa kuwudlame nje olumsulwa. Kwathi uma abakholonayizayo sebekhetha ukuzozinza engabadini yabakholonayaziwe kwase kusuka uthuli lwempi, imikhonto nezibhamu. Umkholonosti nowomdabu bazana kudala. Kungakho nje esuke e-iqinisile umkholonisti uma ethi 'uyamazi' futhi uyamqondisisa lo amkholonayizile. Uye umkholonisti *owambumba kudala ekhanda lakhe* esaqhubeka nanamuhla *ukumbumba ngokwenyama*. Umbusi wabezizwe uthola ukuzazi, ukuzethemba, nomnotho kulesi simo nendlela ukubuswa ngabezizwe okusebenza ngayo, okuwukuthi ngokuhunyushwa, ubunjalo bekholoniyalizimu buthi abaphathi nabanamandla phezu kwabanye abantu ngamakholonisti.

Ukuqeda ukubuswa ngabezizwe akwenzeki esithe kungabonwa ngoba kujula kuzinze ekuguquleni ubunjalo bazo zonke izinto, kanjalo kuguqula ngisho nombukeli obekade evaleleke emikhakheni engabalulekile yezombuso, ebanjwe ngobhongwane nangendlela emgqamisayo ngokwezomlando. Ukudikholonayiza kufika nendlela entsha yokwenza izinto efanelana nesizukulwane esificile, ifika nolimi olusha kanye nohlobo olusha lobuntu. Ukudikholonayiza kufana nokwakhiwa kabusha kwabantu. Lokhu kwakhiwa kabusha ngeke kwathiwa kwenzeka ngamandla avela ngaphezulu: 'Le nto' esuke ikholonayiziwe iguquka ibe ngumuntu ngoba inqubo yokuzinikela emzabalazweni wenkululeko yakha ivuselele ubuntu.

Ukuqeda ukubuswa ngabezizwe-ke kusho ukuthi kunesidingonqangi esiphuthumayo esithi makulwisanwe nesimo sokukholonayizwa. Uma sifuna-ke ukukuchazisisa ukuqeda ukubuswa ngabezizwe sikubeke kahle kucace ngamagama aziwayo singathi nje: 'Abokugcina bayoba abokuqala.' Ukuqeda ukubuswa ngabezizwe kuqisisekisa lesi sisho. Noma ngabe sikhuluma ngaliphi izinga lokuqeda ukubuswa ngabezizwe, uma nje abebesekugcineni sebengaphambili kusho ukuthi ukuqeda ukubuswa ngabezizwe sekuphumelele.

* * *

Kusho ukuthi zibekwa nje ukuqeda ukubuswa ngabezizwe kuza nephunga lemikhonto, izagila, nokuchitheka kwegazi ngoba abebesekugcineni bangefane nabebephambili kungabhekwananga nezikhali ezikhaliphile. Ukuqeda ukubuswa ngabezizwe kufana nje nokuthi: 'Mayihlome ihlasele!' Ukuzimisela kwabasemuva ngokuya phambili kusho ukuzinikela emzabalazweni nakuba abanye bethi kuza ngokushesha. Lokhu kuzinikela kuyohlale kusho ukuthi kufanele umzabalazo ubanjwe ngazo zonke izindlela ezikhona, nezidalekayo, kanjalo nodlame.

Awunakuhlakaza abantu bengabade noma kungathiwa ngabasendulo kangakanani, ubasukele nje bezihlalele ubahlukumeze, uma ungazimisele kwasekuqaleni ukuthi wenze noma yini esemandleni akho ukuxazulula izinkinga ozobhekana nazo. Selokhu kwathi nhlo ababusa abomdabu bangabezizwe okuyibo abaqala la maqhinga okuhlukumeza abantu; kade vele babezilungiselele udlame lwempi. Bathi bezelwe nje kubacacele ukuthi izimpilo zabo ezigcwele izimfihlo zezinto okungalokothwa kukhulunywe ngazo ezingaguquka kuphela uma besebenzisa udlame, ubudlova. Umhlaba wababusi abangabezizwe ung-umhlaba ongenabumbano, ohlakazekile. Kungesisize ukuzikhumbuza ukuthi emhlabeni walaba babusi kunamadolobha abo-'mdabu' nawama-European, izikole zabo-'mdabu' nezama-European, kufana nje nokukhumbula ukuthi eSouth Africa kune-*apartheid*. Kodwa uma sibhekisisa sicubungula le nhlakanhlaka yala mazwe, kukhona esingakuthola, ikakhulukazi uma sibukisisa indlela umhlaba ohlukaniswe ngayo nangendlela owabiwe ngononina ngayo kuyacaca ukuthi umnyombo wokubusa abakholonayiziwe uhamba kanjani.

Umhlaba wabomdabu ababuswa ngabezizwe ungumhlaba ohlukene ka-bili. Emngceleni kunamaphoyisa, kunamabhalekisi namaphoyisa esiteshini sawo. Lapha kumakholoni umphathi, inxusa lezomthetho nesikhulumeli samakholonayiza nohulumeni wencindezelo, kuba iphoyisa noma isotsha. Emiphakathini yongxowankulu imfundo noma ngabe eyenkolo noma ngabe eyezombuso, indlela okufundiswa ngayo isizukulwane ngesizukulwane, isiboniso sobuqotho babasebenzi asebanikwa imiklomelo emva kweminyaka engamashumi amahlanu ngenxa yokwethembeka kwabo ukudlondlobalisa uthando, ukuzwana nolwazi. Lezi zindlela zokuhlonipha indlela izinto eziyiyo idala ukuthi abahlukunyezwayo futhi baxhashazwa bagcine sebezinikezela futhi bezithandabuza; okuyiyona nto-ke eyenza ukuthi ube lula umsebenzi wamanxusa omthetho nokuhleleka. Emazweni ongxiwankulu kunensada yabashumayeli, abeluleki nabadala inkungu nokudideka abagcina sebengabahluleli phakathi kwabahlukunyeziwe nabaphathi. Kanti ezifundeni zamakholonayiza amaphoyisa namabutho empi yombuso baphila impilo yokusondelana nabakholonayiziwe. Lokhu kwenza ukuthi amaphoyisa namabutho empi agcine esengabahluleli, abheka ebhekisisa imiphakathi yabakholonayiziwe ehlale ephethe izibhamu ne-*napalm*. Sibonile ukuthi amanxusa kahulumeni asebenzisa ulimi olumsulwa lodlame. La manxusa awazami nokuzama ukufihla ukuthi angabaphathi futhi awenzi nokuncane nje okungadambisa ingcindezelo. Eqinisweni la manxusa ayaziqhenya futhi ayazazisa ngonembeza okhululekile ukuthi wona amelela umthetho futhi anelungelo lokukwenza ngodli konke lokhu, angena ngobudlova emakhaya abuse nezingqondo nemicabango yabakholonayiziwe.

Ayisebenzisani ingxenye yomhlaba ya-'bomdabu' nengxenye yama-European. Babhekene ngqo emehlweni, hhayi ngoba kunokutheni abakwenza ndawonye nangobambiswano. Babuswa kuphela yinqubo ka-Aristotle, balandele umthetho wokunganakani. Alikho nelincane ithemba lokuthi kuyoke kubuyisanwe, ngoba yilowo nalowo ubona omunye engelutho, eyize leze. Ingxenye yendawo yamakholonisti yakhelwe ingunaphakade ngamatshe namadwala. Yindawo ekhanya izibani, enemigwaqo ekhonkiwe, la imigqomo yezibi ihlale ichichima izibi ezingajwayelekile nezibabazekayo, nezinsalela ezizolahlwa zasemaphusheni. Izinyawo zekholonisti awusoze wazibona ngamehlo ngaphandle mhlawumbe uma usolwandle, kepha awusoze ngoba ungabe ubekwa yini-nje lapho? Izinyawo zabo zivikelwe yizicathulo ezinohlonze. Kule ngxenye yendawo imigwaqo ihlanzekile, ishelela kamnandi, ayinamigodi. Ingxenye yamakholonisti yona ishaya kancane, ipholile, ayijahe ndawo ngoba igculisekile, isisu sayo sihlale sisuthi, siphuphuma okuhle nokumnandi. Le ndawo yamakholonisti ngeya-bamhlophe, abavela emazweni.

Ingxenye yabakholonayiziwe noma abo-'mdabu' yona ingamadolobha emikhukhu, iMedina, indawo elahliwe nje, elulazekile ehlala abantu abalulazekile. Umuntu uzalelwa noma ikuphi noma ikanjani, ufela noma ikuphi ebulawa inanoma yini. Lona ngumhlaba ongenandawo eyanele, abantu bahlala kanzima, omunye phezu komunye, nemikhukhu icinene, igibelene. Indawo yabakholonayiziwe ngeyenhlupheko nephango, ngeyokweswela isinkwa, inyama, izicathulo, amalahle nokukhanya. Ingxenye yabakholonayiziwe ngeyosizi, lapho usizi lundiza khona emoyeni; abantu bakhona bayakhokhoba, bewukudla kwendlala nokuhlukumezeka. Yindawo yama*nigger*, abamnyama phela, nama*towelheads*. Indlela lo okholonayiziwe abuka ngayo abasemkha-kheni wabakholonayizayo igcwele inkanuko nephango. Kunamaphupho okuzibusa. Yonke inhlobo yokubusa: ukuhlala etafuleni lekholonisti nokulala embhedeni walo, nanonkosikazi walo. Umuntu okholonayiziwe ungumuntu onezinkanuko. Umkholonisti uyakwazi futhi uyakubona lokho njengoba uhlala eqaphile, esovalweni elokhu eqalaza ngapha nangapha, aze asho nokusho athi: 'Bafuna ukuba kule ndawo esikuyo.' Kuyiqiniso ukuthi akekho noyedwa umuntu okholonayiziwe ongakaze aphuphe nje, noma kanye ngelanga, ukuthi angathatha indawo yomkholonisti.

Lo mhlaba ohlukaniswe iziqephu, umhlaba oklaywe kabili wakhelwe wu-hlobo olubili olungafani. Ukwehlukangqangi kwesimongqo sokukholonayiza kusekuthini ubunjalo obungokomnotho, ukungalingani, nokungafani okukhulu kwezindlela zokuphila akusoze kwakwazi ukumboza ubunjalo babantu. Uma usifakela izibuko isimongqo sokukholonayiza kusobala ukuthi okwaba umhlaba ngukuqala ngeqiniso lokuba noma lokungabi ngowohlanga oluthile, uhlobo oluthile. Emazweni angamakholoni isakhiwosisekelo esingokomnotho yisona futhi esiyisakhiwoluphahla; okungaphansi yikho futhi okungaphezulu. Imbangela iba umphumela: ucebe ngoba umhlophe, umhlophe ngoba ucebile. Yingakho ukuhlaziya ngokweMarxism kufanele kubheke amaphuzu angaphezu kwavamile uma kudingidwa inzukazikeyi eyikholoniyalizimu. Konke okuphathelene nobunjalo bomphakathi wangaphambi kwesikhathi sobungxiwankulu, obuchazwe kahle kakhulu nguMarx, kufanele kuphinde kucatshangisiswe lapha. Umqashwa empeleni uhlukile koyiso lomqashi kodwa kudingeka kuqhakanjiswe ilungelo elabiwa ngumdali njengezaba zokuthethelela lo mehluko ongokomthetho. Emazwini angamakholoni, izifiki eziphuma kwelinye izwe zaphoqelela ukubusa kwazo ngokusebenzisa izinganono nombayimbayi. Nakuba-ke umkholonisti kusengathi sewanqoba wanqobisisa uyohlala njalo engowezizwe, isifiki. Akukhona ukuba ngumninizimboni, odedangendlale bomhlaba namanxulumakazi emizi, kube kungezona nezizumbulu ezisebhange zomnotho okwahlusa abaqhoqhobele izintambo zombuso. Okusemqoka nokungathandabuzwa ngukuthi 'uhlanga olubusayo' yilabo abavela kwenye nje indawo, labo abangafani nabengabade, 'bangabanye'.

Udlame obelubusa ukuhlelwa komhlaba wokukholonayiza, obelulokhu luwukhwezele ngokunganqamuki umlilo wokucekelwa phansi kwezinsika zenhlalo yabengabadi, lwaphoqoza ngokungenamkhawulo izisekelo zezinkombamnotho, indlela yokugqoka nendlela yokuziphatha, lona kanye lolo dlame luyoqhwagwa ngabengabade ngamhla sebenqume ukuzigqaja ngomlando wabo, bagasela indlovuyangena emhlabeni abawenqatshelwe. Kusukela manje, ukuqumba phansi umbuso wokukholonayiza, yisinyathelo esibonwa ngeso lengqondo esicace bha, esiqondakala kalula kakhulu, futhi okufanele sithathwe yilowo nalowo kubantu abakholonayiziwe. Ukuphoqoza umhlaba wamakholonayiza akusho ukuthi emveni kokushabalalisa imingcele kuyovuleka imizila yokuxhumana kule mikhakha emibili. Ukubhidliza umhlaba wamakholonayiza akuyikho nje ukuqedwa komkhakha owodwa, ukungcwatshwa kwawo emathunjini omhlaba, noma ukuxoshwa kwawo ezweni.
  Ukucela kwabomsinsi wokuzimilela inselelo kwabomhlaba wamakholonayiza akuyikho nje ukungaboni ngaso linye okunengqondo. Akuwona nje umqulu ohlonza indlela okufanele kwenziwe ngayo izinto, kunalokho kuwukuqinisekiswa ngesinxele komqondongqangi ophakanyiswe njengophelele ongenakuphikiswa. Umhlaba wamakholonayiza ungumhlaba onamathela ezimfundisweni zobuManichaean. Akwanele kumkholonisti ukuklama umkhawulo, okuwukuthi ngosizo lombutho wamasosha nowamaphoyisa, anqinde inkululeko yalo amkholonayizayo. Ngokusengathi ufuna ukuveza ubundlovukayiphikiswa benqubo yokuxhaphaza yokukholonayiza, ubheca owomsinsi wokuzimilela santo ethile eyisibonelo esinembile sobubi.[1] Umphakathi wabengabade awuchazwa kalula nje njengomphakathi ontula amagugu. Akwanele kumkholonisti ukugcizelela ukuthi lawo magugu aseshabalele, kungenjalo athi awakaze abe khona nhlobo kubantu abangamakholonisti. Owomsinsi wokuzimilela ubizwa ngokuthi akanabuntu, uwuphawu, hhayi kuphela lokungabi nabuntu kodwa lwempikisabuntu. 'Owomdabu' ake sithi siyavuma, uyisitha sobuntu futhi ngokwale ncazelo ungububi obungathandabuzwa. Uyisithako esidlavuzayo,

esonakalisa konke okusondela kuye, uyisithako esigwegwisa konke okuphathelene nobuhle noma isimilo, uyisidleke semimoya emibi, isikhali esingananembeza nesingasenakuphenduka samandla obumnyama. Yingakho uMnumzana uMeyer ayengase asho ngokuqiniseka kuFrench National Assembly ukuthi iRepublic akufanele ithengiswe ngokuvumela ukuba abantu base-Algeria babe yingxenye yayo. Onke amagugu, empeleni, ayadungeka abe ngubuthi nokufa okungenakwelapheka, ngomzuzwana nje uma evunyelwa ekusebenzelaneni nohlanga lwababubuswa ngabezizwe. Amasiko abakhonayiziwe; inqubokwenza yabo, izindlela zasemlandweni nabakholelwa kukho, izinganekwane zabo – ikakhulukazi izinkoleloze zabo kuwuphawu olunqala lobubha bomphefumulo nobulahlwanaboya obungokwemvelo. Yingakho nje kufanele sichele nge-DDT, ushevu obulala amagciwane, izithwalazifo, sikwenze ngezinga elilingana nenkolo yobuKhrestu esemkhankasweni wempi yokulwa nobuhlubuki nokuthambekela kukho kungakachanyiselwa, nobubi obungakazalwa. Kungashiwo okufanayo futhi ngokudamba kwemfiva enkulu i*yellow fever* nokudlondlobala kokuhanjiswa kwevangeli. Kodwa imibiko yempumelelo evela ezimishini empeleni ingumthombo wolwazi mayelana nokutshalwa kwamathonya ezifiki agxiliswe emithanjeni yabantu abakholonayiziwe. Ngikhuluma ngenkolo yobuKhrestu, futhi akekho okudingeka ethuke. ISonto emazweni angamakholoni, liyiSonto labamhlophe, iSonto lezifiki. Kalimbizeli owengabade ezindleleni zikaNkulunkulu, kepha limbizela ezindleleni zoMhlophe, okukhala isicathulo sakhe, umcindezeli. Njengoba sazi, kulolu daba baningi ababiziwe kodwa bambalwa abakhethiwe.

Kwesinye isikhathi lobu buManichaeanism bugijimela esiphethweni sabo esilindelekile sokululaza owengabade, noma, uma silibeka ngembaba nje, ukumenza isilwane. Empeleni, amagama asetshenziswa ngumkholonisti uma ekhuluma ngowengabade asuselwe kwezesayensi yezilwane. Ukhuluma amagama agigiyelayo njengokuchaza ukunyakaza ngokunyombuluka sasilokazane kwalabo abohlanga oluphuzi, ukunuka kwevumba elinyanyisayo ezindaweni ezihlala abomdabu, akhulume ngemihlambi ehlale izele, ngokuba yizichwensi, ngojunguju olwemboza amaqanda exoxo elizele, ukubhakuza kwezandla lapho owengabade ekhuluma. Lapho umkholonisti ezama ukuchaza owengabadi ngokuphelele ngamagama anembile usebenzisa ngokuphindaphindiwe amagama awathole emiqulwini yocwaningo ekhuluma ngezilwane. Emizamweni yakhe yokuchaza nokuthola amagama, umbusi wabezizwe ugcina esebenzisa imfene, okuyigama kuye elisho umuntu omnyama ngoba kuye uyisilwane. Owase-Europe akavamile ukusebenzisa isu lokuchaza kudwebeke isithombe esicace bha, kodwa okholonayiziwe, okwaziyo okusengqondweni yomkholonisti, uqagela zisuka nje ukuthi isifiki sicabangani. Lezo zinyokotho okubalulekile ukuba kuqoshwe isibalo sazo, lezo zindimbane ezihayizayo, leyo migxumasholo yemizimba okusengathi eyakomunye umhlaba, lelo qulu elintuntayo elingenasiqalo, elingenasiphetho, lezo zingane okusengathi zingondingasithebeni, lokho kubhabhalala ngobuvila kuthanyelwe ilanga, leyo mpilo eyisigqi sonyawo lonwabu, yobumfabume okwemifino ebunele ensimini – konke kuba yingxenye yolwazimagama olungokobukholoni. UJenene ude Gaulle ukhuluma 'ngoquqaba oluphuzi,' kanti uMnumzane Mauriac yena ukhuluma ngezinkumbulu zabamnyama, abansundu, abaphuzi abazokhululwa emaketangweni maduze nje. Owomdabu okholonayiziwe ukwazi konke lokhu, futhi uhleka yedwana njalo nje uma ehlonza ukugudlisela ezilwaneni emazwini alona omunye. Phela uyazi ukuthi akasona isilwane; futhi kungawo kanye umzuzu azibona ngawo ukuthi ungumuntu lapho eqala khona ukulola izikhali zakhe ayozuza ngazo ukunqoba kokubizwa ngomuntu, hhayi isilwane.

Lapho nje owengabade eqala ukuqinisa izindondolo zakhe zokuzimelela nokubangela isifiki ixhala, udluliselwa kubantu abanezinhloso ezinhle okuthi emibuthwaneni ekhethekile, njengeyezamasiko kanje bambonise okuhlaba esikhonkosini ngamagugu aseNtshonalanga nobungcebo bawo. Kodwa kuhlasimula umzimba kowengabadi njalo nje uma kukhulunywa ngamagugu aseNtshonalanga. Ngesikhathi sokuqeda ukukkholonayizwa kuye kunxenxwe owengabadi ukuba ahluze ingqondo. Wethulelwa amagugu ayingcaca, ahlabahlosile, utshelwa kaningana ukuthi ukuqeda ukukkholonayizwa akusho nje ukubuyela emuva, nokuthi kufanele akwethembe lokhu okuhle, osekuphumelele kaningi, okuyisinqalanqala futhi okuhlonishwa nokwaziswa kakhulu. Kodwa kuyenzeka ukuba owengabadi athi uma ezwa inkulumo ephathelene namasiko aseNtsholanga ahoshe umkhonto wakhe – noma okungenani wenza isiqiniseko sokuthi useduze. Udlame okuqinisekiswa ngalo ukudla ubhedu kwamagugu abamhlophe nendlakadla esihambisane nokunqoba kwala magugu izindlela zokuphila nezokucabanga kowengabade kusho ukuthi, eziphindiselela, owengabade uhleka usulu lapho kukhulunywa ngamagugu aseNtshonalanga phambi kwakhe. Esimweni sokubuswa ngabezizwe umkholonisti uphothula izenzo zakhe zokugoba owengabade lapho owengabade evuma ngelizwakala kude nangokucacile ukudla ubhedu kwamagugu aseNtshonalanga. Ngenkathi yethuba lokudikholonayiza, uquqaba olukholonayiziwe luwahleka usulu la magugu, luwedelele, futhi luwakhafulele kude.

Kodwa lesi simo ngokuvamile siyagubuzeleka ngoba, ngesikhathi sokudikholonayiza, ezithile izingcithabuchopho ezikholonayiziwe seziqale izingxoxo nezicukuthwane zezwe lomkholonisti. Ngale nkathi abantu bengabade babonwa kuphela bewuquqaba oluluvindi. Abambalwa bendabuko abavelele, labo izicukuthwane lezi ezisuke zibazela lapha nalaphaya, basuke bengenalo ithonya elanele kulokho kubhekwa kalufifi okusuke kwenzeka, ukuze bagqamise okuluvindi. Kodwa uma sekufike isikhathi senkululeko, izicukuthwane ezingamakholonisti ziyatatazela zithungathe ezingangqumuza nabo kuzingcithabuchopho ezikholonayiziwe, futhi yilezi zingcithabuchopho okudingidwa nazo udaba olujwayelekile lwamagugu. Kuthi uma izicukuthwane zamakholonisti sezibona ukuthi azisenakukwazi ukuqhubeka nokucindezela abantu emazweni abo bese ziqala olunye uhlobo lomkhankaso emikhakheni enjengamasiko, amagugu, amaqhingakwenza, nokunye. Kodwa okungafanale neze sikukhohlwe wukuthi izindimbane zabantu abakholonayiziwe kazizazi nhlobo lezi zinkinga. Kubantu abakholonayiziwe, okuyigugu kunakho konke kubo, ngoba kuyimfuneko ngqala: umhlaba; umhlaba ozobanika ukudla, futhi okubaluleke ukukwedlula konke, isithunzi. Kodwa lesi sithunzi kasihlanganise lutho nesithunzi esivamile somuntu ngamunye, ngoba umuntu phaqa akakaze atshelwe ngalokho. Konke owengabadi asekubonile ezweni lakhe ngukuthi bangambopha ngokukhululeka, bambhaxabule, bamlambise: futhi akukho solwazi wezenkambisonhle, akukho namfundisi oseke weza ukuba kushaywe yena esikhundleni sowengabade, noma amuphe kwakudlayo. Akwaziyo nje owengabade ngukuthi ubuntu busobala buyinto ephathekayo noma esobala: ukugoba inkani isifiki, ukunqoba udlame lwaso esikubukisa ngalo – ngelilodwa nje, ukuqeda nya ngesifiki. Umthethonqubo owaziwa kakhulu othi bonke abantu bayalingana uyokhonjiswa kahle emazweni angamakholoni mhla owengabade washo ngokuqiniseka ukuthi uyalingana nowokufika. Igxathu elingaphezu kwalokhu, usekulungele ukulwela ukuba ngcono kunowokufika. Empeleni, usenqumile kakade ukuxosha owokufika nokuthatha isikhundla sakhe; njengoba sikubona lokhu, okubhidlikayo manje yikho konke okuphathelene nengcebo ephathekayo nesimilokuziphatha kwabezizwe. Ingcithabuchopho esifike esimweni sokwamukela izindlela zempilo zamakholonisti izimisele ukulwela ukuthi umkholonayizi nomkholonayizwa baphile ngokuthula ezweni elisha. Kodwa into ingcithabuchopho engayiboni, eqiniswei ngoba seyangenwa ngubukholoni-yalizimu nazo zonke izindlela zakho zokuphila, wukuthi owokufika, lapho nje kuqedwa ubukholoniyalizimu, akasenandaba nokungahambi noma nokuphilisana nowengabade. Akukhona nje ukuthi ucilo uthuke ezishaya endukwini uma, ngaphambi kokuqala kwezingxoxo zokubonisana phakathi kombuso wase-Algeria nombuso wamaFrench, idlanzana lase-Europe lalabo abazibiza ngokuthi 'bangamalibherali', sebecacisile ngesinqumo sabo: bafuna ukuba yizakhamuzi zamazwe womabili, hhayi okungaphansi kwalokho. Ngokuzehlukanisa kwabanye ngezaba ezingaphatheki, amalibherali azama ukuphoqa owokufika ukuba athathe isinyathelo esingujuqu sokunhlanhlathela ehlane. Masivume nje, owokufika wazi kahle ukuthi akukho kucikoza ngamazwi okungathatha indawo yalokho okungokoqobo, okubambekayo.

Ngale ndlela, umuntu okholonayiziwe ube esethola ukuthi ukuphila kwakhe, ukuphefumula nokushaya kwenhliziyo kuyafana nokomkholonayizi. Aphinde athole ukuthi isikhumba sekholonisti kasinakubaluleka okwedlula esakhe; futhi kufanele kugcizelelwe ukuthi ukuthola kwakhe lokhu kushukumisa umhlaba ngendlela edingeke ngempela. Konke ukuqiniseka okusha kowengabade ngemvukelambuso kuvela lapha. Ngoba, empeleni, uma impilo yami ibaluleke njengeyomkholonisti kusho ukuthi iso lakhe kalisangivevezelisi noma lingenze isidumbu, nephimbo lakhe alisangenzi isimungulu. Kangisatatazeli ubala uma ngindawonye naye; empeleni, angisamgqizi qakala. Akukhona nje ukuthi angisazihluphi ngaye, sengilungiselela ukumlalela unyendle okuyimpumelelo kangangokuthi maduze nje ngeke kube nantuba yokuphulukundlela, sekuyoba ngukucela empunzini, aphume aphele.

Sesishilo ukuthi uphawungqangi lwesimo sobukholoni wugebe lwenqubo eliphoqelela kubantu bonke. Ukudikholonayiza kwenza labo bantu babe yimbumba ngesinqumo esiqinile sokususa inhlukanhlukano kuyo, nangokuyenza imbumba ngokukazwelonke, kwesinye isikhathi ngokobuhlanga. Siyawazi amazwi ayimikhonto ezishoshovu zezwe laseSenegal, zibhekise kokwakwenziwa umongameli uSenghor: 'Sishaye ngonyawo phansi sathi imisebenzi esezikhundleni eziphakeme ayinikezwe ama-Africa, kodwa manje uSenghor uguqula ama-European abe ama-African.' Lokhu kuchaza ukuthi ababuswa ngabezizwe bayakwazi ukubona ngokucacile zibekwa nje ukuthi ukuqeda ukubuswa ngabezizwe kuyenzeka njengokulindelekile yini, ngoba abafuna kuqalwe ngakho ngukuthi abokugcina bayoba ngabokuqala.

Kodwa ingcithabuchopho ekholonayiziwe iveza imixhantela yalesi siphakamiso, futhi, empeleni, ingcithabuchopho ibonakala inezizathu ezinhle: abaphathi abakhulu, ochwepheshe, ongoti – bonke okubonakala bedingeka. Manje-ke owengabade ovamile nje uhumusha lokhu kukhushulelwa ezikhundleni okunokwenzelela njengokunye kwenqwaba yezenzo zokumudla izithende futhi kuvamile ukumuzwa ebalisa ethi: 'Akusizuzisanga nhlobo, uma kunje, ukuthola kwethu inkululeko...?'

Emazweni obukholoni lapho obekubanjwe khona umzabalazo wangempela wenkululeko, lapho okugobhoze khona igazi labantu, lapho ubude besikhathi sempi yezikhali bebuvuna ukubuya ngewala kwezingcithabuchopho zizimbandakanya nezizinda ezigxile ebantwini, siyakwazi ukubona ukushabalaliswa kwangempela kwesisekelo esinqala esakhiwe yilezi zingcithabuchopho ezisethekele kumhlabampilo wezicukuthwane zobukholoni. Ubucukuthwane bobukholonisti, ikakhulu benkulumompendulwano engumazincome egqugquzelwa ngamulungu amayunivesithi empeleni yayisigxilise kakhulu ezingqondweni zezingcithabuchopho kuthi okubalulekile nokuhle kakhulu kuhlala phakade naphezu kwawo wonke amaphutha awumkhonto ogwaza ekhaya angase enziwe ngabantu: yebo phela okuhle nokubaluleke kakhulu kwaseNtshonalanga. Ingcithabuchopho ekholonayiziwe ikwemukele ngokuphelele ukuhlaba umxhwele okucacile kwale mibono futhi ekujuleni kwengqondo yayo kukhona umhlabimkhosi oyisishabasheki okuhlomele ukuvikela isihlalo esiphakeme seGreco-Roman. Kodwa-ke okwenzekayo ngukuthi ngesikhathi somzabalazo wenkululeko, lapho nje ingcithabuchopho ekholonayiziwe iphinde iba mdibi nabantu bohlanga lwayo, lo mhlabimkhosi mbumbulu uphihlizeka abe yimvuthu. Onke amagugu obuMediterranean – ukunqoba nokwaziswa komuntu ngamunye, ukunqoba kwalokho okucace bha, ukunqoba kobuhle – kuba yimihlobiswana engathi shu, efile, ephashile. Zonke lezo zinkulumo kuba sengathi yimbondela yamagama afile; lawo magugu, okwakungathi yiwo aphakamisa imiphefumulo kuyahlaluka ukuthi awathi shu, ngenxa yokuthi nje kawasona isixazululo odweshwini abantu abasuke bezama ukuluxazulula.

Okunyamalala kuqala yimpilo kamaziphilele yedwana. Ingcithabuchopho ekholonayiziwe ibifunde kubaphathi bayo bamakholonisti ukuthi umuntu nomuntu kufanele abeke uvo lwakhe ngokuphelele. Izicukuthwane zobukholoni bezigxishe owengabadi umqondo wokuthi kunomphakathi wabantu abangabodwana lapho umuntu ngamunye ezivalela ekhosombaneni lemibono eyimvunayena, umphakathi omnotho wawo kuphela yimicabango yomuntu ngayedwana. Manje-ke owengabade onethuba lokuphindela kubantu bakubo ngenkathi yomzabalazo wenkululeko uyashesha ukuwabona amanga ale nkolelo-mbono. Zona kanye izinhlaka zenhlangano zizomkhombisa ulwazimagama olwehlukile osekufanele alujwayele. U-'Mfowethu', u-'Dadewethu', i-'Qabane' – amagama lawa angavumelekile kuzicukuthwane zababusi basezizweni ngoba kubona umfowethu uyisikhwama sami semali, umngani uyingxenye yeqhinga lami lokuhlabela phambili. Ingcithabuchopho ekholonayiziwe ibamba iqhaza, ngendlela efana neyayenzeka uma kushiswa izihlubuki esidlangaleni ekushatshalaliswe kwazo zonke izithixo zayo: ukuzazisa, ukukhononda okubangwa ngukuzikhukhumeza, nobuphukuphuku obusabungane obudalwa yilabo abangozwilabo. Ingcithabuchopho enjalo eseyadla amathe abelungu, ngendlela efanayo iyobubona ubumqoka bemibuthano yasendaweni, ubumbano lwamakomiti omphakathi, nemivuzo ebabazekayo yemihlangano yasendaweni nemifelandawonye. Kusukela lapho, okuthinta oyedwa kuyothinta iningi, ngoba iqiniso elisobala lithi izigagayi zamabutho ziyozingela *wonke umuntu* zize zimthole futhi *wonke umuntu* uyobulawa – noma, *wonke umuntu* uyosindiswa. Isiqubulo esithi 'zinakekele wena kuphela,' esiyisu lensindiso kubantu abathi uNkulunkulu akekho, kasivumelekile kulesi simo.

Kamuva nje ukuzihlaziya mathupha amaphutha kusematheni, kodwa bambalwa abaqaphelayo ukuthi lokhu kuyindlelampilo emsuka wayo use-Africa. Noma ngabe kusezimbizweni zezigodi, ama*djemaas*, zaseNorth Africa, noma kuma*palavers* aseWest Africa, isiko lithi izindaba ezenzeke esigodini sasendaweni, kazidingidwe emphakathini. Yebo, lokhu ngukuzihlaziya okungumfelandawonye, futhi kuphelezelwa wuteku, ngoba wonke umuntu uzikhululekele, futhi nangenxa yokuthi ekugcineni wonke umuntu ulangazelela isiphetho esilungele uwonkewonke. Kodwa lapho ingcithabuchopho iqhubeka ingenwa ngumoya ovunguza emphakathini, yilapho iyihlubula khona ngokuphelele imikhuba yokucubungulisisa, ukuthula sengathi ufile, iwuvuthulule futhi nomoya wokuthukusa. Futhi kuyiqiniso ukuthi kakade kulelo zinga singasho ukuthi umphakathi uyanqoba, nokuthi umphakathi usabalalisa okwawo ukukhanya nokuhluzeka kwengqondo.

Kodwa-ke kuyenzeka kwesinye isikhathi ukuba ukuqeda ukubuswa ngabezizwe kwenzeke ezindaweni ezingashukunyiswa ngokwanele wumzabalazo wenkululeko, futhi kuleyo ndawo kungase kutholakale zona kanye izingcithabuchopho ezingosiyazi, ezikhaliphile, ezingosomathuba abangamaqili. Zibonakala ngemikhuba esigxilile yenhlonipho nezindlela zokucabanga ezinyonkelwe ekudibaneni kwazo nezicukuthwane zabezizwe. Njengoba ziyizingane

ezitotoswe kwaze kweqa ngesikhathi esedlule sokubuswa ngabeziziwe, zato-
toswa nangohulumeni bakazwelonke banamuhla, izingcithabuchopho ezihlela
umazitapele kuyo yonke ingcebo yezwe esekhona. Zingenaluzwelo, zisebenzisa
usizi olugubuzele izwe njengeqhinga lokuchuma ngemikhoshosho nobuqola
obusemthethweni, ezokungena nokuphuma kwempahla ezweni, izinkampani
ezinobungcuphe obulinganiselwe, ezokuhwebelana ngamasheya ezimakethe
zomhlaba, nokukhushulelwa ezikhundleni okunokwenzelela. Izingcithabuchopho
lezi ziyaphikelela zifune ukuthi ezomnotho kube ngezikahulumeni, okungu-
kuthi, ukugodlwa kwezimakethe zohwebo nemititilizo okuvuna abengabade
kuphela. Ngokwale mfundiso abayisebenzisayo, bamemezela udede isidingo
esiphuthumayo sokweba umnotho wesizwe. Kule nkathi esalugwadule empil-
weni yesizwe, isikhathi esiye sibizwe ngokuthi esokusimamisa kukahulumeni
umnotho ngokunswinya abantu, isikhathi sokweswela nobubha, ukuzitapela
kwezingcithabuchopho ngomzuzwana nje kukhwezela udlame nentukuthelo
kubantu. Kubo kanye laba bantu, ababhuqwabuqwa yindlala nanxa sebekhu-
lulekile, kuzaleka ngokushesha ivuso elingokwezenhlalo ngokwesimongqo
sase-Africa nasemazweni ngamazwe namuhla; futhi lokhu amadlangawodwana
azokubona ngokukhulu ukushesha.

Ukuze azifanise nomcindezeli, aphilise okwakhe futhi anambithe namasiko
omcindezeli, owengabade kuye kwadingeka ukuba abambise ngokuthile
kwenhlakanipho yakhe kumbolekisi. Kulezi zibambiso, singabala indlela yakhe
yokucabanga asefunde ukuzifanisa ngayo nezicukuthwane zamakholonisti.
Lokhu kubonakala kahle ekwehlulekeni kwengcithabuchopho ekholonayiziwe
ukubamba ingxoxo lapho okufanele nomunye umuntu akhulume khona,
kungalalelwa yona kuphela; kwazise iyahluleka ukukhohlwa ubuyona uma
isibhekene notho oluphathekayo noma umbono. Ngakolunye uhlangothi,
uma kwenzeka izama ukugoloza kubantu bakubo, ihlaselwa wukumangala
nokushaqeka; kuvele kuyithene amandla ngempela ukwenza kwabantu bakubo
izinto ngezinhloso ezinhle nobuqotho babo. Ingozi eyoyinyonyobela njalo nje
ngukuba ibe ngumkhulumeli woquqaba ongagxeki lutho; iba wuhlotshana
lomuntu onguvumazonke, onqekuza ikhanda kukho konke okushiwo ngabantu,
ekuhumusha njengezinqumo ezicatshangisisiwe. Manje-ke umfokazana lo,
indoda engumahlalela wengabadi obulawa yindlala, *ayisho* ukuthi iqiniso
ngelayo; ayisho ukuthi imele iqiniso; ngoba *yiyona* eyiqiniso.
   Ngeso elingachemile, ingcithabuchopho kuleli banga iziphathisa okukaso-
mathuba nje. Empeleni ayikayeki ukuzama amaqhinga, ukwenza izinto zenzeke.
Okubalulekile akukhona nje ukuthi abantu bayayilahla noma bayayemukela
yini. Abakucelayo nje ngukuba wonke umnotho nezinsizakalo kwabelwe iningi.
Kuleli banga, ukubandakanywa kwengcithabuchopho ekudlondlobaleleni
phezulu komphakathi kuyohlukaniswa yindathane yemininingwane. Lokhu
akusho ukuthi abantu abezwani nocwaningo; kunalokho bayathanda ukuba
izinto zicaciswe, kuyabajabulisa ukuqonda ukuthi iphuzu elidingidwayo lesekelwa

ngaziphi izizathu futhi bayathanda ukwazi ukuthi babhekephi. Kodwa ekuqaleni kwayo ukuzihlanganisa nabantu, ingcithabuchopho ekholonayiziwe igcizelela imininingwane kuze kweqe, ikhohlwe ukuthi ukunqotshwa kobukholoni-yalizimu yiyona njongo yangempela yomzabalazo. Lapho isixakwe ngukuba yinqwabanqwaba kwezinhlaka zempi yomzabalazo, ingcithabuchopho iba nokugxila kokudinga ukwenziwa lapha endaweni, ikwenze ngenkuthalo kodwa futhi cishe njalo nje, ngesizotha esinehaba, ingavezi nazinyo. Ingcithabuchopho iyehluleka ukubona izinhlangothi zonke zomzabalazo nokuphelela kwawo. Yethula indlela yokusebenza ngemikhakha ekhethekile, imisebenzi ekhethekile, neminyango ngeminyango ehlukahlukene kulo msebenzi onzulu wokuvukela umbuso, oyinkimbinkimbi exakile. Ingcithabuchopho iyibamba ishisa emkha-kheni othile womzabalazo, bese ikhohlwa wukubaluleka kobunye embuthweni womzabalazo. Ngakho, uma kwenzeka behlulwe kokuthile lapha endaweni, kulula ukuba isheshe ibe nokungabaza, okulandelayo kube ngukulahla ithemba. Abantu, ngakolunye uhlangathi, zisuka amadaka nje bathatha isinqumo esin-gaguquki mayelana nokubaluleka okungakhethi phela emasini kwesiqubulo esithi *ukudla nomhlaba*: singawuthola kanjani umhlaba nokudla esizokudla? Le ndlela yokubuka izinto uquqaba olungenakuhlehla kuyo, engase ibonakale ingatheni, ekugcineni yiyona enomvuzo futhi yiyona ndlela yokwenza izinto ephumelela kunazo zonke.

Udaba lweqiniso kufanele lungakhohlakali. Kubo bonke ubudala ngeminyaka, kubantu, iqiniso liyimpahla eyigugu yomzabalazo wesizwe. Akukho nkolelo ephelele nengenasici, nodaba oludingidwayo lobumsulwa bomphefumulo, olungaguqula isinqumo soquqaba mayelana neqiniso. Owengabade, amanga aluhlaza esimo sobukholoni uwaphendula ngendlela efanayo namanga lawo; ukungabi naqiniso. Indlela asebenzelana nayo nabesizwe sakubo isobala, ayifihliwe; inokungancibiliki futhi ayiqondakali ekusebenzalaneni kwakhe nezifiki. Iqiniso yilo elilethla ngokushesha ukugotshwa kombuso wamakholonisti; liyilokho okukhuthaza ukuzalwa kwesizwe esisha; liyikho konke okuvikela abengabade, licekele phansi abokufika. Esimweni sokubuswa ngabezizwe akukho ukuziphatha okuneqiniso; futhi empeleni okuhle nokulungile yikho kanye lokhu okubi nokungalungile *kubona*.

Ngakho siyabona-ke ukuthi ubuManichaeanism obuqavile obababusa im-iphakathi yobukholoniyalizimu, bulondolozwe njengoba bunjalo ngesikhathi sokudikholonayiza, okungukuthi umkholonisti akayeki ukuba yisitha, umphikisi okufanele agumbuqelwe. Umcindezeli, kowakhe yedwana umhlaba, nguyena oqala le nqubo, inqubo yokuqhoqhobala, yokuxhaphaza, yokuphanga nokuzitapela, ngaleyo nkathi isidalwa esizigoqile, esigcweleziwe esingowengabade yisona esifaka izinkuni emlilweni, sibhebhethekise le nqubo eguduza ngaphandle kokuphazanyiswa isuka emabhange emingceleni yezwe elikholonayiziwe ilibangise ezigodlweni nasemachwebeni ezwe okudabuka kulo isifiki. Kula mathantala athule, okungenamoya wokunyakazisa umkhumbi, ulwandle luzolile, izihlahla zamasundu ziyendayendiswa yihelehele lomoya, phansi kwamafu, amagagasi awumphetho okhangayo osebeni olunamatshana abushelelezana; izimbiwa nezimila eziyingcebo yezwe ithuthwa umlibe, ukusekela isizathu sokubakhona kwesifiki: kwenzeka konke lokhu nje, owengabadi efofobele, efana nofile kunophilayo, uphila unomphela ephusheni elingaguquki. Umkholonisti uqopha umlando; impilo yakhe iyinkombankathi, inguhambo lwezigigaba olungapheli, oludekazi. Konke kwaqala kuye, kwaqala ngaye, kwaqalwa nguye: 'Lakhiwa yithi leli zwe'; konke kuphetha ngaye, unomphelo: 'Uma sifulathela sigoduka, leli zwe liyolahlekelwa yikho konke, lihlehlele emuva ezikhathini zobumnyama.' Okungumgoqo omelene naye nje, ngabengabade abamiqondo ithothobele, abaphundlwe yimikhuhlane nezifo, abasabambelele emasikweni amadlozi, abenza isizinda esingabantu abaphila bengaphili, okwakhelwa phezu kwabo imigilingwane emasumasu yokuqongelela umnotho wabakholonayizi.

Umbusi wabezizwe nguye oqopha umlando futhi ukwazi kahle lokho. Ngoba uhlale ekhuluma ngomlando wezwe adabuka kulo, ukhombisa ngokusobala ukuthi yena luqobo uwuphiko lwezwe adabuka kulona. Ngakho umlando awubhalayo akusiwona owezwe aliphangayo kepha ngumlando wezwe lakhe ophathelene nakho konke elixebula umkhomo kukho, konke elikuxhaphazayo, okuba ngukudla kwendlala nobubha. Le mpilo yosizi lokungakwazi nokun-yakaza umuntu okholonayiziwe ayigwetshelwe ingadingidwa kuphela uma okholonayiziwe enganquma ukuqeda umlando wokukholonayizwa – umlando wokuphanga – bese eqalisa umlando wesizwe – umlando wokudikholonayiza.

Umhlaba ohlukaniswa wayiziqeshana, oyisidumbu esinganyakazi, osekelwe emfundisweni yobuManichaean, umhlaba wezichuse: isichuse sikajenene owaphaka impi eyanqoba abengabade, isichuse sikanjiniyela owakha ibhuloho, umhlaba oqinisekile ngobuwona, ogxoba ngamatshe awo imihlane ebhaxatshulwe ngezitshwebhu: lona-ke ngumhlaba wabakholonayizayo. Okholonayiziwe ngu-muntu ovalelwe esibayeni; i-*apartheid* iyisibonelo sokwehlukaniswa iziqeshana komhlaba wabakholonayizayo. Into yokuqala nje umuntu okholonayiziwe ayifundayo ngukuhlala endaweni yakhe futhi angayeqi imingcele ethile. Yingakho nje amaphupho omuntu okholonayiziwe kuhlale kungawobudlakela: amaphupho akhe ngawokukhwishiza, ngawendluzula. Ngiphupha ngigxuma, ngibhukuda, ngigijima, nginombela; ngiphupha ngigegetheka; ngiwela umfula ngokugwedla kanye nje, noma ngihujwa ngumshungu wezimoto ezingangif-ici nhlobo. Ngesikhathi sokukholonayizwa, okholonayiziwe uhlale nje ezuza inkululeko yakhe kusukela ehoreni lesishiyagalolonye ebusuku kuze kushaye ihora lesithupha ekuseni.
 Umuntu obuswa ngabezizwe uqala ngokuphendukela abantu bakubo ukukhombisa lolu laka lwesidlamlilo oselufakwe emithanjeni yakhe. Kungalesi sikhathi lapho abamnyama bephendukelana belwa bodwa, amaphoyisa nezimantshi babambe beyeka, bengazi ukuthi bazothathani bahlangise nani

uma sebebhekene namagagasi esabekayo obugebengu baseNorth Africa. Sisazobona emakhasini alandelayo ukuthi lolu khondolo lungahlulelwa ngaliphi iso.[2] Uma okholonayiziwe ebhekene nenqubo yokukholonayizwa, uzithola esesimeni sokwethuka izanya okungapheli. Umhlaba wombusi ongowezizwe ungumhlaba onolaka, umhlaba othi umenyanya umqhubukusha umkholonayizwa kodwa abe ehalela ukuba ube ngowakhe. Sesibonile-ke ukuthi obuswa ngabezizwe akayeki ukuba namaphupho okuba sesikhundleni sekholonisti – hhayi ukuba ngowokufika kodwa ukuthatha isikhundla sakhe. Leli zwe elinolaka, elingumdondoshiya nelinesihluku ngoba livika uquqaba lwabakholonayiziwe ngalo lonke unya elinamandla okuba nalo, kalimele nje kuphela sihogo okufanele kuphulukundlelwe kuso ngokushesha okukhulu, kodwa futhi limele ipharadesi eliseduze kakhulu kodwa eliqashwe ngamagovu anolaka oluvuthayo.

Owengabade uhlale eqaphe ingozi, evule amehlo nezindlebe ngoba kungumqansa kuyena ukuqonda inqwabanqwaba yezimpawu zomhlaba futhi uhlale engenasiqiniseko ngokuthi uphuma emgqeni uma sekwenzekeni. Ekubhekaneni nomhlaba obuswa yisifiki, owengabade uhlale ethathwa ngokuthi wonile ngisho engakabi nacala. Kodwa ukona kowengabade akukhona neze ukona akwamukelayo; kuvele kufane nesiqalekiso thizeni nje, okunjengokuhlale uzulelwa amanqe ngoba ekujuleni kwenhliziyo yakhe, owengabade akukho kubekwa cala akuvumayo. Ubanjwe ngobhongwane kodwa akagotshiwe, uphathwa sengathi akanto yaluitho kodwa akaziboni engento yaluitho. Ulinde ngesineke ukuba owokufika aphazame bese owengabadi emhlala izithonto. Owengabade uhlale ethuka izanya. Akunakushiwo ukuthi uhlaliswe lubhojozi nokuthi uhlalele ovalweni. Imisipha yokholonayiziwe ihlezi imi ngomumo, hhayi ngoba ehlalele ovalweni. Empeleni ukuba nangokuphazima kweso nje, uma kuthi khwasha aphendule amatafula, umzingelwa abe ngumzingeli. Owengabade ungocindezelwe ophupho lakhe elingaguquki likungukuba ngumhluphi. Izimpawu zokuhleleka nozinzo lomphakathi – amaphoyisa, imisindo eyinhlabamkhosi yakumabhalekisi, ukuviliyela kombutho wezokuvikela namafulegi aphephezelayo – ngesikhathi esifanayo zithi zikhwantshabalisa zibe zivusa usinga – phela azedlulisi nje umyalezo othi 'Ungalinge uthi nyaka'; kunalokho zimpongoloza zithi 'Vivela ukuhlasela.' Futhi, empeleni, ukuba nje okholonayiziwe ubenomkhuba wokozela bese ekhohlwa, ukuzithwala nokuqhosha kowokufika nelukuluku lakhe lokuvivinya amandla ohlelo lokukholonayiza bekuyomkhumbuza njalo nje owengabade ukuthi olwamanquma olukhulu ngeke luhlehliswe unomphelo. Lokho kulobiza kokufuna ukuthatha isikhundla samakholonisti ngandlela thile kusho ukuthi izinyama azihlale ziqinile sonke isikhathi; futhi empeleni siyazi ukuthi ngaphansi kwezimo ezithile ezishukumisa imizwa, ukuba khona kwengqinamba nesithiyo kugqamisa ukuthambekela ekwenzeni umnyakazo.

Ubudlelwane phakathi komkholonisti nomkholonayizwa buwubudlewane bezikhwepha. Umkholonisti ugaba ngendluzula ekubhekaneni noquqaba. Ungumbukisi ongunontandakubukwa. Itwetwe analo ngokuphepha noku-vikeleka kwakhe limenza akhumbuze owengabade kuzwakale nakude ethi: 'ngibheke kahle, yimi ophethe lapha.' Owokufika wenza ukuthi kowengabade kuhlale kulanguka ulaka owokufika aluncintsha oluzokhishelwa kukho; oweng-abade ubhajwe emaketangweni ansinyayo okubuswa ngabezizwe. Kodwa-ke sesibonile ukuthi owokufika ugcina nje ngokumfaka ingebhembumbulu kuphela owengabade. Ukushiselwa yigazi kowengabade imvamisa kubhodlwa ngeziqubu zokunukelwa kwakhe yigazi – ezimpini zezigodi, imibango yozalo nasezingxabanweni nje phakathi kwabantu.

Kumuntu ngamunye, kubonakala amandla okunqatshelwa ukusebenzisa ukucabanga ngendlela evamile. Nanxa owokufika noma iphoyisa, ilanga lonke elingajahe kushona, benelungelo lokubhaxabula owengabade, ukumeyisa nokumethuka, nokumenza agaqe ngamadolo ezincengela, uzobona owengab-ade ehosha isikhali uma kuthe pheze nje omunye wengabade emnyonkoloze ngeso elinolaka noma elinothuli; kwazise kowengabade ithemba lokugcina ngukuvikela isithunzi sakhe uma ebhekene ngeziqu zamehlo nowengabade wakubo. Imibango yezigodi isebenza kuphela nje ukubhebhezela amagqubu amadala angakhohlakali nhlobo. Ngokungena shi kulo mbango wegazi wokuziphindiselela, owengabade uzama ukuzenza akholwe ukuthi ukukhol-onayizwa akukho, ukuthi zonke izinto zisahamba njengaphambilini, ukuthi umlando uyaqhubeka. Lapha, ezingeni lezinhlangano zomphakathi silubona ngokucacile ukhondolo olwaziwa kabanzi lwendlelakuziphatha yokushalazela nokugwema. Kusengathi ukungena shi ekuchithekeni kwegazi labakubo ku-vumele abengabade ukuba bazibe okuyisithiyo, ukusihlehlisela olunye usuku isinqumo, nokho esingenakugwenywa, esivusa udaba lomzabalazo wezikhali wokuhloma kuliwe nekholoniyalizimu. Ngakho umfelandawonye wokuzibhubhisa nokuzigwaza ngowabo kwabendabuko ngendlela eshaya kuzwele ngempela kungenye yezindlela okukhishwa ngazo ukushiselwa yigazi kowendabuko. Lonke lolu khondolo lwendlelakuziphatha ngolokugijima uziphonse ekufeni lapho ubhekene nengozi, ukuziphatha okumema ukufa, okunika ubufakazi kowokufika (obukhona bakhe nokuqhoqhobala owendabuko kubonwa yibo bonke kufanelekile) bokuthi laba bantu akubona abantu abahluzekile engqondweni. Ngendlela efanayo owendabuko amgwema ngayo owokufika. Ukukholelwa ekufeni ngenxa yesigameko noma inhlekelele kuyalisusa lonke icala legazi kumcindezeli; imbangela yamashwa nobubha isulelwa kuNkulunkulu: konke kulawulwa nguYe. Ngale ndlela umuntu ngamunye wamukela ukuhlakazeka okuwumyalelo kaNkulunkulu, akhothamele owokufika nakho konke okwakhe, bese ngendlela ethile yokuzotha kabusha emphefumulweni athole ukuzola okunqunu okungenamfudumalo.

Nokho, kwenzeka konke lokhu nje, okholonayiziwe welapha ukuzenyeza kwakhe okumumethe ubudlamlilo bakhe ngokuncika kuzinkolelo zakhe ezethusayo ezivame kangaka ukutholaka emiphakathini engakathuthuki. Kunemimoya enolaka olubhubhisayo egxambukelayo njalo nje uma unyawo lunhlanhlatha, abantuzingwe, abantuzinyoka, izinja ezinemilenze eyisithupha, imingcwi – uchungechunge lonke lwezilokazanyana noma amazimuzimu okubiyela owengabade emhlabeni wezinqabelo, wemigoqo nezithiyo okwesabisa kakhulu kunokubuswa ngowokufika. Le mpilo esemithanjeni yemiphakathi yabendabuko egcwele ukukholelwa emilingweni inomphumela ogqamile kwezenkanuko yocansi. Enye yezinto ezaziwayo ngemiphakathi engakathuthuki ngukuthi, okokuqala nje nokubaluleke kunakho konke, inkanuko yocansi iwudaba lomphakathi noma lomndeni. Isibonelo nje kuchazwe ngokugcwele ngabacwaninga ngezifundo zemvelaphi yabantu okutholakala emiphakathini lapho kuthi uma owesilisa ephupha esocansini nowesifazane okungeyena owakhe, evuma esidlangalaleni bese ehlawula ngandlela thize noma ngezinsuku zokusebenza ezithile kumyeni noma umndeni wenkosikazi ayiphuphile. Singakuphawula nje, nanxa singegxile kukho, ukuthi imiphakathi ebizwa ngokuthi eyangaphambi komlando iyakwazisa ukubaluleka kwemicabango engahlosiwe.

Umoya wokusanganekwane nemilingo uyangethusa futhi ngaleyo ndlela uba ukungokoqobo okungenakungatshazwa. Ngokungethusa kwakho, kungididiyela ndawonye emasikweni nasemlandweni wesifunda nesizwe okuyimvelaphi yami, futhi ngesikhathi esifanayo, kuyangiqinesekisa, kungiphe isithunzi, sengathi kuyiphepha elingumazisi wami. Emazweni angakathuthuki, impilo yokuse-benzelana nemimoya iyimpilo yomphakathi ongaphansi kokubuswa yimilingo ngokuphelele. Ngokuzithandela kulolu chungezibopho okungaphulukundleki kulo, lapho izenzo ziphindwa khona ngokucace bha okungagwemeki, ngithola umhlaba waphakade ongowami, nokunganqumuki okuqinisekiswa yilokho, kungumhlaba othi thina. Ngikholwe uma ngithi, imingcwi yesabeka ukwedlula abokufika; umphumela wukuthi inkinga akuseyona nje eyokuthi umuntu azigcine enegama elihle emhlabeni wobukholoni nezintandela zawo zameva, kodwa ngukucabanga kaningana ngaphambi kokuba sichame, siphimise, noma siphumele phandle ebumnyameni bobusuku.

Amandla emilingo, angaphezu kwawemvelo aziveza ikakhulukazi engaqondene ngqo nomuntu ngamunye; amandla esifiki athotshiswe unomphelo, agxivizwe ngophawu lwemvelaphi yawo yakomunye umhlaba. Asisekho nhlobo isidingo sokulwa nabo ngoba okubalulekile yisitha esesabekayo esakhiwe okunobun-ganekwane. Kube sekucaca-ke ukuthi konke kulanyulwa wukungqubuzana unomphelo emkhathini wezibonakaliso zakwelemimoya.

Sekwenzeke njalo nje emzabalazweni wenkululeko ukuthi abantu abanjalo, phambilini ababedukuza kokusemqondweni nje bacushwe ngonoxhaka besihluku esingenakuchazwa kodwa bakulungele ukugxilisa izingqondo zabo osizini olusaphupho nje, abantu abanjalo bavele bakhumuke, bazihlele kabusha kuthi ekugobhozeni kwegazi nezinyembezi zabo bathathe izinyathelo ezisheshayo ezingokoqobo ngempela. Ngokupha ukudla izigagayi ezingamadelakufa, ukujuba izinhloli nabahlabimkhosi ukumisa izikhungo zokuqaphela, ukusiza imindeni entulayo, ukulekelela umndeni oshonelwe yinhloko yekhaya noma eboshiwe – injalo imisebenzi ephathekayo abantu ababamba iqhaza kuyo ngesikhathi somzabalazo wenkululeko.

Emhlabeni wezifiki ezingababusi, ukuthunukwa wubala kwemizwa yowengabade kuhlale kuchaywe obala okwesilonda esivulekile esishoshozeliswa ngokulimaza inyama bese ingqondo idideka izikhohlwe, ikhiphe isibhongo ngokukhombisa ukuba nguphumasilwe okubangele amadoda athile akhaliphile ukuba aphethe ngokuthi owengabade uwuhlotshana olunamawala. Lokhu kuzwela kalula okuqashwe ngeso lokhozi ngabalawuli abawumshoshaphansi kodwa abangedukelani nomongo wobunjalo bomuntu, kuzothola ukugcwaliseka kwakho ngezinkanuko kwabanamandla abaseqhulwini kulo mkhankaso wokuxazulula le nzukazikeyi.

Kwelinye izinga sibona ukushukumiseka kalula kwemizwa yowengabade lapho ezitika ngokusina nokudansa okuchichimisa injabulo ngandlela thile. Kungakho nje kunoma yiluphi ucwaningo olwenziwayo ngendlela yokuphila yobukholoni kubalulekile ukuba lungalikhohlwa iphuzu lokusina, umdanso nokungenwa ngumoya. Indlela abantu abakholonayiziwe abaphumula ngayo ngukunyakazisa umzimba okubasizayo ukuthi bakhiphe konke okubi, ubudlova bese bekuphendula bakunike amandla anosizo. Inkundla yomgido iyisiyingi esivumela konke nje: siyavikela sibuye sivumele. Ngezikhathi ezithile ngezinsuku ezithile, abesilisa nabesifazane bayahlangana ndawana thizeni, kanti lapho, libathe njo iso elingacwayizi lesizwe, bajuluka babe manzi te ngokunandisa okubukeka kusanhlakanhlaka nje kodwa empeleni okuhleleke ngendlela eyinqaba, okuvezwa ngezindlela eziningi – ukunikinwa kwekhanda, ukugoba ngomhlane wonke, ukuqethula umzimba wonke sakulala ngomhlane – konke kuqondakala sengathi kusencwadini evuliwe nje bo, umzamo omkhulu womphakathi wokuzihlambulula, ukuzikhulula emaketangweni, ukuzichaza. Akukho mingcele lapha – phakathi esiyingini. Igquma leli olenyukile sengathi ufuna ukusondela enyangeni; usebe lomfula owehle ngalo sakukhombisa ukuhlobana phakathi kokusina nokugeza, ukukhuculula amashwa nokuhlanjululwa – lezi yizindawo ezinobungcwele. Akukho mingcele – ngoba empilweni engokoqobo ukuhlangana kwenu ndawonye kungukuvumela inkanuko esinqwabelene, isihluku esinqwabelene, kuncibilike wena owabona ubindiza lwentabamlilo. Uphawu lokubulawa kwabantu, ukugabavula okuvusa amadlingozi, ukubulawa koquqaba ngeso lengqondo – konke kufanele kuphumele obala. Izifo nezinhlungu kuyadedelwa kugobhozele le kude ngomsindo omkhulu njengowodaka olushisayo onjengowokuqhuma kwentabamlilo.

Uma sewedlule kulokhu, usulawulwa yimimoya ngokuphelele. Empeleni lena yimibuthano ehlelekile yokuzoxhumana nemimoya, ukuphila nayo noma ukuyikhipha; okubalwa kukho ukukhulekela imomoya encela igazi labantu. ukuthunjwa ama*djinns*, imingcwi, kanjalo noLegba unkulunkulu odumile wehlelo lwamalumbo *evoodoo*. Ukuncibilika kobunjalo bomuntu, ukuqhekezeka nokuhlakazeka konke lokhu kufeza injongo esukela emandulo ewumongompilo wobukholoni. Lapho besuka emakhaya, abesilisa nabesifazane bebengenasineke, begida ngezinyawo bekhungethwe yinjabulo enexhala; lapho sebebuya, isigodi sakubo sesiphinde sembatha ukuthula; isigodi sesiphinde saba nokuzola nokuzinza okungaphazamiseki.

Ngesikhathi somzabalazo wenkululeko, kubonakala ukuhlamuka la masiko okugqamile. Limshonele owengabade, ummese ubekwe entanyeni, noma ngokunembile singathi nje amankwahla akhe axhunyelwe kugesi: akusekho ukusinisa amahleza.

Emva kwamakhulunyaka empilo engempilo nokudwanguza ekuzikhohliseni okuxaka ukwenza, ekugcineni owengabade, ngesandla ephethe isibhamu, ubhekana ubuso nobuso nokuwukuphela kwesitha esifuna ukumqhobozela – isitha esingukukholonayizwa. Intsha yasezweni elikhonolayiziwe ekhulele kulesi simo senganono nomlilo ibona kuyihlaya nje futhi ingumbhedo indaba yemingcwi yokhokho bayo, amahhashi amakhanda-mabili, abafa baphinde bavuke, kanye nama*djinns*, okutshobela emzimbeni wakho ngenkathi uzamula. Owengabade ugcina esebubona ubunjalo besimo sempilo yakhe bese esiguqula ngezenzo nemicabango yakhe, asebenzise nodlame kanye nenqubo ebhekelene nomzabalazo wenkululeko.

Sesibonile-ke ukuthi lona kanye lolu dlame olungolokwethusa nje ngalesi sikhathi sokukholonayizwa, eqiniseni lugcina lungasathi shu. Sibonile ukuthi lugcina selulingiselwa ekugideni nasekuthunjweni yimimoya; silubonile luset-shenziswa kakhulu ekubulalaneni kwabozalo. Inkinga-ke manje ngukulawula lolu dlame oseluziveza ngendlela ehlukile. Nanxa phambilini lwalusebenza esimweni sezinkolo-ze nezindlela ezingemsulwa zokubulala iningi, isimo esisha sempilo senza ukuthi lolu dlame lubhekane ngqo nohambo olusha.

Uma sibheka inkululeko yamazwe abuswa ngabezizwe ngehlo lezepolitiki nezomlando, kuyacaca ukuthi kulesi sikhathi inkinga enkulukazi ingeyoku-cabanga: kubonakala kanjani ukuthi isimo sesilungele umzabalzo wenkululeko? Kufanele kuqalwe ngokuba sivezwe sinjani? Ngoba ukudikholonayiza kuza ngezindlela nemikhakha eminingi futhi eyahlukahlukene, izindlela zoku-cabanga ziyashintshashintsha bese kungabi lula ukusho ngokuqiniseka ukuthi kuyini ngempela ukudikholonayiza okuyikho nokuthi kuyini okungeyikho. Sizobona-ke ukuthi kulabo abazinikezele kwezepolitiki kuyaphuthuma ukufika ezinqumweni ngamacebo nezidingo, okungukuthi, wenziwa futhi uhlelwa kanjani umzabalazo. Uma kungenjalo, kufana nje nokuthi labo abazithandelayo baphakamisa izandla benze umsebenzi nangayiphi indlela futhi okungagcina sekunemiphumela engemihle.

Ngesikhathi sokubuswa ngabezizwe, kuba yiziphi-ke izinto ezizeva amathuba amasha, namanxusa ezentuthuko kwezodlame lwalabo abakholonayiziwe?

Okokuqala nje kuba abezepolitiki, izingcithabuchopho nosomabhizinisi abavelele. Kodwa-ke okusheshe kucace ngukuthi amanye amaqembu ezepolitiki agcizelela imigomo, angagxili ekukhipheni imiyalo ecacile. Ngelesi sikhathi sokukholonayizwa, imisebenzi yamaqembu ezepolitiki iba ukulwela ukhetho. Lokhu kwenza ukuthi imisebenzi yabo ibhekane nje nefilosofi nezingxoxo zezepolitiki eziphathelene namalungelo abantu okuzinikezela emzabalazweni, amalungelo okuhlonipheka, inkululeko yokuphuma ekuhluphekeni nendlala kanjalo nokuningi okuhambisana nesiqubulo esaziwayo: 'Umuntu ngamunye, ivoti elilodwa.' Amaqembu ezepolitiki awalingi agcizelele isidingo sokubhekana ngqo ngoba inhloso akukhona ukuketula umbuso. La maqembu ezepolitiki akhetha ukulandela nokulalela imithetho, aqhakambisa ukuthula nokuzwelana; akucelayo nokubalulekile kubo kuba ngukuthi: 'Sinikezeni nathi amandla okubusa.' Odabeni lodlame, izitatanyiswa azicacisi kahle ukuthi zimi kuphi. Inkulumo iba nodlame kodwa izimo zengqondo zihlala zibhekene nezinguquko ezingayi ndawo. Kanti izicukuthwane zabaholi bezepolitiki yesizwe zisho into eyodwa kodwa kube kusobala ukuthi ezikushoyo akufani nezikucabangayo.

Indlela-ke amaqembu ezepolitiki ayiyo kumele ibukwe kahle iqondakale ukuthi ibanga lawo livela ebaholini bawo kanjalo nalaba abawasekayo. Abaseki bamaqembu ezepolitiki ngabavoti basemadolobheni. Laba basebenzi, othisha basezikoleni zamabanga aphansi, abanamakhono emisebenzi yezandla, osomabhizinisi abancane nabanikazi bezitolo asebeqale ukuthola inzuzo ngesimo sokukholonayizeka – ngendlela ebanga usizi nozwelo – banezifiso zabo nje ezizuzisa bona. Abakufunayo yimpilo engcono namaholo angcono. Izingxoxo phakathi kwamaqembu ezepolitiki nekholoniyalizimu ziyaqhubeka nje zingamiswa lutho. Izinkulumo zigxila ekwenzeni ngcono isimo, ekubeni nokumelwa okuphelele uma kuvotwa, ekukhululekeni kwabezindaba, nokukhululeka ekuthini ubani uzwana, uzihlanganisa futhi uphilisana nobani. Kukhulunywa ngezinguquko nje ezincanyana, ezingatheni. Kungakho nje kungamangalisi ukubona bebaningi abantu abakholonayiziwe ezikhundleni zamagatsha amaqembu ezepolitiki asemadolobheni. Laba bantu baba yizishovushovu ezivutha bhe ezibambelele esiqubulweni esingayi ndawo esithi: 'Amandla kubasebenzi,' bakhohlwe ukuthi eqinisweni iziqubulo ezibalulekile kowabo umhlaba, okumele zigqanyiswe, kuqalwe ngazo ngezimayelana nenkululeko yesizwe. Ingcithabuchopho ekholonayiziwe inolaka olubhekiswe kumkholonayizi, lokufisa ukwamukeleka empilweni yomkholonayizi. Ulaka lwayo ilubhekise ezintweni ezifeza izidingo zayo kuphela. Umphumela walokhu-ke kuba ukususunguleka kwesigaba sezigqila ezikhululiwe, noma izigqila ezikhululeke ngazodwana. Ingcithabuchopho ifuna izindlela zokukhulula izigqila eziningi nezindlela zokuphemba amaqembu abakhululeke ngokweqiniso. Ngakolunye uhlangothi, uquqaba lwabantu lona alunasikhathi sokuhlala lubukele abathile bevulekelwa amathuba, bephumelela ngabodwana. Okufunwa yiningi akusona isikhundla somkholonisti, indawo yakhe. Iningi elikhulu labakholonayiziwe lifuna ipulazi lomkholonisti. Kubona, okubalulekile akukhona ukuqhudelana nomkholonisti, kunalokho ngukuthatha indawo yakhe.

Abalimi abantulayo bayabandlululeka ezinkulumweni nasemikhankasweni yamaqembu ezepolitiki. Kodwa kuyacaca ukuthi emazweni akholonayiziwe, abantu abangamavukelambuso angempela yibo abantulayo, kwazise kuningi abangakuzuza ngokuvukela umbuso, kunokungabalahlekela. Laba abancishwe amalungelo, nabahluphekile bedliwa indlala ekuhlukumezekeni kwabo kuhle kubacacele ukuthi wudlame kuphela olusebenzayo, olubanikeza abakufunayo. Kulaba bantu-ke ayikho enye indlela; alikho ithuba lokubonisana. Noma ngabe kukhulunywa ngokukholonayiza noma ngokudikholonayiza kuyazifanela nje; wumzabalazo wombusazwe lona. Abahlukunyeziwe bazi kahle ukuthi inkululeko yabo ibiza ukusebenzisa konke abangakusebenzisa ukuze bakhululeke, futhi udlame lungokokuqala abangakusebenzisa. Mhlazane uMnumzane uGuy Mollet ecela umaluju ezifikini zamaFrench e-Algeria ngonyaka we-1956, iqembu leFront de la Liberation Nationale (FNL) lasho into esiyaziwa kakhulu engukuthi ikholoniyalizimu ixegisa ingcindezelo yayo kuphela nje uma ummese ubekwe entanyeni yayo. Ngaleso sikhathi akekho umAlgerian owayecabanga ukuthi leso simo siwudlame uqobo lwalo. Le ndlela yokucabanga wonke ama-Algerian ayeyizwa iyiqiniso nje ukuthi ikholoniyalizimu ayifani nomshini ocabangayo futhi ayiyena umuntu ozalwe enamakhono okucabanga. Kanti-ke ikholoniyalizimu ngokwemvelo iwudlame, igoba uphondo kuphela uma ihlaselwe ngobudlova obudlula obayo.

Kufika isikhathi-ke lapho amakholoniyalisti ayizicukuthwane kade ethule sonke lesi sikhathi, eqale akhulume. Afika nombono omusha wokwenza isimo sekholoniyalizimu: ukungabi nodlame. Lo mbono wokungabi nodlame utshela izingcithabuchopho nosomabhizinisi abaphakeme ukuthi izimfuno zabo ziyafana nezezicukuthwane ezingamakholoniyalisti, ngakho kumele bawalandele ngoba kudingekile futhi kuyaphuthuma ngoba inhloso ngukuthi kuvunyelwane ukuze kuzuze umphakathi. Ukungabi nobudlova yindlela yokuzama ukuxazulula inkinga yekholoniyalizimu ngezingxoxo zokubonisana etafuleni ngaphambi kokuba okungenakuguquleka kwenzeke, ngaphambi kokuba kuchitheke igazi noma kwenzeke izigameko abantu abangazisola ngazo. Kodwa uma iningi labantu lithatha izinqumo lenze elikuthandayo, lishise libulale, ngaphambi kokuthi izihlalo zibekwe etafuleni lokubonisana; akuthathi sikhathi bese sibona izitatanyiswa nabaholi bezicukuthwane bekhuluma neziphathimandla zamakholonisti bazitshele ukuthi: 'Zimbi izinto bakwethu! Kwazi bani ukuthi kuyophelelaphi konke lokhu. Kumele sithole isixazululo, sizame ukuthelelana amanzi.'

Lo mbono wokuxegisa izimfuno ubalulekile-ke uma kukhulunywa ngokudikholonayiza, nakuba kungelula. Ukuthelelana amanzi kusho ukuthi izinhlangothi zombili kufanele zivumelane; uhlangothi lwabezizwe nohlangothi lwesizwe esisakhula. Laba ababambelele kukholoniyalizimu kuhle kubacacele ukuthi uquqaba lweningi lungahle lubhubhise lucekele phansi yonke into. Ukubhidlizwa kwamabhuloho, ukucekelwa phansi kwamapulazi, ingcindezelo, nempi kungaziphazamisa ezomnotho. Ukuxegisa kuba semqoka ezicukuthwaneni zesizwe ezingakwazi ukubona ukuthi lesi sivunguvungu siza nani, nokuthi singahle semuke nabo, ubezwe sebekhuluma namakholonisti bethi: 'Sinawo amandla okulwa nalokhu, iningi liyasethemba, sheshisani uma ningafuni ukuthi konakale zonke izinto.' Uma-ke izinto zibhebhezeleka phambili, umholi weqembu labesizwe ube esededa angazimbandakanyi nodlame. Uma esetshela wonke umuntu ukuthi akahlanganise lutho nalaba bantu beMau-Mau, la maphekulazikhuni, laba bashokobezi, laba babulali, uvama-ke ukuthi ubezibeka *phakathi nendawo*; ngapha kube wuquqaba, ngapha kube amakholonisti, bese kuba nguye 'umlamuli'. Lokhu-ke kusho ukuthi ngoba amakholinisti awakwazi ukukhuluma ngqo nabeMau-Mau, nguye-ke obephenduka abe ngumkhulumeli wawo, aqale izingxoxo. Lokhu kwenza ukuthi abantu ebebesemuva bazithole sekufanele bazifake ezingxoxweni zokubonisana nokubuyisana. Lokhu-ke kwenzeka ngoba vele bahlale beqikelele ukuthi babe nobudlelwano obungan-qamuki kukholoniyalizimu.

Ngaphambi kokuthi kuqale izingxoxo zokubonisana, amaqembu ezepoli-tiki akhuthalela ukuchaza nokubeka izaba ngalobu bulwane. Bayaziqhelisa emzabalazweni wabantu futhi baze bezwakale bekhuluma ngasese ngezenzo abazibona ziwubuxhwanguxhwangu eziye zibikwe ngamaphoyisa nabezindaba basemadolobheni. Ukuzixakekisa ngezinto ezizifanisa neqiniso kuba yisizathu esivumekile esibonisa ukwahluleka kwabo. Kodwa-ke le ndlela evelele yokubuka izinto ingcithabuchopho ekholonayiziwe kanye nabaholi bamaqembu esizwe ayisilo iqiniso elingaphikiseki. Eqinisweni kwabona abaqinisekisile ngokuthi lolu dlame olunobudedengu luyiyona ndlela ezobayisa yini lapha befuna ukuya khona, ngokuvikela okungokwabo. Okunye-ke bayabona ukuthi udlame aluyona indlela ezobazuzisa abakufunayo. Ngokwabo akungabazeki ukuthi nanoma yimuphi umzamo wokuphozisa udlame lwamakholonisti ngokusebenzisa udlame kuwukuphelelwa yithemba, kufana nokuzibulala. Ingoba izikhali zempi zamakholonayiza ezinjengamathenki kanye nezindiza zempi kuhlezi kusemiqondweni yabo. Uma betshelwa ukuthi *kumele sinyakaze*, bavele bab-one ngamehlo engqondo amabhomu ehla esibhakabhakeni, izimoto zempi ziduma emigwaqeni, imvula yezinhlamvu zezibhamu, amaphoyisa – bese bema benganyakazi. Bayizehluleki zibekwa nje. Ukungakwazi ukuphumelela ngodlame akudinge kuboniswa; bahlale bekuveza imihla ngemihla ezimpil-weni zabo kanjalo nezindlela zokuviva. Selokhu besesimweni esisabuntwana lesi u-Engels asichaza ngobukhulu ubungane lobu kule nkulumompikiswano noMnumzane uDühring:

Njengoba uCrusoe akwazi ukuzitholela eyakhe inkemba, nathi sine-lungelo lokuthi kuthi nje ekuseni uLwesihlanu mumbe aqhamuke esephethe isibhamu esihlohlwe izinhlamvu bese kucaca-ke ukuthi zonke izinto zizoguquka, 'amandla' ahlanekezeleke. ULwesihlanu ukhipha umyalo kanti nguCrusoe okumele asebenze kanzima.... Ilapho kucaca khona-ke ukuthi isibhamu siyanqoba, sinamandla adlula awenkemba. Lokhu-ke kwenza ukuthi okungadinge kuchazwa ngoba kuzicacele, aqondisise ukuthi udlame akuyona nje into ezenzekalelayo, luyinto edin-ga ukuthi izimo zezinto zikulungele. Lokhu kusho ukuthi ngoba izikhali zehlukahlukene, lezi ezicije kakhulu kunezinye zinamandla athe xaxa, zikwazi ukuzinqoba lezi ezingebukhali kakhulu. Lokho kwenzeka sazi futhi ukuthi izikhali ziyakhiwa, okusho ukuthi lo okhiqiza izikhali ezi-namandla kakhulu nguye owehlula umkhiqizi wezikhali ezingebukhali kakhulu. Lokhu kubonisa ukuthi indaba incike ekuthini yimuphi um-khiqizi onamandla ozikhali zakhe zinamandla adlula awezinye izikhali. Okungukuthi, ukuthi ngubani onamandla adlula awomunye kuya ngo-kuthi ngubani okhiqiza lezo zikhali. Ngamanye amazwi konke kuncike 'emandleni ezomnotho', kuncike ekutheni 'umnotho wezikhali uhleleka' kanjani, ngubani onamandla ngaphezu komunye.[3]

Eqinisweni abaholi benguquko akukho abangakusho ngaphandle kokubuza ukuthi: 'Nizolwa nomkholonisti nihlome ngani? Ngemimese? Ngamavolovolo enu?'

Yebo, izikhali zibalulekile emkhakheni wobudlova ngoba ekugcineni konke kuya ngokuthi lezi zikhali zabiwe kanjani. Kodwa-ke kulolu daba lwamazwe aphethwe amakholonisti izinto zizibonakalisa ngenye indlela. Nasi nje isibonelo, ngenkanti yePeninsula War – okwakuyimpi enobuqiniso, uNapoleon wazithola esehlehlela emuva nakuba wayenamasosha ayizi-400 000 ngokuhlaselwa kwabo ngentwasahlobo yonyaka we-1810. Izikhali zamaFrench, isibindi samasotsha empi, nobukhali babaholi bale mpi bashiya yonke i-Europe ithuthumela. Kwathi uma ebhekene nokunotha okunamandla kwezimpi zikaNapoleon, amaSpanish ejatshuliswe ukudlondlobala kwesizwe sawo, aqala impi yomshoshaphansi eyayikade isetshenziswe ngaphambili ngamasotsha ase-America eminyakeni engama-25 ngenkathi elwa nabaseBritain. Kodwa impi yomshoshaphansi, isikhali sobudlova esisetshenziswa abakholonayiziwe singagcina singenzanga lutho uma singabalulekile ezimweni zokuqhudelana kwezinhlangano zabashushumbisi nogombelakwesabo emhlabeni jikelele.

Ngenkathi kuqala ikholoniyalizimu ibutho elilodwa nje lamasotsha lalikwazi ukwenaba ligcwale enkulu kabi indawo, okufana nokusuka eCongo naseNigeria uze uyofika e-Ivory Coast, njalonjalo. Kodwa kule minyaka umzabalazo wab-akholonayiziwe uyingxenye yezimo ezahlukile kunakuqala. Uhlelo lomnotho wogombelakwesabo luya ngokuya ludlondlobala, lokhu kwenza ukuthi amazwe akholonayiziwe bawabuke njengamazwe abaphanda kuwo imikhiqizo yemvelo okuthi uma sebeyiguqulele ukusetshenziswa bese beyithuthela ezimakethe ezisemazweni ase-Europe. Kuthi-ke emva kwalesi sikhathi sokuzitapela bebhekene nokuqokelela umnotho umathanda ube usushintshile-ke manje ngoba sebebhekene namanani enzuzo. Amazwe angamakholoni sekuyiwona manje aseyimakethe. Abantu abasemazweni angamakholoni yibo abajika babe imakethe yabathengi. Lokhu kusho ukuthi uma izwe elibuswa ngabezizwe kumele libiyelwe ngamasotsha aligade, uma ezohwebo zifadabala; ngamanye amagama, uma imikhiqizo nokuphuma ezimbonini kungasahwebeki ngakho, lokhu kuba wufakazi wokuthi ukusetshenziswa kwamabutho empi akulungile. Ukubambelela kulezi zindlela zokubusa ezazisebenza ngezikhathi zobugqila akuwusizi neze umnotho wasemadolobheni amakhulu, akubi nanzuzo kwezomnotho. Iqembu elilawula izicukuthwane komasipala abakhulu alisoze lavumelana nokuthi umbuso wezwe ube owokusebenzisa izikhali nje. Okulindelwe yilaba abatshala izimali emadolobheni kanjalo nosozimboni akukhona ukucekelwa phansi kwabantu abakumakholoni, kodwa ukuvikela 'okungokwabo ngokomthetho' ngokusebenzisa izivumelwano zezomnotho.

Umnotho wokuqonela abanye usebenzisana kahle nezodlame eziqubuka emazweni akholonayiziwe. Kunjalo nje laba ababuswa ngabezizwe ababod-wa ekubhekaneni nabacindezeli, kwazise kunosizo lwasemazweni anen-qubekelaphambili nabantu bawo, ezepolitiki kanye nobudlelwane namanye amazwe. Okukhulu kunakho konke ukuthi kunokuqhudelana nokulwisana okungenamsebenzi kwabezimali. IConference of Berlin yakwazi ukubhidliza e-Africa yahlukaniselwe amazwe amathathu noma amane nje ase-Europe. Kumanje nje indaba akuyikho ukuthi lelo nalelo zwe lase-Africa liphansi kwamaFrench noma amaBelgium, kodwa indaba isekuthini umnotho wala mazwe uphephile yini. Esikhundleni sezimpi zokubhubhisa ngamabhomu nokuqothulwa kwezwe manje sekubaluleke indaba yomnontho nokuzinza kwawo. Ukuzama ukuqeda imibuso yama*sultan*, amaSulumane ayizicebi, angamavukela sekwaphela. Indlela yokwenza seyajika ngoba izinto sezijikile, ulaka lwempi negazi akusasebenzi, ngakho amacebo okugudluza uCastro azokwenziwa ngokuthula. Izwe laseGuinea libanjwe ngobhongwana. Izwe laseMossadegh libhujisiwe lantekenteke. Uma umholi wezwe esaba udlame usuke edideke ngempela ecabanga ukuthi ikholoniyalizimu izokhwela izehlele, 'isibulale sonke'. Amasotsha yebo ayaqhubeka ukubamba iqhaza kwezombuso wezwe kodwa indaba enkulu ngeyomnotho. Yiwo-ke umnotho osubamba iqhaza elinzulu.

Amaqembu ezepolitiki alinganiselwe azithola ecelwa ukuthi akhulumisane kahle namakholoniyalisti, ahloniphe wonke amacala. Uma-ke la maqembu ethatha isinqumo sokwenza noma yini, akwenza ngezindlela ezinokuthula okwedlulele. Ngokuvamile kuba izinyunyana ezenza lo msebenzi: zigqugquzela ukumiswa kwemisebenzi ezimbonini ezisemadolobheni, ukubhikisha kwen-ingi,ukushayela umholi ihlombe, nokutelekela amabhasi noma imikhiqizo evela kwamanye amazwe. Konke-ke lokhu kwenza abantu bakhululeke behlise ulaka kanti namakholoniyalisti ezwa ingcindezi. Le ndlela yokwenza inika abantu ithuba lokuphefumula, futhi kwesinye isikhathi iyaphumelela. Kusukwa etafuleni lezinkulumo ezingxoxweni zobambiswano kuye kwezepolitiki okunika uMnumzana uM'ba, umongameli weRepublic of Gabon igunya lokusho ngeqholo ngenkathi efika eParis ukuthi: 'IGabon yizwe elikhululekile nakuba kungekho nto eshintshile phakathi kweGabon neFrance.' Eqinisweni nje umahluko uwodwa, usekutheni uMnumzana uM'ba usengumengameli waseGabon bese eba isimenywa sikamengameli weFrench Republic.

Izicukuthwane zamakholonisti ziyasizakala ngoba ulaka lwabakholonayiziwe luya ngokuya lwehla ngenxa yokukholwa. Inkolo yesonto iqhakambisa ukuthi abangcwele laba abathi uma beshaywa ngempama baphenduke baveze isihlathi esinye, babaxolela labo ababonile, abathukwa ngenhlamba bekhafulelwa nanga-mathe, yibo abayizibonelo ezinhle zempilo. Abaphakeme abakholonayiziwe, emazwini abo, bafana nezigqila ezikhululekile okuthi uma sebesezikhundleni sebephethe imibutho yezenkululeko, bagcina sebephembe udweshu nje olun-gumzabalazo mbumbulu. Basebenzisa amagama athi *ukugqilazwa kwabantu bakithi* uma befuna ukuhlaza laba ababagqilazayo noma uma befuna ukuthi laba abaqhudelana ngokwezimali nabacindezeli babe nendlela yokukhuluma ngokuthuthukiswa kwenhlalakahle yabantu ngendlela eduma, engathi shu. Eqinisweni abalingi nokuqalisa nje ukukhulumisana nabagqilaziwe, abazami ngisho ukuzama *ukubagqugquzela ngomzabalazo wenkululeko*. Bavele benze okuphambene nalokho, bathi ukugqugquzela inkululeko yeningi kuyithuluzi elidala uqhekeko phakathi kwabantu elingenza umlingo wokuthi 'uqedwe uhulumeni wababusi bezizwe.' Kukhona-ke amavukelambuso kula maqembu ezombusazwe khona la kubaholi abangakholelwa enkululekweni yezwe. Indlela abakhuluma ngayo, izenzo zabo nolaka lwabo phambi kwabantu kuvuka ngokukhulu ukushesha, kudale ukungezwani nalaba bamaqembu ezepolitiki. Kancane kancane-ke babe sebegudluzwa bagcine sebekhishelwe ngaphandle. Kuthi kunjalo amaphoyisa amakholonisti agibele phezu kwabo sengathi vele kuyizinto obekuvele kufuneka zihambisene. Laba abangafunwa ngenxa yendlela abasebenza ngayo egcwele ulaka, bagcina sebedingisekile sebehlala emakhaya, kude nedolobha ngoba emadolobheni bayazingelwa baxoshwe, amasosha ezimpi nawo awabafuni, nabaholi bamaqembu bayabala. Kungalesi sikhathi-ke lapho bebona khona imiphumela yendlela abakhuluma ngayo ngoba abalimi abantulayo basuke bekade belalele konke abakushoyo, yingakho-ke nje bengachithi isikhathi bese bebabuza, nakuba bengalindele: 'Siqala nini?'

Le ngxoxo yokuhlangana kwamavukelambuso avela emadolobheni nabadla imbuya ngothi sizobuyela kuyo emva nje kwesikhashana. Okwamanje ake sigxile kule ndaba yamaqembu ezepolitiki ukuze sicacise ukuthi eqinisweni kwabakwenzayo kukhona okunenqubekelaphambili. Ezinkulumweni zabo, laba baholi bezepolitiki basebenzisa 'igama' lesizwe, balibize. Izimfuno zab-akholonayiziwe bayazicacisa, kodwa azinasisindo, akucaci ukuthi ngempela bahloseni ngohlu okufanele ludingidwe kwezepolitiki nezomphakathi. Baba nje nezimfuno esingazibiza ngokuthi ezingezokuqalisa, ezingengakanani nakuba besho ukuthi ukubumbeka kwesizwe kuzoba njani. Laba bezepolitiki abakhulumayo, ababhala emaphephandabeni ezwe, benyusa ithemba ebantwini bese kutshaleka izifiso zokuvukela umbuso kulaba abalalele nabafundayo. Imvamisa basebenzisa ulimi lwendawo. Yikho-ke lokhu okube sekudala ukuthi abakholonayizwe baqale bacabange ngempilo ehlukile, engcono kunale yokukholonayizwa. Kwezinye izikhathi bona laba bezepolitiki basebenzisa amagama athi 'Thina bantu abamnyama, thina ma-Arabhu.' Ukusetshenziswa kwala magama ngezikhathi zekholoniyalizimu kuthola amanye amandla, kwenyusa inkolelo ephakeme. Osopolitiki besizwe badlala ngomlilo. Njengoba umholi wase-Africa esanda kutshela intsha yezingcithabuchopho: 'Anocabanga ngaphambi kokuba nikhulume neningi, liyashesha ukwesasa.' Lokhu kusho ukuthi ikhona le ndlela yobuqili umlando odala ngayo umonakalo emazweni abuswa ngabezizwe.

Uma nje umholi wezepolitiki ebizela abantu emhlanganweni, kufana nokuthi igazi selinuka emoyeni. Kodwa ngokuvamile umholi uhlale ebheke 'ukubonisa' amandla anawo – yikhona abantu bezowazi nakuba engezukuwasebenzisa. Isasasa elidalwa yilokhu kwehla kwenyukwa, izinkulumo, izihlwele, amaphoyisa namasotsha, ukuboshwa kwabantu nokuyiswa ekudingisweni – konke lokhu kwenza ukuthi abantu babone sengathi isikhathi sokuthi kube khona abakwenzayo sesifikile. Ngalezi zikhathi zeziphithiphithi osopolitiki bagcizelela ukuthula ngakwesokunxele kuthi kanti ngakwesokudla bafuna imizamo yokuqondisisa ukuthi abaphathi bamakholonisti bahloseni ngempela.

Ukuze bakwazi ukuhlala besemandleni futhi babe nomdlandla wokuzabalaza, iningi libe selibambelela ekuxoxeni izindaba ezithizeni ezimpilweni zomphakathi. Isibonelo nje ngesalowo osekudingisweni, olwisana namaphoyisa mihla namalanga, noma lo obe esezinikezela emva kokubulala amaphoyisa amane noma amahlanu elwa yedwana, noma lo ozibulalayo kunokuba azinikezele, emehlweni abantu bonke baba izibonelo ezinhle, amaqhawe nongqondongqondo bokwenza izinto zenzeke. Asibibikho-ke isidingo sokuthi iqhawe liyisela, isixhwanguxhwangu noma osezingeni eliphansi. Uma into lo muntu aboshelwe yona abezomthetho wamakholoniyalisti kuyisenzo esiqondene nokulwisa wona noma okungowawo, leso senzo kuyacaca ukuthi singesani. Indlela yokuzwelana naye iyazicacela, ayithandabuzeki.

Kulesi simo sokudlondlobala kumele siqhakambise ukubaluleka kokugqugquzela umzabalazo okungumlando wokuphikisana nokubuswa ngabezizwe. Abantu ababalulekile emilandweni yabakholonayiziwe njalo nje kuba yilabo abahola umzabalazo wokulwisana nezifiki ezizothatha umhlaba. UBehanzin, uSundiata, uSamory no-Abdel Kader bakhunjulwa ngomkhulu umdlandla lo, ikakhulukazi ngalesi sikhathi umzabalazo ungakaqali. Lokhu kubonisa ngokusobala ukuthi iningi labantu lizimisele ukuziqhelisa kulokhu kuphola okufika nekholoniyalizimu futhi bazimisele ukukwenza umlando.

Ukubhikisha kwesizwe esisha nokudilizwa kwezakhiwo zobukholoniyalizimu kuba ngumphumela wokuqeda nya indlela yekholoniyalizimu ngokuthi abantu abakholonayiziwe basebensize ubudlova noma lobu budlova buqhamuke ngaphandle buza nabanye abakholonayiziwe bakwamanye amazwe, lokhu kube sekuba ukuqeda ukubusa kwamakholonisti.

Abantu abakholonayiziwe ababodwa. Yonke imizamo yekholoniyalizimu iyahl-uleka ngoba imingcele iyazikhipha izindaba kanye namahemuhemu. Kuyacaca ukuthi ubudlova bungathi bundiza emoyeni, buyaqubuka nje bengalindele, lapha nalaphaya, buwuketule umbuso wamakholonisti. Impumelelo-ke yalobu budlova iba sekuthini abugcini nje ngokwandisa ulwazi kodwa buguquka indlela izinto ezenzeka ngayo. Ukunqoba okukhulu kwabantu baseVietnam eDien Bien Phu akukhona nje ukunqoba kwabaseVietnam kuphela. Kusukela ngoNtulikazi enyakeni we-1954 kuya phambili abantu abakholonayiziwe kwamanye amazwe bayazibuza ukuthi: 'Thina kufanele senzeni-ke ukuze sibe nempumelelo enjengeyaseDien Bien Phu? Kumele siqalephi, siyephi?' Lokhu kunqoba kwaseDien Bien Phu kwenza ukuthi impumelelo ibonakale isiseduze kubantu abakholonayiziwe. Inkinga enje kwakungukuhlanganisa amabutho, agqugquzelwe ukuze akwazi ukubeka ilanga lokuhloma bahlasele. Lesi simo esinobudlova obusemoyeni asithinti nje kuphela abakholanayiziwe, namakholonisti ayabona ukuthi maningi amaDien Bien Phu ahlezi ecuphile, elindile. Lokhu kwenza ukuthi ababusi bohulumeni bamakholonisti bahlalele ovalweni. Yikho-ke nje behlala besophe ukuthi kube yibo abagalela kuqala, ukuze bayiphendule inhlangano yomzabalazo, bakwazi ukuyekisa abantu izikhali: 'Masisheshise, masidikholonayize. Masidikholonayize iCongo ngaphambi kokuba ifane ne-Algeria. Masinikeze i-Africa lokhu ekufunayo (masivotele inqubomgomo yomthethosisekelo we-Africa yonkana). Masibumbe uMphakathi waseFrance e-Africa. Masiwubumbe siwuhlobise, kodwa okubaluleke kunakho konke, masidikholonayize ngokushesha.' Babe sebedikholonayiza ngokukhulu ukushesha lokhu, baze baphoqelele iHouphouet-Boingny enkululekweni. Indlela amakholonisti aphendula ngayo ukunqoba kwaseDien Bien Phu okwakuchazwe abakholonayiziwe, abakholonayizayo baphendula ngenhloso yokubiyela – esekelwe ekuhlonipheni ukuzimela nokuzibusa kwamanye amazwe.

Kodwa make sibuyele kule ngxoxo yokuvunguza emoyeni kodlame, udlame olungabheduka noma nini. Sesibonile ukuthi kwenzeka kanjani ukuthi kube nezimo ezenza ukuthi lolu dlame lufukameleke kunjani lugcine lubhedukile. Nakuba amakholonisti ezama ukuluguqula lolu dlame phakathi kwabantu bezinhlanga ezahlukene kanjalo nezigodi abahlala kuzo, udlame luyaqhubeka ngoba umuntu okholonayiziwe ubhekana ngqo nesitha sakhe asibize ngegama bese ethatha yonke inzondo nolaka lwakhe akubhekise esitheni. Sisuka kanjani odlameni oluvunguzayo nje siye odlameni olunezigameko? Yini le ebe isisuka iphendule konke kubheke phezulu? Okokuqala nje kungukuthi le ndlela yentuthuko iba nethonya eliphawulekayo empilweni yomkholonisti yokujabula nokunethezeka. Umkholonisti omaziyo okholonayiziwe uyabona ukuthi kukhona okwenzekayo okuzoshintsha izinto. Abomdabu abethembekile bayancipha, uma umcindezeli eza, kuba nokuthula, iphele ingxoxo. Kwesinye isikhathi indlela nje abukwa ngayo inolaka, indlela yokuphilisana nokukhulumisana iba nobutha. Abezepolitiki bayaqala bayaluze, bangabi nasinqe babize imihlangano, kuthi kunjalo bandise abaqaphi, babize amabutho azoqapha. Amakholonisti, ikakhulukazi lawa angawodwana emapulazini, yiwo kanye ethuka kuqala bese efuna kwenziwe nanoma yini ukuze avikeleke.

Abaphathi babe sebesukumela phezulu babophe mhlawumbe oyedwa umholi noma ababili, kube nemibukiso yezempi yamasosha amashayo nazondiza emoyeni. Le ndlela yokubonisa amandla, lokhu kuphakamisa imikhonto sengathi kuyadlalwa, leli phunga lomsizi wezibhamu obe usunuka yonke indawo nasemoyeni imbala, akubethusi abantu. Izinsabula nokuqhuma kwezibhamu kubavusa umhlwenga. Lokhu kube sekwenza ukuthi uwonke wonke afise ukuthi lowo nalowo abone ukuthi uselungele noma yini. Kuba ngalo mzuzu-ke lapho kuqhuma khona isibhamu siziqhumela nje ngoba wonke umuntu manje usehlalele ovalweni, uselungele ukudubula ngesibhamu. Isigameko esivamile esisodwa nje sanele ukuqala impi: yilokho okwenzeke eSétif e-Algeria, eCentral Quarries eMorocco, naseMoramanga eMadagascar.

Ingcindezelo yenza ukuthi inqubekelaphambili yokuzazi nokuzithanda ngobuzwe idlondlobale, kunokuthi iphele amandla. Uma nje kuqala kucaca ukuthi ukuzazi nokuzithanda ngobuzwe kuyakhula ibe isikhuliswa wukuchitheka kwegazi emazweni akholonayiziwe, lokhu okubonisa kahle ukuthi phakathi komcindezeli nocindezelwe udlame ngukuphela kwento esebenzayo. Kumele sicacise-ke lapha ukuthi akulona iqembu lezombusazwe elikhuthaza ukulwa nelikubhebhezelayo. Konke lokhu kubhebhezeleka kwengcindezelo, konke lokhu kwenza okubhebhezelwa wukwesaba, akufunwa ngabaholi. Lezi zehlo zibathola bengazelele. Kuba yile nkathi-ke lapho abaphathi abangamakholoniyalisti bethatha khona isinqumo sokubopha abaholi bezobuzwe. Kodwa-ke kula malanga ohulumeni bamazwe akholonayiziwe bazi kahle kamhlophe ukuthi ukubopha abaholi babantu kuyinto eyingozi kakhulu. Kuba yilesi sikhathi-ke lapho iningi lizinikezela khona kukho konke elicabanga ukuthi kulilungele – ukuvukela nokubulala ngesihluku. Iningi liyazinikela esimweni sokuchitha igazi ngenkathi lifuna ukuthi abaholi balo bakhululwe, abaholi abamsebenzi wabo unzima ngoba uwukubuyisela izinto emthethweni nasekuhlelekeni kwezinto. Abakholonayiziwe abebezinikezele ebudloveni ngoba benza umsebenzi onzima wokuqeda ikholoniyalizimu bazithola sebesho iziqubulo ezingasenamandla: 'Khululani uSibanibani noma uSibanibanyana!'[4] Abaphathi bamakholoni babe sebebakhulula-ke laba bantu bese beqala izingxoxo zokubonisana. Sesifikile isikhathi sokugiya emigwaqeni.

Kuyenzeka-ke ukuthi kwesinye isikhathi iqembu lezepolitiki lihlale libumbene. Indaba isekuthini phakathi kokuhlukunyezwa ngumbuso wamakholonisti nokubhiyoza kwabantu belwisana nalokhu kuhlukunyezwa, amaqembu azithola esemancinyane edlulwa ophumasilwe. Uma udlame lweningi lubhekene namasotsha empi yalaba abathatha umhlaba, isimo siyashuba kunokuba sidambe. Abaholi-ke laba abasakwazi ukuziphilela, bazithola sebesilele eceleni. Kuthi uma sebebona ukuthi abanamandla okwenza noma yini ngenxa yale mingcele yabo ebekiwe yokulawula nakho konke abakwenza ngoba bethi kuzinzile ekucabangeni bese bezama ukulawula isimo njengamasotsha angazi luyaphi ngokwenzekayo besebenzisa iziqubulo ezithi: 'Sikhulumela abantu baleli lizwe abangenazwi.' Ngokuvamile-ke aba-phathi bamakholoni bayasijabulela lesi simo, bese besebenzisa laba baholi babaphendule babe abakhulumeli babantu, kuthi emva kwesikhashana babanikeze inkuleleko yokuphatha izwe bese besala nenselelo yokulungisa konke osekonakele, imithetho nokuqondisa.

Kusho ukuthi wonke umuntu uhlezi enodlame engqondweni. Umbuzo-ke akuwona othi kubhekwana kanjani nodlame, kodwa ngothi luthotshwa kanjani udlame.

Empeleni luyini lolu dlame? Njengoba sesibonile-ke, iningi elikholonay-iziwe likholelwa ekutheni iyodwa vo indlela yokukhululeka ekucindezelweni: ukusebenzisa udlame. Yini ngempela eyenza ukuthi abantu abahlukumezekile, abalambile, abangenabuchwepheshe nabangenazinto ezihlelekile zokulwa bacabange ukuthi wudlame kuphela olungabakhulula uma bebhekene nama-butho ezempi, izifiki ezingoqhwagumhlaba? Bethembeni? Bacabanga ukuthi bangaphumelela kanjani?

Ngoba kuyihlazo ukusetshenziswa kwesiqubulo sempi nokugqugquzela ukuthi abantu basukumele umzabalazo wezikhali, le ndaba yobudlame idinga ukucatshangisiswa kahle. Uma amaGerman esebenzisa impi ukuze axazulule izinkinga zemingcele akekho omangalayo, uma ama-Algerian engavumelani nazo zonke izindlela ezingalusebensizi udlame, lokhu kuba yisiboniso sokuthi kukhona osekwenzakele noma osekuzokwenzakala. Abakholonayiziwe, izigqila zalezi zikhathi zanamuhla, sebephelelwe yisineke. Bazi kahle ukuthi yilokhu kusangana kuphela okungabasiza kubakhiphe enhluphekweni yokugqilazwa amakholonayizi. Lokhu kube sekuqalisa indlela entsha yokuphilisana amhl-abeni. Abantu bakuThird World basemkhankasweni wokucekela phansi konke abakufunayo; okumangalisa kakhulu-ke ukuthi bayaphumelela. Kule minyaka yoSputnik, ukuthi kukhona umuntu ongabulawa yindlala ungathi kuwumsangano kanti kubantu abaningi abakholonayiziwe le nto ichazeka kalula nje. Iqiniso wukuthi namuhla nje akukho nelilodwa izwe labakholonayizayo elingakwazi ukusebenzisa indlela yokugqilaza abantu engaphumelela, okungukuthi, uku-khungatha izwe ngamasotsha empi amaningi, isikhathi eside.

Lapho bevela khona, emakhaya asemazweni amakholoniyalisti babhekene nokuningi okuphikisanayo kanye nezimfuno zabasebenzi ezenza ukuthi basebenzise amabutho abo empi. Phezu kwalokho, kulezi zikhathi zesimo sokuzimisela, la mazwe adinga ukuthi amabutho awo ezimpi abhekelele ohulumeni babo. Ekugcineni-ke le ndaba yokuthi izinhlangano zenkululeko emazweni omhlaba zilawulwa yiMoscow kuyacaca ukuthi ayilona iqiniso nakuba yaziwa futhi ijwayelekile. Lokhu kucabanga kugcwele uvalo: 'Uma iqhubeka le nto, la makhomanisi azosebenzisa lesi simo ukuze asabalalele emazweni ethu.'

Iqiniso-ke lisekutheni abantu abakholonayiziwe baphelelwa yisineke, benjalo nje bayasibonisisa lesi simo yingakho nje ukwethusa ngodlame laba ababakhonolonayizile kubasebenzela futhi bekusebenzisela ezabo izimfuno. Kodwa uma sekubhekwa kahle impilo yomuntu ngamunye ebukisisa indlela amakholonayiza angenelela ngayo indaba yezwe, kuyamcacela ukuthi akananto angayibiza ngeyakhe. Iningi kube sekulicacela ukuthi, ngokusebenzisa indlela yokucabanga enjengeyengane, ligetshengiwe. Kwamanye amazwe lokhu kusheshe kubacacele, babone kahle nje eminyakeni emibili nemithathu emva kwenkululeko ukuthi amathemba abo aphelele obala: 'Kanti sasilwelani uma kungashintshe lutho?' Ngonyaka we-1789 emva kokuba izicukuthwane zeFrench Revolution, abadla imbuya ngothi baseFrance abancane kakhulu bazuza okuningi kabi ngenxa yeziyaluyalu. Kodwa siyazi ukuthi emazweni asathuthuka, inkululeko ayibaletheli lushintsho masinyane. Noma ubani obukisisayo kuyamcacela ukuthi kula mazwe, ukungeneliswa kweningi kuhlale kuvutha okomlilo osaqala ongahle ubhebhetheke nona nini.

Bese bethi abakholonayiziwe bajahile bafuna ukuthi konke kuguquke masinyane. Singake silinge sikhohlwe-ke ukuthi akukudala lapho abakholonayiziwe babechazwa ngokuthi benza zonke izinto kancane, bangamavila, abanamdlandla ngekusasa. Kuyacaca ukuthi lolu dlame olusetshenziswa ngesikhathi somzabalazo wenkululeko aluphelanga njengomlingo emva kokuphakanyiswa kwefulegi elinemibala ehlukile. Eqinisweni udlame alupheli ngoba isidingo salo sisekutheni ukwakha isizwe kabusha kwenzeka isimweni la kunomqhudelwano phakathi kwekhephithalizimu nesoshiyalizimu.

Lo mqhudelwano wenza kube sengathi lezi zingxabano zendawo zingezomhlaba wonke. Yonke imihlangano, zonke izenzo zengcindezelo zizwakala umhlaba wonke. Ukubulawa kwabantu eSharpeville kwanyakazisa imicabango yabantu kwaphela izinyanga eziningi, emaphephandabeni, emisakazweni nasezingxoxweni zabantu ngabanye. ISharpeville seyiwuphawu. Yiyo iSharpeville eyenza ukuthi abantu emhlabeni kabanzi bazi ngesimo se-*apartheid* eSouth Africa. Asikho isidingo sokukholwa ukuthi ukukhuluma nabantu ngezindlela zokubaheha kuphela yikho okwenza ukuthi abasezikhundleni eziphakeme emazweni aphesheya bazikhathaze ngezinto ezingasho lutho zasemazweni asathuthuka. Ukuvukela umbuso ngakunye, isenzo ngasinye sokuvukuza umphakathi emazweni eThird World kuyimpi yomshoshaphansi. Uma abantu ababili beshaywa eSalisbury kusukuma wonke amazwe angamadlelandawonye, asebenzise ukushaywa kwalaba bantu njengenxeba lokungena odabeni lweRhodesia (esiyabizwa ngeZimbabwe) – bese iboshwa ngabhandelinye i-Africa yonkana, kanye nawo umuntu okholanayiziwe amazweni asakholonayiziwe.

Ngokufanayo nokho, amanye amadlelandawonye amanye amazwe akhath-azwa ngukubona ubuthakakathaka benqubo yabo obuhlonzwa wubukhulu bemikhankaso kwamanye amazwe. Abantu abakholonayiziwe babe sebebona ukuthi amacala omabili awazimisele ukuzikhipha ezindabeni zasezindaweni zabo. Ngakho-ke abasazithiyi ngokuzibophezelela endaweni eyodwa kube kucaca ukuthi umhlaba wonke ukhungethwe yingcindezi efanayo.

Uma njalo ezinyangeni ezintathu kanje sizwa kuthiwa inhlabaluhide yemikhumbi yase-USA, iSixth noma Seventh Fleet ilibhekisa ogwini lumbe, uma uKhrushchev ethi uzosiza uCastro ngezikhali ezicitshwayo, uma uKennedy ecabanga izindlela ezinzulu zokubhekana nesimo eLaos, abakholonayiziwe nabo abasanda kuthola inkululeko babona ukuthi baphoqelekile bethanda bengathandi ukuthi baqale indlela yohambo olunzima. Kanti-ke eqinisweni basendleleni vele, bayamasha. Make sithathe-ke njengesibonelo ohulumeni bamazwe asanda kuthola inkululeko. Abantu abasezikhundleni zephalamende bachitha izingxenye ezimbili kwezintathu beqaphele imingcele yezwe, bevika konke okuyingcuphe nokungaletha ingozi bese le ngxenye yesithathu beyinikezela ekusebenzeleni izwe. Kuthi kunjalo bebe befuna usizo. Laba abaseqenjini eliphikisayo, nabo babanjwe ngobhongwana yiso lesi simo, kepha abamniki uhulumeni lolu sizo aludingayo, abakwenzayo ngukufuna olwabo usizo oluzobafinyelelisa kulokhu abakufunayo ekuphikiseni kwabo uhulumeni. Isimo sodlame, esiqale ngesikhathi sekholoniyalizimu asikapheli, siyaqhubeka nokugcwala indawo kukho konke okwenzekayo kwezombusazwe. Njengoba sesishilo, iThird World nayo iphakathi kulokhu okwenzekayo. Empeleni isemnyombeni wakho konke lokhu kubheduka. Yingakho-ke nje imvamisa izinkulumo zabaphathi emazweni asathuthukayo zizwakala zinolaka nendlakadla osekufanele ngabe sekwaphela. Ukungahloniphi ekukhulumeni kwabaholi okuyinto evama ukubikwa, kuyaqondakala. Okungavamisile ukuthi kukhulunywe ngakho noma kunakwe indlela bona laba baholi abaphatha ngayo abakubo kanye nabalingani babo emaqenjini, egcwele ukuzithoba nokuhlonipha. Ukwedelela kwabo kusuke kuqondiswe kulaba ebebengamakholoniyalisti abafika sebezobuka, bezocwaninga. Laba ababekholonayiziwe bavele bacabange ukuthi imiphumela yalolu cwaningo isiyaziwa, intatheli le izele nje ukuzogxiviza isitembu. Izithombe lezi ezihambisana nalokhu intatheli ekubhalile ziba ubufakazi bokuthi intatheli iyayazi into ekhuluma ngayo. Lolu cwaningo lusuke lusophe ukubonisa ukuthi, 'Sanele safulathela nje, kwasala kwaba mapeketwane.' Izintatheli ziyakhononda zithi ziphathwa kabi, zisebenza ngaphansi kwesimo esinzima, zibhekene nokunganakwa nolaka. Konke lokhu kujwayelekile. Abaholi besizwe bazi kahle ukuthi imibono yazemazweni ibulungwa yizintatheli zaseNtshonalanga kuphela. Uma intatheli yaseNtshonalanga ixoxisana nathi ukuvami ukuthi lokhu ikwenze ngoba ikwenzela thina. Nasi isibonelo, ngesikhathi sempi e-Algeria izintatheli zaseFrance ezibonakala sengathi zinemiqondo evulekile, zisebenzisa imibhalo eqoshiwe embaxambili uma zikhuluma ngomzabalazo. Uma sibasola ngalokhu baphendula ngokukhulu ukuqiniseka bethi bebesho izinto njengoba zinjalo. Kumuntu okholonayiziwe ubunjalo bezinto buhlala buphikisana naye. Okunye okuqondakalayo yile nhlobo yephimbo eyayigcwele ezingxoxweni zamazwe ngamazwe e-United Nations General Assembly ngoMandulo wangonyaka we-1960. Ababemele amazwe abakholonayizayo babekhuluma ngendlela enolaka egcwele udlame olubabazekayo, kepha abantu bakulawo mazwe kababonanga haba kulokho. Ukufuna inguquko enkulu kwabantu ababekhulumela i-Africa kwabaphathisa ngamakhanda kwacaca kahle kamhlophe ukungavumeleki kwevoti eliphikisayo elalibhekene nokuvumelana kwabanamandla; ngaphezu kwakho konke, iqhaza elingatheni elalibanjwe amazwe eThird World.

Ezosomaqhinga kwezombusazwe uma ziqala emazweni asanda kukhululeka akusiyo nje indaba yokukhuluma ngemininingwane efihlekile, nokukhekheleza kanjalo nokulutheka kwengqondo. Abakhulumela izwe banikezwa umsebenzi wokuvikela imiphakathi nezizwe kanye nenhlalakahle yeningi kanjalo noku-qinisekisa ilungelo lenkululeko kanye nokukwazi ukuzimela ngokwaneliseka.

Ngakho-ke ngezosomaqhinga kwezombusazwe ezinomnyakazo nolaka eziphikisana ngqo nala mazwe amile angayi ndawo nathukile, amazwe amak-holoniyalisti. Uma uMnumzana uKhrushchev ekhipha isicathulo sakhe eshaya itafula ngaso emhlanganweni we-United Nations akekho noyedwa umuntu wasezweni elikholonayiziwe, nomele abantu basemazweni asathuthukayo ohlekayo. Ngoba okwenziwa nguMnumzana uKhrushchev ngukubonisa amazwe akholonayiziwe ukuthi yena, kukhala esakhe isicathulo kwezezikhali ezicitshwayo futhi unikeza amakhaphithalisti amabi lokhu akudingayo. Ngokunjalo, uma uCastro efika emhlanganweni we-UN egqoke imvunulo yempi akusho ukuthi uhlambalaza amazwe angakathuthuki, akwenzayo ngukubonisa ukuthi wazi kahle ukuthi udlame alukapheli nakuba amazwe esekhululekile. Okumangazayo ngukuthi akangenanga emhlanganweni nesibhamu sakhe esizishintshayo, kodwa ukuba wayengene naso babezomenzani? Ukuvukela umbuso, izenzo ezikhungathekisayo, amaqembu aphethe ocelemba nezimbazo, bethola ubuzwe babo emzabalazweni olwisana nekhaphithalizimu nesoshiyalizimu.

Ngonyaka we-1945 laba abayizi-45 000 abafela eSetif akwanaka muntu; ngonyaka we-1947 abayizi-90 000 abafa eMadagascar kwabhalwa ngabo nje emaphephandabeni imigqana embalwa; ngonyaka we-1952 izisulu eziyizi-200 000 zengcindezelo eKenya zathola ukunganakwa nje ngoba ukungezwani phakathi kwamazwe emhlabeni jikelele kwakungakagqami kakhulu. Impi yaseKorea neyase-Indochina zase ziqalile ukuveza isigaba esisha. Kodwa kwaba iBudapest kanye neSuez ezagqamisa isidingo sokuthatha izinqumo ngelezi zimpikiswano.

Abakholonayiziwe uma besizwa ngendlela engenamibandela ngamazwe esoshiyalizimu, bayazinikela basebenzise nanoma iziphi izikhali abanazo ukuze balwe baketule le nqaba engangeneki yekholoniyalizimu ekholelwa ekutheni ayinakunqotshwa. Nakuba ikholoniyalizimu kungathi ingenqobeke ngemimese nezandla, lokhu kunganqobeki kuyabhidlika uma ibhekene nesimo sempi yomshoshaphansi emhlabeni wonkana.

Kulesi simo esisha ama-American azibona eyizikhulu zezomnotho wogombelakwesabo bamazwe wonkana futhi basithanda kabi lesi sikhundla. Okokuqala beluleka amazwe ase-Europe ukuthi mawadikholonayize kahle ngezingxoxo zokukhulumisana. Okwesibili abanankinga ngokuthi bamemezele ukuthi bawahlonipha kangakanani amazwe abuswa ngabezizwe baze basho ukuthi: I-Africa makube ngeyama Africa. I-US kumanje nje ayinankinga ukutshela wonke umuntu ukuba avumelane nokuthi bonke abantu bazibuse futhi bazikhethele ngempilo yabo. Lolu hambo olusanda kuthathwa uMnumzane uMennen-Williams lubonisa kahle kamhlophe ukuthi ama-American azi kahle ukuthi iThird World akufanele idayiswe. Kuyabonakala ukuthi ubudlova buyinto eyenziwa uma abantu sebesesimweni esibakhungathekisayo uma buqhathaniswa ngokungabambeki namabutho empi yemibuso yabacindezeli. Kuthi kunjalo kucace ukuthi ubudlova esimweni sobudlelwane bezizwe zonke, buyabayethisa abacindezeli. Ukuvukela umbuso okungapheli okuholwa ngabadla imbuya ngothi nokuphehlwa kodweshu ngamalungu eMau Mau kuyaziphazamisa ezomnotho wezwe elingazibusi kodwa akubakhathazi abaphila emadolobheni amakhulu. Okubaluleke kakhulu kuma-imphiriyalisti kuba wukuthi imfundisoze yesoshiyalizimu izoguqula imibono yeningi, ibaxove. Lokhu vele kusuke kuyingcuphe ngalezi zikhathi zokungqubuzana kwesikhathi somshoshaphansi. Umbuzo obalulekile ngothi: uma kungahle kuqubuke impi yangempela kungenzekani kukholoni njengoba sikhuluma nje ivele ixakwe amavukelambuso achanasa umathanda?

Umnotho wogombelakwesabo ube sewubona-ke ukuthi ungalahlekelwa yikho konke onakho kwezempi uma kungaqubuka izingxabano zezwe. Ezimweni zokuphilisana ngoxolo nokuthula lelo nalelo kholoni lilibangise ekushabalaleni; okudlula lokho izogcina seyithobela imithetho yomnotho wogombelakwesabo. Okufanele kugwenywe ngazo zonke izindlela yile ngcuphe ehambisana nale micu yobucayi enobungozi bokuthi iningi liqhakambise inzondo nokuthi amakholonisti ayizitha. Abakholonayiziwe bazi kahle kakhulu ngalokhu emazweni ngamazwe. Yingakho nje nalaba abakhulumela futhi bephikisana nobudlova begcina besebenzisa bona kanye lobu budlova umhlaba wonke jikelele. Kunamuhla nje ukuphilisana kahle ngoxolo nokuthula phakathi kwala mazwe angamadlelandawonye kuba nomphumela wokuthi udlame luhlale lukhona futhi ludlondlobele emazweni akholonayiziwe. Mhlawumbe ngomuso uma wonke amazwe esekhululekile kuyoba noshintsho, kulesi simo sodlame. Mhlawumbe inkinga yabambalwa emazweni nayo iyothola indlela yokuthi idingidwe. Kumanje nje abanye babo abanankinga ngokugqugquzela ukusetshenziswa kodlame ekulungiseni ezabo izinkinga, kungakho nje kungamangalisi ukubona ukuthi e-US abamnyama abagqugquzela izinguquko ezinkulu sebeqale awabo amaqembu amabutho empi. Akukuqondana nje kwezinto okwenza ukuthi nasemazweni abizwa ngokuhi akhululekile kunamakomidi okuzivikela abhekene namaJuda angabambalwa e-USSR nokuthi uJenene ude Gaulle wabonakala eciphiza izinyembezi ngenkathi ekhuluma ngamaSulumane ahlukunyezwa ngomashiqela bamakhomanisi. I-imphiriyalizimu nomnotho wogombelakwesabo kuqinisekile ngokuthi ukulwisa imizabalazo yenkululeko nokubandlulula ngokwebala kuyinto engalawulwa kalula nje ngabangaphandle. Yingakho nje bebona kukuhle ukuqala izindlela zokwenza lokhu njengokusungula iRadio Free Europe namakomidi abhekele laba abambalwa abacindezelwe emazweni. Baphikisana nekholoniyalizimu ngendlela efana ngqo nale osigaxamabhande bamaFrench e-Algeria ababelwisana ngayo bebhekene nempi kamakhohlisana ihlomile ye-SAS (Sections Administratives Spéciales) okuthiwa phecelezi impi yez-engqondo. Basebenzisa 'abantu ekulweni nabantu'. Sazi kahle kamhlophe ukuthi kwabafikasaphi-ke lokho.

Lokhu kwethuswa ngobudlova nemicibisholo akubethusi futhi akubadidisi neze abakholonayiziwe. Sesibonile-ke ukuthi umlando wabo wakamuva nje ubasizile ukuthi bazilungiselele, baqondisise lesi simo. Phakathi kodlame lwekholoniyalizimu nalolu lomshoshaphansi lo mhlaba wanamuhla ozinze kuwo, kunokuhlanganyela, ukusebenzisana ngokobudlelwane. Abakholonayiziwe sebezijwayele futhi bazivumelanisa nalezi zimo. Bayaqala ngqa ukuba munye nesikhathi abaphila kuso. Kwesinye isikhathi abantu bayamangala uma umlisa okholonayiziwe ekhetha ukuthenga umsakazo kunokuthi athengele umkakhe ingubo yokugqoka. Akufanele bamangale. Abakholonayiziwe baqinisekisile ukuthi ikusasa labo lihlelembekile. Baphila impilo enomoya wobhubhiso, akukho nokukodwa nje okubagejayo. Yingakho nje bemqonda kahle kakhulu uPhouma noPhoumi, uLumumba noTschombe, u-Ahidjo noMoumié, uKenyatta nabo bonke abanye ababekwa emva kwakhe. Bayabaqondisisa laba bantu ngoba bayakwazi ukuveza konke okufihlakele okusimamisa lezi zimo. Umuntu okholonayiziwe ebe engathuthulike kangakanani ungumuntu oyisilwane kwezombusazwe uma ebhekwa ngeso lomhlaba ngokubanzi.

Ngokuqinisekisile inkululeko ilethele abantu abakholonayiziwe isithunzi abasidingayo nesibonakalayo. Okusele nje ukuthi asikabikhona isikhathi sokud-londlobalisa umphakathi omusha nokuqinisekisa ubugugu bawo. Isizinda lapho isakhamuzi nomuntu ngamunye bekhula futhi bevuthwa khona ngezindlela eziningi nezijulile asikaphenjwa ngoba basesesimweni esincikinciki esenza bakholelwe ekutheni zonke izinto zinqunywa kwenye indawo, zinqunyelwa uwonkewonke. Lokhu kwenza ukuthi abaholi babe manqikanqika bese bekhetha umgomo wokungathathi hlangothi.

Kuningi-ke okungashiwo ngale ndaba yokungathathi hlangothi. Abanye bayi-fanisa nenhlobo yobuhwebi be*mercantilisma* engathandeki, ngoba iqhakambisa ukuqonela ngokomnotho nhlangothi zombili. Nakuba ukungathathi hlangothi okuwumvuzo wempi yokubhekana ngeziqu zamehlo kwenza ukuthi amazwe asathuthuka akwazi ukwamukela usizo lwezomnontho oluvele kuzo zombili izinhlangothi zala mazwe asempini yokubhekana ngeziqu zamehlo, inkinga isekutheni akuvumeleki ukuthi zombili izinhlangothi zisize amazwe asathuthuka ngale ndlela okufanele ziwasize ngayo. Lezi zizumbulu zemali eziya emzebenzini wokucwaninga ezempi, onjiniyela abenziwa omakhenikha bempi yenuzi, bebe bengenyusa izinga lala mazwe asathuthuka ngamaphesenti angama-60 eminyakeni eyi-15. Kuyacaca-ke ukuthi amazwe asathuthuka awanakusizakala ngokuqhubeka noma ngokubhebhetheka kwale mpi yokubhekana ngeziqu zamehlo. Kodwa-ke okwenzekayo ngukuthi kababuzwa mibuzo ngemibono yabo ngalesi simo. Yingakho nje uma bekwazi ukungazingeni, bevele bazikhiphele ngaphandle, bangaxhumi bangaxhasi. Kodwa bayakwazi ngempela ukuzikhiphisisa? Sikhuluma nje iFrance ihlola amandla amabhomu ayo enuzi , iwahlolela e-Africa. Nakuba yavuma ukubhala izivumelwano, ukubamba imihlangano nokubuka ukuvalwa kweminyango phezu kwezinkulumo zobudlelwane, asinakuthi i-Africa yaba nethonya elitheni kusimomqondo seFrance.

Lokhu kungathathi hlangothi kudala ukuthi isakhamuzi sakuThird World sibe nengqondo nokucabanga kwamihla namalanga okubukeka kunokwedelela nokuziqhenya okucishe kufane nezenzo zokuvukela. Lokhu kungafuni ukuhlehla kulokhu abakholelwa kukho, lokhu kuzinikela ekuluhambeni lolu hambo ngabodwana, kusikhumbuza indlela intsha eyenza ngayo izinto; bancishekile futhi bangonkomidlayodwana abahlala belungele ukulwela okuncane okungasho lutho. Konke-ke lokhu kuyabakhathaza abaseNtshonalanga ababukelayo. Ngoba eqiniswEni kunomahluko omkhulu kabi phakathi kwalokhu laba bantu abathi bayikho nalokho okuphikisana nabathi bayikho. La mazwe azihluphekelayo, angenazithuthi zakwanokusho, angenamibutho yezempi, awanazizathu zokuzishaya isifuba udede emini kwabha. Ngokungangatshazwa, angabazenzisi. IThird World ivama ukuzibonisa njengabantu abajatshuliswa ngukuba ngondabamlonyeni, bachazwa wukuthi kube nenxushunxushwana nje maviki wonke. Abaholi bamazwe angenalutho abakhulumela futhi bememeza bayayikhathaza ingqondo. Ufisa ukubavala imilomo. Kodwa esikhundleni salokho bayoshelwa. Banikezwa izixha zezimbali. Bayamenywa. EqiniswEni wonke umuntu unento afuna ukuyithola kubo. Yiyo-ke le nto esiyibiza ngokuthi ukungathathi hlangothi. Ezweni elinabantu lapho amaphesenti angama-98 abo engafundile uthola kukuningi okubhalwe ngabo. Bahlale besendleleni. Abaholi kanye nabafundi abavela emazweni angakathuthuki bangumnotho omkhulu ezinkampanini zezezindiza. Izikhulu zomthetho zase-Asia nase-Africa zingaya emhlanganweni wokuhlela wamasoshiyalisti aseMoscow kuleli sonto, kuthi kwelizayo ziye komunye umhlangano wezokuhweba eLondon, noma ngokulandelayo ziye eColumbia University. Kanti-ke amalungu ezinyunyana e-Africa wona anenqubekelaphambili. Kuthi nje uma besanda kuphakanyiselwa ezikhundleni zobuholi bese bethatha isinqumo sokuthi bahlangane baqale eyabo inhlangano ezimele. Abanayo iminyaka engamashumi amahlanu besebenza ezinyunyaneni ezweni elinezimboni kodwa sebazi kahle ukuthi ukuba senyunyaneni nje engenapolitiki kuyinto engenangqondo. Abakakuqali ukubhekana nezicukuthwane ezingomacekela phansi, abakakakhuli ngenqwebukamqondo yekilasi labasebenzi, kodwa mhlawumbe lokhu akudingekile. Mhlawumbe. Sizobona ukuthi lokhu kuzimisela ngokuphelele okuvama ukuba yindlela ezamazwe ngamazwe ezibukwa ngayo kuyindlela eyisisekelo emazweni angakathuthuki.

Kodwa-ke make sibuyele kule mpi eyodwa phakathi kwabakholonayizwe kanye nabomdabu ababuswayo. Akungabazeki ukuthi lokhu kuyimpi yomzabalazo. I-Indochina, Indonesia kanjalo neNorth Africa ngamazwe ayizibonelo zomlando. Kodwa akufanele sikhohlwe ngukuthi lo mzabalazo wawungaqubuka nakunoma yiliphi izwe; eGuinea kanye naseSomaliland, kanti futhi nanamuhla kungaqala nakunoma yiliphi izwe lapho ikholoniyalizimu izimisele ukuhlala khona, njengase-Angola nje. Ukusebenzisa umzabalazo wezikhali kuwubufakazi bokuthi abantu bazimisele ukubeka ithemba labo ekusebenziseni izikhali kuphela. Bona kanye laba bantu ebebekade bebeleselwa ngokuthi ulimi lodwa abalwaziyo yilolu lwezikhali, manje sebethatha isinqumo sokukhuluma ngokusebenzisa udlame. Eqinisweni-ke umkholonisti nguyena owayebabonisa ukuthi kumele bathathe yiphi indlela uma befuna inkululeko. Lo mbonompikiswano okhethwa abakholonayiziwe wawudluliselwe kubo ngamakholonisti mbala, bese kuthi-ke manje kube nengwijikhwebu, sekuyilaba abakholonayiziwe asebethi yilaba abangamakholonayiza abaluqondisisayo ulimi lodlame. Umbuso wabakholonayizi vele igunya lawo lokubusa walithola ngodlame kunjalo nje awuzami ngisho nokuzama ukukufihla lokhu. Yonke le mifanekiso yezithombe eyizichuse zikaFaidherbe noma uLyautey, uBugeaud noma uBlandan, zonke lezi zibonelo zokunqoba ezigxile shi enhlabathini yamazwe akholonayiziwe ziyisikhumbuzo sento eyodwa futhi efanayo: 'Silapha nje kungenxa yamandla enkemba...' Lo musho-ke uqedelwa kalula. Ngalesi sikhathi sokuvukelwa kombuso, wonke amakholonisti acabanga ngendlela nje elula efana nokubala izibalo. Le ndlela yokucabanga ayiwamangalisi amanye amakholonisti, kodwa kubalulekile ukuba sisho ukuthi ngokunjalo nabakholonayiziwe ayibamangalisi. Okokuqala nje, isiqubulo esithi, 'Yithina noma yibona,' asiyona indlela exakile yokucabanga ngoba njengoba sesibonile ikholoniyalizimu iyindlela yokuhlelemba umhlaba ongokwenqubo yobuManichean, umhlaba ohlukahlukene. Kuthi-ke uma betusa indlela thizeni yokusebenza, umkholonisti ube esethi lowo nalowo omele abacindezeli abambalwa makabulale abomdabu abangama-30 noma i-100 noma ama-200, ngoba uyabona ukuthi akekho ozothini ngalesi senzo; indaba nje isekutheni lokhu kungenzeka konke ngesikhathi esisodwa noma kungafanele kwenzeke kancane kancane isigaba ngesigaba.[5]

Abazange bazithole sekufanele babhekane nezicukuthwane ezingosonkanise. Abakakabi nokuzazi nokuzazisa ngekilasi; kodwa-ke mhlawumbe asikho isidingo salokho. Kwazi bani? Sizobona-ke ukuthi kuzocaca ukuthi lokhu kuzimisela okunamandla okuvama ukuzibonisa sengathi kungukuba ubuzwelonke kuyinto enqala ebonakalayo.

Le ndlela yokucabanga esuke ihlose ukuhlukumeza abakholonayiziwe ayivami ukuphumelela futhi ayimkhathazi okholonayiziwe. Lokhu kwenziwa ngukuthi vele wazi kahle ukuthi ukusebenzisana nokuxhumana kwakhe nomkholonisti kwenzeka enkundleni yempi. Yingakho nje okholonayiziwe engazihluphi ngokuchitha isikhathi ezama ukufuna ubulungisa. Eqiniosweni, uma nje kucaca ukuthi indlela umkholonisti akhuluma ngayo ingamshintsha okholonayizwe kungoba okholonayiziwe vele usuke azi ukuthi eyakhe inkululeko iyafana neyomkholonayizi: 'Masakhe amaqembu angabaholi abangama-200 noma ama-500 bese kuthi lelo nalelo qembu libhekane nomkholonisti.' Kuba yilokhu kucabanga-ke okube sekwenza ukuthi umholi ngamunye awuqale umzabalazo.

* * *

Kumuntu okholonayiziwe, udlame luwukwenza-nokucabanga. Isidlamlilo kuba yiso futhi esisebenzayo bese kuthi imibuzo ebuzwa yinhlangano kulesi sidlamililo kube ngethi: 'Ususebenze kuphi nakuphi? Nobani? Wase uzuzani?' Kulindeleke ukuthi lowo nalowo abe enze umsebenzi onemivuzo ebonakalayo futhi engenakuguquleka. Uma sibheka isibonelo sase-Algeria nje, lapho bonke abantu ababegqugquzela ukuthi abantu babambe iqhaza emzabalazweni, bagcina befunwa amaphoyisa aseFrance noma sebenikwe isigwebo sentambo. Kuzo zonke lezi zimo ukwethemba nokwethembeka kwakulingana ngqo nobunzima baleso naleso simo. Isidlamlilo esisesisha nje sithembakala kuphela uma sesingabuyela ohlelweni lwekholoniyalizimu. Lokhu kuyafana nale ndlela izinto ezazenzeka ngayo naseKenya namalungu eMau-Mau lapho wonke amalungu enhlangano kwakulindeleke ukuthi ahlasele isitha. Lokhu kwenza ukuthi lowo nalowo olilungu leMau-Mau abe nomuntu ambulele. Ngamanye amazwi, ukusebenza kusho ukusebenza okumphumela wakho kuwukufa kwekholonisti. Ukuvuma udlame lokubulala kusho ukuthi amalungu abesehlubukile noma abesenhlanhlathile aphuma endleleni yombutho, aphinde amukeleke, anike-zwe indawo yawo embuthweni. Lokhu kusho ukuthi udlame luyinto egcina isiwusizo. Umuntu okholonayiziwe uzikhulula ngodlame futhi ukhululeka kulo udlame. Le ndlela yokucabanga nokwenza yenza zinto zibe lula empilweni yesidlamlilo ngoba ibonisa isidlamlilo indlela esingenza ngayo ukuthi izinto zenzeke. Izinkondlo zikaCésaire ezikhuluma ngodlame ziba sasiphrofetho uma sibheka nje lesi sibonelo esisekhasini limbe lemibhalo yakhe lapho ekhuluma khona ngeMbuka (kwaze kwaqondana) uma lithi:

IMBUKA (*ngendlakadla*):

Igama lami: liyinhlamba; igama lami lobukholwa: impoxo; iqhaza lami: ivukela; ubudala bami: ngazalwa emandulondulo.

UMAMA:

Uhlanga lwami: uhlanga lwesintu; Inkolo yami: ubuzalwane besintu sonke.

IMBUKA:

Uhlanga lwami: olwabanqotshiwe. Inkolo yami ... kodwa akukhona ukuthi uzongikhombisa yona ngokubeka kwakho phansi izikhali; yimina uqobo, ngokuvukela kwami, nenqindi yami esifunjethwe, nekhanda lami eliphithene.

(*Ngokuzotha*)

Ngikhumbula langa limbe ngoLwezi, kwakungakedluli nezinyanga eziyisithupha umqashi wangena egunjini embozwe yifu lentuthu, wayelokhu ethwishila abuye afingqe izingalo zakhe ezimfushane, wayengumqashi olungile, elokhu ephulula ubuswana bakhe obunezifaca ngeminwe yakhe ekhuluphele. Amehlo akhe aluhlaza okwesibhakabhaka ayemamatheka, ehluleka nokuzibamba ukuphimisa ngomlomo wakhe amazwi amtoti saluju: 'Le ngane iyoba yinsizwa ehloniphekile,' esho engibuka, esho nokunye okumtoti, njengokuthi nje kufanale kuqale masinyane lokhu; lo yena uzoba ofanelekile ngempela, wayelokhu esho umphathi ebe engibhekile. Wayesho okunye nokunye okumnandi ngobungani ethi kufanele uqale kusenesikhathi, iminyaka engama-20 ayimininingi kakhulu ukuthi ungekwazi ukuzikhandela umKhrestu okahle, isigqila esikahle, umfana ozinzile futhi othembekile, induna yezigqila edingwa yiwo wonke umkhuzi wamasosha okahle; umfana unamehlo abukhali nesandla esiqinile. Yilokho kuphela le ndoda eyakubona endodaneni yami, ukuthi iyokhula ibe yinduna yezigqila.

UMAMA

Habe, uzokufa.

IMBUKA

Ufile.... Ngimbulele ngalezi zami izandla...

Yebo: kube ngukufa okunezithelo nokufa okunenala...

Kwakusebusuku. Sagaqa ngamadolo ensimini yomoba.

Imimese yayibenyezeliswa yizinkanyezi kodwa sasingenandaba nezinkanyezi.

Umoba wasiklwebha ebusweni ngamakhaba awo aluhlaza.

UMAMA

Elami iphupho kwakungukuba nendodana eyongicimezisa mhla ngifayo.

IMBUKA

Kodwa ngakhetha ukuvula amehlo omntwana wami, ngiwavulela elinye ilanga.

UMAMA

O ndodana yami... ndodana yokufa okubi okunamashwa.

IMBUKA

Mama wokufa okuphilayo okukhazimulayo.

UMAMA

Yingoba usezonde kakhulu.

IMBUKA

Yingoba usethande kakhulu.

UMAMA

Ngidedele, ngiklinywa yizindophu zakho. Ngophiswa ngamanxeba akho.

IMBUKA

Kodwa umhlaba wona awungidedeli.... Akukho ndawo emhlabeni lapho kungabhaxabulwa noma kungaxhashazwa muntu qede kufe noma kuhlazeke mina.

UMAMA

Nkulunkulu osemazulwini, mkhulule!

IMBUKA

Nhliziyo yami, awusoze wakwazi ukungikhulula kukho konke engikukhumbulayo...

Kwakukusihlwa kuLwezi ...

Dukuduku kwezwakala okukhulu ukuklabalasa kuqeda ukuthula.

Sase sihlaselile, thina zigqila; thina bulongwe obugxotshwayo, thina zilwane ezinyathela ngesineke.

Sasigijimisa okwezinhlanya; kwakuqhuma izibhamu sihlasela. Umjuluko negazi kwasipholisa. Sasihlasela ngalapho kwakumenyezwa khona, ukumemeza kwaya ngokuya kudlondlobala, kwenyuka kubheke empumalanga, amabhilidi lawa angaphandle ayesekhungethwe umlilo, amalangabi esikhanyisa kamnandi ezihlathini.

Kwathi kunjalo kwaqala ukuhlaselwa komuzi womqashi.

Ukudubula kwakuqhamuka emafasiteleni.

Sangena nezicabha.

Ikamelo lomqashi lalivuleke gengelezi. Ikamelo lomqashi lalikhanya kahle kamnandi, naye futhi ekhona, ezothile ... abantu bakithi bama khimilili... angithi nguye umbusi... ngasho phakathi. 'Nguwe lo,' washo ngokukhulu ukuzotha lokhu... Kwakuyimi impela, mina lo, ngamtshela ngathi yebo yimi lo, isigqila, isigqila esihle, isigqila esethembekile, isigqila sangempela, ngokushesha amehlo akhe ayefana namaphela ama-bili, athuswe yimvula enkulu... Ngagadla, kwatshaza igazi; ngukuphela kokobhajadiswa engisakukhumbula nanamuhla.[6]

Kuyaqondakala-ke ukuthi kulesi simo kwenziwa yini ukuthi impilo yansuku zonke ibe ngumqansa. Awusenakukwazi ukuba ngumfokazana ofunela abanye omahosha, noma isidakwa njengaphambilini. Udlame lombuso wamakholonisti, nodlame lokuzivikela kwabakholonayiziwe kuyavukelana kubhekane ngqo, lolo nalolo hlangothi lufuna ukuzivikela nokuziphindisela. Kube sekuya ngokuthi ziningi kangakanani izifiki lapha emadolobheni, uma nje ziya ngokuya ziba ziningi kanjalo nodlame luyenyukela, luze lulinganisane nabo. Uma kusaqala-ke lokhu kuvukela umbuso, ohulumeni basemadolobheni bayizigqila zamakholo-nisti. Amakholonisti esabisa abakholonayiziwe nohulumeni bawo ngokufana. Yingakho-ke nje besebenzisa izindlela ezizodwa zokubhekana namavukelambuso. Ukubulawa komphathi-dolobha u-Evian nokubulawa kuka-Ali Boumendjel, kuyafana indlela okwenzeka ngayo nezizathu zakho. Kumkholonisti indlela ehlukile akukhona ukukhetha phakathi kwe-Algeria yama-Algerian ne-Algeria yamaFrench, kuphakathi kwe-Algeria ekhululekile ne-Algeria esakholonayi-ziwe. Konke okunye kuzifanela nje nomoya oshisayo, nezenzo zobumbuka. Indlela umkholonisti acabanga ngayo ayinasiphelo; yingakho nje imangalisa impikisakucabanga kokholonayiziwe uma abakholonayiziwe sebekhethe udlame ngoba bezivikela, ukujeziswa ngamaphoyisa kufana nje nokujeziswa ngabaphathi besizwe. Umphumela walokhu unokungalingani okunzulu, ngoba ukuhlasela ngezindiza ezidubula ngezibhamu ezingontuluntulu nokuqhunyiswa kwamabhomu emikhunjini yolwandle kunemiphumela emibi kakhulu nangokwedlulele uma kuqhathaniswa nokuziphindiselela kwabakholonayiziwe. Lolu dlame oluqubuka njalo luxaka ngisho amalungu ohlanga olukholonayiziwe abengahosheIani. Kuba sobala kubo ukuthi izinkulumo mayelana nokulingana kwabantu azinakukwazi ukufihla ukungabinangqondo kokuthi uma amadoda amaFrench ayisikhombisa ebulewe noma elimele ekuhlaselweni kwaseSakamody kwenza ukuthi abantu abanonembeza bacasuke kanti ukuxoshwa kwama*douars*, aseGuergour amaDjerah *dechra* kanye nesibhicongo sokubulawa ngenxa yokuhlaselwa khona akubalulekile. Ukwesabisa, ukuzivikela ekwesatshisweni, udlame, ukuzivikela odlameni yindlela lena abezindaba ababika ngayo uma bechaza umjikelezo wenzondo nendlela egxile nesobala ngayo e-Algeria.

Kuyo yonke imizabalazo yezikhali kunesingakubiza ngokuthi kukwangqinget-she. Kuba indlela amakholoniyalisti acindezela ngayo abantu eletha lesi simo ngoba le ngcindezelo igxila emphakathini ngazo zonke izindlela. Lesi simo safika e-Algeria ngonyaka we-1955 kunezisulu eziyizi-12 000 zasePhilippeville nangonyaka we-1956 ngenkathi uLacoste esungula imibutho yezempi yase-makhaya nasemadolobheni.[7] Kube sekucacela wonke umuntu, namakholonisti imbala, ukuthi 'izinto azisezukuqhubeka njengokwejwayelekile, sekufanele ziguquke.' Abakholonayiziwe-ke kodwa abagcini mabhuku. Njengoba sebez-inikezele ekulweni le mpi konke okubehlelayo bakubona njengokulindelekile. Abakugcizelelayo ngukuthi kakungabi bikho ophindiselayo. Uma kuthiwa 'Bonke abantu bomdabu bayafana', abakholonayiziwe baphendula bathi, 'Amakholonisti wonke ayafana'.[8] Uma okholonayiziwe ehlukunyezwa, uma umkakhe ebulawa noma edlwengulwa, akakhaleli muntu. Laba abaphethe uhlelo lwengcindezelo bangasungula noma amangaki amakhomishana ophenyo nawocwaningo, akusho lutho lokho kubo. Ngokubona kwabakholonayiziwe la makhomishana kufana nokuthi awekho. Eqinisweni maduze nje kuzobe sekuphele iminyaka eyisikhombisa kungekho noyedwa umFrench othweswe icala lobugebengu nokubulala um-Algerian. E-Indochina, naseMadagascar nakuwo wonke amakholoni owomdabu uhlale azi ukuthi akukho bulungiswa angabulindela kumakholonayiza. Umsebenzi womkholonisti wukuqinisekisa ukuthi amaphupho enkululeko alaba abakholonayiziwe awalinge afezeke. Umsebenzi wokholonayiziwe ungukucabanga zonke izindlela ezingamfinye-lelisa ekubhubhiseni umkholonisti. Ekucabangeni kahle nje iManichaeanism yekholonisti idala iManichaeanism yalowo okholonayiziwe. Inkolelo-mbono ethi 'ububi obugcwele bomuntu womdabu' iphikiswa yinkolelo-mbono ethi 'Ububi obugcwele bekholonisti.'

Ukufika kwamakholonisti kwaba nemithelela eminingi, ingxubevange yokufa kwamasiko abomdabu, kwaletha ukuzithela ngabandayo kwezempucuko nenkambiso kanjalo nokusambatheka komuntu ngamunye. Kumuntu okhol-onayiziwe impilo enjengempilo ivela kuphela uma isidumbu somkholonayizi sesibola. Injalo nje-ke le-nto yokuqondanisa kwalezi zinkulumo nezindlela ezimbili zokucabanga.

Kodwa-ke indlela umkholonayizi ayibuka ngayo le ndaba yodlame ibo-nakala iyinhle kuye ngoba iwukuphela kwendlela abasebenza ngayo. Lokhu kucabanga-kwenza okugcwele udlame kuyajuqa ngoba lowo nalowo muntu ufana neqhuzu eketangeni, okungukuthi wonke umuntu uyathinteka ngo-ba udlame lomkholonisti oludlulele noluwumsuka luhaqa uwonkewonke. Izinkambu ezibhekene ziyazana kunjalo nje ikusasa lezizwe seliyabonakala kwanamuhla. Ngakho ngoba amaqembu ahlukene ebonana, ikusasa lesizwe liyacaca ekubumbaneni kwalo. Umzabalazo wezempi nomshoshaphansi uyabahlanganisa abantu, okungukuthi ubafaka endleleni eyodwa eya phambili enganakubuyela emuva.

Ukugqugquzela abantu begqugquzelelwa yimpi yomzabalazo wenkululeko kuza nendlela yokucabanga egcizelela ubumbano, isiphetho esingukwakha isizwe kanye nobumbano ekusimamiseleni ekwakheni umlando womzabalazo. Yingakho-ke nje, isigaba sesibili isingukwakha isizwe, sakhelwe phezu kwe-sisekelo sikasemende oxutshwe negazi nentukuthelo. Lokhu kusisiza ukuthi siqondisise umsuka wenkulumo yasemazweni asathuthuka. Ngesikhathi seng-cindezelo yamakholonisti abantu babegqugquzelelwa ukulwa nengcindezelo. Uma sebekhululekile, bagqugquzelelwa ukulwa nenhlupheko, ukungafundi nokungathuthuki. Bathi umzabalazo awupheli. Abantu babesebebona lapho-ke ukuthi ukuphila kungumzabalazo ongenasiphelo.

Njengoba sesishilo udlame lwalabo abakholonayiziwe luyababumbanisa abantu. Kodwa ubunjalo bekholoniyalizimu bulele ekuqhekekeni nasekuk-holelweni ekuthini kusetshenzwa ngokwahlukana kwezigodi. Ikholoniyalizimu ayaneliswa ukwazi ukuthi kukhona izizwana, izinhlanga; iyazihlukanisa, futhi iqhakambisa ukungafani kwazo. Indlela yokwenza kwekholoniyalizimu kuwu-kuthuthukisa usiko lwamakhosi, nokuvuselela indlela yasendulo yezinhlangano zobumbano lwama*Marabout*. Indlela ubudlova obusetshenziswa ngayo bugcwala izwe lonke futhi buyasibekela. Umphumela walokhu ukuthi bufukamela uk-ushatshalaliswa kokusebenza ngokwezifunda nobuhlanga. Amaqembu ezwe ezombuso awabonisi uzwelo kuma*kaids* nasemakhosini omdabu. Ukupheliswa kwama*kaids* namakhosi kuba isidingongqala sokubumbana kwabantu.

Uma kubhekwa umuntu okholonayiziwe ngamunye, kuyacaca ukuthi udlame luyamsiza ngoba luqeda ukuzenyeza, ukuthathela izinto phansi, nokuphelelwa yithemba. Lumnikeza umdlandla nokuzethemba. Kuthi noma umzabalazo womshoshaphansi kade uwuphawu nje, noma kudingeke ukuthi abantu babeke phansi isikhali masinyane ngenxa yokuthi ukudikholonayiza sekuhambe ngokushesha, abantu baba nesikhathi sokubona ukuthi le nkululeko ifike ngenxa yeqhaza lawo wonke umuntu, hhayi abaholi kuphela. Udlame luphakamisa abantu lubabeke ezingeni labaholi. Yingakho nje imibuso esemisha ingathembakali uma isisheshe iqala izindlela ezintsha zokubusa. Uma kade besebenzise udlame ukuze bazuze inkululeko, iningi alivumeli muntu ukuthi abe esezibeka njengomkhululi wabantu. Bayaziqhenya ngempumelelo yabo bese beqinisekisa ukuthi ikusasa lezwe labo bangalibeki ezandleni zikankulunkulu ophilayo. Kuthi kade bengenandaba ngayizolo, namuhla sebefuna ukwazi yonke into futhi bathathe izinqumo ngayo yonke into. Udlame luyabakha-nyisela bese kuthi inqwebukamqondo yabantu yenze ukuthi bangathuliseki, bangahlaliseki phansi. Ngalesi sikhathi-ke ama*demagogues*, osomathuba kanye nabenzi bemilingo baba senkingeni, imisebenzi yabo iyashuba, ibe lukhuni. Le ndlela yokwenza nokucabanga eyayikade ibabeke esimweni sokuphelelwa yithemba ngenxa yalo mzabalazo wokubhekana umuntu nomuntu, seyibeke iningi labantu esimweni sokukwazi ukucabangela ngokubambekayo. Konke ukuzama ukukhohlisa abantu kube sekuphelelwa yindawo.

OKUMAYELANA NODLAME KWEZAMAZWE NGAMAZWE

Sesibonisile emakhasini adlule ukuthi emazweni angakathuthuki abaholi bezepolitiki bahlale begqugquzelela abantu ukuthi balwe. Balwe nokubuswa ngabezizwe, balwe nenhlupheko, balwe nesimo sokungathuthuki kwezwe, balwe namasiko abuyisela isizwe emuva. Indlela abakhuluma ngayo ifana neyomphathi omkhulu: 'ukugqugquzela iningi', 'inkundla yezolimo', 'inkundla yezokufunda', 'ukwehluleka esesidlule kukho', 'ukunqoba esikuphethe ezandleni'. Ngeminyaka yokuqala emva kwenkululeko isizwe sithuthuka esimweni esifana nesempi. Lokhu kungoba umholi wezwe elisathuthuka uhlalele ovalweni uma ebuka indlela okusafanele ihanjwe. Ukhuluma nabantu abagqugquzelele ebatshela ukuthi: 'Makusetshenzwe bakithi, mningi umsebenzi osasilindele.' Lokhu kwenza isizwe sizifake shi ngamakhulu amawala lawa emsebenzini wokwakha kabusha nokubumba isizwe. Uhlelo akukhona nje ukwenza konke okudinga ukwenziwa ngendlela efanele, phezu kwalokho icebo wukufika la ezinye izizwe sezifike khona. Kunenkolelo enkulu ekutheni amazwe ase-Europe afika kuleli zinga lentuthuko ngenxa yokuzisebenzela, yingakho nje kuba nelukuluku lokubonisa umhlaba ukuthi namazwe asemasha ayakwazi ukuzenzela ukuze aphumelele. Ukucabanga kanje ngentuthuko yamazwe asathuthuka akulungile futhi akuphelele ngokokucatshangwa. Amazwe ase-Europe athola ubumbano lwezizwe zawo ngenkathi izicukuthwane ziziphathele umnotho. Abanikazi zitolo nabahwebi, omabhalane nosomabhangi baqinisekisa ukuthi ezezimali, ezohwebo, nezesayensi kuphethwe yisizwe ngasinye. Izicukuthwane yikilasi elinempumelelo evelele ngenxa yendlela ezenza ngayo izinto enoshintshoshintsho oluningi. Ukuthuthuka kwazo kwenza ukuthi ziphakame emazweni azo, zikwazi ukuqala izinhlobonhlobo zezindlela zentuthuko njengokuqubuka kwezimboni, ukuthuthuka kwezokuxhumana kanye nokulangazelela ukuthuthukelela emazweni angaphesheya kwezilwandle.

E-Europe amazwe ayezuze ubumbano lwesizwe ayelingana ngokwezomnotho, ngaphandle kwambalwa (njenge-England eyayingaphambidlana kunamanye), amazwe ayezuza ubumbano ngobuzwe, ayesesimweni sezomnotho esithi asifane. Ngenxa yendlela intuthuko nenqubekelaphambi yawo eyayenzeka ngayo asikho isizwe esasithuka futhi sililaza esinye.

Kule mihla inkululeko yesizwe nokwakha isizwe ezindaweni ezingakathuthuki kuhamba ngeyakho indlela. Kulezi zindawo lelo nalelo lizwe likhinyabezwa ukusweleka kwengqala-sizinda, ngaphandle-ke nje kwamazwe ambalwa athuthuke ngokwedlulele. Iningi kula mazwe lihluphekile lilwa nobumpofu, likhombisa usizi esingalubiza ngokuthi ibalazwe lendlala elibonakaliswa izisu ezihhohlokile. Umhlaba wokungathuthuki, wumhlaba wenhlupheko nokuphathwa ngonya. Phezu kwalokho wumhlaba ongenabo odokotela, ongenabo onjiniyela, ongenabo omabhalane. Kuthi kunje babe bebhekene namazwe ase-Europe abhukuda emnothweni odida ikhanda. Umnotho wase-Europe uyihlazo elishaqisayo ngoba wakhiwa ngezithukuthuku zezigqila, wakhiwa ngegazi lezigqila, ubunjalo bawo bakhandwa yinhlabathi yamazwe angakathuthuki. Ubunjalo, impilo nentuthuko yase-Europe ingenxa yokuthi yakhiwa ngemijuluko nezidumbu zabantu abamnyama, ama-Arabhu, abase-India kanye nabase-Asia. Yiqiniso leli esingazimisele ukulikhohlwa. Uma izwe lamakholoniyalisti lihlambalazeka uma ikholoni lilwela inkululeko bese lithi: 'Uma nifuna inkululeko, ithatheni bese nibuyela ezikhathini zobumnyama,' besho njalo becabanga umholi wesizwe esisanda kukhululeka. Abantu bezwe elisanda kukhululeka babe sebevuma bayibambe ngezandla inselelo. Emva kwalokhu sibe sesibona umkholonisti ezikhipha, ehoxisa imali nochwepheshe okube sekwenza ukuthi izwe eli-sathuthuka lizithole selizungezwe ngenkulu inkinga yezomnotho.[9]

Uvuthondaba lwenkulukelo luphenduka isiqalekiso senkululeko. Amandla nendluzula yabaphathi bamakholonisti yenza ukuthi izwe eliselisha lizithole selibuyela emuva. Ngamanye amazwi amakholonisti athi: 'Uma nifuna inkululeko, ithatheni bese nizibona ukuqeda.' Abaholi bamazwe asanda kukhululeka bazithola sebekhetha ukubhekana nabantu babo bebacela ukuthi benze okungaphezu kwamandla. Lokhu kwenza ukuthi abantu ase-bevele befile yindlala baphile impilo yokuncisheka nokuzibopha, okwenza ukuthi izicubu esezivele zikhathele zisebenze ngokwedlulele. Uhulumeni wokuzibambela ngokwawo ube usuwakhiwa bese lelo nalelo zwe elinge-namithombo yengcebo lizame ngakho konke elinakho ukubhekana nendlala eya ngokuya ikhungatha izwe kanye nobubha obuya budlondlobala. Sibe sesiba wofakazi balesi simo, laba ngabantu osekufanele basebenzise wonke amandla bazikhandle baze babe yingcuba ibe i-Europe ibukele, ngokukhulu ukudelela nokukhuluphaliswa yingcebo.

Amanye amazwe akuThird World ayala ukuzifaka kulesi simo bese evuma ukwenza izinto ngemibandela yabaphathi bamakholoni. La mazwe abheka indlela ayehleleke ngayo ngesikhathi somzabalazo wempi yomshoshaphansi, abe esesayina izivumelwano zokuzinikezela. Lokhu kwenza ukuthi izwe ebelikade likholonayiziwe liphenduke libe ngeselincikile ngokwezomnotho lingenakuzimela. Ababengamakholonayiza ababekade bengashintshanga lutho futhi kwesinye isikhathi kade bedlondlobalise izindlela zabo zokuhwebelanisa ngezomnotho bayavuma ukuthi bazofaka imadlana encane, yokubhekana nezindleko ukuze asekeleke. Njengoba manje amazwe akade ekholonayiziwe esekhululekile, umhlaba wonke uzithola usubhekene namaqiniso asobala enza ukuthi isimo sala mazwe singabekezeleki. Lokhu kubhekana ngeziqu zamehlo obekungathi nje ikholoniyalizimu ibhekene nokulwisana nedikholonayizeshini, nomnotho wogombelakwesabo, ubhekene nesoshiyalizimu, konke sekuphelelwa amandla okubaluleka kwakho. Okubalulekile namuhla okuyiyona nto evimba umkhathizwe wudaba lokwehlulelana ngomnotho. Isintu kufanele sibhekane ngqo nalolu daba noma ngabe lokho kuba namiphumela mini.

Kwakukade kucatshangwa ukuthi isikhathi sasesifikile sokuthi umhlaba wonke, ikakhulukazi iThird World ikhethe phakathi kwekhaphithalizimu nesoshiyalizimu. Amazwe angakathuthuki azithola sekufanele asebenzise lokhu kuqhudelana okunonya kwalezi zinhlelo zomnotho ezimbili ukuze akwazi ukuphumelela emzabalazweni wenkululeko kufanele angalinge ayingene le mpi. Amazwe eThird World akufanele neze azichaze ngezindinganiso ezazandulele inkululeko yawo. Okubalulekile okuphikisana ngqo nalokho, ukuthi amazwe asathuthuka kumele azimisele ukuvumelana ngezawo izindinganiso, izindlela zokusebenzisana kanye nezindlela zokuphila ezithi wona. Ukubhekana nokudinga ukukhetha phakathi kwekholoniyalizimu nesoshiyalizimu akuyona into ebaluleke ngale ndlela eyayibaluleke ngayo igcine seyifana nendlela yokuzazi amazweni nasezikhathini ezahlukene. Nakuba kunjalo sazi kahle kamhlophe ukuthi uhlelo logombelakwesabo alusoze lwakwazi ukuxhasa umkhankaso wokwakha isizwe nobuthina jikelele. Ukuxhashazwa nokuhlukunyezwa, izinhlangano zamakhatheli namamonopholi ziyizitha zamazwe asathuthuka. Ngakolunye uhlangothi ukukhetha uhulumeni wesoshiyalizimu, uhulumeni ozinikezele kubantu, okholelwa ekutheni umuntu yilona gugu elingaletha inqubekela phambili esheshayo futhi eza nozwano nokubambisana etshinga le kude leli gciwane lokuthi umnotho nezepolitiki zihlale ezandleni zabambalwa abangalingi nokulinga ukucabangela iningi loluntu lonkana.

Kodwa-ke ukuze lo hulumeni ukwazi ukusebenza kahle nokuthi nathi sikwazi ukubambelela kulezi zisekelo ezazisipha intshisekelo sidinga okunye, okwedlula ukubambelelela kubantu. Amanye amazwe achitha esiningi isikhathi namandla ebabambelele kule ndlela yokwenza. Abesilisa nabesifazane, intsha nasebekhulile bazinikezela emsebenzini wokwakha nokubumba isizwe ngendlela efana ngqo nemisebenzi ephoqelelwe baze bazibize ngezigqila zesizwe. Le ndlela yokucabanga, yokuzidela nokuzinikezela enhlosweni kawonkewonke inika ithemba ngekusasa, futhi nobukelayo agcine ebukela nje. Kodwa-ke sikholelwa ekutheni le ndlela lolu gqozi olusebenza ngayo ayikwazi ukusebenza isikhathi eside futhi ngejubane elingaka. La mazwe asemasha kwezenkululeko amukela inselelo eyashiywa ukuvuma ukwahluleka kwamakholonisti. Izwe lizithola linabaphathi abasha, kodwa eqinisweni kufanele konke kuqalwe kabusha, lokho nalokho kufanele kucatshangwe kucatshangisiswe kabusha ngoba uhulumeni wamakholonisti wawuthanda nje kuphela lokho okukhulisa iminotho yawo, iminotho yezemvelo nokunye okunothisayo. Kuze kube manje akekho osacwaningisise ukuthi kunani ngaphansi komhlaba nasekujuleni kwawo. Lokhu kube sekwenza ukuthi izwe elisha elisanda kukhululeka liqhubeke nokusebenzisa imizila yezomnotho eyayiqalwe wumbuso wamakholonisti. Akusho-ke lokhu ukuthi abanakukwazi ukuqala eyabo imizila yokuhweba, futhi basebenzise imali eyikharensi yabo kodwa isizinda sezomnotho asishintshi. Umbuso wamakholonisti usuke sewuzakhe waziqeda izindlela zokuhwebelana namanye amazwe ngendlela eyenza ukuthi ukufisa ukuziguqula kushayisa ngovalo futhi kungeza nenhlekelele. Mhlawumbe kudinga ukuthi konke kuqalwe kabusha. Izinto ezithengiselwa amazwe aphesheya kumele zishintshwe, hhayi kuphela ukuthi ziya kumaphi amazwe, inhlabathi idinga ukucwaningwa, kanjalo nemifula, nelanga ngokunjalo. Ukuze kwenzeke konke lokhu kunokunye okudingeka ngaphezu kwabantu. Kudingeka imali, ochwepheshe, onjiniyela, omakhenikha, njalonjalo. Masivume nje ukuthi la mandla angaka afunwa abaholi bamazwe angakathuthuki awazukwazi ukuba nale mivuzo elindelekile. Uma izindlela okusetshenzwa ngazo zingakaguqulwa kuyothatha amakhulu eminyaka ukuguqula lo mhlaba ama-imphiriyalisti awehlisela ezingeni lobulwane.[10]

Iqiniso lithi nje akufanale sivume ukuphila ezimweni ezinjengalezi esizithola kuzo. Kufanela senqabe ukuphila esimweni esifana nesamazwe aseNtshonalanga asinikezela kuso. Ikholoniyalizimu ne-imphiriyalizimu akukazikhokheli lezi zikweletu abasikweleta zona abaqala ukusikweleta mhla behlisa amafulegi abo bekhipha namaphoyisa abo emazweni ethu. Sekuyiminyaka ngeminyaka amakhaphithalisti esebenza njengezigebengu zempi emazweni angakathuthuki. Ukudingiswa, ukubulawa kwabantu abaningi ngonya, ukusetshenziswa ngokuphoqelelwa nokugqilazwa kwakuyizona zindlela ezazisetshenziswa wumnotho wogombelakwesabo ukuze bakwazi ukukhiqiza igolide namadayimane emigodini, ukuze bakwazi ukunotha bathole namandla okubusa. Zolo lokhu nje iNazism iguqule yonke i-Europe yayenza ikholoni langempela. Ohulumeni basemazweni ase-Europe bafune ngenkani ukuthi babuyiselwe okungokwabo ngemali noma nangaziphi izindlela konke lokhu okwebiwa, okungamagugu kubo. Ngenxa yalokhu izinto zobuciko, imidwebo, imifanekiso eqoshiwe namagilasi amafasitela anamabala kwabuyiselwa kubanikazi. Emva nje kokuphela kwempi abase-Europe babeqinisekile ngento eyodwa: 'IGermany izokhokha'. Mhla kuvulwa icala i-Eichmann uMnumzana u-Adenauer ekhulumela abantu baseGermany waphinda wacela ukuxolelwa ngabantu abangamaJuda. Umnumzana u-Adenauer waphinda wavuselela ukuzimisela kwezwe lakhe ukuthi baqhubeke bakhokhe izimali ezishisiwe bekhokhela i-Israel ngoba bexolisela ubugebengu bamaNazi.[11]

Kunjalo nje sicabanga ukuthi amazwe ohulumeni bama-imphiriyalisti ngabe enza iphutha elikhulu kabi futhi enza into entula ubulungisa uma ejabulela ukuhoxisa emazweni ethu amasotsha ezempi, nabaphethe kwezezimali nokuqondiswa kukahulumeni omsebenzi wakhe kwakungukubhekelela, bakhiqize futhi bathumele umnotho wamazwe ethu kwawabo. Ukuzama ukulungisa izinto ngokushintsha ukuziphatha ngoba izwe selithole inkululeko, akwanele, akukhuthazi futhi akusiphi okuya ethunjini. Umnotho wamazwe ama-imphiriyalisti ungowethu nathi. Ekubukeni jikelele lokhu kusho akuchazi ukuthi asibandakanye nalobu buchwepheshe obudlangile kanye nobungcweti baseNtshonalanga. Okubambekayo wukuthi i-Europe isigcwele iyachichima igolide nemikhiqizo yemvelo evela emazweni ayekade ekholonayiziwe afana neLatin America, iChina ne-Africa. Kunamuhla nje i-Europe inobunjinga obedlulele obuvela kula mazwe emva kwamakhulu ngamakhulu eminyaka, ichweba lokusuka kwemikhiqizo yamadayimane, u-oyela, usilika, ukotini, ithimba kanye nayo yonke imikhiqizo engabachumele ibhekene nabo ngoba ithuthelwa kuyo le Europe. I-Europe yakheke ngenxa yeThird World. Lobu bunjinga osebubaklinya njengamanje babuphangwe kulaba bantu bengakathuthuki. Amachweba aseHolland, izikhumulo zemikhumbi zase-Bordeaux naseLiverpool zidume kangaka nje ingoba zadunyiswa ukuhweba ngezinkulungwane zezinkulungwane zezigqila. Uma sizwa inhloko yezwe lase-Europe ithembisa, ibeke isandla sayo enhliziyw26ni ithi izosiza abantu abangenanhlanhla, basemazweni ahluphekileyo asavevezeliswa yinjabulo yokubonga; kunalokho sithi uma sikhulumisana: 'Vele babuyisa abasikweleta khona.' Yingakho nje singezukwamukela usizo oluza emazweni angakathuthuki njenge-'sihe'. Lolu sizo kufanele lubukwe njengengxenye yokugcina yalokhu kucabanga kwabakholonayiziwe ukuthi *kuyilungelo labo vele* ngokunjalo abamandla avelele amakhaphithalisti ukuthi vele *kufanele bakhokhe*.[12] Uma ubuphukuphuku – asisakhulumi-ke ngokweswela ukubonga – amazwe amakhaphithalisti engavumi ukukhokha, bazobona indlela vele abasebenza ngayo isibaklinya, bephelelwa umoya. Kuyiqiniso ukuthi amazwe asanda kukhululeka awayitholi imali eningi evela emnothweni wogombelakwesabo ngasese. Ziningi-ke izizathu ezenza futhi zichaze zicacise lokho amamonopoli akugodlile. Kuthi nje uma ongxiwankulu bezwa ukuthi uhulumeni wabo usulungele ukudikholonayiza ngoba vele bezwa kuqala, bayaphuthuma bakhiphe izimali zabo kula makholoni abazifake kuwo. Lokhu kundiza kwemali okukhexisa imilomo kuyinsakuvukela ezimweni zokudikholonayiza.

Ukuze zikwazi ukutshala izimali zazo emazweni akhululekile, izinkampani zangasese zibeka imigomo okuthi uma isisetshenziswa ingabi nazindlela zokuphumelela. Njengoba vele inhloso yokutshala imali emazweni aphesheya iwukuthola umvuzo masinyane, ongxiwankulu abavami ukutshala imali ezothatha isikhathi eside ukuzala. Abezwani neze futhi bahlala benenkani yokungasebenzisani nohulumeni abasebasha uma beqamba izinhlelo zabo zezomnotho. Okukhulu nakakhulu wukuthi abakwazi ukuboleka labo hulumeni abasebasha imali uma nje isetshenziselwa ukuthenga okusekuqaliwe vele kanye nemishini ukuze izimboni zasemadolobheni ziqhubeke zisebenze.

Eqinisweni osozimali bakumazwe aseNtshonalanga abezwani neze nokuthatha isinyathelo esiyingcuphe uma betshala izimali. Babe sebefuna ukuthi kube nokuzinza kwezepolitiki nokuthula emphakathini okuyizinto-ke ezingelula ukwenzeka emva kodlame nobudlova obulethwa umzabalazo wenkululeko. Uma-ke ethungatha isiqinisekiso, la mazwe abekholonayiziwe angakwazi ukusinikeza, babe sebethi la mazwe mawagcine izikhungo zempi kuvunyelwane nangezindlela zokuhambisa umnotho. Izinkampani zangasese kuba yizona kanye ezikhuluma nohulumeni bazo ukuthi baqinisekise ukuthi la masotsha agcinwe ezinkanjini umsebenzi wawo wukuvikela okungokwabo. Isivumelwano kugcina sekuwukuthi ohulumeni babo baqinisekisa ukuthi bazovikela izimali zabo ezilondolozwe kula mazwe angakathuthuki.

Yingakho nje embalwa amazwe akwazi ukuvumelana nale migomo ebekwa amakhatheli namamonopholi. Bese-ke izimali, esezivimbelekile zingakwazi ukutshaleka kwamanye amazwe zigcine sezihlezi e-Europe, ziphelele khona zingenamandla okutshaleka ndawo. Ongxiwankulu abathandi ukutshala izimali zabo emazweni abo ngoba akuvunayo uma etshala ekhaya kuncane kakhulu ngakho-ke usizi lokutshala izimali unyaka nonyaka ludumaza ngisho abanesibindi.

Isimo uma kubhekwa ikusasa elikude, siyinhlekelele. Imali yongxiwankulu ayisanyakazi kungenjalo isibonakala seyehlile ngenani. Ibhange lamaSwiss liyala ukufaka izimali zalo, i-Europe iyaklinyeka. Nangale kwezimali ezidliwa ezezimpi, umnotho wogombelakwesabo wamazwe ngamazwe usengcupheni enkulu.

Kodwa enye ingozi ibonakala iza le emkhathizweni. Ngoba amazwe eThird World asuke eseshiywe wodwana sekufanele azibonele ukuthi aphuma kanjani kunhlehlelamuva, ngoba ukuphela komnyakazo ngenxa yokuzicabangela yodwa nokungabi nabuntu kweNtshonalanga, abantu abasemazweni anga-kathuthuki bakhetha ukuzibusa ngokweningi. Izinkampani saseNtshonalanga ziphunyukwa ukuhweba namazwe aphesheya. Izinto ezilinde ukudayiswa ziyanda ziyachichima ezindaweni zokugcina izimpahla ngoba azisathengwa bese izimakethe zase-Europe zibona ukuqhudelana kwenzondo phakathi kwabafaki bezimali namakhatheli. Ukuvalwa kwezimboni, ukudilizwa kwabasebenzi, nokweswelakala kwemisebenzi kwenza ukuthi abasebenzi base-Europe baqale umzabalazo olwisa umbuso womnotho wogombelakwesabo. Lesi simo senza ukuthi amamonopholi abone ukuthi okungaba nenzuzo kubo wukuthi basize, futhi basizisise ngaphandle kwemigomo eminingi amazwe asathuthuka.

Kube sekucaca-ke ukuthi amazwe amasha akuThird World akuwafanele ukuguqa ngamadolo encenga amazwe amakhaphithalisti. Sinamandla am-amakhulu kabi sizimele sinje ngenxa yokuthi isikhundla esikuso singeseqiniso. Kuba wumsebenzi wethu-ke ukuthi sibatshele sibachazele ukuthi kuyiphutha ukuthi bacabange ukuthi into enkulu kunazo zonke kulesi sikhathi esikuso yimpi phakathi kwabo nemibuso yesoshiyalizimu. Le mpi yomshoshaphansi kufanele iphele nya ngoba ayiyisi muntu ndawo, lo mqhudelwano wezikhali zenuzi kufanele uqedwe; amazwe asathuthuka akufanele athole izimali eziningi zokuwathuthukisa kanye nezobuchwepheshe. Ikusasa lomhlaba lisezandleni zale ndlela yokucabanga.

Akuyisi muntu ndawo ukuthi ohulumeni bongxiwankulu belokhu bezama ukukhomba amazwe amasoshiyalisti ukuthi yiwo okufanele abhekane noquqaba lwabebala abahluphekayo ngoba vele 'i-Europe idalelwe lokho'. Ukuxhaphaza kukaKhenele uGagarin noma ngabe uJenene uDe Gaulle ucabangani, akuzenzo 'ezinika i-Europe udumo'. Sekunesikhathi sikhuluma nje laba baholi bamazwe ongxiwankulu abayizingcithabuchopho bakhona besesimweni sokungabaza okumbaxambili ngokuthi iSoviet Union ibaphatheleni. Emveni kokuba sebeh-langene ngoba befuna ukulwisa baqede nya umbuso wamasoshiyalisti, sebebona kamuva ukuthi sebeze baphola behlisa ulaka bayamukela. Yingakho-ke nje sebemoyizela bezama ukuthi bamukeleke ngokulokhu bekhumbuza abantu baseSoviet ukuthi 'bayingxenye ye-Europe.'

Ukubonisa iThird World njengomhlaba oyingozi ongahle uyiketule yonke i-Europe akusoze kuphumelele ekuhlukaniseni amazwe nabantu abahlose nabathokozelela ukuholela abantu ekufuneni injabulo. Kunjalo iThird World ayinasizungu sokugqugquzelela umkhankaso wendlala elwa nohulumeni wase-Europe. Kukodwa abakulindele kulabo ababagcine beyizigqila amakhulu ngamakhulu eminyaka ukuthi i-Europe isize ekubuyiseni isithunzi nobuntu kubantu khona wonke umuntu ezophumelela noma ngabe ukuphi, kusuka manje kuze kube sekugcineni.

Kodwa-ke kuyacaca ukuthi asizona iziwula ezicabanga ukuthi lokhu kungaphumelela ngomusa nokuxhaswa ohulumeni base-Europe. Lo mse-benzi onzulu kangaka, odinga ukuthi umuntu abuyiselwe endaweni yakhe emhlabeni, umuntu ngobunjalo bakhe bonke, ungaphumelela ngokuthola usizo lwabantu base-Europe uma nje iningi labo lingavuma ukuthi babevame ukuphelekezela abaphathi babo uma kukhulunywa udaba lwekholoniyalizimu. Ukuze bakwazi ukukwenza lokhu iningi labasemazweni ase-Europe kufanele liqale ngokuvuma ukuthi kufanele bavuke, badle amathambo engqondo, bayeke indaba yokuhuqa ubuthongo.

ISIGCINOMANOTHI

1 Sesiyikhombisile imininingwane yokwenzeka kulomhlaba wobuManichaean encwadini ethi *Black Skin, White Masks*.

2 Encwadini ethi *Colonial Wars and Mental Disorders*, isahluko 5.

3 Encwadini kaFriedrich Engels ethi *Anti-Dühring* eyahunyushwa ngu-Emile Burns (ishicilelwe iNew York International), Ingxenye 2, Isahluko III (The Force Theory), ikhasi 184.

4 Umholi oboshiwe angase ngempela abe ngumkhulumeli weqiniso woquqaba olukholonayiziwe. Uma kunjalo, abasemagunyeni bamakholoni bazosizakala ngokuboshwa kwakhe bazame ukubeka abaholi abasha.

5 Kuyacaca-ke ukuthi lokhu kushanela sakukhuculula kubhidliza yona kanye into abazama ukuyilondoloza. Yiyona-ke le nto uSatre ayishoyo uma ethi: 'Ngamafushane, sona kanye lesi senzo sokuphindaphinda le mibono yobuhlanga sibonisa ukuthi ukunakwenzeka ukubumbana kanye kanye nabomdabu, ukuthi kuyinto nje eshintshashintshayo nokuthi nanoma ngandlelani lokhu kubumbana kungenzeka kuphela uma behlangana behlanganela ukubulala bacekele phansi abomdabu abakholonayiziwe, okuyiyona nto eyisilingo esingenangqondo kodwa esingapheli sala makholonisti, futhi, okungathi uma kungenzeka, kuqede nya nangokushesha, ikholonayizeshini uqobo.' *Critique of Dialectical Reason.* Ihunyushwe ngu-Alan Sheridin-Smith.

6 'And the dogs were silent' encwadini ka-Aime Cesaire okuthiwa iLyric and Dramatic Poetry- 1946 -82 ehunyushwe uClayton Esheman no-Annette Smith (Ishicilelwe iCharlotesville: The University Press of Virginia, ngowe-1960).

7 Ukuze sihlole ukubaluleka kwalesi sinqumo esathathwa wuhulumeni wamaFrench e-Algeria kumele sibuyele emuva kulesi sikhathi. Kulolu shicilelo lwesi-4 lwe-Resistance Algérienne lwangomhla wama-28 enyangeni kaNdasa ngonyaka we-1957, sifunda okulandelayo:

> Ngokuphendula izifiso ze-United National General Assembly uhulumeni wamaFrench usanda kuthatha isinqumo sokusungula amabutho ezempi asemadolobheni. 'Selichitheke kwenela igazi,' kwasho i-UN. 'Masisungule amabutho ezempi,' kwaphendula uLacoste. 'Akume manje ukudubulana', kwaluleka i-UN. 'Masihlomise izakhamuzi', kumemeza uLacoste.

> Kwathi emva kwenyanga yokuqala i-UN General Assembly izwi lesinqumo lathi akukho noyedwa wase-Europe e-Algeria ongelona ilungu.

> Bathi ukusungulwa kwalezi zinhlobo zamabutho kuzosiza umabutho esizwe. Bazokhulula amaqembu amsebenzi wawo kuwukuvikela imingcele yeTunisa kanye neMorocco. E-Algeria ibutho elivelele liyizinkulungwane ezingamakhulu ayisithupha. Cishe alapho wonke amabutho asolwandle kanye nawezomoya. Kukhona ibutho lamaphoyisa elisebenza ngokushesha nokucophelela okuphakeme selokhu lasebenzisana nalabo ababengabahlukumezi babantu baseMorrocco nabaseTunisia. Ameqembu ezikhungo, angamadoda ayizinkulungwane eziyikhulu. Umsebenzi wabezimpi kumele uncishiswe. Masakhe amaqembu amabutho asemadolobheni. Okusalayo ngukuthi indlela nje uLacoste ayekhuluma ngayo le nhloso yakhe enokusangana nobugebengu, yayingumthwalo ngisho kumaFrench okungathi acabanga kahle, anengqondo.

Iqiniso lisekuthini ukuphikelela ekusunguleni amabutho amasotsha asemadolobheni kuyaziphikisa kwakhona. Impi yamabutho amaFrench ayinamkhawulo. Zithi zisuka nje inhloso yabo kube kuwukuvala imilomo yama-Algerian okube sekukhomba ukuthi ikusasa alisabonakali nhlobo. Ngale kwakho konke kunokungafuni ukucwaningisisa ukuze kuqondakale futhi kubhekisiswe ubunzulu nobubanzi be-Algerian Revolution: zonke izigodi, zonke izikhungo, yonke imigwaqo, wonke amaqoqo emizi, nalo lonke iphansi, kunomholi womphakathi....isibindi esisebantwini manje sesidlondlobaliswe yisibindi esisenhlabathini qobo.

Emahoreni nje angama-48 kwabhalisa abantu abazinikele abayizinkulungwane ezimbili. Abase-Europe nabase-Algeria basabela ngokushesha ngenkathi uLacoste ekhipha isimemo sokubulala. Kusukela manje wonke um-Europe kuzomele abhale uhlu lwama-Algeria asaphila kuphi naphi ezikhungweni akuzo. Ukuhlanganisa ubunhloli, 'ukusukumela ukuzibuyisela' kubashokobezi, ukukhomba abasolwa, ukuvimbela ababaleki kanye nokudlondlobalisa amaphoyisa. Yebo, amabutho empi kumele akhululwe kule misebenzi. Ukuhlola ihlabathi lonke manje sekuhlanganiswe nokuhlola liphi naliphi iphansi. Ukubulala okungahlelekile manje kusingathwe ukubulala okucatshangwe kwahlelwa kahle. Make niyeke ukuchitha igazi, kunxusa i-UN. Indlela engcono kunazo zonke yokwenza lokho, kusho uLacoste, wukuthi kungabibikho gazi elingachitheka. Emva kokuthi abantu base Algeria benikezelwe embuthweni kaMassu manje sebenikezelwe ezandleni zamabutho asemadolobheni. Lesi sinqumo sikaLacoste sokusungula amabutho asemadolobheni kuyacaca ukuthi sithi mabamyeke phansi ngempi YAKHE. Kuwufakazi ukuthi uma nje ukubola sekuqalile akubi nasiphelo. Yebo vele manje useyisiboshwa maye kwaze kwamnandi ukudonsa bonke abanye kanye naye.

Emva kwaleso naleso sinqumo abantu base-Algeria baqinisa amandla abo badlondlobalisa umzabalazo. Emva kwalokho nalokho kubulawa, abantu base-Algeria kufanele baqinise ingqebukamqondo yabo baphakamise izinga lomzabalazo. Kunjalo.

8   Yisona sizathu-ke lesi esenza ukuthi uma kushunqa uthuli lwenzondo, zingathathwa iziboshwa.

9   Kulesi simo samanje samazwe onke ikhaphithalizimu ayivaleli nje kuphela amakholoni ase-Africa nawase-Asia. I-US nenkambiso yayo yokungezwani noCastro seyiqale isahluko esisha emlandweni wabantu kulo mshikashika wokulwela inkululelko. ILatin America eyakhiwe amazwe azimele ahlezi ku-UN lapho abesebenzisa izimali zabo kumele ibe yisifundo i-Africa okumele isifunde. Solokhu azuza inkululeko la mazwe aphila ngokwesaba nokukhandleka ngaphansi kwekhaphithalizimu yaseWest ewabambe ngobhongwana.

Inkululeko ye-Africa kanye nengqwebukamqondo kubantu sekulekelele ekutheni abantu baseLatin America bazihlukanise nalo mdlalo obanga inzululwane wobushiqela lapho umbuso ophethe uzifanela nje nowendulele. UCastro uthe uma ethatha umbuso wase-Cuba wawunikeza abantu. AmaYankee akubona lokhu kuwubumbuka obungafanekile ezweni kanti amabutho abagqugquzeli babaphikisana nombuso kahulumeni bakha uhulumeni wabo wokubambisa bashisa amasimu omoba, bese begcina sebebeka izingqinamba kubantu baseCuba. Kodwa-ke akusoze kwaba lula. Abantu baseCuba bazohlupheka, kodwa ekugcineni bazonqoba. UJanos Quadros, umengameli waseBrazil usanda kukhipha isimemezelo egomela ethi iBrazil izoseka umzabalazo waseCuba ngakho konke enakho. Lokhu kugomela kubaluleke kakhulu emlandweni. Mhlawumbe ne-US nayo izogcina seyithobela intando yabantu. Kuyoba yilanga lokujabula okukhulu ngoba kuyobe kuwusuku olubalulekile kubantu bonke emhlabeni. Idola elinamandla adlulele omandla alo asimamiswa yizigqila zomhlaba ezisebenza kanzima emigodini yowoyela eMiddle East, ezimayini zasePeru nezaseCongo kanjalo namasimu e-United Fruit noma amasimu aseFirestone bazoyeka ukucindezela lezi zigqila ababenzela konke lokhu futhi abasaqhubeka bezikhama amakhanda nezisu kuphela konke okuphilisayo.

10   Amanye amazwe asezuze okuningi ngenxa yokuzinza kwezifiki zasemazweni ase-Europe, bavuna umcebo kuvuleke izindlela ngenxa yokuzuza inkululeko bese bevama ukukhohlwa ngokuhlupheka nendlala esemazweni abavela kuwo. Ngendlela esakubhinqa nje yokuvuma lungashiwo lutho baziphatha sengathi nabo bamunye nenkululeko.

11   Futhi kuyiqiniso ukuthi iGermany ayikakakhokhi ngokuphelele ikhokhele umonakalo nobugebengu bezempi. Ukukhokha okuyisinxephezelo kukhokhelwa isizwe esihluliwe akukapheleli ngoba amazweni alimazeka kwakuneGermany kulo mkhakha wabo ophikisana nobukhomanisi. Amazwe amakhomanisi nawo alawulwa ngokufanayo uma ezama ukuthola izikhungo zezempi kanjalo nezikhungo zasemazweni ababewakholonayizile ngenkathi kuhluleka ukuzama ukuwabumbanisa namazwe aseWest. Sebenqume ngokuvumelana ukuthi bangasemukeli isinxephezelo egameni lesu leNATO, ekumeleni umhlaba okhululekile. Futhi sesiyibonile iGermany inikezwa izinqwaba ngezinqwaba zamadola kanye namathuluzi nemishini yokusebenza. IGermany enamandla ezimele ngezayo izinyawo kwakuyinto edingekile oquqabeni lwamazwe aseWest. Kwakucaca ukuthi lokhu okwakubizwa ngokuthi i-Europe ekhululekile kuyayidinga iGermany echumile, ebumbeke kabusha, ekwazi ukuba wusizo uma kuliwa nalaba abasengozini yamabutho. IGermany isiphumelele ukulawula ngobuqili ngokuxhaphaza isimo senhlekelele sase-Europe, ngakho-ke i-US kanye namanye amazwe ase-Europe azizwa eyicasukele ngokulindelekile iGermany, eyayikade isiwe yaze yaguqa ngamadolo, namhlanje ingelinye lamazwe asebeqhudelana nawo emakethe.

12   'Ukuveza umehluko obonakalayo phakathi kokubunjwa kwesoshiyalizimu e-Europe kanye 'nobudlelwane namazwe eThird World' (sengathi ubudlelwane bethu nabo babugcina nje kulobu bamazwe angaphandle), kubeka phambili udaba lokwakha kabusha ifa lababusi bangaphandle ngaphambi kwenkululeko yamazwe asathuthuka, kwazeka, noma kungazeki. Ngamanye amazwi kuwukwenza uhlobo lwesoshiyalizimu evelele phezu kwezithelo zokuphanga kwe-imphiriyalizimu sengathi ngamasela ahlukaniselana akuntshontshile ngokucishe kulingane noma ngabe lokhu kusho ukuthi kunikezwa okuncane kwabahluphekile bekhohlwa wukuthi eqiniseni babuyisela abakuntshontsha kubanikazi bakho.' UMarcel Péju, 'Mourir pour de Gaulle?' etholokala ku-*Temps Modernes* izinombolo 175-176, uMfumfu noLwezi ngonyaka we-1960.

ISAHLUKO 2:

Isimo sokuzenzakalela: amandla nobuthakathaka bakho

Ukubuka udlame ngale ndlela esesiphawule ngayo sekwenze ukuthi kusicacele ngokusobala ukuthi kunomehluko phakathi kwabaholi beqembu lobuzwe kanye noquqaba, ikakhulukazi indlela abangahambisani ngayo. Nakunoma iyiphi inhlangano, inyunyana noma ngabe yiqembu lobuzwe, kuba negebe elibonakalayo phakathi kwamalunga avamile afuna inguquko esheshayo nengenamibandela, kanye nabaholi bawo okuthi uma ebhekisisa izinkinga ezibhekene nabaqashi bese bezama ukulawula nokunqinda izimfuno zabasebenzi. Yingakho nje kwahlala kuphawulwa ukuthi amalunga avamile ahlala engagculisekile ngabaholi bawo. Lithi lishona nje emveni kosuku lonke kubhikishelwa izimfuno, abaholi babonakale bejabule begida ngokuhalalisela impumelelo yabo, amalunga wona ebe enezinsolo eziqinile zokuthi adayisiwe. Kuba iloku kungazwani-ke okwenza ukuthi imibhikisho ibe insakavukela. Yile nsakavukela-ke ebe isifundisa iningi ngezepolitiki. Umphathi oyilungu lezinyunyana futhi ozazi kahle ezepolitiki wazi kahle kamhlophe ukuthi ukubhekana ngeziqu namalungu eqembu akukhona okunquma ukuvumelana nabaqashi. Izingcithabuchopho zomdabu emazweni abuswa ngabezizwe esezicubungule kahle zazazi izindlela amaqembu ezepolitiki asebenza ngazo emadolobheni amakhulu zibe seziqala ezazo izinhlangano ezifanayo ezizolwisana nabaphathi bamakholoni. Ukusungulwa kwamaqembu ezepolitiki emazweni abuswa ngebezizwe kuhambisana nokusunguleka kwe- zicukuthwane eziyizingcithabuchopho kanye nosomabhizinisi. Lezi zikhulu zivama ukukhonza nokwazisa izinhlangano zazo ngaphezu kokucubungula nokuzifundisa ukuthi amakholonisti nemiphakathi yawo kusebenza kanjani. Umbono othi kumele kusungulwe amaqembu ezombuso iwukucabanga okuvela emadolobheni amakhulu. Izikhali ezisetshenziswa emzabalazweni kula ma- langa zizinze ezintweni ezingabambeki lapho ukugqilazeka, ukusetshenziswa ngempoqo, ukuhwebelana, abasebenzi abaqeqeshiwe, kutholakala ndawonye.

Ubuthakathaka bamaqembu ezepolitiki abuncikile ekuthini asebenza ngendlela efanayo neyenhlangano ejwayele ukusebenzisana nabasebenzi emiphakathini enezimboni ezinkulu zomnotho wogombelakwesabo. Ukusungula nokuvumelisana kwakumele kulungiselelwe inhlobo yenhlangano noma ngabe eyaliphi izinga. Iphutha elikhulu elenziwa amaqembu ezobuzwe lifana nje nokuthi ubuthakathaka bawo, emazweni asathuthuka ukuthi aqhakambisa ukukhulumisana nokusebenzisana nalabo vele asebevuthiwe kwezepolitiki okuyilabo abasemadolobheni, osomabhizinisi abancane abasebenzela uhulumeni okungukuthi ingxenye encane kakhulu yesizwe elingana nje nephesenti elilodwa.

Nakuba laba basebenzi bekufunda okushicilelwe yiqembu futhi beyiqonda nemfundisoze yalo, bahlale bengakukungele nhlobo ukuthobela imiyalelo, okube sekuqubula umzabalazo ovuthayo wenkululeko yesiwe. Sekushiwo kaningi ningi ukuthi emazweni abuswa ngabezizwe ikilasi labasebenzi liyile ngxenye yabantu abakholonayiziwe abatotoswa uhulumeni wababusi bezizwe. Abasebenzi basemadolobheni bambalwa, basathuthuka. Leli kilasi labasebenzi elisafufusa linamalungelo angconywana. Emazweni anomnotho wongxiwankulu, laba basebenzi abanakulahlekelwa lutho, kodwa kuningi abangakuzuza. Kanti emazweni asabuswa ngabezizwe abasebenzi basengcupheni yokulahlekelwa yikho konke. Eqinisweni bayingxenye yabakholonayiziwe abadingeka kakhulu ekuchumiseni izinhloso zombuso wekholoniyalizimu: okhondaktha bamabhasi, abashayeli bamatekisi, abasebenzi basezimayini, abasebenza ezikhumulweni nasemachwebeni, abahumushi, abahlengikazi, nabanye. Le misebenzi abayisebenzayo kuyingxenye yabantu abathembeke kuhulumeni wamaqembu esizwe futhi izikhundla abaziphethe zibanikeza amalungelo enza ukuthi emazweni abuswa ngabezizwe kufane nokuthi bayizicukuthwane zalabo abakholonayiziwe.

Ngakho-ke kuyezwakala ukuthi yini eyenza ukuthi amakhasimende amaqembu ezobuzwe asemadolobheni: ochwepheshe, abasebenza ngezandla, izingcitha-buchopho kanye nabasebenzela ezohwebo, iningi labo elihlala emadolobheni. Indlela vele abacabanga ngayo ifana neyalabo asebethuthukile ngezobuch-wepheshe futhi abakhululekile ngale ndawo abahlala kuyo, ngamanye amazwi, impilo yasemadolobheni. Kulapha-ke la 'ukuba ngowesimanje' kuyinkosi. Yibo kanye-ke laba bantu okuzothi kusasa baphikisane namasiko, bafune ushint-sho ekwenzeni izinto okube sekwenza ukuthi kuqale ukungazwani nalokho okuyisizinda sefa lesizwe.

Iningi lamaqembu ezobuzwe livama ukungabathembi abantu abahlala ez-indaweni zasemaphandleni. Abantu bakulezi zindawo benza ukuthi bazizwe sengathi bacwile ekumeni ndawonye okungenanqubekela phambili futhi banokucabanga okungaphusile. Ngokukhulu ukushesha lokhu amaqembu ezobuzwe (kanjalo nabasebenzi basemadolobheni kanye nezingcithabuchopho) baqala bakhulumise okwababusi bezizwe balulaze abantu basemaphandleni. Ukuze sizame ukuqondisisa ukuthi lokhu kungabethembi abantu basem-aphandleni kwenziwa yini, akufanele sikhohlwe ukuthi ikholoniyalizimu izikhukhumeza ngokwandisa ukucindezela kwayo abantu basemaphandleni, futhi ikwenza lokhu ngokuhlela ukwethusa nokwesabisa abantu basemaphandleni. Ngokulawula kongcwelengcwele belawula izinyanga namakhosi, iningi labantu basemaphandleni lisaphila impilo elawulwa abaphathi nabezimpi abamangamakholonisti.

Intsha yezicukuthwane zesizwe, ikakhulukazi ezisemabhizinisini manje isiqhudelana nabaqhwagi bomhlaba ezindaweni eziningi: Ongcwelengcwele nezinyanga bavimbela abagulayo ukuthi bayobona odokotela, ukuphatha kwama*djemaas* kwenza ukuthi abameli bangadingeki, izimantshi, ama*makiads*, zisebenzisa amandla azo okuba abaphathi nawezepolitki ukuze baqale amabhizinisi abo amalori nanoma imaphi amanye amabhizinisi; amakhosi ezindawo ngezindawo ayala ukuthi kuqalwe amabhizisini nokuhweba ngezinto ezintsha ngoba ethi lokhu kuphikisana namasiko nenkolo le abasemaphandleni abasambelele kuyo.

Ikilasi lentsha yosomabhizinisi abakholonayiziwe kanye nabahwebi kufanele lilwisane nazo zonke lezi zinto ezingayivumeli ukuthi ithuthuke. Amakhasimende omdabu amele izitatanyiswa zabaqhwagi zomhlaba azizwa engavumelekile ukuthenga imikhiqizo emisha.

Lokhu-ke kwenza ukuthi kube nezimakethe ezilwelwa yiwo womabili la maqembu.

Abasebenzela amakhosi babawuthango phakathi kwentsha ephila isiNtshonalanga kanye neningi. Njalo nje uma izitatanyiswa zasemadolobheni zithi zizama ukukhulumisana neningi lasemaphandleni, amakhosi, abaholi, abezenkolo, kanye nabaholi nabaphathi bezamasiko bakhipha izexwayiso, ukwesabisa kanye nokudingiswa. Laba baphathi bezamasiko belawulwa yilaba baphathi abavela kwamanye amazwe baya ngokuya bebona ukuthi basengozini uma bebuka indlela izitatanyiswa ezicwasa ngayo iningi lasemaphandleni. Bazi kahle kamhlophe ukuthi imibono nezindlela zokucabanga eziza nalaba bantu basemadolobheni zingahle ziphazamise indlela abaphila ngayo emaphandleni. Yingakho-ke nje isitha kujika kube yilaba bantu besimanjemanje, hhayi izifiki lezi esezithathe izwe ngoba empeleni bayezwana nazo. Inkinga kuba yilaba bantu besimanjemanje abazimisele ukubuyisela eceleni imiphakathi yakudala nezindlela zayo; okwenza ukuthi ilahlekelwe okuya ethunjini.

Indlela laba bantu asebephila isiNtshonalanga abazizwa ngayo uma beb-hekene nabantu basemaphandleni ifana nse nale yabasebenzi basemazweni athuthukile ngokwezimboni. Umlando wezicukuthwane wokuvukela imibuso, nomlando wabasebenzi wokuvukela umbuso sekubonisile ukuthi iningi elingabantukazana nabalimi basemaphandleni livama ukukunqanda loku kuvukela umbuso. Emazweni athuthukile ngokwezimboni iningi elingabantukazana alivamile ukwazi ngezepolitiki, futhi alivami ukuba nezinhlangano zalo, libe linezidlamlilo ezinkulu. Kuningi okubonisa ububona – ukuba inkomo idla yodwa, ukungafuni ukulandelela iziyalo, ukuthanda imali, ukufikelwa ulaka lwentukuthelo, kanjalo nokuba nosizi olunzulu – konke-ke lokhu kube sekuzala indlela yokuthambekela ekuphikiseni.

Sesibonile-ke ukuthi amaqembu ezobuzwe asebenzisa izindlela zokubusa ezifana nse nezamaqembu aseNtshonalanga; yingakho-ke nje esikhathini esiningi imfundisoze yabo abayibhekisi eningini lasemaphandleni. Eqinisweni, ukucabangisisa kahle ngemiphakathi yamakholonisti bekuzobabonisa ukuthi abalimi basemaphandleni baphila impilo yakudala endlela yayo yokusebenza ayikajiki, kanti emazweni asenezimboni kuba yile miphakathi yasemaphandleni esihlakazekile ngenxa yalezi zimboni zemikhiqizo. Kuba kuleli kilasi labasebenzi elifufusayo emazweni abuswa ngabezizwe lapho kubonakala khona indlela yokwenza izinto umuntu ngamunye. Ukushiya izindawo zasemaphandleni kanye nezinkinga zazo ezingathombululeki: izinkinga zamanani abantu, abantukazana abangenamhlaba, osikhwiliphambana manje-ke bazithole sebebheke amadolobheni acinene emijondolo futhi bezama ukufinyelela emachwebeni emikhumbi nasemadolobheni amancane; konke-ke lokhu kuyimiphumela yendlela ukukholonayiza okukhona ngayo.

Abampofu basemaphandleni ababathembi neze abantu abahlala emadolobheni. Bagqoka njengabase-Europe, bakhuluma izilimi zabo, basebenza nabo, kwesinye isikhathi bahlala nabo, noma bangomakhelwane babo, bababuka njengamambuka aselahle amasiko nakho konke okuyigugu nefa lesizwe. Abahlala emadolobheni 'bayizimpimpi, namasotsha aqashiwe' abazwana nezifiki futhi bazimisele ngokuphumelela bengaphakathi kwaso isimo sokubuswa ngabezizwe. Yingakho-ke siyaye sizwe abampofu basemaphandleni bebiza abahlali basemadolobheni ngokuthi bangabantu abangenazimilo. Akukhona-ke lokhu ukuphikisana phakathi kwabasemadolobheni nabasemaphandleni, kuyimpikiswano phakathi kwabakholonayiziwe abangakwazi ukuvuna abakufunayo kulesi simo sokubuswa ngabezizwe kanye nababangisana nabo, abakwazi ukuphendula isimo sekholoniyalizimu ukuze sikwazi ukubenzela abakufunayo.

Umkholonisti-ke ube esesebenzisa lokhu kungazwani emkhankasweni wakhe wokuphikisana namaqembu ezepolitiki. Bagqugquzela abantu abahlala kude le ezintabeni nabasemajukujukwini ezwe ukuthi bavukele imiphakathi yasemadolobheni. Baqhatha abasemaphandleni nabasogwini, bavuselele izindlela zokuzazi nokuzazisa zasebukhosini, yingakho nje kungamangalisi muntu ukubona uKalondji ebekwa eba inkosi yaseKasai noma uma sibheka eminyakeni eminingi edlule i-Assembly of Chiefs yaseGhana isukuma ibhekana ngqo ngokuphikisana noNkrumah.

Abamaqembu ezombusazwe bayahluleka ukuzinza kumile izimpande ezindaweni zasemaphandleni. Esikhundleni sokuthi balungise ukwakheka kwezinhlangano zabo ukuze bazifake umoya wobuzwe noma ezentuthuko, baphikelela ekutshintsheni izindlela zamasiko abantu basemaphandleni; zona lezi ezisebenza ngaphansi kombuso wamakholonilisti. Banelukuluku lokucabanga ukuthi bangakwazi ukuvele baqalise isizwe ngelikhulu ijubane leli kanti ikholoniyalizimu iqine ngqi ngoba imixhantela yayo ibophene okwefindo. Abazami nokuzama ukukhulumisana neningi. Abalusebenzisi ulwazi lwabo lokwezemfundiso ukuze basebenzele umphakathi, kodwa babiyela abantu bafune ukwenza izinto ngezindlela ezanqunywa ngaphambilini. Yingakho-ke nje abaholi abangaziwa nabangawazi lo msebenzi bengena ngodli ezindaweni zasemaphandleni besuka emadobobheni bexhaswe abaphathi basemadolobheni bafike bazame ukuphatha ama*douar* noma isigodi, sengathi yikomidi lenkampani. Amakhosi endawo awanakwa, kwesinye isikhathi abukelwa phansi. Esikhundleni sokuthi umlando wesigodi kanye nezindaba zokuphikisana nokuxabana kwezinhlanga nemindeni kubukwe ngasolinye ukuze kube ingxenye yomzabalazo, konke lokhu akunakwa ngoba ukubhekelela ikusasa lesizwe sonkana kwenza ukuthi laba baholi bangasiboni isidingo sokuqhakambisa ipolitiki yezigodi neyasemaphandleni. Abadala abahlonishwayo kulezi zindawo zasemakhaya futhi ababukwa njengabantu abahlakaniphile ngoba bafumbethe umlando wabantu, bagcina sebebukelwe phansi nabo futhi bahlekwe usulu. Imisebenzi yalaba asebeziphe izwe ayinasithunzi nakwethembeka ngoba basebenzisa lokhu kungazwani kwabantu asebekudalile futhi baqinisekisa ukuthi bahlale bazi ngazo zonke izinqumo noma ngabe zincane kangakani esezithathwe yile mibuso-ze. Kungakabiphi, amaphoyisa enemibiko yezomshoshaphansi abe eseqala okwawo ukucindezela. Abaholi abashushumbisiwe abavela ngaphandle babe sebeboshwa kanjalo namalunga engqungquthela nawo ayaboshwa.

Lezi zingqinamba ziqinisekisa 'ukuhlaziya kwezokucabanga' kwamaqembu ezemibusazwe. Imizamo yokulawula iningi lasemaphandleni kuthi uma yahluleka bese yandisa ukungathembakali kweqembu.

Kodwa-ke njengokwenza iningi labantu basemaphandleni libaluleke kabi kule ndima yalo ekugqugquzeleleni ubuzwe nasekudluliseleni imibiko yamaqembu ezombusazwe kanti futhi ezikhathini ezimbalwa bathatha kalula nje ukubuna bokuphelelwa isithunzi kweqembu lezombusazwe.

Imibono nenkulumoze yamaqembu ezombusazwe yahlala ithola abalalele emaphandleni ngoba isikhathi esingaphambi kokufika kwamakholonisti sisakhumbuleka emaphandleni. Omama basaculela abantwana babo lawo maculo ababewacula uma bephelezela amabutho aya empini. Kuthi iseneminyaka eyi-12 noma eyi-13 intsha yasemaphandleni ibe iwazi ngekhanda amagama abantu abadala ababesempini, kanjalo namaphupho ama*douar*. Kanjalo namaphupho entsha yasemaphandleni, akuwona awokuba nezinto eziwubucwebecwebe noma okuphumelela ekuhlolweni kwezifundo zasesikoleni, awabo amaphupho awokukhumbula uSibanibani noSibanibanyana amaqhawe alwa empini afela khona, yila maphupho ahlengezelisa izinyembezi.

Ngenkathi amaqembu ezombusazwe ezama ukugqugquzela leli kilasi elisafufusa labasebenzi emadolobheni kubonakala inxushunxushu emiphakathini yezindawo ezingaphakathi. Ake sibheke nje isibonelo sangonyaka we-1947, ukuvukelwa kombuso kwaseMadagascar. Izimiso zamakholoniyalisti zasho kahle ukuthi kwakuwukubhikisha kwabantukazana. Eqinisweni zazi kahle kamhlophe ukuthi zinto zazingelula ngaleyo ndlela. Ngesikhathi seMpi Yomhlaba Yesibili izinkampani ezinkulu zamakholoniyalisti zasebenzisa amandla azo ukuze zihlwithe konke kanye nomhlaba owawusasele. Kwakunezinkulumo ngaleso sikhathi zo kuthi kungahle kuthathwe isiqhingi sababaleki bamaJuda, baseKabyle, kanye nabamaWest Indian. Futhi kwakunamahemuhemu okuthi abelungu baseSouth Africa babelungiselela ukusithatha lesi siqhingi base bevinjwa amakholonisti. Yingakho-ke nje emva kwempi ababemele ezombuso bakhethwa ngolukhulu ugqozi bangena ezikhundleni. Kungekudala emva kwalokho abaqembuke ku-MDRM (Mouvement Democratique de la Renovation Malgache) bazithola sebehlehliselwe emuva. Ukuze baqhubeke nokuthola lokhu akufunayo am-akholonisti aphethe abuyela ezindleleni zawo zokwenza: abopha inqwaba yabantu; abanga ingxabano phakathi kwezinhlanga; akhuluma kabi ngezinye izinhlanga futhi akha iqembu lezepolitiki besebenzisa osikhwiliphambana. Leli qembu elalibizwa ngokuthi yiDisinherited of Madagascar (PADESM) nezenzo zalo ezigcwele uchuku lenza ukuthi amakholoniyalisti athole imbobo yokubusa ngomthetho nezokuqondisa. Lokhu kushabalalisa iqembu lezepolitiki ngale ndlela kwaba nemiphumela emibi kakhulu. Eminyakeni emithathu noma emine, iningi lasemaphandleni lazizwa lisengozini; ukuze lizivikele labe selilwisana namakholonisti, liphethe imikhonto; esikhathini esiningi liphethe nje amatshe nezinduku. Siyazi-ke ukuthi yaphela kanjani leyo mpi.

Lokhu kuhloma ngenhloso yokuvukela umbuso ingenye yezindlela iningi lasemaphandleni elisuke lifuna ukuzimbandakanyisa ngayo nomzabalazo wezwe. Kwesinye isikhathi izichaka zinqaka udlame olusuke lukade luqale amadolobheni lapho iqembu lombuso kade lilwisana khona namaphoyisa ecindezela abantu. Lezi zindaba zibe sezifika emaphandleni sezikhulunywa ngehaba: abaholi baboshiwe, abanye badutshulwe bafa, igazi labamnyama liyaphophoma edolobheni, abamhlophe abampofu abayizifiki babhukuda egazini lama-Arabhu. Lokhu kwenza ukuthi lonke ulaka nenzondo, inzondo elokhu ivuthelekela phambili ibe seyiqhuma. Isiteshi samaphoyisa siyan-genelwa sithathwe, izikhulu zicekelwa phansi zibulawe, umfundi wasesikoleni sabantwana uyabulawa, udokotela usinda kuphela ngoba ebengekho, nokunye. Amasotsha okufanele abuyise ukuthula ayakhishwa aye enkundleni, amasotsha ezindiza ayaqala awise amabhomu. Ifulegi lokuvukela libe selithombululwa, izindlela zokulwa zakudala ziyavuseleleka, abesifazane bakhuthaza abesilisa ukuthi babumbane bathathe izikhundla zabo ezintabeni bese iqala-ke njalo impi yomshoshaphansi. Izindimbane zabampofu abasemaphandleni zidla ngukungakhululeki okusabalalela kuyo yonke indawo, ikholoniyalizimu iyethuka, ibe isiqala impi, noma iqale izingxoxo zokubuyisana.

Abe esenzanjani-ke amaqembu ezombusazwe uma sekusuka lolu thuthuva, abampofu basemaphandleni sebengenelele umzabalazo wesizwe? Sesibonile ukuthi iningi lamaqembu ezepolitiki belingakalufaki udaba lwempi kunkulumoze yalo ngoba belingakasiboni isidingo sayo. Bathe bengaxabene nomzabalazo uma ngabe uthatha isikhathi eside kodwa into leyo abayisekelela kwabampofu basemaphandleni ukuthi ezenzakalele. Ngamanye amazwi, indlela ababhekana ngayo nezindlela ezintsha zempilo kuba sengathi nje indlela eqathake ezulwini, bese bethandazela ukuthi ziqhubekele phambili. Abenzi lutho oluzosiza lo mzabalazo ngoba bathatha leli thuba balixhaphaze. Abathumeli abagqugquzeli ukuthi bayovuselela iningi ngezepolitiki, ukuyobasiza ngokwandisa ulwazi lwezomzabalazo ukuze kwenyuke izinga. Bahlalela ethembeni lokuthi konke kuzozenzakalela, ilukululu leningi lizoqhubezela umzabalazo phambili. Umzabalazo wasemadolobheni nowasemaphandleni awuhlangani ndawo, akuxoxiswana. Yilowo nalowo wenza izinto ngendlela yakhe, ehambisana nokucabanga kwakhe.

Ngenkathi iningi lasemaphandleni lisesimweni sokwamukela imibono, amaqembu ezombusazwe, awazami ngisho ukuzama ukubabonisa ngokudinga ukudingidwa. Abezi nanto, kuphela nje bathemba ukuthi ukuvukela umbuso kuyoziqhubekela nje kodwa, amabhomu ngeke aphumelele. Lokhu kubonisa kahle-ke ukuthi abamaqembu ezepolitiki abalingi nje bathathe ithuba lokwakha ubumbano lokusebenzisana nabasemaphandleni nokuthi bazame ukwenyusa izinga lomzabalazo. Baba nenkani nje babambelele ebugebengwini babo bokungathembi lutho olubahlanganisa nabantu basemaphandleni.

Amalungu ezepolitiki asemadolobheni atshela amakholoniyalisti ukuthi awahlanganise lutho nabasemaphandleni, kungenjalo bakhetha ukuhamba, bashiye izwe labo. Akuvami neze ukuthi bahlanganyele nabasezintabeni emsebenzini wokuzabalaza. Uma sibheka eKenya nje ngenkathi iMau Mau ivukela, ngokwazi kwawo wonke umuntu akekho noyedwa umuntu wesizwe owathi uyilungu leMau Mau. Akekho nowazama ukuyivikela.

Akunakuxoxisana okwakhayo, akunakubhekana okutheni phakathi kwalezi zingxenye ezahlukene zomphakathi. Uma inkululeko seyizuziwe emva kwakho konke ukucindezelwa kweningi elingabantu basemakhaya nalokhu kubam-bisana okwaba phakathi kwabaphathi bamakholoni kanye nabamaqembu ezombusazwe, le nto yokuthi kungaboniswana nokungabambisani ibonakala isiyihaba. Abampofu basemaphandleni abavumelani nalokhu kushintshwa kwezindlela zokusebenza eziphakanyiswa uhulumeni kanjalo nezinguquko zasemphakathini nakuba zingeziphikelele phambili ngakho ngoba abaholi banamuhla babengazange bazinike isikhathi sokuchazela abantu ngesikhathi sekholoniyalizimu ukuthi iqembu lezombusazwe lihloseni, ukuthi inqubo nezimiso kanye nezinhlelo nezinkambiso zamazwe ngamazwe kuhamba kanjani, njalonjalo.

Imiphakathi yasemaphandleni kanye nabaholi bakhona kuzizwa kungab-angathembekile ngezikhathi zekholoniyalizimu, okugcina sekufana ngqo nobutha ababuzwayo emva kwenkululeko. Emva kwenkululeko abasebenzi bezomshoshaphansi bamakholoniyalisti basuke besaqhubeka nomsebenzi wabo, okube sekufukamela ukunganeliseki futhi kudale izingqinamba ez-inzima. Ekugcineni kwakho konke uhulumeni kufana nokuthi uvuna lokho abekutshalile ngesikhathi somzabalazo: ukungabanaki nokuhlala ebabukela phansi abantu abampofu basemaphandleni. Umbuso wesizwe kungenzeka ube nomholi oqotho kodwa iningi aliholayo liyiziphukuphuku, ligcwele umoya wobuvukela futhi alizwa ngoba linenkani.

Kukhulu ukulingeka, ngakho kunesidingo sokuthi leli ningi kuhulumeni licindelezelwe ngokuthi umbuso ubanjelwe eduzane ukuze konke abakwenzayo kubhekekele. Esinye sezizathu-ke lesi esenza ukuthi sihlale sizwa kuthiwa amazwe asathuthuka adinga isilinganiso sokubusa kobushiqela. Abaholi ababethembi abantu abayiningi basemaphandleni, into kwesinye isikhathi eba nemithelela emibi. Kuba nje-ke kwabanye ohulumeni okuthi sekukudala yatholakala inkululeko baqhubeke nokubuka izindawo zasemaphandleni njengezingenakuthula, abaya kuzo kuphela uma kufanele basebenzise amasotsha. Izindawo zasemaphandleni bazibona nje njengezindawo ezingab- alulekile. Okube sekumangaza wukuthi indlela uhulumeni wabantu acabanga ngayo ngeningi elihlala ezindaweni zasemaphandleni, igqame ngokufana neyohulumeni bamakholoniyalisti. 'Asazi kahle ukuthi iningi lakulezi zindawo lizothini'; 'Kufanele sisebenzise uswazi uma sihlose ukuthi leli zwe liphume kumaDark Ages', izinto lezi intsha engabaholi engasabi neze ukuzisho. Kodwa-ke njengoba sesibonile, le nto yokuthi amaqembu ezepolitiki angalinaki iningi elingabantu basezindaweni zasemaphandleni ngesikhathi sekholoniyalizimu ifana nokususa uchuku ngoba ibe seyiba nemithelela obumbanweni lwesizwe futhi yenza ukuthi isizwe esisha singakwazi ukuluhamba ngokushesha lolu hambo olusha olulandela inkululeko.

Kwesinye isikhathi ikholoniyalizimu izama ukuhlukanisa nokuvithizela phansi umzabalazo wenkululeko yesizwe. Esikhundleni sokuthi ishukumise ababusi, ama*sheiks* phela, kanye namakhosi ukuze baphikisane 'namavukelambuso' asemadolobheni, amaNative Bureaus igqugquzelela izinhlanga nabazalwane bez- enkolo ukuthi bazimbandakanyise namaqembu ezepolitiki. Kuba ilapho uqhekeko luqala khona-ke uma sebebhekene neqembu lezepolitiki lasedolobheni eseliqale umkhankaso 'wokubambelela kokufunwa yisizwe' ukusingatha izifiso zombuso wesizwe okwenza ukuthi babewusongo embusweni wamakholonisti. Uhlanga lonke luyajika lube yiqembu lezombuso lisebenzisana namakholoniyalisti. Kube sekuqala izingxoxo zokubonisana. Iqembu lezobumbano kwezepolitiki lizithole selicwila ngenxa yendlela uqhekeko lwezepolitiki olwenzeka ngayo. Amaqembu ezepolitiki asungulwe ngobuhlanga okuthi ngoba ephikisana nokufaka izinto endaweni eyodwa kanye nobumbano bese ecekela phansi uhulumeni wobushiqela.

Emva kwesikhathi lenkambiso ibe seyisetshenziswa yiqembu eliphikisayo. Ngalesi sikhathi-ke izifiki esezithathe umhlaba zizikhethela amaqembu amabili noma amathathu akade egqugquzela ehola umzabalazo wenkululeko. Indlela loku kukhetha okwenzeka ngayo ilula nje: uma iqembu selifike la isizwe sonkana sivumelana nalo okwenza ukuthi kube yilo elivelele uma sekufika isikhathi sokuxoxisana, isifiki esesithathe umhlaba siqala ukungabambeki sichithe isikhathi, sibamba siyeka ukuze ukuxoxisana kuphuze ukuqala. Lokhu bakwenza ngoba basuke befuna ukuthi lezi zinguquko ezifunwa iqembu lezepolitiki ziye ngokuya zincipha yikhona kuzogcina sekuvunyelwene ngalokho abakubona kungengaphezulu kokufunwa yibo ngoba ezinye izimfuno bazibona njengezimfuno 'zezidlamlilo'.

Kodwa-ke kuthi uma lingekho iqembu elilodwa elivelelayo, isifiki ese-sithate umhlaba sikhethe iqembu esibona sengathi 'alinazimfuno eziningi ezixaka ikhanda'. Lokhu kube sekwenza ukuthi la maqembu ezepolitiki angakhethwanga ngosephethe izintambo acekele phansi, angazamukeli izivumelwano okufikwe kuzo emva kwezingxoxo. Iqembu eselibusa emva kwesifiki esingumqhwagimhlaba lihlale liqaphile, ngoba liyayibona ingozi yaleli qembu elingakhethwanga, eselingeliphikasayo, ngoba liba nezimfuno ezingacaci, lifune imigomo ezizathu zayo zingasekeleki. Leli qembu elisha libe selifuna izindlela zokuliketula nokulenza elingekho emthethweni leli qembu eliphikisayo. Leli qembu eselihlaselwa libe seliphelelwa ukwenza bese libalekela emaphethelweni amadolobha nasemaphandleni. Libe selizama ukugqugquzela iningi lasemaphandleni ukuthi lilwisane 'nala masotsha aqashiwe asogwini nalezi zigilamkhuba ezihlala kunhlokodolobha'. Kulokhu kugqugquzela basebenzisa noma yiziphi izizathu – kusuka ezinkulumweni-mpiki-iswano ngezenkolo noma okufika naleli qembu elibusayo okungukubhidliza izinkolelo emasikweni. Lokhu okubizwa ngokuthi izimfundiso zokuzabalazela izwe ngabadla imbuya ngothi eqinisweni kuyinto esiqalo sayo singukuvukela okungenanqubekela phambili okuvutha amalangabi, okungenasisindo ngoba kungokokuzenzakelela. Lisakaza amahemuhemu lapha nalaphaya athi izindawo zasezintabeni zisemkhankasweni ngoba abampofu basemaphandleni abag-culisekile. Lithi kwezinye izindawo amaphoyisa adubule abalimi, sekubizwe abazosiza, nohulumeni usumi ngamazonzo, usungawa noma nini. Iqembu eliphikisayo lithi ngoba lingenaluhlelo olubambekayo, lingenamigomo yokukhipha iqembu elibusayo esikhundleni bese lizinikezelela ezandleni zaleli ningi lasemaphandleni elenza izinto ngezindlela ezingahleliwe kahle ngokucabanga futhi elinokungabonakali kahle.

Kodwa-ke kwezinye izikhathi iqembu eliphikisayo liyayeka ukufuna ukuxhaswa yiningi lasezindaweni zasemaphandleni libe selikhulumisana nengxenye yentsha esezinyunyaneni enemibono nenqubekela phambili. Ilapha-ke uhulumeni ebe esetshela iningi ukuthi lingavumelani nalokhu okufunwa yizinyunyana, bathi lezi zimfuno azicatshangisiswanga, azinangqondo futhi ziphikisana namasiko okwenza izinto azibize ngokuthi azihambisani nokwenza izinto ngendlela ngoba zinokuxhamazela. Lokhu esesikubonisile ngamaqembu ezombuso kuyafana nalokhu okube sekwenzeka ezinyunyaneni. Ekuqaleni izinyunyana zasemazweni amakholoniyalisti zivama ukuba namagatsha emazweni awakholonayizile, okusho ukuthi iziqubulo zawo zifana nalezo zakulawo mazwe.

Kuthi-ke uma isigaba esibalulekile somzabalazo wenkululeko sesiqala ukucaca, abaholi bezinyunyana zendabuko bese bevumelana ngokuqala inhlangano yenyunyana yesizwe sonkana. Abendabuko babe sebeyishiya bonkana-ke le nyunyana ebebekuyo efana nale eyayivele ingeyasemadolobheni amazwe abakholonayizi. Ukusungulwa kwale nyunyana yabendabuko kuba ngenye indlela imiphakathi yasemadolobheni ebonisa ngayo izikhulu zamakholoniyalisti umfutho wokuzimisela. Sesishilo-ke ukuthi *iproletariat*, amalungu avamile nje emazweni abuswa ngabezizwe, afana nesacathula futhi amalungu awo abangabambalwa abanamalungelo emiphakathini yawo. Izinyunyana zesizwe ezaqalwa ngesikhathi somzabalazo zingezasemadolobheni futhi izinhlelo zabo zibhekene nepolitiki kanye nesizwe. Kodwa-ke le nyunyana yesizwe esungulwe ngalo mzuzu wokulwela inkululeko ibalulekile, eqinisweni ifana nokuthi imiswe ngokomthetho, njengeshukumisayo eyingxenye evuselelelike yabesizwe.

Iningi labantu basemaphandleni elibukelwa phansi amaqembu ezembuso liyaqhubeka lizitshwe lilahlwe eceleni. Kukhona vele inyunyana yabasebenzi bezolimo kodwa bona banelisekile nje ngokuba 'inhlangano ebumbene ephikisana nokubuswa ngabezizwe'. Abaholi bezinyunyana abaqala imisebenzi yabo esimweni sezinyunyana zasemadolobheni bayaxakeka uma kukhulunywa ngokugqugquzela iningi lasemaphandleni. Abasazi lutho ngabantukazana; abakunakile nje wukubhalisa abasebenza ngezinsimbi, abasebenza ezikhumulweni nasemachwebeni kanye nabasebenzela uhulumeni emkhakheni wezinto namathuluzi okusebenza kanjalo nanoma yini esetshenziswayo kwahulumeni, njalonjalo.

Ngesikhathi sokubuswa ngabezizwe izinyunyana zesizwe zimele iqembu elibaluleke kakhulu futhi elimandla emzabalazweni. Emadolobheni lezi zinyunyana ziyakwazi ukukhinyabeza noma ukudidekisa noma ngabe yinini, umnotho wamakholoniyalisti. Ngakho ngoba izifiki ezingoqhwagumhlaba zase-Europe zivama ukuhlala amadolobheni, imiphumela iyazihlukumeza kakhulu ngokomoya imiphumela yalokho ukuhamba kwegesi, ukuphela kogesi, akekho oqoqa imfucuza, imikhiqizo iyabola emachwebeni.

Lezi zikhungo ezingezasemadolobheni amakhulu zilimala kakhulu impela ngenxa yalezi ziteleka zezinyunyana. Inqaba nesiphephelo sekholoniyalizimu, inhlokodolobha, iba nenkinga ingakwazi ukusimela lesi simo. Kuthi kunjalo iningi labasemaphandleni lona alibhecekile yilolu dweshu.

Yingakho-ke nje kucaca ukuthi uma kubhekwa izidingo zesizwe, kunokungalingani phakathi kokubaluleka kwezinyunyana kanye nelizwe lonke, ngale kwezinyunyana. Emva kokuzuza inkululeko abasebenzi ababhalise ezinyunyaneni bazizwa sengathi babambe kanzima abanamandla futhi bancishelwa umfutho. Kuthi uma izidingo zabo ezimbalwa abebezibekele zona sezifezekile, kucace ukuthi isimo sabo sisengcupheni uma siqhathaniswa nomsebenzi omkhulu wokwakha isizwe. Bebhekene nezicukuthwane zesizwe ezinobudlelwane nohulumeni, abaholi bezinyunyana kuyabacacela ukuthi imikhankaso yabo akufanele iphelele ezinkingeni nezimpikiswano zasemsebenzini. Selokhu kwathi nhlo, ubudlelwane phakathi kwezinyunyana neningi lasemaphandleni futhi zingenathonya langaphesheya kwamadolobha, izinyunyana zibe sezifaka amakhulu amandla nesikhathi kwezepolitiki. Eqinisweni azibe sezingenela izikhundla zamaqembu ezepolitiki. Bazama ngazo zonke izindlela ukusunduza lezi zicukuthwane bazisunduzele eceleni: kuba nemibhikisho ethi izikhundla zabasemazweni mazikhishwe emhlabeni wendabuko, izintengiselwano zi-yavunjululwa, nendlela uhulumeni aphethe ngayo izinqumo zokusebenzisana namazwe angaphandle nazo ziyagxekwa. Abasebenzi manje 'asebekhululekile' abananqubekela phambili. Izinyunyana zibe sezibona ukuthi emva kokuzuza inkululeko uma zingabhengezela izimfuno zabo zezenhlalakahle lokhu kun-gahlaza izwe lonkana. Empeleni uhulumeni uyabatotosa abasebenzi. Bamelele ingxenye yomphakathi emi kahle kakhulu. Noma imuphi umbhikisho ohlose ukuphumelelisa izindlela zokuphila zomphakathini wabasebenzi jikelele kanye nabasemachwebeni, awunakusaselwa futhi ungahle ususe uchuku nenzondo kubantu basemaphandleni. Uma izinyunyana sezinikwe umthetho onqanda umsebenzi wazo, zizithola zezimi nse, kungenanqubekela phambili.

Ekugcineni, lesi simo esibucayi sibonakalisa kahle kamhlophe isidingo sohlelo lwezomphakathi oluzoba ngolwawo wonke umuntu esizweni. Izinyunyana zivuleka amehlo sezibona ukuthi kubaluleke kangakanani ukugqugquzela abantu abangahlali emadolobheni. Kodwa ngoba vele izinyunyana zazingakaze zakhe ubudlelwane phakathi kowazo umsebenzi nabalimi basemaphandleni okuyibona bodwa abakwazi ukwenza ukuvukela umbuso okuzenzekelayo, imizamo yazo ayibi nazithelo bese lokhu kuzibonisa ukuthi indlela ezisebenza ngayo ayanele ngoba ayizi nale miphumela edingekayo.

Abaholi bezinyunyana ngakho ngoba umsebenzi wabo ugxile kupolitiki yokulawulwa kwabasebenzi bazithola sebefike esikhathini esifana nokulung-iselela ukuketula umbuso ngendlakadla. Kodwa nangalesi sikhathi abasem-aphandleni abekho bayacwaswa ngoba lokhu kungukungqubuzana okuphakathi kwezicukuthwane zesizwe kanye nenhlangano yezinyunyana emadolobheni. Izicukuthwane zesizwe zisebenzisa izindlela zakudala zekholoniyalizmu ngokusebenzisa amasotsha namaphoyisa, kanti zinyunyana zona zigqugquzela izinkulungwane ezingamalungu azo, zibambe imihlangano yikhona kuzokhu-lunywa. Abantukazana bona bagoqa izandla babuke nje lokhu kungqubuzana kwezicukuthwane nezinyunyana, ngoba bonke vele basuthi. Abampofu basem-aphandleni bayanxifa ngoba bayazi ukuthi zombili lezi zinhlangano azibaboni, zibasebenzisa nje uma zibona kunesidingo. Izinyunyana, amaqembu ezepolitiki kanjalo nohulumeni bonke babuka iningi labasemaphandleni njengenhlobo nje yababambelele ezimfundisweni zeMachiavellianism eyizimpumputhe, engenasimilo futhi engenamandla. Kufana nje nokuthi bababona bengabok-usetshenziswa ngodlame.

Kodwa-ke kwesinye isikhathi iningi lasemaphandleni lifaka isandla esinqala emzabalazweni wenkululeko kanjalo nasezinhlelweni ezintsha ezibe seziqalwa uhulumeni omusha, ezibhekele ikusasa. Emazweni angakathuthuki lokhu kubaluleke kakhulu; yingakho nje sizoke sithathe isikhathi sikucubungula.

Sesibonile ukuthi inhloso yamaqembu esizwe yokubhidliza ukubuswa ngabezizwe ihambisana nesidingo sokuthi ubudlelwane phakathi kwawo nabaphathi bamakholoniyalisti bungapheli. Zimbili-ke izindlela zokusebenzisana ezizivezayo kulesi simo. Okokuqala nje, ingxenye yezingcithabuchopho eseziyicubungulisisile inkambiso yekholoniyalizimu kanjalo nesimo sezamazwe ngamazwe, ibe seyiqala ingcomfa amaqembu ezobuzwe ngoba awanayo indlela ezwakalayo yokucabanga ngezimfundiso nezinkolelo, awanamacebo namaqhinga abhekene nokuqhubekela phambili. Izingcithabuchopho azikhathali ukubuza imibuzo ebalulekile njengale: 'Kuyini okobuzwe? Kusho ukuthini kini? Kubonisani ngempela? Yini ingqikithi yenkululeko nokuzibusa? Zisuka nje nibona ukuthi nizofinyelela kanjani kuyo?' Kuthi kunjalo zibe zifuna ukuthi izindlela zokucwaninga zibhekisiswe kahle. Ezindleleni zokhetho izicukuthwane zizothi makwenezelwe 'noma yiziphi ezinye izindlela'. Kuthi nje uma kuqala ukubambana ngezihluthu kuzwakale abaholi bebabiza ngokuthi bayintsha eshiselwa amakhanda. Kodwa ngakho ngoba lezi zimfuno akuzona ezentsha futhi azingezokushisa kwamakhanda, laba abagqugquzelela lezi zinguquko babekwa eceleni, basuswe ngokukhulu ukushesha. Abaholi abazethembayo ngenxa yomlando wabo wokusebenza babe sebeba nonya olukhulu uma bephikisana 'nalabo mafikizolo, laba bavukeli abangenalukholo'.

Umshini olawula iqembu lezobuzwe uvama ukungazamukeli izindlela ezintsha zokwenza izinto. Laba abambalwa abayizidlamlilo bazithola sebebekwe eceleni, bebhekene ngeziqu zamehlo nabaholi, bethukile futhi benexhala lokuthi lokhu abakushoyo kuzomuka nomoya sengathi yisishingishane ehlobo, namandla aso kanye nalapho siqonde khona kwehlula ukucabanga.

Indlela yesibili yokwenza ifaka amasotsha omzabalazo asekhulile nasemasha amsebenzi wawo kade uhlaselwa, uphazanyiswa amaphoyisa amakholonisti. Kubalulekile ukuthi singakhohlwa ukuthi laba bantu bafika ezingeni lobuholi beqembu lezobuzwe ngoba basebenza kakhulu, bezinikezele futhi beyisibonelo sokulwela isizwe. Laba bantu baqala nje bengavelele nganto bengabasebenzi, bamatoho, kwesinye isikhathi bengaqashwe ndawo, bengenawo ngisho umsebenzi. Kubo, ukuba semzabalazweni wenkululeko nokuba ilungu leqembu lezobuzwe akuyona nje into yezepolitiki, kuyindlela yokuguqula impilo yokuphila ucindezelwe uphathiswa okwesilwane ukuze ube umuntu njengomuntu. Laba bantu babonisa ngokusobala ukuthi banothando lokuqala izinto ezintsha ezinenqubekela phambili, banesibindi futhi konke abakwenzayo kunenhloso nakuba bebhekene nesimo sokusebenzisa imithetho ngendlela eyihaba engabaphathi kahle. Okungukuthi umsebenzi wabo bawenza esimweni esibucayi, okwenza ukuthi bahlale bebhekwe imicibisholo yengcindezelo yamakholoniyalisti. Beboshwa, belahlwa amacala, behlukunyeziwe futhi bexolelwe ngokomthetho, basebenzisa lesi sikhathi beboshiwe ngokuxoxisana, baqhathanisa izindlela zokucabanga ngempilo okudlondlobalisa ukuzimisela kwabo. Ngalesi sikhathi besejele ukuzimisela kuyavuseleleka ngoba usizi lokuduba ukudla nokwesekana okuhamisana nesihluku okungconywana nje kuphela kunamathuna kawonkewonke, baphendule impilo yabo bangukulungiselela ukuqala umzabalazo wezikhali ngoba leli thuba lifana nabalinikwe ngunkulunkulu. Ngale nkathi ngaphandle kwasemajele, abaphathi bamakholoni bona bahaqekile kuwo wonke amacala ababheka kuwo, bese beqalisa izinkulumo nabashisekela ubuzwe.

Esikubonayo-ke kulesi simo, ukuqhekeka okusondele kumnqamlajuqu phakathi kweqembu lezobuzwe, ngapha ilaba abayizikhulu ngokwasemthethweni nalabo abangaqashelwe ngokomthetho. Laba abangaqashalwe ngokomthetho baboniswa ukuthi abafunwa futhi bayagwenywa. Laba abasemthethweni bayazama ukubasiza laba abangekho emthethweni kodwa lokhu bakwenza ngendlela engagculisi, beqikelela nala singekho isidingo, kanti vele abangekho emthethweni bazizwa bevaleleke ngaphandle. Laba bantu babe sebethintana nezingcithabuchopho ezikucabanga kwazo babekuthanda eminyakeni edlulile. Lobu budlelwane bube sebusungula iqembu lomshoshaphansi, okusho ukuthi lihamba eceleni kwaleli qembu elisemthethweni. Kodwa-ke leliqembu elisemthethweni libe selisebensiza izindlela ezehlukene zokucindezela eziya ziye zize zicishe zifane nezamakholonisti nakuba lona likubiza lokhu ngokuthi 'ukuguqulela iqembu ngaphakathi'. Lokhu kwenza ukuthi laba abangekho emthethweni bazithole sebesenkingeni efana nokuthi abaseluthо kwezomlando.
Kuthi-ke uma laba bantu sebekhishiwe emadolobheni bathole isiphephelo emaphethelweni amadolobha. Lokhu akubasizi ngoba amaphoyisa ayabalan- dela abathole abaphoqelele ukuthi bashiye amadolobha bangaphinde babuye futhi bagcine sebeze bahlukana nomzabalazo wepolitiki. Babe sebebalekela emaphandleni, ezintabeni, ezindaweni zasemakhanya nasemaqwaqwasini. Kuthi-ke uma besafika, iningi lakulezi zindawo libavikele emaphoyiseni aba- zingelayo. Umuntu wesizwe okhetha ukuzinikezela ebantwini basemakhaya ukuze bamvikele, kunokuba alokhu edlala umacashelana namaphoyisa asemadolobheni akasoze azisole. Lokhu kuvikeleka akuthola emaqwaqwasini kufana nommangaliso wokwembeswa ngemfudumalo nesasasa. Bathi bese- kudingisweni ezweni labo sebejuquliwe emadolobheni lapho babehlela khona izindlela zombuso nomzabalazo bese bezinikela ekubeni amaphekulazikhuni. Baphila impilo yomnyakazo, bebalekela amaphoyisa, behamba ebusuku khona bengezukubonakala kwababacingayo. Lokhu kwenza ukuthi balihambisise izwe labo baze balazi kahle. Sekuphelile ukuhlala ezitolo zokudlela bekhuluma ngokhetho oluzayo noma ngolunya lwephoyisa uSibanibani. Izindlebe zabo zizwa izwi labantu langempela, amehlo abo abona usizi lwabantu olunzulu futhi nolungapheli. Sebeyabona ukuthi bachithe isikhathi esiningi bekhuluma izinkulumo ezingayi ndawo zombuso wamakholonisti. Kuyabacacela ekugci- neni ukuthi le nguquko ayisho ukushintsha okuncinyana, le nguquko ayisho ukuba ngcono. Sebephethwe isiyezi bayabona-ke manje ukuthi lezi zibhelu

zombangazwe zasemadolobheni azisoze zaba namandla okuletha izinguquko nokuqumbela phansi umbuso wamakholonisti.

Izingxoxo nabantu abampofu basemaphandleni zibe seziba yinsakavukela. Babe sebefunda ukuthi kubantu basemaphandleni udaba lwenkululeko kufanele lugxile odabeni lodlame, ekubuyiseni umhlaba owebiwa izifiki, *emzabalazweni wesizwe sonkana*, nasekuvukeleni ngezikhali. Kulula konke. Laba bantu bathola abantu abazwakalayo, ngempela abaphila impilo enzima kodwa basabambelele ezindinganisweni zokuziphatha futhi babambelele ekubalulekeni kobuzwe. Bathola abantu abaphanayo, abazimisele ukuzinikezela, abazimisele ukuhlukana nakho konke abanakho, bebe bephelelwa isineke ngenxa yokuziqhenya kwabo ngabo. Kuyezwakala futhi kulindelekile ukuthi loku kuhlangana kwezidlamlilo ezijahwa amaphoyisa kanye nalaba bantu abangahlalisekile okungathi noma nini nje baqale udweshu lokuvukela, kuzala amandla angalindelekile, angahle aqhibukise okungalindelekile. Abantu basemadolobheni bavuma ukuholwa yilaba basemaphandleni bebe bona bebafundisa ngokwezempi nezepolitiki. Abantu balola izikhali zabo. Eqinisweni lezi zifundo zisheshe ziphele ngoba abantu babe sebebona amandla abanawo, bese bejaha abaholi ukuthi basheshise izinkambiso. Impi yomzabalazo ibe seyithungeleka.

Ukuvukela kuyawadidisa amaqembu ezepolitiki. Inkolelo yawo ihlale ithi akunakuvukelambuso okungaphumelela, ubukhona bawo busho ukuthi umcabango wokuvukelwa awukho. Ngasese amanye amaqembu epolitiki ahambisana namathemba amakholonisti futhi ajabulela ukuthi awahlanganise lutho nalokhu kusangana okuthiwa kuzophela ngokuphalala kwegazi. Kodwa ngalesi sikhathi amalangabi omlilo aseqalile aseyabhebhetheka njengesifo sobhubhane asabalala izwe lonke njengomlilo wequbula. Izinqola namabhanoyi ezempi awanayo le mpumelelo ebekuthenjelwe kuyo. Uma isibhekene nalo monakalo ikholiniyalizimu ibe isiqala icabanga kabusha. Isizwe esicindezelayo sizwa amaphimbo nemibono eyenza sibone ukuthi isimo sijikile, futhi sinzima.

Abantu abaphila emaqhugwaneni nasemaphusheni abo bayaqala balalele ukushaya kwezinhliziyo zabo okuhambisana nalesi sigqi esisha sasesizweni, baqala bacule izingoma ezingapheli, beculela amabutho abo. Ukuvukela manje sekugcwele izwe lonke. Manje-ke sekuyisikhathi sokuthi amaqembu ahlukaniseke.

Kuthi kungekudala abaholi baloku kuvukela, babe sebebona isidingo sokuthi ukuvukela kufike nasemadolobheni. Lo mbono-ke awuzenzekeli nje, uwumphumela vele womcabango-kwenza olawula ukuthuthuka komzabalazo wempi ophikelele enkululekweni yesizwe. Nakuba izindawo zasemaphandleni zigcwele abantu abanomfutho nezinhloso kanti futhi amabutho akhona ahlale ecuphile; ikholoniyalizimu ayiwangabazi amandla ezinhlelo zayo. Nakuba iningi lasemaphandleni lingafanekisela ikholoniyalizimu, ayiziboni isengozini. Abaholi bemvukelambuso bathatha isinqumo sokusondeza impi egcekeni lesitha, okungukuthi emhlabeni wokuthula nobukhulu bokuzigqaja okuqavile kwasemadolobheni.

Akuyona into elula kubaholi ukuqala ukuvukela umbuso emadolobheni. Sesibonile-ke ukuthi iningi labaholi abazalwa bakhulela amadolobheni bahlukunyezwa amaphoyisa amakhoniyalisti futhi bengaqondisiswa abantu abanengqondo, laba bamaqembu ezombuso ahlala beqaphile sonke isikhathi babaleka emakhaya. Ukubalekela kwabo emakhaya, emaphandleni kunguku-zikhulula ekuhlukunyezweni futhi kwenziwa ukungabethembi abazepolitiki. Lokhu kushintshashintsha kwabaholi bezobuzwe abasemadolobhaneni asebezakhele igama emaqenjini ezepolitiki. Kodwa sesibonile ukuthi umlando wabo wakamuva awuhlanganise lutho nowalaba baholi abachitha isikhathi bedingida ububi bekholoniyalizimu.

Kunjalo nje okwenzizwa abantu abavela kumavukelambuso bebhekene na-bangani babo bakudala laba abababona ukuthi baphikisana nombuso, bababona ukuthi besaba okukhona bese bekhetha ukungaphinde bavuselele ubuhlobo nabo. Eqinisweni ukuvukela umbuso okuqale ezindaweni zasemaphandleni okulethwa emadolobheni yile ngxenye yabampofu ebikade ivinjelwe ukungena emadolobheni, labo abangakayitholi ngisho neyodwa into engabalwisa nesimo sekholoniyalizimu. Laba bantu, abaphoqeke ukuthi bashiye umhlaba wemindeni yabo ngoba imiphakathi yasemakhaya yanda kanye nokuphangwa komhlaba okwenziwa amakholonisti selokhu kwathi nhlo bezungeza amadolobha behlalele ethembeni lokuthi mhlawumbe ngelinye ilanga bayovulelwa bangene. Kukuleli ningi laba bantu, laba abahlala emikhukhwini kanye nama*lumpenproletariat*, osikhwiliphambana la ubuvukelambuso buthola khona abasemadolobheni abazokuqhubekisa phambili. Osikhwiliphambana, leli qoqo labantu elilambayo elihlukaniswe nabohlanga nezihlobo, bayileli qoqo elikwazi ukwenza izinto ngendlela yokuzenzekela futhi bayizidlamlilo ezivutha bhe, uma beqhathaniswa nabo bonke abantu abakholonayiziwe.

EKenya ngale minyaka eyandulela ubuvukelambuso beMau-Mau, abaphathi bekholoniyalizimu bamaBritish benyusa ukwesabisa kosikhwiliphambana. Amaphoyisa kanye nezithunywa zevangeli basebenzisana emizamweni yabo kule minyaka ye-1950 kuya kowe- 1951 ukuze bakwazi ukubhekana nentsha yabaseKenya abafudukela ngobuningi babo emadolobheni ngoba bengayitholi imisebenzi base bezinikela ebuseleni, ekuzitikeni ngamanyala, nasekuphuzeni utshwala, njalonjalo. Intsha engamahlongandlebe emazweni akholonayiziwe ivela ngqo kulabo sikhwiliphambana. Kanjalo naseCongo kusukela ngonyaka we-1957 kuya phambili kwathathwa izinyathelo ezinqala kakhulu ukuze kufudukiswe 'le ntsha eyizixhwanguxhwangu' eyayiphazamisa ukuthula. Kwavulwa izinkambu zokuhlalisa le ntsha okwesikhashana zanikezwa izithunywa zevangeli ukuze zizilawule, ngaphansi njalo belu kombutho wempi wabaseBelgium.

Ukusunguleka kosikhwiliphambana kuyinto ebuswa yindlela yokucabanga ethi yona. Intshisekelo eyedlulele yezithunywa zevangeli kanye nokumemezela kwabaphathi basenhlokodolobha kuyehluleka ukuqondisisa ukukhula kwayo.

Noma ngabe bahlukunyezwa kangakanani, bekhahlelwa noma beshaywa ngamatshe, bayaqhubeka nokugubha izimpande zesihlahla njengequlu lamagundwane.

Imijondolo kube sekuba indlela labo abakholonayiziwe abayisebenzisayo ukuze bangenelele inqaba yesitha noma ingayiphi indlela, uma kunesidingo basebenzisa izindlela zomshoshaphansi ezinzulu. Osikhwiliphambana babeka ukuphepha kwedolobha engozini futhi babonisa ukuthi kuningi osekonakele kwaze kwabola futhi kunesilonda esibhibhayo esidla inhliziyo yokubusa kwamakholonisti. Ngakho-ke abathengisa ngabaqwayizi, izixhwanguxhwangu, omahlalela nezigebengwana, bonke bayazinikela emzabalazweni uma nje bemenyiwe, bawunikeza konke abanakho umzabalazo njengabasebenzi abangamaqhawe. Omalalepayipini, lezi zakhamuzi zezigaba eziphansi, bathola indlela yokubuyela ebuzweni ngenxa yokuzimisela ukulwa impi. Bakholelwa ekuthini amandla ezibhamu, nawamabhomu izo kuphela izindlela zokungena emadolobheni kanti emehlweni omphakathi wamakholonisti noma ezindleleni zokuziphatha abashintshile. Laba bantu abangomahlalela, abangebantu, bayazikhuphula kwawabo amehlo nasemehlweni omlando. Abathengisa ngemizimba, abasebenza emakhishini behola izi-2 000 zama*franc* ngenyanga bonke abaphelelwe ithemba, bonke abesilisa nabesifazane abaphila impilo yokushintshashintsha phakathi kokusangana nokufuna ukuzibulala, bayasimama babuyelwe ingqondo baphindele ekwenzeni okubanikeza indawo ebalulekile ohambweni olukhulu lwesizwe esisemnyakazweni.

Amaqembu ezombuso wesizwe ayahluleka ukuqondisisa le nto entsha ebika ukubhidlika kwawo. Ukuqala kokuvukela umbuso emadolobheni kuyasishintsha isimo somzabalazo. Kuthi kanti iningi lamasotsha amakholonisti abeqaphe umsebenzi wabo emakhaya, sekufanele baphenduke beze amadolobheni yikhona bezonakekela abantu kanye nempahla yabo. Abeza nodlame bayatshalwa yonke indawo, ubungozi bugcwale yonke indawo. Lokhu kwenza ukuthi isizwe sonke nomhlaba waso ikholoni yonkana ithathe isihlwathi. Abantukazana abahlomile bayabuka uma abezempi bexegiza ukuhlasela kwabo, ukuvukela umbuso emadolobheni kuba nomvuzo obukade ungalindelekile.

Abaholi bokuvukela umbuso baya ngokuya bephelelwa ukukholelwa ezinhlelweni zakudala zepolitiki uma bebuka indlela abantu abanqoba ngayo ekulweni nomshini wekholoniyalizimu. Ukunqoba ngakunye kwandisa inzondo yabo yalokhu osekubizwa ngokuthi yizithembiso ezingezukufezwa, ukukhulumela futhi, ukukhuluma okungadingekile, ukugconana kanye nokuphehla udweshu okungayi ndawo. Bezwa sebenenzondo ye-'politiki' kanye nokuqhakambisa ukuzihlanganisa nabantu esikhundleni sokuqhakambisa ukulandela okusingethwe ingqondo nokucabangelana. Yingakho-ke nje kusigaba sokuqala, ukukhulekela ukuzenzakalela kwezinto kuphumelela.

Ukuqubuka kokuvukela umbuso ezindaweni zasemaphandleni kuba wubufakazi bokuthi ubukhona bobuzwe bugcwele yonke indawo. Wonke umuntu okholonayiziwe, uma ehlomile uba isicucu sesizwe esisendleleni ephikelele phambili. Lokhu kuvukelwa kombuso kuyawukhubekisa umbuso wamakholonisti, kwenza ukuthi uqoqe amabutho awo ubethuse ngokuthi ungababamba ngobhongwane noma yinini. Babusa ngokulawulwa okulula: isizwe kumele sizalwe, siphile, akunahlelo, akunazinkulumo, akunazivumelwano, akukho nabaphikisayo. Inkinga icacile: izifiki kumele zihambe. Kumele sakhe ubumbano olulwa nabacindezeli bese siluhlomisa ngomzabalazo wezikhali.

Inqobo nje uma ukubuswa ngabezizwe kusesimweni sokukhathazeka inhloso yesizwe iqhubekela phambili futhi iba isizathu nenhloso yawo wonke umuntu. Umzabalazo wenkululeko ube usubumbeka kanjalo nje, usuhlanganise isizwe sonkana. Kungale nkathi-ke la ukuzenzekela kubusa khona. Ukuthatha izinyathelo zokuqala kuba sezindaweni zendawo. Kuleso naleso sicongo segquma uhulumeni omncinyanyana uyakhiwa bese ubusa. Ezigodini, emahlathini, emaxhokovaneni, nasemakhaya, yonke indawo kuba nabaphathi besizwe. Izenzo zalowo nalowo zisebenzela isizwe futhi ziqinisekisa ukuthi sizophumelela ezindaweni lezi abakuzo. Sibhekene nohlelo lwamanje olufaka konke futhi olunezinguquko ezinkulu. Inhloso, uhlelo lwakho konke ukuzenzekela kokusungulwa kwala maqembu kusho inkululeko lapho nalapho nabantu bekhona. Uma isizwe sigcwele yonke indawo, kufanele sibe lapha. Isinyathelo nje esisodwa bese isizwe sibe khona lapha, kuphela-ke nje. Izindlela namaqhinga okulwa kuyabumbana, kube munye. Ubuciko bezinhlelo bujika bube ubuciko bezempi. Isidlamlilo siphenduka sibe isotsha. Ukulwa impi nokukhuluma ngezepolitiki kuyahlangana kugcine sekuyinto eyodwa.

Lo mphakathi ophucwe okungokwawo obusujwayele ukuphila impilo yokuxabana, nokuzondana, uqala uhambo lokulungisa izinto, ukugezwa nokuhlanjululwa ukubukeka kwesizwe ezindaweni ezincane. Esimweni sobumbano lwangempela oluhlanyisayo njengenjabulo nemindeni iqoka ukuqala kabusha ikhohlwe nya ngokwedlule. Umoya wokubuyisana uyachichima. Kuyacaca ukuthi kungcono vele ukuyimba ivukuzwe yonke le nzondo yakudala. Ukukholelwa embusweni kwandisa ukuqwebuka komqondo ophathelene nezepolitiki. Ubumbano lwesizwe luqala ngokubumbana kwamaqembu, ngokuthombulula amagqubu kanye nokuqeda nya konke ukucasukelana. Labo nalabo ababehlambalaze izwe ngezenzo zabo nangokubambisana nezifiki eziqhwaga umhlaba bayafakwa nabo emigidini yokuhlambuluka. Kodwa izimpimpi kanye namabutho aqashiwe bona bayahlelelwa futhi bajeziswe. Kule nqubekela phambili yohambo lwabantu lokuzifuna nokuzazisa abantu bashaya imithetho yabo bazibambele ukuzibusa. Lokho nalokho okwakugxile emzileni wokubuswa ngabezizwe, kuyavuka kuphile impilo esakubila. Abasemaphandleni baba wofakazi bombukwane obabazekayo. Abantu basemakhaya baba wofakazi bomusa nozwelo abalukhonjiswayo kanjalo nomusa odidisayo kanye nokuzimisela okungangabazeki ekufeleni izinhloso zezwe. Konke lokhu kufana nje nalokhu okubonakala emasontweni lapho ukuthandana kwabantu kusimamiswa yinkolo noma izinkolelo ezingajwayelekile. Akekho noyedwa owendabuko ongathinteki kule ndlela entsha yokwenza izinto eqhubekisela isizwe phambili. Kuthunyelwa izithunywa ukuthi ziyokhulumisana nezinhlanga ezingomakhelwane. Lokhu kumele ukusebenzisana kokuqala okubonakala ekuvukeleni umbuso okube sekuqalisa umgqumo nomnyakazo womzabalazo kulezi zindawo ezisakhungethwe ubuthakathaka bokungenzi lutho ngesimo abakuso. Abezinhlanga abadume ngokuba nenkani nobutha babeka phansi izikhali phakathi kwenjabulo nezinyembezi, bafunge ukuthi bazosiza beseke. Kulesi simo sokwesekana nokubambisana kwesintu, abantu babambana ngezandla ngisho nalabo ababeyizitha zabo. Isikokela sobuzwe siyenaba, lokho nalokho kuhlasela okusha kubika ukufika kohlanga olusha. Leso naleso sigodi siba uziphathe nozimele kanye nozinqakise. Lolu bumbano phakathi kwezinhlanga naphakathi kwezigodi nasebangeni lesizwe mbala kuqale kuzibonakalise kahle uma izinga lokunqoba isitha liya ngokuya lidlondlobala. Nanoma iliphi iqembu elisha kanjalo nalokhu kukhala kwenganono yomlilo kubonisa ukuthi uwonkewonke uzingela isitha futhi usezithathele isinqumo.

Lolu bumbano nalokhu kuxhasana kuyadlondlobala ngesigaba sesisbili uma isitha sesiqala owaso umkhankaso wokulwa. Kuthi-ke uma lokhu kuvukela sekusukumile ezempi zamakholonayiza zibuyise awazo amandla, zizihlel- isise bese zilungisa izindlela zazo zokulwa ukuthi zibhekane nale nhlobo yovukelombuso. Lolo laka lube selwenza ukuthi leli sasasa nenjabulo yesigaba sokuqala kungabe kusezwakalisiswa. Isitha siqala kabusha ukuhlasela, sicuphe ngenqwaba yamasotsha ezikhungweni ezihlonziwe. Amaqembu endawo abe esenqotshwa masinyane ngoba avama ukuziphindiselela ngaso leso sikhathi. Ngesikhathi sesigaba sokuqala lokhu kubuka kwabo ikusasa njengeliqhaka- zile kwenza ukuthi bangesabi lutho, babe nesibindi kanjalo nokugagamela namawala. Leli qembu elalikholelwa ekuthini isicongo sentaba yasendaweni yabo kwakuyisizwe uqobo liyala ukuhlehlela emuva futhi ukucela umaluju akukho ngisho nasemicabangweni yalo. Kuba kuningi okubalahlekelayo bese kwenza ukuthi abasimamayo bangenwe ingebhe. Ukubhekana nalokhu kuhlaselwa kuba yisivivinyo emphakathini wendawo. Ubona sengathi ikusasa lezwe lisengcupheni kuyo lendawo ngaso kanye leso sikhathi.

Kodwa kuthi khona manjalo kucace ukuthi lo mfutho wokuzenzakalela okujahe nje ukufaka uhlelo lwekholoniyalizimu endleleni, kuyinkolelo engasoze yaphumelela. Iqiniso nokungoqobo kwesimo kube sekuthatha isikhundla senjabulo nokukholelwa esimweni esingenasiphelo kwangayizolo. Isifundo esiziveza amaqiniso angiphikeki, nezidumbu eziгingqwe phansi yizibhamu ezingontuluntulu yenza ukuthi kushintshe ukucabanga ngakho konke osek- wenzekile. Isisekelo sokukhula esibeka ukuphepha phambili sesenza ukuthi impendulo kube ecatshangisisiwe futhi ekwazi ukuguquka masinye uma isimo sisho njalo. Lokhu kushintsha indlela yokulwa kwabonakala kahle ezinyangeni nje ezimbalwa empini yenkululeko yabantu base-Angola. Ngomhla we-15 kuN- dasa ngonyaka we-1961 siyakhumbula ukuthi abantukazana bengamaqembu ezinkulungwane ezimbili noma ezintathu, bahlasela amaPutukezi. Abesilisa, abesifazane, kanye nezingane abahlomile nabangahlomile ngesikhulu sibindi nokuzinikela baziphonsa bonkana, amaqoqo ngamaqoqo, kulezi zindawo ezazigcwele amakholonisti, amasotsha empi kanye nefulegi lasePortugal. Izigodi nezikhumulo zezindiza zazungezwa zahlaselwa, kwalimala abaningi kodwa izinkulungwane zabase-Angola savithizelwa phansi ngomlilo wezibhamu ezingontuluntulu. Abaholi base-Angola balokhu kuvukela umbuso kwabe sekubacacela ukuthi uma beyifuna ngempela le nkululeko kufanele bashintshe izindlela nezinhleo abavukela ngazo. Yingakho-ke nje umholi wase-Angola uRobert Holden esanda kushintsha ukuhleleka kwe-Angolan Liberation Army esebenzisa ukwenza kwakwenye yezimpi zenkululeko, kanye namasotsha empi yezomshoshaphansi, ama*guerilla*.

Empini yomshoshaphansi izinto ziyajika, akulwelwa endaweni eyodwa, yimpi le eliwa kumashwa. Lowo nalowo olwayo kule mpi uhamba nomhlabathi wezwe lakhe phakathi kwezinzwane zakhe. Impi yomzabalazo wenkululeko ayenzeki ngokubhekana nesitha esiwombeni esisodwa, iyimpi engahlali phansi, ihamba isigodi ngesigodi, ibalekela ezintabeni, bese igxuma ibheke phezulu wukujabula uma izintuli zesitha zindiza phezulu emathafeni. Izinhlanga ngezinhlanga ziqalisa ukugqugquzelelana, amabutho ayanyakaza eshintsha izindawo. Abantu basenyakatho bayamasha baye entshonalanga, abasemathafeni bayazabalaza benyuke izintaba. Ayibi bikho indawo ebukwa njengebaluleke ngaphezu kwenye. Isitha sibe silokhu sicabanga ukuthi yizo ezisijahayo kodwa sihlale sikwazi ukuvela sesiqhamuka ngemva kwaso sisihlasele singalindele nokulindela. Ziyajika izinto; kube yithi manje esihlaselayo. Kube sekucaca ukuthi nakuba isitha silwa ngezikhali ezinobuchwepheshe, nemililo emandlamakhulu, siya ngokuya sihluleka, siphelelwa ubungcweti baso. Thina-ke asibe sisayeka ukuhlabelela.

Ngaso leso sikhathi abaholi balokhu kuvukela babe sebebona ukuthi kufanele banyuse izinga emabuthweni abo ngoba adinga ukucaciselwa, uku-fundiswa nokuhabuliswa ngezempi: impi yoqobo kufanele isungulwe, nabaholi bayo abazoyibamba babekwe ezikhundleni. Isizwe esisempini esiqhekeke ngamaqembuqembu, sidinga ukuthi sicabangisise kabusha sonke lesi simo. Laba baholi ebebekade bebalekele ipolitiki engayi ndawo yasemadolobheni bayavuseleleka ngepolitiki ngoba ipolitiki ayishonisi futhi ayifihlakele, kuphela nje iyindlela yokulungiselela abantu ngokucacile okuwukubuswa kwezwe. Abaholi bokuvukela umbuso kuyabacacela ukuthi ukuvukela kwabampofu basemaphandleni noma kungaba kukhulu kangakani kudinga ukuthi kulawulwe ngeziqondiso. Kufanele-ke ukuthi bayiphendule yonke le mpi yabampofu basemaphandleni ukuze ibe impi yenguquko jikelele. Kube sekubacacela ukuthi ukuze uphumelele umzabalazo kumele ube nesizinda esibonakalayo: izindlela zokusebenzisana ezicacele wonke umuntu, futhi phezu kwakho konke, ukwamukela ukuthi inkulu. Umuntu angakwazi ukubambelela ama-langa amathathu, izinyanga ezintathu uma kuvuma, uma esebenza ngolaka lweningi, kodwa lokhu akusizi ekunqobeni impi yezwe lonkana, umuntu akanakusebenzisa nje umshini wesitha noma aguqule umuntu ngamunye uma umsebenzi wokuvuselela ukuzazisa ngobuntu kwala masotsha asempini ushaywa indiva. KungaBambeleleka ekuvukeleni kwabantu abampofu base-maphandleni besebenzisa ulaka nokucasuka kwabo izinsuku ezintathu noma izinyanga ezintathu kodwa impi yesizwe yenguqukonkulu ayiwenzi umahluko uma abaholi bengaqikeleli ukuthi bayabahabulisa laba abalwa le mpi. Ukulwa ngobuqhawe nokuzimisela, nobuhle beziqubulo zempi akwanele.

Ukudlondlobala kwempi yenkululeko kulindeleke ukuthi kuphazamise izinkolelo zabaholi. Isitha sibe sesiguqula indlela yokwenza izinto. Phezu kohlelo lwayo lwengcindezelo sibe sesithasisela ukubopha abantu, izinhlelo ezidala uqhekeko phakathi kwabantu, kanye nempi yokubanga ingcindezi engqondweni; konke lokhu sikwenza ngendlela enokwahlulela okukhexisa umlomo. Lapha nalaphaya sivuselela izingxabano nenzondo phakathi kwezin-hlanga sisebenzisa abaphehli bodweshu ababe sebenza lokhu okwaziwa ngokuthi ukulwa nomshoshaphansi. Ikholoniyalizimu isebenzisa izinhlobo ezimbili zabomdabu abasebenzisana nabo ukuze banqobe. Okokuqala nje kunalaba vele abahlale besolakala: amakhosi, abaholi bezenkolo kanye nabathakathi. Njengoba sesike sasho iningi labantukazana eligxile kakhulu ezindleleni zabo ezingajiki zokwenza izinto liyaqhubeka nokuthanda abaholi bezenkolo, nezizukulwane zemindeni eqavile, ebukelwa phezulu. Uhlanga ngazwilinye lulandela indlela eklanywa amakhosi alo. Ikholoniyalizimu ibe isisebenzisa laba balandeli abathembekileyo ngokubakhokhela izizumbulu zemali.

Ukubuswa ngabezizwe akuphelelwa amaqhinga ngoba kuningi okunokwenziwa ngokusebenzisa osikhwiliphambana. Eqinisweni nje zonke izinhlangano zemizabalazo yobuzwe kumele zibaqaphelisise osikhwiliphambana. Laba bantukazana bahlale bezimisele ukusabela uma bebizelwa ekuvukeleni um-buso kodwa uma laba abababizile becabanga ukuthi bangangabanaki, laba bantukazana abavele bezibulawele yindlala ngokomoya bayazinikezela empini kodwa bese besebenzisana nabacindezeli. Umcindezeli ongake aziphuthisele ngethuba lokubona abantu abamnyama benqumana izintamo, ukujabulela kabi ukusebenzisa lobu buthakathaka bosikhwiliphambana bokungahabuli nokungabi nalwazi. Uma amabutho omzabalazo wenkululeko engasheshi asebenzisane nalaba bantukazana bosikhwiliphambana, bayagxuma bathathe uhlangothi lwamabutho amakholonisti, babe amasotsha aqashiwe. E-Algeria kwaba ama-Arkis namaMessalists ayekade ethathwe emaqenjini osikhwilipham-bana ; e-Angola basebenzisa amabhoxongwana asemigwaqeni abe asevuselela amasotsha amaPutukezi; eCongo osikhwiliphambana babonakala kahle kule mibhikisho yezigodi ngezigodi ezifundazweni zaseKasai naseKatanga, kanti eLeopoldville kwasetshenziswa izitha zeCongo ezagqugquzelela imihlangano 'ezenzekelayo' ephikisana noLumumba.

Isitha esizinika isikhathi sokufunda sifundise indlela abantu abakholonay-iziwe emazweni onke jikelele sibe sesikwazi ukubona ukuthi izigaba ezithize zemiphakathi ekholonayiziwe zibuthakathaka kanjani ngokwezomphefumulo nokweswela umhabulo. Isitha sithola ukuthi kulolu hlu lwamabutho oluhamba phambili olulandela imilayelo, futhi oluyihlelekele kahle impi, kukhona iningi labantu okulokhu kuphazamiseka ukuzimisela kwabo, ngoba kunalobu bumpofu bengqondo obujikelezayo nendlela elutha ingqondo nendlela yokucabanga, kanjalo nokululazeka kanye nokungakhathaleli ukwenza izinto ngokufanele. Isitha siyabasebenzisa-ke laba bantu noma ngabe babiza imali engakanani. Isitha sizodala isimo sokuzenzakalela ngokusebenzisa izinsabula noma ukujezisa abantu sibenza isibonelo. Amadola nemali yaseBelgium asetshenziswa eCongo kuthi kunjalo eMadagascar izenzo zonya ezibhekiswe kumaHova ziya ngokuya zanda, kanti e-Algeria ababuthwa abangabathunjwa abaqotho, babizelwa empini yamaFrench. Umholi wokuvukela uyabuka njengoba isizwe siqethuka phambi kwakhe. Izinhlanga ngezinhlanga ziguqulelwa kumaHarkis asebenzisa izikhali ezintsha ukungenelela ahlasele izinhlanga abangezwani nazo abazibiza ngabesizwe okwaleso sikhashana. Ukuvumelana ngazwilinye kwasempini okumandla ngokubanzulu kanye nehaba uma ukuvukela kusaqala, kube sekukhinyabezeka. Ubumbano lwesizwe luyavithika, ukuvukela sekungena ebangeni eliyingcuphe lapho izinto ziguquka khona. Ukuhabuliswa kweningi umlando usubonisile ukuthi kubaluleke kangakanani, kuyingxenye yawo lo mlando.

Lokhu kuzinekezela okuwumbukwane kangaka okwakuzoholela abantu abakholonayiziwe esimweni sokuzibusa ngokukhulu ukushesha ngokuqinisekisa ekutheni zonke izicucu zesizwe zizohlangana kalula nje zivumelane ngakho konke, amandlla ahlezi phezu kwaleli themba aziveza ubuthakathaka bawo. Inqobo nje uma umuntu okholonayiziwe ayecabanga ukuthi angavele aguquke kalula nje ekubeni ngumuntu okholanayiziwe abe ozibusayo ezweni elikhululekile, inqobo nje uma ayekholelwa kulolu talagu oluxhaswe ngamandla asemzimbeni wakhe, umuntu okholoniyiziwe akatholanga lutho kule ndlela yolwazi. Umuntu okholonayiziwe akakhulanga ngokwengqondo yokuzazi nokuziphilela. Sesibonile-ke ukuthi umuntu okholonayiziwe uzinikezelela emzabalazweni ngokukhulu ukuzimisela, ikakhulukazi uma kungohlomile. Okwenza ukuthi abantukazana babe nesasasa lokuba kulokhu kuvukela; yikho ukuthi bavele bengabantu ababebambelele ezindleleni zabo zokuphila eziphikisana nalezo zamakholonisti. Selokhu kwathi nhlo abampofu basemaphandleni bavimbela ukungenelelwa amakholonisti ngokusebenzisa izindlela zabo ezingafaniswa nemilingo. Bakwazi nokuthi bakholelwe ekuthini ikholoniyalizimu ayikaphumeleli. Ukuziqhenya kwabantukazana, ukungafuni ukuyozihlanganisa nabantu basemadolobheni akhiwe izifiki, nendlela nje abafinyela ngayo ngaso sonke isikhathi uma umbuso wamakholonisti uzisondeza kubo kuyisikhumbuzo sokuthi ubhekisa okwakhe ukungabumbani ukubhekisa ekungabumbaneni komkholonisti.

Impikiswano nobandlululo ngokohlanga, nokuzimisela ekuzivikeleni kwalowo nalowo muntu okuyiyona nto vele abantu abakholonayiziwe ababhekana ngayo nengcindezelo yekholoniyalizimu kucacile ukuthi yizizathu ezanele ezenza angene emzabalazweni. Kodwa-ke akekho umuntu ozimazisa impi, obekezelela ingcindezelo, noma ukuba wufakazi wokunyamalala kwawo wonke amalungu omndeni wakhe ukuze abhekane nokwanda kwenzondo kanye nokubandlulula ngobuhlanga. Ubandlululo ngobuhlanga, inzondo ukuthukuthela kanye 'nokufisa ukuziphindisela okumsuka wakho uyezwakala' konke lokhu akunakukwazi ukudlondlobalisa umzabalazo wenkululeko. Lezi ziwombe zenqwebukamqondo zibe sezitshinga umzimba, ziwutshingele endaweni enobuyaluyalu eyenza kube sengathi kunokugula osekufikile, la ukubona nje omunye umuntu kuvusa isiyezi, la ukuchitheka kwelami igazi kusho ukuchitheka kwelomunye, kanjalo nokufa kwami kucacisa ukuthi nomunye kumele afe; lokhu kuqhuma kwemizwa okunje okwenzeka ngesigaba sokuqala, kuyafiphala uma kuyekwa nje ukuthi kuzidle. Vele nje ukuhlukunyezwa okungapheli kwabasebenzela amakholonisti, kubuyisela emzabalazweni imizwa eminingi yezomphefumulo, kwenze ukuthi izidlamlilo zenyukelwe inzondo, kuvuseleleke izizathu zokufuna 'ukubulala umkholonisti'. Kodwa, usuku nosuku, abaholi baya ngokuya bebona ukuthi inzondo ayikho ohlelweni. Kungaba sakusangana ukwethembela esitheni esivele sihlale senza ubugebengu imihla nemihla okube sekwenza ukuthi kwande uqhekeko phakathi kwabantu bese befuna ukuqala ukuvukela. Noma ngabe kunjani-ke, sesibonile ukuthi isitha sizama ngawo wonke amandla ukusebenzisana nezingxenye ezithize zomphakathi, ezindaweni ezithize nokusebenzisana namakhosi. Ngesikhathi somzabalazo umkholonisti kanye namaphoyisa bayalezwa ukuthi bashintshe indlela abaziphatha ngayo, bazame 'ukuba nobuntu'. Baze baqala babize abakholonayiziwe ngo 'Mnumzana' noma 'Nkosazana' uma bekhulumisana nabo. Lokhu kuzama ukuguquka nokuhlonipha akubi nasiphelo. Eqinisweni nje lokhu kwenza ukuthi abakholonayiziwe bezwe sengathi izinto ziyashintsha.

Abendabuko ababebuswa ngabezizwe ababethathe izikhali hhayi ngoba bebulawa indlala futhi bebona ukuthi imiphakathi yabo iyonakala, kodwa ngoba amakholonosti ayebaphathisa okwezilwane ebabuka njengezixhwanguxhwangu bayalujabulela lolu shintsho. Le ndlela yokwenza izinto iyayinciphisa inzondo. Ochwepheshe nezazi ngokuhlalisana kwabantu yibo abasiza lezi zinhlelo zamakholonisti, benza izifundo eziningi khona bezokwazisisa ngezingxakeko: izingxakeko zomphefumulo, zokucabanga, zokukhumbulekayo nokuzwakalayo emzimbeni: izingxakeko ezizinkimbinkimbi ngenxa yokukhungatheka, izingxakeko ngenxa yochuku lokuthanda ukulwa, kanjalo nezingxakeko ezilethwa ukubona ukuthi umuntu uyakholonayizeka. Umuntu okholonayiziwe uyaphakanyiswa, bezama ukumthambisa engqondweni yokucabanga kwakhe kanye nangemali. Lezi zindlela ezingatheni nokwenza sengathi kukhulu okwenziwayo kuyaba nempumelelo, ethize. Umuntu okholonayiziwe ulambele ukuphathiswa okomuntu ngale ndlela, okwenza ukuthi nezinto ezincanyana nje ezimenza azizwe njengomuntu ziyamanelisa. Impaphamo yakhe ngezengqondo nokuzazi ikhubazeke ngale ndlela yokuthi nokuncane nje kuletha inhlansi yenjabulwana.

Lokhu koma okunzulu okungabandlululi okomela ukukhanyiseleka ezikhathini zasekuqaleni kubekeka engozini kulowo mzuzu ngenxa yokudideka. Izimfuno zomzabalazo wenkululeko, okwakuvunyelwana ngazo, ezazibhebhetheka zibhoboze isibhakabhaka zibe sezehla amandla. Impisi ethukuthele ivutha amalangabi, ifile indlala kanjalo nesishingishane, esibhebhetheka emoyeni omsulwa wokuvukela kungahle kungabe kusabonakala uma umzabalazo uqhubeka, kanti-ke uyaqhubeka. Abakholonayiziwe bahlezi engcupheni yokuthi uma bevuma noma yini, umzabalazo wabo ungahle uthikamezeke.

Abaholi balokhu kuvukela kuyabashaqisa ukubona ukuthi kanti abantu basengcupheni enkulu kanje. Nakuba beqala ngokungasikholwa lesi simo, babe sebebona ukuthi kufanele babachazele kahle abantu ukuze inqwebukamqondo yabo ingabawiseli phansi ngoba kunjalo nje impi iyaqhubeka. Isitha sihlezi sizilungiselela futhi silindele noma yikuphi ukwenza kwabakholonayiziwe. Umzabalazo wenkululeko yesizwe awuyona nje into engathata igxathu elilo-dwa, konke bese kulunga. Uyinto ethatha umlibe, enzima, mihla ngemihla, usizi lwawo luyaludlula olwesikhathi sekholoniyalizimu. Emadolobheni, amakholonisti abonakala sengathi aseshintshile. Abantu bakithi bayajabula. *Bayahlonishwa*. Kuyaqala-ke manje into eba yisijwayezi malanga onke; laba abakholonayiziwe abakwazi ukuvele baphonse ithawula, kumele baqhubeke nomzabalazo. Akufanele bacabange ukuthi izinjongo sezifezekile. Uma izinhloso zomzabalazo zichazwa zicaciswa kahle akufanele bacabange ukuthi azisoze zazuzeka. Njalo nje, kufanele abantu bachazelwe kahle yikhona bezokwazi kahle ukuthi kubhekephi futhi kuzofikwa kanjani. Le mpi ayisona nje isiwombe esisodwa, iyiziwombe ngeziwombe kulezo nalezo zindawo, futhi akubibikho nesisodwa isiwombe esiphumelela ngasodwana.

Yingakho-ke nje kunesidingo sokuthi wonke umuntu onge amandla akhe angawasaphazi ngokungadingekile. Imithombo yekholoniyalizimu ijule kabi, iyayidlula eyabakholonayiziwe. Impi iyaqhubeka. Isitha siyagxila. Elamanqamu akusilo elanamuhla, noma kusasa. Eqinisweni selokhu yaqala ngolokuqala ngqa usuku futhi ayisoze yaphela kuze kufike isikhathi lapho amakholonisti esebona khona ukuthi kuzobasiza ukuyeka ukulwa ngoba inkululeko yabakholonayiziwe inokubasiza nabo. Izinjongo zomzabalazo akumele ziyekwe singacacisiwe kahle njengoba kwakunjalo ngesikhathi impi iqala. Uma kunganakisisiwe abantu bazothi uma bebona isitha sihlehla noma ikancane kangakanani bese bebuza ukuthi sikuphi isidingo sokuqhubeka nempi. Indlela esesajwayela ngayo ukudelela nencindezelo yokufuna ukubusa kwalezi zifiki ezingoqhwagumhlaba, kwenza ukuthi uma nje ziveza noma okuncane kangakanani okuzifanisa nomusa nobudlelwane bese sikwamukela ngokwethuka nokujabula. Ngokuvamile-ke abakholonayiziwe babe sebeqala ingoma, bacule. Izidlamlilo kufanele ziboniswe kahle, zichazelwe yikhona zizobona ukuthi lokhu kushaya sengathi zizifiki ziyathamba akulona iqiniso, bangazitholi sebethumbekile. Lokhu kuvuma ukuvumelana kuyolokhu kunjalo nje, ukuvunyiswa ungaqondile, akuyithom-bululi-ke inkinga okuyiyona eyingqikithi. Kuthi kunjalo abakholonayiziwe babone ukuthi lokhu kuvuma, kuwukuvuma okusebenza kuphela uma kugadle enhliziyweni yombuso wamakholonisti.

Ukubeka ngasobala, izifiki ezingoqhwagumhlaba zingakwazi nje ukuthi zingalusebenzisi udlame kuzo zonke lezi zindlela zokusebenza kwazo. Eqinisweni ukuhlukana nya nodlame kuyazisiza izifiki ngoba imiphumela emihle isho ukuthi ziyakwazi ukudlondlobalisa amandla azo. Kodwa lokhu kungaba nomthelela omubi ngoba kungabeka ikusasa lezwe engcupheni yokulawuleka kalula kunangaphambili futhi nangamandla adlulele. Sezibe ziningi izibonelo kwamanye amazwe ukuthi ukwenza kwalezi zifiki ezingoqhwagumhlaba sengathi kuyavunyelwana, kudala olukhulu usizi ngoba kube sekucaca ukuthi impilo ayigcini nje ngokuba nzima, abantu bendabuko baphenduka izigqila zoqobo. Abantu bonkana kanjalo nezidlamlilo kumele bangakhohlwa ukuthi imithetho yomlando isifundise ukuthi eqinisweni ezinye izivumelwano zingamaketanga. Uma engekho ozama ukucacisa lesi sifundo kubalula kabi ukuthi abaholi bamanye amaqembu ezepolitiki banikezelane nababengamakholonisti. Abakholonayiziwe kumele baboniswe ukuthi umkholonisti akalinge nje avume ukulahlekelwa nanoma okukodwa uma engezukuthola lutho ngalokho. Noma ngabe yini abakholonayiziwe abayizuzayo emva komzabalazo wempi noma wepolitiki akwenziwa ukuthi laba abakholonayizayo banomusa nezinhliziyo ezinhle, cha, ingoba basuke sebebonile ukuthi sebehlulekile abasenakukuhlehlisa lokhu kuvumelana. Kanjalo-ke okholonayiziwe kumele abone kahle ukuthi akuyona ikholoniyalizimu evumayo kodwa nguye uqobo. Uma uhulumeni waseBritain evuma ukuthi abomdabu baseKenya bathathe izihlalo ephalamende iKenyan Assembly kungaba wubuphukuphuku nenhlekisa ukucabanga ukuthi uhulumeni waseBritain uvumelana nabaseKenya. Akucaci yini ukuthi abaseKenya babevume ukwenza izinto emva kokubekelwa imingcele ethize? Abantu abakholonayiziwe kanye nalabo abaphucwa okungokwabo sekufanele bashintshe ukucabanga kwabo manje. Abakholonayiziwe bangayivuma imingcele evela kumakholonisti kodwa akumele bashintshe ububona babo.

Konke-ke lokhu kuchaza, ukwenyusa izinga lokwazi, nokuqaphela kanye nenqubekela phambili endleleni yokwazi kahle ngomlando wemiphakathi, kwenzeka kuphela uma abantu behlekile ngokwezinhlangano futhi beholwa ngesiqondiso. Le nhlangano isungulwa abahabulile abafika emaphandleni bevela emadolobheni ngenkathi kuqala ukuvukela kanjalo nalabo ababe sebebalekela emaphandleni ngenkathi umzabalazo udlondlobala. Kuba yilaba bantu-ke ababa wumnyombo womzabalazo, isiqaliso seqembu lezepolitiki lalokhu kuvukela. Abantu basemaphandleni-ke bona bafunda okuningi ngokwenza bese bekwazi ukuhola abanye emzabalazweni. Kuba nesiqubu sokuqondisisa kanye nokucebisana phakathi kwesizwe esisendleleni kanye nabaholi baso. Izinhlangano zamasiko ziyafukanyezwa, zandiswe kwesinye isikhathi ziguqulwe. Amajaji angangokwesiko axazulula izinkinga zendawo ama*djemaas* kanye nezinhlangano zezigodi, konke kuyaguqulwa kube yizindawo zokuthetha amacala ezomzabalazo wokuvukela umbuso kanye namakomidi abhekelene nezepolitiki nobusotsha. Kuzo zonke izikhungo zempi kuleso naleso sigodi amaqoqo ngamaqoqo, abaholi abangothisha bezepolitiki eqenjini bayasebenza, bacacisela abantu ngezinto esezibaxakile, ezikhinyabeza inqubekela phambili. Ukube nje bebengekho laba bantu abangesabi ukukhuluma nangani, abantu bangazithola sebedidisekile. Isibonelo nje, amabutho ahlomile avama ukucasuka kabi uma ebona abantu bendawo benza abakwenzayo sengathi akonakele lutho, beziyela amadolobheni sengathi abazi ukuthi kwenzekani ezintabeni, sengathi abazi ukuthi imikhankaso yempi seyiqalile. Ukuthula okuba semadolobheni lapho abantu beziqhubekela nje nezimpilo zabo kwenza ukuthi abantu abampofu basemaphandleni bacabange ukuthi laba abasemadolobheni abanandaba nokuthi kwenzekani, futhi bakhululekile nje bangahlala babukele. Ukubona lokhu kuyabanyanyisa abantukazana bese kwandisa ukwenyanya kwabo nokugxeka laba basemadolobheni. Kube sekuba umsebenzi womholi onguthisha wezepolitiki eqenjini ukucacisisela laba abalwayo ukuthi izingxenye zomphakathi azifani; labo nalabo bantu baba nezabo izimfuno, lokhu-ke akusho ukuthi zimfuno zikawonke wonke ezweni ziyohlala zifana sonke isikhathi. Kube sekubacacela-ke abantu ukuthi inkululeko yesizwe icacisa ukuthi empilweni kuningi futhi kwehlukahlukene okubhekenwe nakho, kwesinye isikhathi lokhu kwahlukahlukana kuze kufane nokuphikisana. Kuba yilo mzuzu obalulekayo emzabalazweni lapho kufanele kucaciswe kahle umehluko phakathi kobuzwekazi ubufanayo kanye nalobo obuvuma ukuthi ukufananwa ngoba kunezinhlelo zomphakathi kanye nezomnotho eziveza izidingo nezimfuno ezahlukahlukene. Abantu okwakuthe ngenkathi usaqala umzabalazo babambelela enkolweni yakudala yeManichaeanism yomkholonayizi – abantu abamnyama baqhathaniswa nabamhlophe, ama-Arabhu aqhathaniswa nama-*infidel*, abangakholwa, bese kuthi ngokuhamba kwesikhathi kubonakale ukuthi abanye abantu abamnyama babamhlophe ngaphezu kwabantu abamhlophe kanjalo nokuthi ithemba lokuphakamisa ifulegi lesizwe noma lenkululeko akusho ukuthi izingxenye ezithizeni zomphakathi zizovele zilahle amalungelongqangi azo kanjalo nalokho abakukhonzile. Abantu babe sebebona ukuthi kukhona nezingxenye zabantu bomdabu okuthi ngoba bazibona besemaphethelweni omphakathi, basebenzise impi ukuthatha ithuba lokwenyusa izinga lezimpilo zabo ukuze badlondlobalise amandla abo emphakathini. Laba abangena empini ngoba kukhona abazifunela khona, bayayithola imivuzo yempi ebasizayo kodwa lokhu kuthi kwenzeka kube kulahlekelisa laba abangene empini ngezinhloso ezinhle, okuyibo abasuke bekade bezimisele ngakho konke ngisho ukufudumeza umhlaba ngegazi labo. Lokhu kwenza ukuthi isidlamlilo esibhekene nempi yamakholonisti emehlweni nezinsiza ezingatheni, sibone ukuthi ukuwisa umbuso wamakholonisti kuhambisana nokudaleka bengaqondile kwesinye sisimo sokuhlukumezeka. Ukucacelwa yileli qiniso kuyacasula, kubuhlungu futhi kuyagulisa. Izinto bezilula kabi; okubi ngapha, okuhle ngapha. Yilokhu kuzizwa kanje okwenzeka ezinsukwini zokuqala kube sekugqitshwa isimo se*penumbra*, esisathunzi nje esihlukumeza indlela abantu abazizwa nabazazisa ngayo. Abantu kuyabacacela ukuthi ukuhlukunyezwa lokhu kuyinto engaba nobuso obumnyama noma be-Arabhu. Bayaqala bakhale bakhuze umhlola wobumbuka kanti eqinisweni kumele bababaze ubusela. Le ndlela ende engelula eya ekwazisiseni kahle ngomzabalazo ifundisa abantu ukuthi kumele bayeke ukucabanga ukuthi umcindezeli uyinto nje elula. Umcindezeli uqhekeka bebhekile phambi kwamehlo abo. Bayabona ukuthi amanye amakholonisti awaguqulwa yilesi simo sobugebengu; babe sebemela eceleni bangazimbanda-kanyi nabakubo. Laba bantu-ke babe sebegxeka impi yamakholonisti okwenza ukuthi abakubo babe sebebabuka kabi. Kube sekuqubuka ihlazo lamahlazo uma amavulandlela angamakholonisti esejika athathe uhlangothi lwabomdabu, azinikele ekuhluphekeni, ekuhlukunyezweni ngisho nasekufeni imbala.

Lezi zibonelo zibe sezithela amanzi phezu kwalolu laka lwenzondo yezifiki ezingoqhwagumhlaba abakholonayiziwe ababanalo. Abakholonayiziwe bay-abajabulela babamukele ngezandla ezivulekile laba bantu, bese isasasa labo libenze babathembe ngokwedlulele. Lapha emadolobhenikazi kuba nabaningi futhi kwesinye isikhathi abaziwayo, abasukumayo bakhulume, begxeka uhulu-meni wabo othi makuyiwe empini, baphakamise elithi kufanele kulalelwe laba abakholonayiziwe, kwenziwe lokhu abakufisayo. Laba bagxeki bavama ukubizwa ngokuthi bakhohlakele, bawomamezala banxanele ukuchitha igazi, bese kuba nabaningi kwesinye isikhathi okuba ngabantu abadumile abaphakamisa eyabo imibono begxeka ngokungangabazi inkambiso yempi kahulumeni begqugquze-lela ukuthi izifiso zabakholonayiziwe zizogcina zinakiwe, zilalelwe. Amasotsha empi ayahlubuka anqabe ukulwela amakholonisti akubo, anqabe ukuhlasela abantu abafuna inkululeko okube sekubabeka engcupheni, baboshwe futhi bahlupheke, behluphekela amalungelo abantu bomdabu abafuna ukuziphatha.

    Umkholonisti akabe esegcina ngokuba isitha sokuqala. Abanye abantu abangamakholonisti babonakala besondelene kakhulu nomzabalazo wenku-luleko ukudlula abanye bomdabu. Ubuhlanga nokusebenzisa ukwahlukana kwezinhlanga ngapha nangapha kuyagqibeka, imingcele iyanyamalala kuwo womabili amacala. Ukuba mnyama nokuba umSulumane akube kusasho ukuthi uzothenjwa nje kanjalo. Ukuqhamuka komkholonisti akube kusasho ukuthi umuntu kufanele abambe isibhamu nocelemba. Inqwebukamqondo iyaxhuga uma ibhekene namaqiniso angagcwele, ayingcosana, najikajikayo. Konke-ke lokhu singaqagela nje ukuthi kunzima kabi. Umsebenzi wokuhabulisa abantu ukuze bakhule ngokwengqondo yezepolitiki usizakala uma kwenziwa omkhulu umkhankaso futhi nemiqondo yabaholi inenjula. Amandla enkolelo ayakhuliswa futhi adlondlobaliseke ngokuya ngokuya uma umzabalazo uqhubeka kuye ngokuthi isitha sona senzani nokuthi inhlangano yomzabalazo ivuna ziphi izithelo, ngasiphi isikhathi, nokuthi ilahlekelwa yini, kanjani. Abaholi babe sebezibonisa-ke ukuthi banamandla nobuholi obuzwakalayo ngokuthi bawavume amaphutha basebenzise abakwaziyo ukuze kuqhutshekelwe phambili njalo nje uma inqwebukamqondo kuba sengathi iyahlehla. Lokhu nalokho kuthunazeka esigodini kuyasetshenziswa khona kuzophakamisa izindlela zokusebenza emzabalazweni wonkana. Lokhu kuvukela kube sekuzibonisa amandla akho-ke uma njalo nje uma kube nesithikamezo esincane sisetshenziselwe ukuvuselela inqwebukamqondo yabantu. Nakuba kukhona labo enhlanganweni okuthi kwesinye isikhathi bacabange ukuthi nokuncane nje okuyimininingwane mhlawumbe ecashile bacabange ukuthi ibonisa ingozi kanye nosongo okungathikameza ubumbano lwabantu, abaholi babambelela ezimisweni okuvunyelwene ngazo emzabalazweni. Kunonya nokululaza ubuhlakani obufihlekile kanye neziboniso zangamunye okuhambisana nezinguquko, kodwa kunolunye ulunya olufana ngokumangalisayo nalolu lokuqala kodwa lona luphikisana nezinguquko, luzama noma yini ezamekayo futhi luba nokuvukela okungenazo izisekelo ngokuziphatha nokucabanga. Uma lolu nya olungaka lungaqashelwa, masinyane luyayiwisa inhlangano esikhathini esingengakanani, emasontweni ambalwa nje.

Owesizwe oyisidlamlilo owabaleka edolobheni evukela izindlela ezibambelele ekufundiseni nasekusebenziseni izindlela zokuvukela zabaholi futhi engasathembeli kakhulu kupolitoki ube esothola ukuthi kulesi simo inhlobo entsha ye-'politiki' engasafani nakancane neyakudala. Le nhlobo entsha yepolitiki iphethwe amasotsha nabaholi abasebenza phakathi kweziwombe zomlando besebenzisa imisipha nezingqondo zabo ukuze bahole umzabalazo wenkululeko. Konke kuhamba ngobuzwe, kuza nezinkulu izinguquko futhi kunobambiswano. Le ndlela entsha yobunjalo, le esibavulekele abakholonayiziwe yenzeka kuphela uma abantu besukuma, ngezenzo. Uma umzabalazo uqhumisa indlela yamakholoni yakudala ivumbulula izinto ebezingaziwa, izintompikiswano ebekade zifihlekile kulesi simo. Abantu abalwayo, abasempini, abantu abakuzabalaza kwabo kuziveza ngendlela entsha bayaphiliseka, bamashe ngoba sebekhululekile ekukholonayizweni bebe bebexwayiswe ngemizamo yokufiphalisa isizwe kanye neyokusincomela phezulu kakhulu. Ubudlova, udlame lulodwa nje, obuvela ebantwini; udlame oluphakanyiswa lulawulwe ngabaholi lunikeza iningi labantu indlela yokubonisisa ubunjalo bempilo yomphakathi. Ngaphandle kwalo mzabalazo, ngaphandle kwale ndlela yokwenza nokucabanga, akubi bikho lutho, kufana nje nokuthi kuyadlalwa. Okusalayo-ke kuba wukujika nje izinto kancane ukulungisa izinhlelo le phezulu kubaphathi, ifulegi, bese kuthi lapha phansi kube ngabantu nje abasakazekile, bekhandlekile besacwile kuma*Dark Ages*.

ISAHLUKO 3:
Izihibe zenqwebukamqondo ngezobuzwe

Ezomlando zisifundisa ukuthi umnyombo womzabalazo wokulwela ukukhululeka ekubusweni ngabezizwe awubhalwa nje ngeso lezobuzwe. Esikhathini esesiside kakhulu ababuswa ngabezizwe basebenzise amandla abo bezama ukuqeda nya ukungalingani njengokusetshenziswa ngenkani, ukujeziswa ngokushaywa, amaholo angalingani, nokunqindwa kwamalungelo epolitiki. Lokhu kulwela umbuso wentando yeningi ephikisana nengcindezelo kuqala kancane kancane kusuka ekudidekeni okusha nokukhona yonke indawo kuze kufike ekufuneni ubuzwe, kwesinye isikhathi okwenzeka ngokukhulu ukukhandleka. Kodwa izingcithabuchopho azivami ukuba sesimweni sokuhlangabeza lesi simo ngoba azikujwayele ukuxhumana kahle neningi. Ukuvilapha kwazo, kanjalo nokwesaba kwazo, ikakhulukazi ngemizuzu ebalulekile yomzabalazo kuzala izihibe eziholela enhlekeleleni.

Esikhundleni sokuthi ukuzazisa ngobuzwe kube yinto ephathekayo, ebonisa izimfuno zabantu nengumvuzo obonakalayo wokugqugquzela abantu, kuba yinto engenhle, eyize neyigobolondo elincikinciki. Uqhekeko lwenza kucace ukuthi yini eyenza ukuthi amazwe asanda kukhululeka aguquke, asuke ebuzweni aye ekusebenzeni ngobuhlanga, asuke ebuzweni aye esizwaneni – isehlo esifana nokubuyela emuva, esimisa kabi ukuthuthuka kwesizwe kanye nobumbano lwaso. Njengoba sizobona-ke, lobu buthakathaka nalobu bucayi buvela emlandweni obonisa ukuthi izicukuthwane zesizwe emazweni asathuthuka ziyehluleka ukusebenzisa izindlela zokwenza nokucabanga kweningi, okungukuthi ziyehluleka ukunika ubuzwe izizathu zokubaluleka.

Lobu buthakathaka obuwumqedazwe futhi obuhambisana nokwehluleka kwabantu basemazweni angakathuthuki ukuba nenqwebukamqondo ngobuzwe, abuwona nje umphumela wokuthi abakholonayiziwe bahlukunyezwa umbuso wamakholoniyalisti. Futhi kungaba umthelela wokuthi izicukuthwane zesizwe azinamdlandla, azihlakaniphile futhi izindlela zazo zokucabanga zigxile ekucabangeni okuthonywa yizizinda zedolobhakazi.

Izicukuthwane zesizwe ezithatha izintambo uma kuphela umbuso wamakholonisti, zingamavukana angakavuthwa. Ulwazi lwazo lwezomnotho lufana nolungekho, kunjalo nje alukho ezingeni lwalaba ababheke ukuthatha izikhundla zabo, ozakwabo bedolobhakazi. Izicukuthwane zesizwe nokuzazisa kwazo okuvelele, zizikhohlisile ngokucabanga ukuthi zingazizuzela okukhulu ngokususa izicukuthwane zedolobhakazi. Kodwa-ke, ukuzuza inkululeko kwenza ukuthi izicukuthwane zesizwe zizithole zivaleleke ekhoneni okubanga uvalo oluyinhlekelele, okube sekwenza ukuthi izicukuthwane ziveze izimpawu zokukhathazeka bese ziphindela edolobhakazini layizolo. Iziphakanyiswa zosomabhizinisi, kanye nabaneziqu zasemayunivesithi yibo ababa yiningi labafundile kulesi sizwe esisha, babonakala kalula ngoba bambalwa, bavama ukuhlala enhlokodolobha, nemisebenzi yabo yobuhwebi, ukuba abanikazi beziza, nokuba ochwepheshe. Kuzicukuthwane zesizwe abekho osozimboni nababolekisi ngezimali. Izicukuthwane zesizwe emazweni angakathuthuki azigxili kwezokukhiqiza, ngokubhekana nokukhiqiza, ukusungula okuvelele nokusungula okusha, noma ukusebenza. Onke amandla azo ziwabhekisa ekubeni abaxhumanisi. Ukuxhumanisa abantu nokudala amaqhinga kuba sengathi yiwona msebenzi wazo. Isicukuthwane sesizwe sicabangisa okukasomabhizinisi, hhayi njengomqondisi wemboni. Kumele kuzicacele-ke ukuthi asikho isidingo sokukusho ukuthi ukuhaha kwamakholonisti nendlela yokusebenza ebigqame ngokuvimba, yenze ukuthi izicukuthwane zesizwe zizithole zingakwazi ukuzikhethela.

Ngesikhathi sokubusa kwekholoniyalizimu izicukuthwane azinakukwazi ukwenza imali, ngakho ukuba yizigwili kwazo kuyinto engenakwenzeka. Ngakho-ke ngokucabanga kwethu, isicukuthwane soqobo sesizwe ezweni elingakathuthuki kufanele sikhohlwe yisikhundla sobucukuthwane nokukhandlekela umnotho wogombelakwesabo, sizibophezele kulokhu abantu abakulindile, inguquko ephelele.

Ezweni elingakathuthuki, okuphoqelekile kuzicukuthwane zangempela wukuthi zihlomele ikusasa elingumsebenzi wazo, zifunde izifundo ezizinikwa abantu bese zisebenzisa ezakuzuza emayunivesithi amakholonisti njengezingcithabuchopho nochwepheshe. Sizobona-ke ukuthi ngeshwa elikhulu izicukuthwane zesizwe zivama ukuyifulathela le ndlela enhle, enemivuzo futhi enobulungisa bese zikhetha indlela ephikisana nobuzwe, okungukuthi indlela nje yezicukuthwane ezingenanqubekelaphambili, ubucukuthwane obuwubula, ubucukuthwane obungabaza izinhloso zabanye.

Sesibonile ukuthi injongo yamaqembu esizwe kusukela nje esikhathini esithize kuya phambili, isekelwe kuzinjongo ezibhekelele ubuzwe. Uma begqugquzela abantu basebenzisa iziqubulo zenkululeko, konke okunye bakubekela ikusasa. Uma la maqembu ebuzwa ngohlelo lwawo lwezomnontho wesizwe noma ngohulumeni ahlose ukuwuqala, awabi nazo izimpendulo ngoba eqinisweni wonke awazi lutho ngezomnotho wezwe lawo.

Ezomnotho zazenzakala futhi zithuthuka ngaphandle kobuholi babo. Uma kukhulunywa ngomnotho okhona nongahle uqubuke emhlabathini nasemigodini yezwe labo ulwazi lwabo lungolwasesikoleni kuphela futhi luyathathela. Bakwazi ukukhuluma ngalo kuphela ngezindlela ezikha phezulu futhi ezingabambeki. Emva kokuzuza inkululeko, lezi zicukuthwane ezingakathuthuki esezinciphile nangenani, ezingenamali etheni futhi ezingahlanganise naluntho nendlela yezinguquko ezinkulu, ziyaqala zimfimfe kabuhlungu. Azikwazi ukukhuluma ngokuhlakanipha kwazo lokhu ezazikuqhakambisile kokwazo ukubona, kodwa okwakuvinjwa ingcindezelo yamakholonisti. Ukuba sengcupheni komnontho wazo, nokungabi bikho kwabanamakhono okuphatha kwenza ukuthi izicuku-thwane zigcine sezibambelele emabhizinisini amancane asemakhaya, iminyaka ngeminyaka. Ngokucabanga okungatheni kwalezi zicukuthwane umnotho wesizwe uba yilowo ongabizwa ngokuthi ngokhiqiza nje okwasendaweni. Izinkulumo ezinikezwa ngokuzigqaja nokuziqhakambisa ziba ngezobuciko bokwenziwe ngezandla. Izicukuthwane azikwazi ukuqala izimboni ezingaba nenzuzo ezweni lonke kanye nakuzo imbala, ngakho uma zikhuluma ngobu-ciko bezandla zikhuluma ngokuziphakamisa kodwa zibe zikhulumela phansi okuyiyonanto ehambisana kahle nesithunzi salobu buzwe obusha, kuthi kunjalo nje le ndlela yokukhuluma yenza ukuthi zivune inzuzo ezwakalayo. Lokhu kubambelela okungaka ekukholelweni emikhiqizweni yasekhaya, lokhu kungakwazi ukusungula izindlela ezintsha zomnotho nohwebo kuzibonakalisa ngokuthi izicukuthwane zesizwe zibambelela kwezolimo, ezifana nse nalezo zangesikhathi sokubuswa ngabezizwe.

Inkululeko ayizi nenguquko. Kuyaqhutshekwa kuvunwa lawo mantongo-mane akudala, kuvunwa ukhokho, kanye nama-olivu. Kusho ukuthi izindlela zokuhweba ngemikhiqizo zihlala zinjalo. Akuqalwa zimboni. Siyaqhubeka nokuthumela phesheya imikhiqizo yemvelo, ngemikhumbi, siyaqhubeka nokutshalela i-Europe okwenza sibe ompetha bezinto okukhiqizwa ngawo okuthile ezimbonini, kucebe i-Europe, thina siqhubeke siyizichaka.

Kepha izicukuthwane zesizwe aziyeki ukugqugquzelela ukuthi ezomnotho no-hwebo zenziwe ezesizwe. Ngokucabanga kwazo, ukwenza izinto zibe ngezobuzwe akusho ukuthi kumele kuguqulwe wonke umnotho ngobunjalo bawo, akusho ukuthi kumele yonke imigomo yakho ifezeke. Ukubumba ubuzwe akusho ukuthi uhulumeni kumele ahlelwe kabusha ngendlela ebheka ubudlelwane emiphakathini. Kuzicukuthwane ukubumba ubuzwe kusho ukuthi amalungelo akade kungawamakholonisti kumele adluliselwe ezandleni zabomdabu.

Njengoba izicukuthwane zingenamnotho futhi zingenazo izifundiswa ez-injengonjiniyela nochwepheshe, zibe nje sezigcina ngokuthi zifune ukuthatha amabhizinisi kanye namafemu ayekade ephethwe amakholonisti. Izicukuthwane zobuzwe zithatha izikhundla zabase-Europe abayizifiki ezingodokotela, abameli, abahwebi, abaxhumanisi kwezokuhweba ngemikhumbi. Izicukuthwane zibona kungumsebenzi wazo ukuthi zithathe zonke lezi zikhundla ngoba lokhu kunikeza izwe isithunzi futhi kuvikela izimfuno zezicukuthwane. Kusukela lapha-ke ukuthi bese kuphoqelelwa kuthi leyo naleyo nkampani enkulu yangaphandle isebenze nezicukuthwane uma ifuna ukuqhubeka nokuhlala ezweni kanye nokuqala ukuhweba. Izicukuthwane zobuzwe zithola ukuthi inhloso ezibekelwe yona ngumlando ingeyesikhashana. Njengoba sesibonile ukuthi ubizo lwazo akukhona ukuguqula isizwe, kungukusebenza njengebhande elihambayo lokuthutha liphethe umnotho wogombelakwesabo, ziphoqeke ukucasha ngekholoniyalizimu entsha. Izicukuthwane zobuzwe ngaphandle kokungabaza nangokukhulu ukuziqhenya zikujabulela kakhulu ukuba ngabaxhumanisi uma kusetshenzwa nezicukuthwane zaseNtshonalanga. Le ndima eletha imali eningi, lokhu kusebenza njengabakhwabanisi abancane, lokhu kuba nengqondo emfishane, nokungabi nazifiso zokuvelela kuyizimpawu zokuthi izicukuthwane zobuzwe ziyahluleka ukufeza indima elindeleke ezicukuthwaneni. Inkuthalo yobuvulandlela, ilukululu lokuphemba amazwe amasha okuyizinto ezejwayelekile kuzicukuthwane zobuzwe, ngeshwa azibi bikho lapha. Emkhakheni wobucuku-thwane bobuzwe emazweni akholonayiziwe, wonke umuntu uhlale efuna ukuzitika ngenjabulo. Lokhu kungoba uma sibheka eziphathelene nengqondo, kuyinto le izicukuthwane eziyifunde kuzicukuthwane zaseNtshonalanga. Ngaphandle kokukufinyelela ebangeni lokuqala lokucwaningisisa nokusungula okusha, okuyizinto ezenziwa yezicukuthwane zaseNtshonalanga, izicukuthwane zobuzwe zivele zilingise konke lokhu okubi nokuzinaka wena okuyihaba. Ngesikhathi inkululeko iseyintsha, izicukuthwane zobuzwe emazweni akholonayiziwe zifana nse nezicukuthwane zaseNtshonalanga uma zisesigabeni sokugcina. Ongazi angathi zithatha indlela esheshayo nenqamulelayo. Empeleni ziqala ekugcineni. Zifana nosegugile engazange akuzwe ukuchichima kwenjabulo nomdlandla wokuzimisela wokuba yintsha.

Izicukuthwane zobuzwe kulolu hambo lwazo lokuba ngcono ngokuphelele ziyasizakala, zithole usizo olukhulu, oluvela kuzicukuthwane ezijikeleza amazwe zivakasha, zijatshuliswe okuyingqayizivele, ukuzingela kanye namakhasino. Izicukuthwane zobuzwe ziqala izindawo zokungcebeleka namaholide, kanye nezemidlalo zokuzijabulisa kwezicukuthwane zaseNtshonalanga. Le ngxenye ibizwa ngokuthi yimboni yezokuvakasha bese igcina seyiyimboni yesizwe yakho konke okunye. Kudinga nje sibheke ukuthi kwenzekani eLatin America uma sifuna ubufakazi bokuthi ababekholonayiziwe baphenduka abahleli nabagqugquzeli bemicimbi yokuzijabulisa. Amakhasino aseHavana, eMexico City, ugu lolwandle eRio, eCopacabana nase-Acapulco, intsha yamantombazana aseBrazil naseMexico nama*mestiza*, noma amakhaladi, aneminyaka eyi-13 kuba yisisihla esiyihlazo solokhu konakala kwezicukuthwane zobuzwe. Ngoba izicukuthwane azinazinhloso ngekusasa, zihlale zizibheke zona, azixhumene neningi labantu, zigutshuzelwe wukungakwazi ukuhlaziya kahle izimo ezibhekene nezwe lonkana. Izicukuthwane zobuzwe zijika zibe izimenenja zezinkampani zaseNtshonalanga ziphendule izwe lazo zilenze ibhizinisi le-Europe lokuthengisa ngomzimba.

Sidinga nje ukubheka lesi sibonelo esidabukisayo samanye amazwe aseLatin America. Osomabhizinisi base-US, osomabhange abakhulu kanye nochwepheshe uma bendiza bebheke 'eningizimu emazweni afudumele' bahlale isonto elilodwa noma izinsuku eziyishumi bezitika emanyaleni amnandi sashukela eziqiwini zezwe, abangabanikazi bazo bangasese.

Indlela abanikazi bomhlaba abaziphatha ngayo nayo iyafana neyezicukuthwane zobuzwe. Ngokushesha nje emva kokutholakala kwenkululeko abalimi ab-akhulu baphakamisa ukuthi ezolimo zibe ngezesizwe. Basebenzisa amaqhinga amaningi ukuze bakwazi ukuthatha amapulazi ayekade engawamakholonisti okube sekwenza ukuthi babenamandla amakhulu okwenza izinto endaweni. Kodwa abazami nokuzama ukukhiqiza izilimo ezahlukahlukene ukwandisa izinga lokukhiqiza kanye nokuqinisekisa ukuthi ukulima kudidiyeleka kahle kusebenzisane nezomnotho wezwe jikelele.

Eqinisweni abanikazi bamapulazi bafuna ukuthi abaphethe benyuse ngamakhulu aphindaphindiwe izakhiwo kanye namalungelo okwakungawam-akholonisti, kodwa manje osekungokwabo. Ukuxhashazwa nokuhlukunyezwa kwabasebenzi basemapulazini kuyanda futhi kubhekwa njengokufanelekile. La makholonisti amasha asebenzisa nje iziqubulo ezimbili noma ezintathu uma ephoqelela laba basebenzi basemapulazini, ngakho ngoba akhuluma ngokuthi konke lokhu kulungele isizwe. Kwezolimo akunakubuyekeza, akunazinhlelo zokuthuthukisa, akunazindlela zokuqala ukwenza izinto ezintsha; ngokuqala okusha kubo kusho ukuthi beka ubulimi engcupheni, okuyinto ebe isibafaka ovalweni, eyenza ukuthi lezi zicukuthwane ezingabanikazi bezindawo zihlale ziqikelele ngokwedlulele, zifise ukubaleka ngoba vele seziya ngokuya zicwila, zingena kulokhu konakala okwakuqalwe ikholoniyalizimu. Kulezi zindawo izindlela zokwenza izinto kabusha zisingathwa uhulumeni. Kuba uhulumeni ozivumayo, azigqugquzele futhi azikhokhele. Izicukuthwane ezingabanikazi bezindawo ziyala ukuzibeka engcupheni noma ngabe ngencane kangakanani. Azizwani neze nokugembula nokuqala okusha. Azihlosile ukwakha phezu kwesihlabathi. Zifuna ukutshalwa kwezimali okuqinisekisile nokunemivuzo esheshayo. Inzalo yalokhu kutshalwa kwezimali iba nkulu kakhulu, yedlula imali yonke yezwe lonkana, kunjalo nje izicukuthwane aziyitshali ngokuphin-delela. Indlela ezicabanga ngayo eyokuthi kumele ziyigodle imali eziyitholayo. Lesi sicukuthwane, ikakhulukazi emva kwenkululeko, asinamahloni okufaka izimali zaso esizithole emikhiqizweni yesizwe emabhange asemazweni. Izimali eziningi-ke kodwa sizifaka ezintweni ezenza isicukuthwane sivelele sibe nodumo, izimoto, izithabathaba zemizi nakho konke nje okunobukhazikhazi abezomnontho abakubiza ngokuthi kuyinto ejwayelekile kuzicukuthwane ezingakathuthuki.

Sesishilo-ke ukuthi uma izicukuthwane ezikholonayiziwe sezithole inkululeko, zisebenzisa olukhulu ulaka oluhambisana nezikhundla ezikuzo, ukuze zihlwithe le misebenzi ebikade ingeyezifiki. Emva kwenkululeko, zibhekene nayo yonke imiphumela yekholoniyalizimu ezimpilweni zabantu, izicukuthwane ziqala umzabalazo ononya obhekiswe kubameli, abahwebi, abanikazi bezindawo, odokotela kanye nabasezikhundleni eziphakeme abasebenzela uhulumeni, laba 'ngabajivaza isithunzi sesizwe'. Bajaha ukuphakamisa ukucabanga okuthi kumele kube nokugxiliswa kobuzwe nokuzigqaja ngobu-Afrika kulabo aba-sezikhundleni zokuphatha. Eqiniseweni izenzo zabo ziya ngokuya ziba sengathi sezinokubandlulula ngokobuhlanga. Izicukuthwane zibhekana nohulumeni zilibeke ngembaba ngokufuna kwazo lezi zikhundla. Azilwehlisi ulaka lwazo zingakazithathi zonkana lezo zikhundla.

Amalungu eqembu avamile asemadolobheni, iningi labantu abangasebenzi, osomabhizinisi abancane; laba ababizwa ngokuthi abahwebi abancane, bavu-melana nale ndlela yokucabanga ngobuzwe, kodwa ngobulungiswa obuphelele singathi bafuna nje ukufana nezicukuthwane zakubo. Kuthi kanti izicukuthwane zobuzwe ziqhudelana nabase-Europe, osomabhizinisi abancane bona baqala izingxabano nama-Afrika akwamanye amazwe. E-Ivory Coast ukubhikisha kokulwisana ngezobuhlanga kwakubhekiswe kumaDahomean kanye na-base-Upper Volta ababephethe izingxenye ezithize zomnotho okwabenza babe yizitha bahlaselwa ngabase-Ivory Coast emva kwenkululeko. Sezijikile-ke izinto, sisuke ekukhonzeni ubuzwe saya ebuzweni obuyihaba kanye nokubandlulula ngebala. Kuba nomsindo othi mabaxoshwe bonke okungebona abasezweni, izakhiwo zamabhizinisi abo zithungelwa ngomlilo, izitolo zabo ziyabhidlizwa futhi abanye bayashaywa nokushaywa; yingakho-ke nje uhulumeni wase-Ivory Coast wakhipha isinqumo sokuthi mabahambe, okuyinto ebe isijabulisa iminsinsi yokuzimilela. ESenegal khona kwakungabazonda amaSudanese ababhikisha okwabe sekwenza ukuthi uMamadou Dia athi: 'Abantu baseSen-egal bakholelwa ngokungacabangi kuFederation of Mali ngoba eqiniseweni bathanda nje abaholi bayo. Ukuzibandakanya kwazo neMali akunasizinda esitheni ngaphandle nje kokukholelwa kwabo kulaba baholi bepolitiki. Lolu daba lwezwe laseSenegal lwalusezingqondweni ikakhulukazi ngoba inkinga yokuthi abaseSudan babeseSenegal kwakungeyona ezibekayo. Yingakho-ke nje ukubhidlika kweFederation kwehlisa ixhala eningini esikhundleni sokuthi kudale ukuzisola. Futhi akubanga bikho noyedwa owesekayo.'[1]

Kuthi kanti amaqoqo athile abaseSenegal ekujabulela ukuthi abaholi bawo baxoshe abaseSudan ngoba bengamukelekile kwezamabhizinisi nezokuphatha, abaseCongo bona, ababemangaliswe wukuhamba kwabaseBelgium ngobun-ingi babo babe sebenquma ukunqumela ugwayi katiki abaseSenegal abahlala eLeopoldville nase-Elizabethville, bagcine sebephumelele ukubaxosha.

Njengoba sibona-ke, izindlela ezisetshenzisiwe kuwo womabili la mazwe, ziyafana. Kuthi kanti izifiso zezingcithabuchopho nezosomabhizinisi besizwe esisha zishatshalaliswa ngabase-Europe, eningini labahlala emadolobheni, umqhudelwano usuka kwabase-Africa bakwamanye amazwe. E-Ivory Coast kungamaDahomean; eGhana ngabahlala eNiger; bese kuthi eSenegal kube ngamaSudanese.

Uma izicukuthwane zithi zifuna ukuthi kube nengxilisabu-Africa kanye nengx-ilisabu-Arabhu yabaphathi zisuke zingenabuqiniso, zingahlosile ukubumba ubuzwe obuqotho, okwazo kusuke kuwukufuna ukuthi la mandla nezikhundla ezaziphethwe ngabakwamanye amazwe kunikwe zona. Iningi labantu nalo liqhakambisa izimfuno ezifanayo kodwa kulona ingxilisabu-Afrika nengxilis-abu-Arabhu liyibuka ngeso eligcina emingceleni yamazwe. Phakathi kwalezi zimfuno eziphakeme zobumbano lwe-Afrika nale ndlela iningi eliziphatha ngayo egqugquzelwa ikilasi labaphathi kuba nemiphumela eminingi ehlukene yezindlela zokubuka isimo. Kuba nokushintshashintsha okufana noginqigonqo ngalo mzuzu okuba wubumbano lwe-Africa oluya ngokuya lunyamalala, okube sekwenza ukuthi kuphinde kubuye ukuhlukunyezwa okumawala futhi okunonya kakhulu.

'Abaholi baseSenegal okuyibo ababephakamisa lokhu kucabanga kokwakha ubumbano lwe-Africa okwathi ezikhathini eziningi badela ngisho izinhlangano zepolitiki zakubo kanjalo namathuba emisebenzi, bekudelela ubumbano bese bezithola bethwele umthwalo osindayo; ngakho ngoba bekholelwa kulolu bum-bano. Iphutha labo, okuyiphutha lethu, ukuthi singayinakisisi indaba yokuthi imingcele yamazwe yayinjani ngaphambi kokufika kwekholoniyalizimu, into eyenziwa ukugxila ekulwisaneni nengxilisabuBalkan. Iphutha lethu kwaba ukunganakekeli ukuthi sicubungule lolu daba olube selubhebhethekiswa yikholoniyalizimu kanti vele luyiqiniso lesayensi yezokuhlalisana kwabantu lube lungenazinkolelo-mibono ngobumbano ezingalushintsha, noma ngabe kuncomeka noma kubukeka kufaneleke kangakanani. Siyalingeka sibambe utalagu, okuyilona olwenza umqondo emakhanda ethu, bese siphendula utalagu lube yiqiniso, sikholelwe ekuthini bekufanele vele sigxeke ukufuna ukunqoba izwe nakho konke okukudalayo njengobuzwe obungatheni ukuze sinqobe bese kuphumelela le mizamo yethu ebivele ingenasisekelo.'[2]

Mncane kabi umahluko phakathi kokuba ngomakhonya kwabaseSenegal nokubambelela ebuhlangeni kwamaWolof. Ngakho-ke njalo uma ubuncane bokucabanga kwezicukuthwane zobuzwe kanye nokuba lufifi kwezinkolelo zabo, okwenza ukuthi izicukuthwane zingakwazi ukufundisa uwonkewonke noma zingabeke bantu phambili, njalo nje uma izicukuthwane zobuzwe zehluleka ukubeka imibono yazo ziyisabalalise umhlaba kube sekubuya ubuhlanga, sigcina sesibuka ngezinhliziyo ezibuhlungu uma isimo sokungezwani siya ngokuya sishuba. Njengoba isiqubulo sezicukuthwane zobuzwe sisinye: 'Khiphani abokufika, nifake abomdabu' bese ziya kuzo zonke izingxenye zemisebenzi zishaye eyazo imithetho zigcwalise izikhundla, abahwebi abancane njengab-ashayeli bamatekisi, abadayisa amakhekhe, abacwebezelisa izicathulo, nabo babe sebelingisa izicukuthwane zobuzwe bathi akuxoshwe amaDahomean noma bathathe lesi siqubulo basibeke kwelinye izinga bathi amaFulani mawabuyele ehlathini lawo, noma abavela ezintabeni mababuyele ezintabeni abavela kuzo.

Ukunqoba kwefederalizimu kwamanye amazwe asanda kukhululeka kumele kuchazeke ngale ndlela. Siyazi ukuthi ikholoniyalizimu yayinokuphatha izindawo ezithize njengezikhethekile. Umnotho wekholoni wawungabandakanyisiwe nowesizwe sonkana, imingcele yezwe iklanywe ngendlela edidiyela abavela emazweni ngamazwe. Ikholoniyalizimu ayivami neze ukuxhaphaza nokuhlukumeza izwe lonkana. Yaneliswa nje ukumba nokuvuna imikhiqizo yemvelo bese iyiyisa ezimbonini ezingxubezizwe okwenza ukuthi izimboni lezo zicebe kakhulu kodwa ikholoni lona liye ngokuya lishabalalela ekungathuthukini nasenhluphekweni.

Emvana nje kokuzuza inkululeko, abantu bezwe abahlala ezindaweni ezinokuchuma okukhulu babe sebeyibona kahle inhlanhla yabo bese bala ukusiza isizwe sonkana. Izindawo ezigcwele imikhiqizo efana namantongomane, ukhokho namadayimane ziyavelela ukwedlula izwe lonke eliphundlekile. Laba bantu bakulezi zindawo babe sebebuka laba abanye ngenzondo, ngoba babona sengathi banomona, ubugovu kanye nelukuluku lokubulala. Lokhu-ke kuvusa kume ngezinyawo izingxabano nokuzondana kwezinhlanga kwakudala ngaphambi kokuqala kwekholoniyalizimu. AmaBaluba ayala ukusiza amaLulua. IKatanga iphenduka ibe umbuso oziphethe bese u-Albert Kalondji azethwese isicoco sobukhosi eningizimu yeKasai.

Ubumbano lwe-Africa, nakuba luyinto ebuyona bayo bungabambeki kahle, iyinto abantu base-Africa ababambelele kuyo ngolukhulu ugqozi olunhloso yalo kwakuwukushukumisa ikholoniyalizimu, ibe isiziveza ubunjalo bayo ivithike, kuvele ubuzwana ngobuzwana ngokwezifunda obuthombululeka ngaphakathi kobunjalo bobuzwe. Izicukuthwane zobuzwe ziyahluleka ukuzuza ukubumbana kwesizwe, ziyahluleka ukwakha isizwe esinesisekelo esivuthiwe nesiqotho ngoba zikhathalele ngokweqile izinto ezenzeka masishane, azikwazi ukubukela kude, zigcina nje ekupheleni kwamakhala azo. Abaholi besizwe abebehamba phambili ngenkathi kuliwa nekholoniyalizimu bayavithika, konke kuphelele obala, bazikhothe amanxeba.

Lo mzabalazo ogcwele unya ulawulwa ngamaqembu abunjwe ngobuhlanga nezizwana, anogqozi lokungena ezikhundleni okususwe kuzo abangaphandle, uvama ukukapakela ezingxabanweni ngokwezenkolo. Ezindaweni ezingaphakathi nezwe, ehlathini, amabandla amancane abazalwane ezindaweni zasekhaya nakuma*marabout* 'zohlelo lwenkolo' kuvuka konke kume ngezinyawo kuqale futhi kubhekane ngamehlo okusolana anokubukelana phansi. Ezindaweni zasemadolobheni abasezikhundleni babhekana nokushayisana phakathi kwamaqembu amabili amakhulu ezenkolo: eyamaSulumane neyamaKatholika.

Ikholoniyalizimu esisekelo sayo kade sishukuma ngoba iqhaqhazeliswa ukusunguleka kobumbano lwe-Africa iyasizakala, isukume ime ngezinyawo, ngoba isifuna ukucekela phansi lolu bumbano, bese isebenzisa nanoma yibuphi ubuthakathaka obukulezi zinhlangano zobumbano. Ikholoniyalizimu izama ukushoshozela abantu base-Africa ngokuvumbulula izitha ngokwezinkolelo kwezomoya. ESenegal iphephandaba i-*Afrique Nouvelle* likhipha njalo kanye ngesonto amagama enzondo ebhekiswe kumaSulumane kanye nama-Arabhu.

AmaLebanese angosomabhizinisi abancane abagcwele ngaseWest Coast yase-Africa alulazwa bukhoma. Izithunywa zevangeli zisebenzisa leli thuba zikhumbuze iningi labantu ukuthi imibuso emikhulu yasendulo e-Africa ngaphambi kokufika kwama-European nekholoniyalizimu, yabhidlizwa wukuhlasela kwama-Arabhu. Basho nokusho ukuthi ukuhlasela kwama-Arabhu yikho okwavula indlela yabase-Europe ukuze balethe ikholoniyalizimu; babhekisela ku-imphiriyalizimu 'ukubuswa kwezinye izizwe ngempucuko yesinye' yama-Arabhu kanye ne-imphiriyalizimu ngezamasikompilo obuSulumane, bayicekele phansi. Kwezinye izindawo amaKhrestu omdabu ayanyundelwa, enziwe ukuthi abukeke njengezitha ezizazisayo zenkululeko yesizwe.

Ikholoniyalizimu isebenzisa wonke la maqhinga ngoba ayaneli ukubuka abantu base-Africa ababebumbene ngenkathi belwa nayo, manje asebeklwebhana, bexabana. Ukucabanga kukaSaint Bartholomew ngesibhicongo sokubulawa kwabantu abaningi kuyavuseleka ezingqondweni zabanye abantu okwenza ukuthi ikholoniyalizimu ihleke inhlinini uma izwa izinkulumo ezethembisa izulu nomhlaba ngobumbano lwe-Africa. Esizweni esisodwa ezenkolo zidala uqhekeko phakathi kwabantu, kwemiphakathi yezinkolelo ezingokomoya olulwavele lwakhuthazwa lwathuthukiswa yikholoniyalizimu nakho konke okuhambisana nayo. Laba bantu bazithola sebephikisene baze babukana ngeziqu zamehlo. Iziwombe ezingalindelekile neze ziyavumbuka lapha nalaphaya. Emazweni aneningi lamaKhatholika noma amaPhrotestani, amaSulumane engemaningi kangako avuselela eyawo intshisekelo engokwenkolo. Imikhosi yobuSulumane iyavuselelwa, bese ubuSulumane busebenza ukuzivikela ngaso sonke isikhathi sokubhekana namaKhatholika afisa ubumsulwa bawo. Abefundisi bezwakala betshela abanye ebantu ukuthi uma benganeliselekile mabahambe bayohlala eCairo. Kwezinye izikhathi amaPhrotestani ase-America ashushumbisa ukungezwani kwawo namaKhatholika akuse e-Africa bese besebenzisa ubuzwana ukuze bakhuthaze ukungezwani.

Kuleli zwekazi ukuhilizisana ngokwezenkolo kufana nje nenhlobo yobandlululo ngobuhlanga enzulu kabi. I-Africa iyahlukana, kube nemhlophe kanye nemnyama. Ngisho namagama asetshenziswayo njengeSub-Sarahan Africa kanye neNorth Africa ayehluleka ukulufihla lolu bandlululo lobuhlanga olucashiswayo. Kwezinye izindawo uzwa kuthiwa iWhite Africa inamasikompilo avuthiwe eminyaka eyizinkulungwane, nokuthi iMediterranean, okungukuthi iyiphiko le-Europe nokuthi iyingxenye yempucuko yeGreco-Roman. I-Africa emnyama ibukwa njengezwe eliyihlane, elinodlame, elingenampucuko futhi elingenampilo. Kwezinye izindawo uzwa imihla ngemihla izinkulumo ezigcwele inzondo ezibhekiswe kwabesifazane abamboza ubuso, isithembu, kanye nendlela ama-Arabhu adelela ngayo abantu besifazane. Unya lwazo zonke lezi zinkulumo lukukhumbuza ukukhuluma kwamakholonisti. Izicukuthwane zobuzwe, kuzo zombili lezi zingxenye zezindawo, ngoba zisuke sezithathe izindlela ezingathandeki kakhulu zokucabanga kwamakholonisti kufana nokuthi zithatha izintambo kumakholonisti; aqale-ke akhe isisekelo sobandlululo ngokohlanga oluphikisana nekusasa le-Africa, ngokulibeka isimweni sokubandlululeka kalula. Ngokungabi nandaba kanye nokulingisa kwabo badlondlobalisa ubandlululo ngokohlanga olufana nalolo olwalubusa ngesikhathi sekholoniyalizimu. Akumangalisi-ke ukuthi ezweni elizibiza ngokuthi lingelase-Africa uzwa izinkulumo ezifana nse nezokubandlulula ngokohlanga nokubona izindlela zokuziphatha ezibukela abantu phansi okufana kabi nokubonakala eParis, eBrussels noma eLondon.

Kwezinye izindawo zase-Africa ukumemeza iphathenalizimu eqondiswe kubantu abamnyama, kanye nenhlamba evela emasikwenimpilo aseNtshonalanga athi abantu abamnyama abakwazi ukucabanga, nesayensi abayazi; konke lokhu kuzinze ebunqunwini babo. Kunezindawo lapho abantu abamnyama bevaleleke ebugqilini obuncane, okwenza ukuthi kuthetheleleke ukuthi abantu abamnyama e-Africa bangabethembi, futhi bahlale beqaphile ngab- amhlophe base-Africa. Kuyinto ejwayelekile ukuthi isakhamuzi sase-Africa emnyama sizothi sizihambela edolobheni le-Africa emhlophe sizwe ingane isibiza nge-'nigger' noma ukuzwa abasezikhundleni bemkhulumisa ngolimi olutshekile, *ipidgin*.

Maye, ngeshwa elikhulu, kulindelekile ukuthi abafundi base-Africa emnyama uma besezikoleni enyakatho yeSahara, babuzwe ontanga babo ukuthi lapho bevela khona abantu banazo yini izindlu zokuhlala, banawo yini ugesi kanye nokuthi imindeni yabo iyabadla yini abanye abantu. Maye, ngeshwa elikhulu, kulindelekile ukuthi ezindaweni ezithize zasenyakatho neSahara abantu base-Africa abavela emzansi nayo bazithola bencengwa ukuthi basiwe 'noma ikuphi lapho kukhona khona abantu abamnyama'. Ngokunjalo kwamanye amazwe ase-Africa emnyama asanda kuzuza inkululeko, amalungu ephalamende kanjalo nongqongqoshe bakwahulumeni bafunga bagomele ngokuthi ingozi engalindeleka, akuyona eyokuthi amakholoniyalisti aphinde azobusa, kodwa indaba esekuhlaselweni 'izixhwanguxhwangu zama-Arabhu asenyakatho'.

Njengoba sesibonile-ke, ubuthakathaka bezicukuthwane zobuzwe abupheleli kwezomnotho. Ukuzuza amandla ezombusazwe ngoba kusetshenziswe uku- cabanga ngezobuzwe ngendlela engajulile, ngendlela yobuhlanga, nangale kwezimemezelo ezibekwe ngamagama ababazekayo kodwa zibe zingenanto ebambekayo, ngokukhulu ukunganaki kusetshenziswa izindlela zokukhuluma eziphuma ngqo ezivumelwaneni zase-Europe. Ngesimo sokuziphatha kanye nefilosofi yezepolitiki isicukuthwane siyaziveza ukuthi asinakukwazi ukus- ebenzisa izinhlelo eziqukethe ngisho obuncane nje ubuntu. Izicukuthwane ziyabonakalisa kahle kamhlophe ukuthi azikwazi ukusungula izinhlelo ezin- obuntu noma ngabe buncane kangakanani ngoba ukuzuza kwezicukuthwane amandla okubusa kwenzeka ngendlela engagxilile ekucabangeni okwenabile, futhi kuqhakambisa udaba lobuhlanga nakuba izimemezelo ezingezwakali ngoba azinasisindo, ziphindaphinda okushiwo izivumelwano zase-Europe ngendlelanhle yokwenza kanye nefilisofi yezombusazwe. Uma zinamandla, uma zisebenzisa amandla azo okugqugquzela umhlaba wonkana, izicukuthwane azingabazi ukubonisa sengathi zibambelele emicabangweni yezokubusa kweningi. Zimi kahle kwezomnotho, kumele ngabe zibhekene nesimo esinzima kakhulu ukuze zilahle indlela yokucabanga enobuntu. Nakuba isesekelo sezicukuthwane zaseNtshonalanga siwukubandlulula ngobuhlanga, ziyakwazi ukushaya sengathi azibona ababandlululi ababi ngoba ziqhubeka nokugqamisa izinkulumo ezithi isithunzi somuntu sibaluleke kunakho konke.

Izicukuthwane zaseNtshonalanga zisathola izindlela eziningi zokuzivikela nokungesabi ukuphikisana nokuqhudelana nalabo abazihlukemezayo nabazenyanyayo. Ukubandlulula ngobuhlanga okusuka kuzicukuthwane zaseNtshonalanga kubhekiswe kwabamnyama ama-'*Nigger*'noma amaSulumane (ama-'*towelhead*') kuwubandlululo lokungabashayi mkhuba, ubandlululo lokubukela phansi abanye abantu. Kodwa inkolelo yezicukuthwane ethi bonke abantu bayalingana yenza kube sengathi imsulwa ngoba igqugquzela laba abangaphansi kwezicukuthwane ukuthi basukume bazenyusele ezingeni lalaba abangabaseNtshonalanga nabakubona kungubuntu babo.

Ukubandlulula ngokohlanga okwenziwa izicukuthwane ezintsha zobuzwe kuwubandlululo olusuka ekwesabeni. Akuhlukile neze kulolu bandlulo phakathi kwezinhlanga zendabuko noma ukungezwani nje phakathi kwamaqembu emindeni noma amabandla abazalwane. Kulula ukuqonda ukuthi yini eyenza izingqapheli zamazwe ngamazwe ezicabanga kanzulu zingazithatheli phezulu izinkulumo zobumbano lwe-Africa. Ubuthakathaka bucace ngale ndlela yokuthi kuyabonakala nje ukuthi kumele kuqalwe ngokuthumbulula izinkinga nezimpikiswano ngaphambi kokuthi kubunjwe ubumbano.

Abantu base-Africa basanda kutholana, egameni lobumbano lwe-Africa sebethathe isinqumo sokuthi babhekane ngqo nokuguqula imibuso yamakholonisti. Kanti izicukuthwane zobuzwe zona ezindaweni zonkana zijahe nje ukuzithathela izimali zigcwalise ezazo izikhwama, futhi ziqambe olwazo uhlelo lwesizwe lokuxhaphaza, nokwandisa izingqinamba ezivikela ukufezwa kwala maphupho. Izinhloso zobuzwe zezicukuthwane zicacile, ziwukuvimba indlela eya kulolu bumbano, lolu hambo olugqugquzelelwa yizigidi eziyizi-250 zabantu, uhambo lokuqeda ubuphukuphuku, indlala, kanye nokungabi nabuntu. Yingakho-ke kumele siqondisise ukuthi ubumbano lwe-Africa lutholakala kuphela uma kunobukhulu ubunzima futhi uma abaholi bengabantu abavamile, okungukuthi abantu abangahlanganise lutho nezimfuno zezicukuthwane.

Izicukuthwane zobuzwe zizibonisa kahle futhi ukuthi ziyehluleka ukuphatha izinhlelo zasekhaya nezezinhlangano. Kwamanye amazwe imithetho yasephalamende igcwele amaphutha. Zingenamandla kwezomnotho, futhi zehluleka ukwakha ubudlelwane obuzwakalayo emiphakathini, izicukuthwane zikhetha isisombululo esilula kunazo zonke seqembu elilodwa lezombusazwe. Azikabi nonembeza, nokuthula okutholakala kuphela ekubeni namandla ezomnotho nasekukwazini ukuphatha uhulumeni. Yingakho nje zingakhi umbuso onikeza izakhamuzi ithemba, kodwa kuba oshiya izakhamuzi nenkathazo.

Esikhundleni sokuthi umbuso unike abantu ukuzethemba, ususe konke ukwesaba kwezakhamuzi ubabeke embelekweni yamandla nokuzicabangela kwabo, umbuso wenza okuphikasana nalokho, ugcizelela ukuphakama kwawo phezu kwabantu ngendlela emangalisayo, ubonise abantu ukuthi abalutho, uhlukemeze abantu futhi uqinisekise ukuthi izakhamuzi zibona sengathi ziyohlala zisengozini. Ukusebenzisa iqembu elilodwa lezombusazwe kuyindlela yesimanje izicukuthwane ezisebenza ngayo, umbuso womashiqela – ongenamfihlabuso, ongenakuhlotshiswa kobuso, ongenasimilo, futhi ongathembakali ngazo zonke izindlela.

Eqinisweni lokhu kubusa ngokushiqela akunakukwazi ukufinyelela kude. Akuyeki ukulokhu kuvuzisa izinto eziphikisana ngqo nakho. Njengoba izicukuthwane zingenamandla kwezomnotho angenza ukuthi zibuse futhi zikwazi nokunikeza iningi labantu imvuthu, zihlale zimatasa zintshontsha zigcwalisa izikhwama zawo ngokukhulu ukushesha lokhu futhi ngezindlela ezinyantisa igazi – okube sekwenza ukuthi izwe liye ngokuya licwila, liminzele ekungaqhubekeleni ndawo. Ukuze azame ukufihla lokhu kuminza okungayi ndawo nokufihla ukubuyela emuva, ukuzithembisa nokuveza isidingo sokukuziqhenya, izicukuthwane ziphelelwa ukwenza bese ziqhakambisa udaba lwekhaphithali, zisebenzise ezinkulu izimali emikhankasweni eziyibiza ngokuthi amaphrojekthi odumo.

Izicukuthwane zobuzwe ziya ngokuya zifulathela izindawo ezingaphakathi zezwe nakuleli zwe eselifana nelichithekile, ziphenduke zibheke kulaba ababekomasipala abakhulu kanye nosozimali bangaphandle ababasebenzisayo. Njengoba-ke kungenhloso yezicukuthwane ukwabelana nabantu ngenzuzo noma ukubajabulisa ngemivuzo yokusebenzisana nezinkampani zangaphandle, zibe sezibona isidingo sokuthi kube nomholi ozothandwa ngabantu omsebenzi wakhe unhlosombili: ukuzinzisa umbuso nokuqhubekisela phambili ukukhonya kwezicukuthwane. Ukubusa ngobushiqela kwezicukuthwane emazweni angakathuthuki kusimamiswa ubukhona bomholi onjengalona. Siyazi ukuthi amazweni athuthukile ukubusa ngobushiqela kwezicukuthwane kuwumphumela wokuthi zinamandla futhi ziphethe kwezomnotho.

Kodwa-ke emazweni angakathuthuki lo mholi ufana nesazelo esisha nesiqinile esiwunembeza oseke izicukuthwane zobuzwe ezisele dengwane eziqoka ukuzicebisa.

Abantu babe sebebeka ithemba labo kulo mholi ngoba bese bembuke iminyaka bamuzwa ekhuluma, bemlandelela kude sengathi basemaphusheni, izinkinga nokuzabalaza kwalo mholi elwisana namakholoniyalisti yenza ngempela ukuthi bamkholwe futhi bamethembe njengedelakufa lesizwe. Ngaphambi kwalokhu kuzuzwa kwenkululeko, lo mholi ubemele izimfuno zabantu – ukuzimela geqe, inkululeko kwezepolitiki kanye nesithunzi sesizwe. Kanti emva kokuzuzwa kwenkululeko, akabe esamela abantu nezimfuno zabo, futhi akazimiseli ngokuphakamisa isithunzi sabantu esitholakala ngokudla, ngomhlaba nangokubuyisela izwe ezandleni zabantu bomdabu, lo mholi uzoziveza ubunjalo bakhe: ukuba yi-CEO, uMphathijikelele, wezinkampani ezinzuzo yazo iba ngeyezicukuthwane kuphela, ngakho ngoba lesi simo sizisiza ngokuthi zikwazi ukugcwalisa izikhwama zazo.

Nakuba lo mholi engaba neqiniso futhi azwakale njengothembekayo, ubunjalo besimo bumenza ukuthi abe yingqwele yezimfuno zamaqembu amabili, izicukuthwane zobuzwe kanye nalezi zinkampani ezazingezamakholonisti. Ukuba neqiniso kwakhe, okuyinto ingqondo yakhe ephila ngayo, kuya ngokuya kushabalala. Lo mholi useqhelelene neningi labantu ngale ndlela yokuthi ube esezitshela ukuthi abayithandi indlela abahola ngayo futhi abasakholelwa kulo msebenzi awenza elwela isizwe. Umholi uba ngumahluleli onesihluku obona sengathi abantu abanakubonga bese-ke nsuku zonke ezipha amandla okuvumelana nabaxhaphaza abantu. Ube esethatha isinqumo sokuhambisana nalezi zicukuthwane ezintsha, acwile enkohlakalweni yokutapa nokuzijabulisa.

Izinhlelo zezomnotho wezwe elisanda kukhululeka zibe sezicwila, ziminze ohlelweni oluyikholoniyalizimu entsha. Kuthi kanti umnotho wesizwe wawukade uvikelekile, manje ube sezandleni zombuso. Imali yezindleko zombuso isitholakala ngokuboleka kanye neminikelo. Abaholi, izinhloko zezwe mbala noma amalungu akhethiwe kahulumeni abonakala sekufanele athathe uhambo kane ngonyaka evakashela la madolobhakazi kulamazwe abekade ewakholonayizile, eyodoba izimali.

Ababengababusi abangamakholoniyalisti benyusa izimfuno zabo, imibandela kanye nezibambiso beqinisekisa ukuthi ababonakalisi ukuthi basenamandla amakhulu okukhonya phezu kombuso wesizwe. Abantu bazithola sebemi ndawonye enhluphekweni engabekezeleleki bese kubacacela ukuthi abaholi babo babathengisile. Lokhu kubona izinto kabusha kuba bukhali kakhulu ngoba izicukuthwane azikwazi vele ukusungula ikilasi elisha. Indlela umcebo wabo owabiwe ngayo ayisebenzi kahle ngoba awabiwe ngemikhakha ebonakalayo, ayihleliwe ngendlela enentuthuko futhi ayicacisi ukuthi yini ebalulekile kunenye. Lolu hlobo olusha lomuntu luwukuhlambalaza nokuthukuthelisa abantu, ikakhulukazi ngoba abantu abayisishiyagalolunye kwabayishumi basalokhu bebulawa yindlala. Indlela lolu hlobo lwabantu olushesha ngayo ukuba yizicebi ngendlela engenazwelo neyihlazo ihambisana nokuvumbuka kabusha kokuzimisela kweningi labantu nezethembiso zokuthi udlame luzophinde luqale maduze nje. Lo mkhakha wezicukuthwane, lo mkhakha wesizwe othatha umcebo wesizwe sonke uwenze owaso. Lo mkhakha wezicukuthwane njengoba ufanelwe igama lawo kodwa wenza izinto ezingalindelekile njengokuthuka nokukhuluma kabi ngabanye abantu abamnyama noma nama-Arabhu okube sekusikhumbuza ngezindlela eziningi indlela abameli bemibuso yamakholoniyalisti ebebesebenzisa ngayo amandla abo. Yilobu bumpabanga babantu nalokhu kucetshiswa kwezicukuthwane nendlela eziqhakambisa ngayo ukudelela isizwe sonkana, ziqinisa izinhliziyo kanye nesimo sengqondo nokucabanga.

Kodwa lobu bungozi obufufusayo bube sebuba nomphumela wokudlondlobalisa amagunya okusunguleka kombuso kamashiqela. Lo mholi omlando wakhe wukuba isidlamlilo, ube eseba yisihenqo phakathi kweningi labantu kanye nezicukuthwane ngoba usiza okwenziwa abanjengaye abe esenza sengathi akaboni ukuthi bayadelela, abanamakhono atheni kanye nokukhulu ukungabi nasimilo. Usiza ukuthi abantu bangasheshi ukuvuka babone kahle ukuthi kwenzakani. Ngokusiza lezi zicukuthwane ufihla ukuthi zisebenza kanjani bese eba yithuluzi elikhulu lokuthumba abantu nokubenza bangezwisisi. Njalo nje uma ekhuluma nabantu ubakhumbuza ngempilo yakhe yobuqhawe, izimpi ezalwiwa kanye nezanqotshwa egameni labantu nesizwe; ngamanye amazwi uheha abantu ukuthi baqhubeke bamethembe. Ziningi kabi izibonelo zamaqhawe ase-Africa afake isimo sobuqhawe esigcwele isibindi emzabalazweni wezepolitiki obukade unokuqikelela okuningi kwasebekhulile bomzabalazo. Laba bantu babengabokudabuka ezweni. Babebonise ngokusobala ukuthi amakholonayizi anamahlazo, futhi behlambalaza abesizwe abasenhlokodolobha, bakwenza kwacaca ukuthi imvelaphi yabo iyini, bakhulumela iningi labantu abamnyama. Laba bantu abancome isizwe, ababengenamahloni ngomlando wabo – ukujivazwa kanye nobulwane balo – namuhla bazithola behola ithimba elifulathele ingaphakathi lezwe futhi lasho nokusho ukuthi okufanele kwenziwe ngabantu wukuhlala phansi bahloniphe, sonke isikhathi.

Umholi uthobisa ulaka lwabantu. Kuthi eminyakeni eminingi emva kwenkululeko; ngoba umholi ehluleka ukunikeza abantu noma yini olubambekayo, uyehluleka ukusiza abantu ngokubavulela ikusasa eliqhakazile, wehluleka ngisho nokulekelela abantu ukuba bazibambele ngezabo izandla umsebenzi wokwakha isizwe nowokuzithuthukisa; umholi azwakale ebelesele ngokukhuluma ngomlando wenkululeko, ekhumbuza abantu ngobumbano olwalukhona ngenkathi belwela inkululeko. Umholi uyala ukushabalalisa izicukuthwane zobuzwe aqinise ekubambeleleni emlandweni womzabalazo owaletha inkululeko. Umholi uyabavimba abantu bese ezama ngolukhulu ulaka ukwenza sengathi babengeyona ingxenye yomlando, abanqande nokuthi bazibeke kuwo. Ngesikhathi somzabalazo umholi owayenikeza abantu ugqozi ebathembisa ukuthi luzobakhulula ushintsho oluzoletha inqubekelaphambili ezimpilweni zabo. Kula malanga uzama ukubathulisa, kuthi kathathu noma kane ngonyaka abacele ukuthi bakhumbule isikhathi sekholoniyalizimu, babheke kahle ukuthi kuningi osekwenzekile nasebekuzuzile.

Masisho-ke ukuthi iningi labantu alikwazi ukuvumelana nokuthi kuningi osekuzuziwe. Umuntukazana osalokhu eziphilisa ngokuvuna emhlabathini, ongaqashiwe nongawutholi umsebenzi abakwazi ukuvumelana nokuthi kunoshintsho ezimpilweni zabo noma ngabe imicimbi yokujabula miningi kangakanani namafulegi abukeka emasha kanjani. Noma ngabe izicukuthwane zizama kangakanani ukubonisa ukuthi kunoshintsho, iningi labantu alikhohliseki. Izindimbane zabantu zilambile; amaphoyisa osekungama-African awaniki ithemba. Izindimbane zabantu zibe seziqhela, zifulathele ngoba ziphelelwa umdlandla wokuhambisana nesizwe esibakhipha inyumbazana.

Umholi uhlala ahlale ashushumbise amabutho akhe, akhulume emisaka-zweni, ahambe izwe lonke evakashela izakhamuzi ngenhloso yokududuza, yokushushuzela okukhungathekisa abantu. Umholi usedingeka kabi kakhulu kunakuqala ngoba akunaqembu lepolitiki. Ngesikhathi somzabalazo lalikhona iqembu lomzabalazo elaliphethwe nguye lomholi. Kodwa emva kwalokho iqembu selaqhekeka laphelela obala. Sekusele nje iqembu ngegama, imifanekiso yesizwe kanye nesiqubulo. Iqembu eliphilayo, elisungulelwe ukusiza ukuthi izimfundiso ezisatshalaliswayo kube yilezo ezinesisekelo esibhekelela izidingo zeningi labantu seliguquke laba yisigungu sezidingo zabantu ngabanye. Selokhu kwazuzwa inkululeko, iqembu lezepolitiki alisabasizi abantu ngokucabangisisa kahle ngezimfuno zabo ezizobasiza ukuthi bakwazi ukuzuza izidingo zabo ukuze bazinze emandleni abo. Namuhla umsebenzi weqembu lezepolitiki sekuwukutshela abantu ukuthi zithini iziqondiso ezivela kwabaphezulu. Sekuphele nya lokhu kuxhumana okunemithelela emihle phakathi kwabantu nje abavamile kanye nabasezikhundleni eziphakeme okuyiyona ngqikithi nesi-qinisekiso sombuso weningi eqenjini. Osekwenzeka, okuphambene nalokhu, wukuthi iqembu lezepolitiki manje sekuyilo elimi phakathi kwezindimbane zabantu nabaholi abasezikhundleni. Iqembu lezepolitiki seliphelelwe yimpilo. Amagatsha eqembu ayesungulwe ngesikhathi sekholoniyalizimu namuhla asephelelwe yisikhathi, awaselutho.

Isineke sezidlamlilo siya ngokuya siphela. Kumanje-ke lapho sibona khona ukuthi izidlamlilo lezi zaziyihlaba esikhonkosini. Eqinisweni ngesikhathi somzabalazo izidlamlilo eziningi zazibuza abaholi bezinhlangano zabo imibuzo zifuna ukuthi bachaze kahle ukuthi izimfundiso zithini ngempela, ukuthi mabacacise izinjongo nokuthi balubhale phansi uhlelo. Kodwa-ke abaholi abakwenzanga lokhu ngoba bethi kumele kuhanjiswe ubumbano phambili, ngoba yilo olusiza ukuqeda ikholoniyalizimu. Imfundiso iyodwa nje: ubumbano lwesizwe olulwa nekholoniyalizimu. Baqhubeka kanjalo-ke bebheke phambili bephethe nje isiqubulo esisodwa sokuthi imfundiso ebaluleke kunazo zonke enikeza abantu ilungelo lokuzinqumela ngokwabo kanye nomkhakha womlando obhekene kuphela nokucekela phansi ikholoniyalizimu. Ngenkathi izidlamlilo zithi ukucabanga ngemikhakha yezomlando kudinga ukuthi kucwaningisiswe, abaholi baphendula ngokuthi nje kumele wonke umuntu ahlale ethembeni, akhumbule ukubaluleka nokungagwemeki kokuqeda ikholoniyalizimu, njalonjalo.

Emva kokuzuzwa kwenkululeko, iqembu lezepolitiki libhukuda kokukhulu ukuphelelwa ngamandla. Izidlamlilo zibizwa kuphela uma kunemicimbi okuthiwa ibalulekile, uma kunezingqungquthela zamazwe ngamazwe noma kugujwa usuku lwenkululeko. Amalungu endawo eqembu lezepolitiki abekwa ezikhundleni zezishayamthetho, iqembu nalo mbala lisesishayamthetho;

izidlamlilo zibekwa endaweni yazo, zigobele umthetho bese zivuma zisabele-ke uma zibizwa ngezakhamuzi.

Njengoba umsebenzi wabo wokubeka izicukuthwane ezikhundleni zoku-phatha usufezekile, izidlamlilo zicelwa ukuthi zidede yikhona izicukuthwane zizokwenza owazo umsebenzi. Sesibonile-ke kodwa ukuthi izicukuthwane zobuzwe emazweni angakathuthuki azikwazi ukwenza noma yimuphi umse-benzi okumele wenziwe. Emva kweminyakana nje embalwa ukunconzuka, ukuwohloka nokubhidlika kweqembu kuyazicacela kunoma ubani obukayo; noma engabhekisisile kuyagqama ukuthi leli qembu selifana nje namathambo amsebenzi walo wukuqeda umdlandla wabantu. Leli qembu elaliwundabize-kwayo kawonkewonke wesizwe ngezinsuku zomzabalazo, manje liya ngokuya libola. Indlela nje izingcithabuchopho eziphethe ngayo namuhla, zazikade zixhase iqembu ngaphambi kwenkululeko, namuhla kuyacaca ukuthi lolu xhaso lwalungolokuthi zisizakale ngokuzibhekelela zona ukuze zivune imivuzo yenkululeko. Iqembu lijika libe yithuluzi lokuthuthukisa umuntu ngamunye.

Kulo hulumeni omusha ziba zininzi izindlela zokuzicebisa. Abanye ba-phumelela kahle nje ekuzitholeleni imali kuyo yonke imikhakha kahulumeni ngoba baziveza kahle ukuthi bakwazi kangakanani ukuzibambela amathuba okuxhaphaza. Ukukhetha abantu ngoba ubathandela okuthile kuyanda, kube yiyona ndlela yokusebenzisana, inkohlakalo nokukhwabanisa kuyanqoba, nokuziphatha kahle kuya ngokuya kwehla. Namuhla amanqe agcwele yonke indawo, ubugovu budlangile kanti isizwe kasinakho nokungakanani. Iqembu lezepolitiki osekuyilo elinamandla okukhulumela izicukuthwane, libabaza ngehaba indlela uhulumeni asebenza ngayo, liwunike amandla okunqanda abantu kowabo umbhikisho. Iqembu lombuso yilo elelekelela uhulumeni ukuthi abhule amaphiko phezu kweningi labantu. Kuya ngokuya kucaca ukuthi iqembu lezepolitiki liyithuluzi lokunqanda izimfuno zabantu futhi alihambisani nemi-bono yeningi. Iqembu lezepolitiki lijika libe umelekeleli walezi zicukuthwane zohwebo; libona noma lingaboni. Njengoba-ke izicukuthwane zobuzwe zeqa isinyathelo sokukhula esibalulekile zagxumele ekufuneni ingcebo, ngokunjalo njengenhlangano ziyaseqa isinyathelo sokukhonya ephalamende zikhethe inhlobo yokubusa ngokushiqela enokuba yisimonhlalo esingokobuzwe. Siyazi-ke ukuthi lokhu kubuswa ngokuthobela umthetho ngenkani kwesikhashana okungakwazi ukubona ikusasa, sekudlondlobale isikhathi eside; esingan-gengxenye yamakhulu eminyaka eLatin America, kuyimiphumela yendlela okucatshangwa futhi okusetshenzwe ngayo emazweni lapho ikholoniyalizimu isabusa ingxenye yombuso emva kwenkululeko. Kula mazwe ahluphekayo, angakathuthuki kahle, lapho izinkinsela ziphila phakathi kwabampofu, amabutho empi kanye namaphoyisa kuba yibo ababa yiziseko zombuso, futhi kanti belulekwa ngochwepheshe bakwamanye amazwe. Amandla ala maphoyisa kanye namabutho empi alingana nalolu sizi olukhungethe iningi labantu ezweni. Izicukuthwane zobuzwe zizithengisa ezinkampanini zangaphandle. Abasemazweni angaphandle bathola izimali ngenxa yokugwazelwa, amahlazo agcwala yonke indawo, ongqongqoshe baphenduke izinkinsela, amakhosikazi abo aba ngomahosha, amalungu ephalamende agcwalisa izikhwama zawo ngemali, wonke umuntu ngisho namalungu amaphoyisa kanye neziphathimandla zasemingceleni, ubamba iqhaza kulo mazitapele wenkohlakalo yokuphanga izwe nokukhwabanisa.

Amaqembu aphikisayo aya ngokuya eba nolaka, abantu bese beshesha balandele izimfundisoze zawo. Ukuzonda izicukuthwane kube sekwanda futhi kugxile. Intsha eyizicukuthwane, okuba sengathi ifikelwe ukuguga isikhathi singakashayi, ayizilaleli izeluleko, bese ibonisa ngokusobala ukuthi ayiqondisisi ukuthi kungayisiza ukungabonisi indlela yona luqobo exhaphaza ngayo abantu.

Lona kanye iphephandabaa lamaKhrestu i-*La Semaine Africaine* yaseBrazzaville likhuluma kanje nezikhulu zikahulumeni: 'Madoda asezikhundleni, kanye namakhosikazi enu, kumanje nje ubucebi benu sebuniphe ukunethezeka, imfundo mhlawumbe, ikhaya elihle, abantu enizwana nabo kanye nokuvakashela phesheya okuningi osekuninikeze amathuba amaningi, kwaklama izindlela zekusasa. Kodwa kufana nje nokuthi ubucebi benu bunifake egobolondweni elenza ningabuboni ubumpofu obunizungezile. Qaphelani.' Lesi sixwayiso esivela kuleli phephandaba i-*La Semaine Africaine* sibhekiswe kosigaxamabhande boMnumzana Youlou asidle ngakugcwala nguquko. Eqonde ukukusho i-*La Semaine Africaine* kulaba baseCongo abahluphekile ukuthi uNkulunkulu uzobajezisa: 'Uma izinhliziyo zenu zingenalo uzwelo lwabantu, nani aniyukuba nandawo embusweni kaNkulunkulu.'

Kuyacaca ukuthi izicukuthwane zobuzwe azithinteki yilezi zixwayiso. Zibheke kuphela nje e-Europe, zihlose ukuthola konke ezingakuthola kulesi simo. Yonke inzuzo eziyoyithola ngokuxhaphaza abantu ziyithumela phesheya. Intsha yezicukuthwane yiyo evama ukungakhululeki ngalo hulumeni enawo; ayifani nosomabhizinisi basemazweni aphesheya. Intsha ayifuni ukutshala izimali zayo ekhaya futhi ayinakubonga ekubhekisa kulo hulumeni okuyiwo oyivikele futhi oyifunzayo. Ithenga amasheya angaphandle ase-Europe, ichithe isikhathi sokuphumula kanye nezimpelasonto eParis naseHamburg. Indlela izicukuthwane zobuzwe zasemazweni angakathuthuki ifana nse nendlela izigelekeqe ezenza ngayo, okuthi emva kokweba kokuphanga zifihle izimali bese zilungiselela ukuyeka ukusebenza. Le ndlela yokwenza ikhomba ukuthi izicukuthwane zobuzwe ziyabona ukuthi ikusasa lazo alivelele, zizohluleka. Zibona kahle ukuthi le ndlela yokuphila ayinakuqhubeka isikhathi eside, yingakho nje zifuna ukuqinisekisa ukuthi zenza konke ezingakwenza ukuze zizuze konke okuzuzekayo. Kodwa le ndlela yokuxhaphaza abantu embi kanje kanye nokungakholelwa kubaphathi bombuso idala ukungeneliseki kubantu. Lokhu kube sekwenza ukuthi uhulumeni aqinise izintambo zokucindezela abantu. Ibutho lempi libe sekuba yilo elisetshenziselwa ukucindezela abantu. Esikhundleni sikahulumeni, umkhakha wezempi kuba yiwo obe sewubamba amatomu okuthatha izinqumo. Kuthi kungakapholi maseko bese zibona ukuthi zinamandla amakhulu okuthonya nokwesabisa uhulumeni ngemanifesto.

Njengoba sesibonile, izicukuthwane zobuzwe kwamanye amazwe anga-kathuthuki azikazifundi izifundo zomlando. Uma nje bezingabhekisisa kahle eLatin America bezingabubona kahle ubungozi obusina buzijeqeza. Sifika kanjalo-ke esiphethweni sokuthi lezi zicukuthwane ezincanyana, nakuba kunokukubisa, azinanqubekelaphambili futhi ziyophelela obala. Emazweni angakathuthuki isigaba sobukhona bezicukuthwane asinandawo. Ukubusa kwamaphoyisa noma osomabhizinisi nje ababhekele inzuzo kuphela kungahle kuchume kodwa hhayi umphakathi wezicukuthwane. Iqembu elithize elithola inzuzo lizithathela izimali nakuba kunosizi olulizungezile, okuthi emva kwesikhathi liphenduke umhosha osetshenziswa abezimpi abaxhashazwa ngabeluleki bakwamanye amazwe. Yingakho-ke idolobhakazi langesikhathi sekholoniyalizimu likwazi ukuqhubeka libuse ngoba lisebenzisa lezi zicukuthwane elisuke lizibumbile laweseka, kanye nombutho wezempi ochwepheshe balo abakade bewavivinyile yase yengamela ukusebenza kwawo ukuze banqobe, baqede umdlandla futhi bethuse abantu.

Le mibono embalwa esesiyibekile ngezicukuthwane zobuzwe isibhekisa esiphethweni esisodwa. Emazweni angakathuthuki izicukuthwane akumele zithole izimo ezizivumela ukuba zidlondlobale. Ngamanye amazwi ubumbano phakathi kweningi labantu abasizwa bekhuliswa yiqembu lezepolitiki kanye nosomaqhinga abanonembeza bebe bephethe imibono nokucabanga okuham-bisana nezinguquko zezentuthuko, kumele kuhlangane ukuze kungasivumeli isimo esingadlondlobalisa lezi zicukuthwane ezingenalusizo emphakathini futhi ezinobungozi.

Umbuzo okufanele ucatshangwe, okade wawubuzwa kule minyaka eminingi kakhulu edlule uma kukhulunywa ngemilando yamazwe angakathuthuki uthi, kungenzeka yini ukuthi seqeke isigaba sezicukuthwane zobuzwe, um-buzo okumele uphenduleke ngezenzo eziqondene ngqo nezinguquko, hhayi ngokucabanga nje kuphela. Isigaba sokuba nezicukuthwane emazweni anga-kathuthuki singavumeleka kuphela uma izicukuthwane zobuzwe zinamandla anele kwezomnotho nakwezobuchwepheshe azokwenza zikwazi ukwakha umkhakha obanzi wabangazimbandakanyi nepolitiki, bathuthukise ezolimo ukuze zisebenze ngezobuchwepheshe ukuze kuphenjwe indlela eya entuthukweni kuyo yonke imikhakha yesizwe.

Izicukuthwane imvelaphi yazo okuyi-Europe zikwazi ukuthi kuthi kanti zikhulisa izindlela zokucabanga zibe zikhulisa amandla azo okuthonya. Lezi zicukuthwane zikhuthele, zifundile futhi zamukela izinkolelo ezahlukene, ziphumelela kahle kakhulu ekukhuliseni umcebo wesizwe futhi zakha isizinda sezimali sentuthuko yesizwe. Emazweni angakathuthuki sesibonile ukuthi izicukuthwane akuzona ezoqobo kodwa ziwuhlanga oluchuma ngokufuna ukuzabela, olunomdlandla kanye nelukuluku elibuswa uquqaba, elingqondo yalo inobushushisi, aluneliswa yilokho elikunikezwa yila makholoniyalisti ayekade eluphethe. Lolu hlobo lwezicukuthwane alukwazi ukucabangela ikusasa elisekude, alunayo imibono ejulile futhi alucabangi ngokusungula izinto. Lezi zicukuthwane zifunde nje okubhalwe kumamanyuwali aseNtshonalanga bese zikuguqula kancane nje ukuze zikufanise nokwase-Europe kodwa kungaphumi umfanekiso ngqo, kube yilo ohlekisayo nje.

* * *

Umzabalazo wokulwa nezicukuthwane emazweni angakathuthuki akuwo-na nje ogcina kwezokucabanga. Futhi awubhekene nokuthi emlandweni kukhulunywa kuthiweni ngawo, uhlulelwa kanjani futhi ulahlwa ngecala yini. Izicukuthwane zobuzwe emazweni angakathuthuki akumele kugcinwe ngokuzikhipha inyumbazana ngoba lokhu kuphazamisa ukuthuthuka kwesizwe. Kumele ziphikiswe ngokukhulu ukuzimisela ngoba azisizi muntu ngalutho. Lezi zicukuthwane azivelele ngezikuzuzayo, ngokucabanga kanye nangezenzo zawo. Lezi zicukuthwane zifihla ukungaveleli kwazo ngokuqhakambisa lokho ezinakho okungokwazo zodwa njengezimoto zazo ezinkulu zase-America ezikhazimulayo, amaholide eziwadlela eRiviera kanye nezimpelasonto zazo kumarestorenti nasemakilabhini asebusuku anobucwazicwazi.

Lolu hlobo lwezicukuthwane oluya ngokuya luphendukela abantu bonkana lwehluleka ngisho ukuthola nje izivumelwano ezigqamile kubantu baseNtsh-onalanga, ezingasiza ukuthi kukhuliswe umnotho wezwe noma kusungulwe izimboni ezithize. Izikhungo zokuhlanganela zona ziyanda nokuyinto efezekisa indlela ikholoniyalizimu entsha eqhubeka ngayo lapho umnotho wesizwe esisesisha untengezela. Yingakho-ke nje singenakuthi izicukuthwane zobuzwe zilibazisa intuthuko yezwe, nokuthi zichitha isikhathi sesizwe noma ziholela izwe kwangqingetshe. Kodwa iqiniso lithi isigaba sezicukuthwane emilandweni yamazwe angakathuthuki yisigaba esingadingekile. Uma lezi zicukuthwane zingasekho sezigwinywe izimpikiswano zazo kucacela uwonkewonke ukuthi akunanqubekelaphambili eyenzekile selokhu kwatholakala inkululeko nokuthi kumele kuqalwe phansi, ngazo zonke izindlela. Ukuvuselelwa kwezomnotho akuzukuchuma ngokwasungulwa yizicukuthwane ngesikhathi sazo sokubusa ngoba izicukuthwane azenzi lutho olungcono noluthe xaxa kunokunweba nje isikhathi sokuvuna ifa lezomnotho wekholoniyalizimu, ukucabanga kanye nezinhlangano zazo.

Kulula kabi ukwephuca leli kilasi lezicukuthwane amandla ngoba zinjengoba sesibonile; azininingi, futhi azihlakaniphile kangakanani kanti nakwezomnotho aziphakeme kangako. Emva kokuzuza inkululeko emazweni ayekholonayiziwe, izicukuthwane zisebenzisa izivumelwano ezazenziwe zasayinwa ngababusi bamakholonisti. Izicukuthwane zobuzwe zaba nethuba elihle kakhulu lokuthatha izintambo kubacindezeli abangamakholonisti ngoba zanikezwa wonke amathuba

okuthi zihlale zixhumene futhi zikhulumisana nababephethe abangamak-
holonisti. Kuba kuningi-ke okugxile ezindleleni zokwenza izinto ezimpilweni
zalezi zicukuthwne okwenza ukuthi zihlale zimaxhapheshu, okwenza ukuthi
nobukela kude abone ukuthi kuningi okungahambi kahle. Lezi zicukuthwane
azikabi nobumbano oluzwakalayo. Izingcithabuchopho eziningi zigqama
ngokuwugxeka lo hulumeni oholwa ngabambalwa abakhethiweyo. Emazweni
asathuthuka kuba khona izingcithabuchopho, ezisebenzela uhulumeni kanye
nezikhulu zikahulumeni ezikholelwa ekutheni ezomnotho zidinga ukuhlelwa
kahle zihlelisiswe, kuthi laba abazitholela imali ngokukhwabanisa kumele
bavinjwe njengezaphulamthetho futhi kuqedwe zonke izindlela zokwenza
izinto ezingacaceli wonke umuntu. Laba bantu bakholelwa ekutheni kumele
uhulumeni asebenze izindaba zomphakathi ngendlela ehlanganisa bonke
abantu, futhi zisetshenzelwe obala, hhayi nabambalwa abakhethiweyo.

Emazweni angakathuthuki asethole inkululeko kuhlala kukhona izingcithabu-
chopho ezimbalwa eziqotho nezingenazinkolelo ezitheni ngezepolitiki, ezithi
ziqala nje zingayethembi le ndlela yokugijimela izikhundla zemisebenzi kanye
nokufumbathisa abantu nabasebenzi okuyinto ejwayelekile emva kokuzuza
inkululeko. Izimpilo zalaba bantu (abasebenzela imindeni yabo) noma imi-
lando yezimpilo zabo (inhlupheko kanye nokukhuliswa kanzima ngemigomo
eqinile) yikho okwenza bangabethembi laba abacabanaga ukuthi bayazi kanye
nabafuna nje ukuthola imali nanganoma yiyiphi indlela. Laba bantu kumele
basetshenziswe ngobuciko uma kukhulunywa izindaba zokwakha isizwe
ukuze sibheke endleleni ephilile. Ukuvimbela lezi zicukuthwane kuyindlela
yokugwema izihibe ezihambisana nenkululeko, izivivinyo nezinkathazo zok-
wakha ubumbano lwesizwe, ukubhuntsha kwezomnotho kanye nohulumeni
ongasebenzi nabantu ophoqelela abantu nobesabisayo. Kodwa-ke lokhu kusho
ukuthi kumele kukhethwe okuyiyona ndlela eyodwa yokubheka phambili.
Kuthi laba abakholelwa kakhulu ekubuseni kweningi kukahulumeni osemusha
bazithole benamahloni okuthatha izinqumo ezingahambisani nalezi zicuku-
thwane ezibonakala zinamandla. Amadolobha asemazweni amakholoni agcwele
ayaphuphuma ikilasi labantu abasezikhundleni zokuphatha. Abaphawulayo
babona nje izicukuthwane ezinamandla, futhi ezihleleke kahle ngoba basuke
bengabhekisisile becwaningisisa abantu bezwe bonkana. Eqinisweni sesiyazi
manje ukuthi akunazicukuthwane emazweni angakathuthuki. Okwakha izicu-
kuthwane akusona isimo sengqondo nokucabanga, ukuthi bakhethani, nokuthi
imikhuba nezindlela zokuziphatha zithini. Akuwona ngisho amaphupho abo.
Izicukuthwane yikilasi eliwumphumela wezomnontho.
Ezomnotho emazweni akholonayiziwe zifana nje nokuthi ubucukuthwane
buyinto yangaphandle. Kusuke kuyizicukuthwane zezwe ezidabuke kulona,
bese zitholakala emadolobheni amakholoni namuhla. Ngaphambi kokuzuza
inkululeko izicukuthwane ezisemazweni akholonayiziwe kusuke kunge-
zaseNtshonalanga, egatsheni langempela lezicukuthwane zezwe okusuka kulo

abakholonayizayo, ezifika ngapha zinikezwe ukuba semthethweni, amandla, kanye nokuzinza. Ngezikhathi zezibhelu ezenzeka nje ngaphambi kokuzuzwa kwenkululeko izingcithabuchopho zomdabu kanye nosomabhizinisi abahlala phakathi kwalezi zicukuthwane zokufika bazama ukuzifanisa nazo. Isifiso sabo kwaba ukuthi bafane nezicukuthwane zokufika, lokhu kufana okutholakala kuzingcithabuchopho nabahwebi bomdabu.

Le nhlobo yezicukuthwane zomdabu eseyemukele ngomdlandla zonke izindlela ezintsha zokucabanga ngaphandle kokukhetha, nesiphumelele ekuthini ifulathele izindlela zayo zokucabanga ngoba isifanise ezengqwebukamqondo zayo nalezo zabangaphandle, zinenkinga enkulu ekuvumeni ukuthi kunento ezingenayo okuyiyona engumnyombo wobucukuthwane – imali. Izicukuthwane zasemazweni angakathuthuki ziyizicukuthwane ngegama nje kuphela. Azinamandla kwezomnotho, azinankuthalo kwezokuphatha futhi azinamibono nezindlela zokucabanga ezenza ukuthi zifanele ukubizwa ngegama lokuthi ziyizicukuthwane. Yingakho-ke nje esigabeni sokuqala sezicukuthwane ziba yizicukuthwane ezisebenzela uhulumeni. Kuthi uma sekudlule isikhashana abaphethe sebezinike amandla okukwazi ukukhulisa izimali zazo ezizobapha amandla okuqala-ke zicindezele abantu. Nakuba kunjalo ziyahluleka ukungena khaxa esigabeni sezicukuthwane ezinawo wonke la mandla ezomnotho kanye nokukwazi ukuphatha izimboni okuyizona zinto ezibalulekile ekubeni yizicukuthwane.

* * *

Zithi zibekwa nje izicukuthwane zobuzwe zibe zihlose ukubheka imisebenzi yesigaba esimaphakathi. Amandla azo ancike kwezamabhizinisi kanye nasekuhwebeni okungatheni, nasekukwazini ukuthola amakhomishini. Akuyona imali yazo ezisebenzelayo, kodwa yikhono eziyisebenzisa ngalo imali okuyilona bhizinisi lazo. Zona aziyitshali imali ezozala enye, ngakho azikwazi ukuzenzela eyazo imali ezokwazi ukusungula ikilasi eliqinisekile lezicukuthwane. Indlela ezisebenza ngayo yenza ukuthi konke kuthathe eside isikhathi, njengokubeka nje imali yokusungula imboni. Vele phela bona basuke bezobhekana nokukhulu ukuphikisana okuvela kumasipala omkhulu osuke kade uqinisekisile ukuthi izivumelwano ezenziwayo ngesikhathi senkululeko zeseka izinhloso zamakholonisti.

Uma iziphathimandla zifuna ukuphakamisa izwe ukuze liqhubekele phambili, lithathe amagxathu entuthuko kumele ziqale ngokuguqula isigaba sesithathu sibe ngesesizwe. Isicukuthwane esifuna indlela yezimali nokuba nezinto eziphathekayo kanjalo nokungahloniphi iningi, kanye nohwebo olunenzuzo eyihlazo noma ukweba, kumele sithi yisona esitshala konke esinakho kulo mkhakha. Lo mkhakha wesithathu owawukade uphethwe amakholonisti ube usungenelelwa yintsha yezicukuthwane. Kwezomnotho wamakholoni umkhakha wesithathu yiwo obaluleke kakhulu. Ukuze kube nenqubekelaphambili isivumelwano sokuthi lo mkhakha uguqulelwe esizweni kumele senziwe zisuka nje ekuqaleni izingxoxo zokubonisana. Kuyacaca ukuthi lokhu kuguqulela ebuzweni akusho ukuthi uhulumeni sekumele aqhoqhobalele lo mkhakha. Futhi akusho ukuthi kumele kubekwe ezikhundleni izakhamuzi ezingazi lutho ngezepolitiki ukuthi kube yizo eziba sezikhundleni zokuphatha. Njalo nje uma lapho kusetshenziswe khona le ndlela yokwenza kutholakala ukuthi iziphathimandla zibe sezenza ukuthi kubuse abasebenzi bakwahulumeni okuthi ngoba vele bafundiswe ngamakholoniyalisti abakwazi ukuzicabangela, nokucabangela isizwe sonkana. Laba basebenzi baqala ngokukhulu ukushesha lokhu babhuntshise ezomnotho wesizwe, babhidlize izinhlangano zesizwe, ngaso leso sikhathi inkohlakalo, ukukhwabanisa, kanye nokusetshenziselwa ukuphanga, nokuhweba kokushushumbisa kuyaqala kuyanda. Ukwenza ukuthi lo mkhakha wesithathu ube ngowesizwe kusho ukuthi kumele kuhlelwe kahle izinhlangano ezizothenga nezizodayisa. Kusho ukuthi lezi zinhlangano kumele zisetshenziselwe umphakathi ukuze ubambe iqhaza kuzo, ukwazi nokuthatha izinqumo ngezindaba zazo nomphakathi. Konke-ke lokhu akunakuphumelela uma abantu bengafundisiwe ngezepolitiki. Ngaphambilini isidingo sokucacisa kahle ukuze kuqedwe ngale ndaba ebaluleke kangaka sasingathandabuzwa. Kwanamuhla nje emazweni angakathuthuki kuyavunyelwana ngokuthi uku-fundiswa kwabantu ngepolitiki kuyisisekelo esidingekayo. Kodwa kuyacaca ukuthi lesi sidingo esiyisisekelo asisukunyelwa phezulu. Ukuthatha isinqumo sokufundisa abantu kusho ukuthi uhulumeni uzimisele ukuthi akusukumele ukwesekwa yiningi labantu nakunoma yiziphi izenzo. Uhulumeni okumemeze-layo ukuthi uzofundisa abantu usuke ekhombisa ukuthi usufisa ukubusa kanye nabantu, nokubusela abantu. Akumele asebenzise ulimi oluzwakala sengathi wulimi lwabaholi bezicukuthwane. Ohulumeni bezicukuthwane emazweni ongxiwankulu sebehlukana nalesi sigaba sobuntwana kwezepolitiki. Babusa ngokungabi naluthando ngokusebenzisa imithetho yabo, amandla abo ezomnotho kanye namaphoyisa abo. Njengoba igunya labo lokuphatha lingangabazeki abasenasidingo sokuchitha isikhathi bezisondeza kubantu ngokomzwelo. Babusa nje bezibusela bona futhi abakhathalele ukuthi ubani uthini. Bazifaka ngokusemthethweni, ngakho bakhululekile ngamandla abanawo.

Leli qembu lezicukuthwane emazweni asanda kukhululeka alikakabi nokung-abaza kokungethembi futhi alikakabi nakuthula lokhu izicukuthwane zakudala ezazinakho, okuyikho okwakuzinikeza amandla. Yingakho-ke nje libambelele ekufihleni izinkolelo zalo ezinzulu, ligwema izinsolo; ngamafuphi, lifuna ukuqhakambisa ukuthandwa lwalo. Ukufundisa abantu ngezepolitiki akusho ukuthi kufanele ugqugquzele amakhulu ezinkulungwane zabantu kathathu noma kane ngonyaka. Le mihlangano kanye nale mibuthano ekhexisa imilomo ifana nje nezindlela zokwenza ezazisetshenziswa ngaphambili kokuzuzwa kwenkululeko lapho kwakumele ubonise izwe lonke ukuthi abantu bayak-weseka. Inhloso yokufundiswa kwabantu ngezepolitiki ngukubaseka ukuze bakhule, akukhona ukubenza izingane ezisakhasa.

Lokhu kwenza sicabange ngeqhaza elibanjwa iqembu lezepolitiki ezweni elingakathuthuki. Sibonile emakhasini esivela kuwo ukuthi imvamisa abanokucabanga okungajulile abangamalungu ezicukuthwane asasungulekayo bagcizelela ukuthi kunesidingo sokuthi emazweni angakathuthuki kube nabaholi abayiziphathimandla ezidlondlobele kanye nababusa ngobushiqela kuzo zonke izindaba eziqondene nokubuswa kwezwe. Le ndlela yokucabanga inikeza iqembu lezepolitiki igunya lokuhlala liqaphe iningi labantu. Iqembu lezepolitiki landisa amandla alo okuphatha, lidlondlobalise ukusebenza kwamaphoyisa, liqinise indlela elilawula ngayo abantu, hhayi ngoba lifuna ukuthi babambe iqhaza ezindabeni zesizwe kodwa ngoba lifuna ukubakhumbuza mihla le ukuthi iziphathimandla zilindele ukuthi bahloniphe futhi balandele zonke iziyalo abazinikwayo. Lokhu kubusa kobushiqela okukholelwa ekutheni kuthwelwe umlando, okuzibona kungephileke ngaphandle kwakho emva kokuzuzwa kwenkululeko, eqiniswweni kuwuphawu lokuthi isigaba sezicukuthwane yiso esingahola izwe elingakathuthuki ngokusebenzisana nabantu, bese kuthi masinyane nje bese lisebenza ngokuphikisana neningi. Iqembu lezepolitiki liphenduka libe yisiqondiso, inhlangano yobunhloli. Abalawuli baphenduka babe izimpimpi. Banikwa amandla okujezisa okwenziwa emadolobhaneni asemaphandleni abangahambisani nakho. Amaqembu aphikisayo athi esesigabeni sokusungulwa bese eqedwa ngenduku, noma ngemvula yamatshe. Izindlu zalabo abangamalungu amaqembu aphikisayo zibonakala zilanguka umlilo. Amaphoyisa aya ngokuya edlangisa ukuchukuluza kwawo abantu. Kulesi simo vele liba lodwa vo iqembu lezepolitiki, amalungu kahulumeni azuza amaphesenti angama-99 amavoti. Kumele sivume ukuthi ohulumeni abathize emazweni ase-Africa basebenza ngale ndlela. Wonke la maqembu ezepolitiki aphikisayo ayekade enemibono enenqubekelaphambili, futhi elwela ukuthi iningi labantu libambe iqhaza elikhulu ekudingideni izindaba zomphakathi wonkana, nayekade efuna ukubona lezi zicukuthwane ezizikhukhumezayo nezingosomabhizinisi zisuswe ezikhundleni zokuphatha, sezilinyaziwe ngesihluku, zivalwe imilomo, ziphoqeleleka ukuthi zisebenze ngomshoshaphansi.

Ezindaweni eziningi lapha e-Africa lapho inkululeko seyazuzwa khona iqembu lezepolitiki likhukhunyezwa kakhulu ngokwedlulele. Uma abantu bephambi kwelungu leqembu lezepolitiki baphelelwa amagama, bathula bathi du, baziphathisa okwezimvu baqinisa nje ngokuncoma nokuhalalisela uhulumeni kanye nabaholi. Kodwa kuthi emigwaqeni, kude le emadolobhaneni asemaphandleni, kusihlwa ezitolo, noma emifuleni, usizi lokuphoxeka kanye nokuphelelwa yithemba kwabantu kanjalo nolaka lwabo kuzwakale kahle. Esikhundleni sokuthi abantu bayekelwe basho izikhalo zabo, esikhundleni sokuthi imibono nemicabango yabantu ivumeleke ukuthi idingidwe ngenkululeko kanye nobuholi inhloso yakho enzulu, iqembu lezepolitiki libeka esikhulu isihenqo sezinto ezingavumelekile. Abaholi beqembu lezepolitiki baziphathisa okosayitsheni abaphakeme abalokhu bephikelele ukukhumbuza abantu ukuthi kudingeka ukuthi 'baqinisekise ukuthula ngaphakathi kwamaqembu abakuwo.' Leli qembu lezepolitiki elalizigqaja ngokuthi lisebenzela abantu, elaliphakamisa ukuthi lizebenzela injabulo yabantu lijika ngokukhulu ukushesha lishushumbisele abantu emhumeni uma nje iziphathimandla zamakholoniyalisti ziqeda ukunikezela izwe eqenjini. Iqembu leli lizoba namaphutha amaningi abhekene nokwakha ubumbano lwesizwe. Ngokwesibonelo nje, iqembu lezepolitiki elaziwa ngokuthi lingelesizwe, lisebenza ngobuhlanga. Kuba iqembu elithile lohlanga ezweni okuyilo eliziguqulele eqenjini lezepolitiki lesizwe. Leli qembu elithi lingelesizwe, elithi likhulumela uwonkewonke wabantu, kuthi kanti ngasese, kwesinye isikhathi obala nje, libumbe umbuso womashiqela osizinda sawo kungubuhlanga. Manje-ke esesikubona akusekhona ukushiqela kwezicukuthwane, sekungukushiqela kwabohlanga oluthile. Ongqongqoshe, onobhala bangasese, amanxusa kanye nosomaqhinga abahlakaniphile babekwa ezikhundleni kade bekhethwe kulolu hlanga lwabo, kwesinye isikhathi bakhethwa emindenini uqobo. Labo hulumeni abasisekelo sabo yimindeni kungathithi baqhubekisa imithetho yasendulo yokuganiselana nomakhelwane noma nabakhaya okuthi uma sibhekene nalobu buphukuphuku, nalokhu kuzenza ongeyena, nalobu bumpofu ekucabangeni nasemphefumulweni, sizithole sinamahloni amakhulu kunokuthukuthela. Laba baholi bale mibuso bangabathengisi be-Africa ngempela ngoba i-Africa bayithengisela isitha esikhulu kunazo zonke: ubuphukuphuku. Lokhu kusebenzisa ubuhlanga ezindabeni zombuso kuba nomphumela olindelekile, ukuba nokucabanga okusebenza ngezigodi kanye nenqubonhlukano. Izindlela zokusebenza ezihlukanisanayo ziyachuma, isizwe sihlakazeke bese siba zicucu ezingahlanganiseki. Umholi owayekade ememeza ethi 'Ubumbano lwe-Africa!' ecabanga ngomndeni wakhe omncane uzithola esebhekene nezinhlanga ezinhlanu ezithi nazo zifuna awazo amanxusa kanye nongqongqoshe bese ezwakala esememeza ethi 'vukelambuso' ngokukhulu ukungacopheleli, ukungakhathali nokudabukisa.

* * *

Sesibonise kaningininigi ukuthi kuvama ukuba nobungozi obuhambisana nobuholi. Lokhu kwenziwa ukuthi kwezinye izindawo iqembu lezepolitiki libunjwe njengeqembu lezigebengu okwenza ukuthi abaholi kube yilabo abangobhongoza ebugebengwini. Imvelaphi kanye namandla alo mholi ahlale eqhakanjiswa bese kulokhu kugqanyiswa ukuthi unikeza ugqozi asebenzisana nabo. Lokhu kushiwo ngephimbo elibonisa ukuthatheka. Ukuze bonke lobu bungozi buvinjelwe kumele kuhlale kuhlonyiwe ukuze iqembu lezepolitiki lingazitholi seliyiwuvumazonke phambi komholi. *Umholi* usengasho futhi *Umqhubi*. Nokho abantu abawona umhlambi futhi abadinge kuqhutshwa. Uma umholi engiqhuba ngifuna naye azi ukuthi nami futhi ngiyamqhuba ngaso sona leso sikhathi. Isizwe akumele kube yinto elawulwa umphathi omkhulu. Yingakho-ke nje kuthi uma omunye wabaholi kuhulumeni egula, kube nokukhulu ukuvevezela lokhu phakathi kwabo ngoba bahlale becabangana nokuthi ngubani ozolandela esikhundleni. Kuzokwenzekani lapha ezweni uma umholi engahle afe? Abasezigungwini ezinethonya okuthi ukungakhathali kwabo kwenze bahlale bebhekele izindlela zabo zokuphila, imicimbi yabo yokuzijabulisa, ukuhamba kwabo okukhokhelwayo kanye namabhizinisi abo anenzuzo enkulu sebezinikezele kumholi okuthi kwesinye isikhathi babone ukuthi inhliziyo yesizwe ayinakho ukuthula emoyeni.

Izwe elizimisele ukuthi likwazi ukuba nomlando ozwakalayo, elifuna ukwakha awalo amadolobha lizibumbele imiqondo yemiphakathi yalo, kumele libe neqembu lezepolitiki langempela. Iqembu lezepolitiki akulona nje ithuluzi elisezandleni zikahulumeni. Iqembu lezepolitiki lingokuphikisana ngqo nalokho, liyithuluzi elisezandleni zabantu. Iqembu lezepolitiki okuyilo elithatha isinqumo ngezinqubomgomo ezenziwa nguhulumeni. Iqembu lezepolitiki akuyona nje indawo lapho amalungu kahulumeni kanye nezitatanyiswa zezombuso zihlanganela khona, futhi akumele nje kuze kube njalo. Kodwa-ke kuba yilo lodwa iqembu lezepoilitiki elakha ihhovisi lezepolitiki bese amalungu alo ehlala enhlokodolobha unomphela. Ezweni elingakathuthuki amalungu eqembu lombuso elihamba phambili kumele ayibalekele inhlokodolobha sengathi abalekela isifo sobhubhane. Kumele bahlale emaqwaqwasini, ngaphandle kwabambalwa. Kumele kugwenywe ukuthi noma kuphi okwenziwayo nokwenzekayo kube senhlokodolobha. Akukho nokuncane okuhambelana nokuphatha okungenzeke kude nesiphithiphithi senhlokodolobha esivele ichichima abantu futhi seyisesimweni esingcono sokuthuthuka uma iqhathaniswa nengxenye yezwe eyisishiyagalolunye eshumini. Iqembu lezepolitiki kumele lisabalaliselwe kulo lonke izwe ngokugcwele. Yiyona kuphela indlela yokuvuselela izindawo zezwe esezafa neyokusiza lezo ezingakaphaphami.

Kuyofanele kube nje noyedwa olilungu lehhovisi likahulumeni lezepolitiki kuleso naleso sikhungo sendawo futhi kumele kuqashelwe ukuthi angenziwa umholi wesikhungo. Akumele aphathe ezokuphatha. Oyilungu lehhovisi likahulumeni lezepolitiki akusho khona okuthi kumele abambe isikhundla esiphakeme kunazo zonke. Akumele ukuthi abe yilungu leziphathimandla. Ebantwini iqembu lezepolitiki akulona elinamandla okuphatha kodwa liyinhlangano esetshenziswa ngabantu ukuze bona, njengabantu kube yibo abanamandla kulo futhi izimfuno zabo zifezeke ngalo. Uma nje kungaphela ukudideka, uma kungehla izinga lobumbaxambili bokusebenza, uma kwenyuka izinga iqembu lezombuso elisebenzisa ngalo awalo amandla kokubalulekile, yilapho lizodlondlobalelwa khona amandla emehlweni abantu okuyinto le enikeza abantu isiqiniseko. Uma iqembu lezepolitiki liba yimbumba neziphathimandla zikahulumeni lokhu kuba yiyona ndlela esheshayo yokuthi isidlamlilo seqembu lezepolitiki sizuze lokhu esikufunayo kokugimbela kwesaso, sithole umsebenzi wokuba isiphathimandla, sinyuselwe esikhundleni esiphakeme, sishintshashintshe izigaba bese sizisungulela umsebenzi waso wokuziphilisa.

Ezweni elingakathuthuki ukusungulwa kwamahhovisi ezepolitiki ezikhungweni zezwe kuvimba lokhu kudlondlobala okwedlulele kwamadolobha kanye nalokhu kubhungukela emadolobheni kweningi labantu basemaphandleni okuvama ukwenzeka ngobudlabha obungukusangana. Nanoma iliphi izwe elifisa ukuba nenqubekelaphambili, kumele liqinisekise ukuthi masinyane nje emva kokuthola inkululeko kusungulwe amahhovisi ezepolitiki ezikhungweni kuzwelonke ezizosebenza ukuvusa ugqozi kubantu, ukuvuselela intshisekelo kanye nokukhuthaza ukuzazisa kwabantu okuyizinto ezidingeke kakhulu ngalesi sikhathi. Kungenjalo abaholi beqembu lezepolitiki nabahlonishwa bakwahulumeni bazakhela isidleke esizungeze umholi. Abasezikhundleni babe sebekhukhumala ngokungafanele, hhayi ngoba kukhethekile okudinga ukwenziwa, kodwa ingoba izihlobo kanye nezidlamlilo bonke babheke ukungena ezikhundleni zokusebenzela uhulumeni. Amadolobha nezindawo zasemaphandleni zisele dengwane, abanikazi bengasizwa muntu, abangafundile, kanye neningi labantu basemaphandleni abangaqeqeshelwe lutho, bakhetha ukushiya umhlaba ongabasizi ngalutho, babheke ezindaweni zasemadolobheni okube sekwenza ukuthi osikhwiliphambana bande kakhulu.

Isimo esibucayi sezwe siyafufusa. Sikholelwa ekuthini izindawo zasemaphandleni nezikude nemingcele kumele zinikezwe ithuba lokuqala. Ekugcineni asiboni lutho olungayingxaki uma uhulumeni engabambela imihlangano yawo kwez-inye izindawo ngale kwenhlokodolobha. Imfundisoze ngenhlokodolobha kumele iphele bese kuthi laba abephucwe okungokwabo batshengiswe ukuthi sesithathiwe isinqumo sokwenza imisebenzi ezosiza bona. Lokhu kucishe kufane nokwenziwa uhulumeni waseBrazil ekwenza ngeBrasília. Ukuzazisa nokuzikhukhumeza kweRio de Janerio kwakuwukudelela abantu baseBrazil. Kodwa ngeshwa iBrasília iseyinhlokodolobha entsha yaseBrazil efana nje nalena enye ngokwesabeka. Kukodwa nje osekusizakalisile, ukuthi namuhla umgwaqo odabula ehlathinikazi sewuze wenziwa. Akukho okungaphikisana nokukhethwa kwenhlokodolobha entsha, kanye nokuthutha onke amahhovisi kahulumeni ayiswe ezindaweni eziphundlekile. Ukucabanga ngenhlokodolobha ema zweni angakathuthuki kuwwumbono ohambisana nezomnotho oyifa lesikhathi sekholoniyalizimu. Kodwa-ke emazweni angakathuthuki kumele kwandiswe ukuxhumana nobudlelwane nezihlwele zabantu abasemaphandleni. Kumele kusetshenziswe umgomo wesizwe obhekene ngqo neningi labantu. Akumele neze sizehlukanise nabantu abalwela inkululeko yabo kanye nempilo engcono.

Esikhundleni sokuthi abomdabu abasebenza kwahulumeni kanye nochwepheshe belokhu bebhekene nemidwebo yokucubungula kanye nezibalo, kumele babhekane nobunjalo bemiphakathi yonkana. Akumele besabe njalo nje uma kukhulunywa ngomsebenzi okumele wenziwe ezindaweni zasemaphandleni. Akusamele sizwe amakhosikazi abo asemasha ethusa abayeni bawo ngokwahlukanisa uma nje bengavuma ukuthunyelwa ukuyosebenza emaphandleni. Yingakho nje kumele ukuthi ihhovisi leqembu lezepolitiki linikezele isikhundla esiphambili ezindaweni okusengathi azinakiwe kanye nezimpiloze zasezindaweni ezingasenalutho, kanye nempilo mbumbulu nengenasizinda yasenhlokodolobha, ebisibekwa phezu kobunjalo besizwe njengesici sangaphandle, kumele ithathe indawo encane kakhulu empilweni yesizwe sonkana ngoba yona iyisisekelo futhi ingcwele.

Ezweni elingakathuthuki iqembu lezepolitiki kumele lizihlele ngendlela engagcini nje ngokuthintana neningi labantu. Iqembu lezepolitiki kumele libe yizwi ngqo leningi labantu. Iqembu lezepolitiki alisona nje isishay-amthetho esinhloso yaso kuwukudlulisela ebantwini iziqondiso zikahulumeni. Liwumkhulumeli wabantu onentshisekelo futhi liwumvikeli wabo ongenan-kohlakalo. Ukuze sifike kule ndlela yokucabanga ngeqembu lezepolitiki kumele siqalise ngokwehlukana nokucabanga okudlange ngokuba ngokwaseNtshonal-anga, okugcwele ubucukuthwane ngakho kujivaza abantu kubabukela phansi ngoba kukholelwa ekutheni iningi labantu alikwazi ukuziphatha nokuzibusa. Ukuphila sekubonise ngokusobala ukuthi iningi labantu lazi kahle kakhulu ngokuningi okuyizinkimbinkimbi. Enye yezinto ezincomekayo wukugumbu-qelwa kombuso wase-Algeria okwasiza ngayo izingcithabuchopho zase-Algeria kwaba ukuzixhumanisa neningi labantu, okwenza ukuthi zizibonele ngawazo amehlo ukuthi abantu abaningi bampofu kangakanani futhi lobu bumpofu budlange ngendlela engakhulumeki, kuthi kunjalo baba ofakazi bokuvuseleleka kobuhlakani babantu kanye nokuchuma kwengqwebukamqondo yabo. Abantu base-Algeria ababebulawa yindlala, bengafundile nababehlezi ebumnyameni amakhulu eminyaka bazivikele balwisana nombayimbayi kanye nezindiza zempi, isisi esikhalisa unyembezi kanye namabhomu nempi yokulwiswa ngengqondo, kodwa ikakhulu kunakho konke inkohlakalo, ukuphuphuthekiswa nokuthunjwa kwengqondo, amambuka kanye nabezimpi 'zesizwe' zikaGeneral Bellounis. Abantu base-Algeria bazivukele qingqo nakuba kunabanemiqondo encikinciki, abayibamba ngapha nangapha, kanye nasebezoba ngomashiqela. Kunamuhla nje izimboni zezezimpi zisebenzela kude le emajukujukwini angamamitha amaningi ngaphansi komhlaba; kunamuhla nje izinkantolo zabantu zisebenzela kuzo zonke izigaba, futhi amakhomishana ezendawo ahlela izindlela zokusebenza ezizinze ezindaweni ezibanzi zezokutshala ezidweba i-Algeria yakusasa. Umuntu ngamunye angeyiqondisise le ndaba kodwa iqembu labantu, izigodi zonkana, bonke bakuqonda ngejubane elixakile. Vele phela uma sikhetha ukukhuluma ulimi olwaziwa kuphela ngabaneziqu kwezomthetho nakwezomnotho kuba lula kabi ukubonisa ukuthi iningi labantu lidinga ukulawulelwa izimpilo zalo. Kodwa uma sikhuluma ulimi olululula, uma singabuswa yilokhu kufuna okungasile okwenza siphambanise izinto bese sikhaphela abantu ngaphan-dle, kuzocaca ukuthi iningi labantu lizazi kahle izinto kanjalo namaphuzu okungathi awekho sobala. Ukusebenzisa ulimi lochwepheshe kusho ukuthi uzimisele ngokuphatha abantu njengabangazi lutho, abangakacathuli. Lolu limi lufana nje nokuthi umfundisi uhlose ukukhohlisa abantu abachilizele eceleni. Imizamo yalolu limi yokukhohlisa abantu ifana nje nesembozabuso esivala okungemuva kwayo okungukuphuca abantu ifa elingelabo. Kuyinhloso yokuhlwitha izinto ezingezabantu kanye nokuzibusa kwabo. Akukho ongekwazi ukukuchazela abantu uma inhloso yakho kuwukuthi bakwazi. Uma ucabanga ukuthi bangalahlwa nje, eqinisweni bangaba isicefe esikhulu uma kukhulunywa ngokuhanjiswa kahle kwezinkampani zangasese kanye nezimbalwa ezinhloso yazo kungukubasunduzela osizini; hhayi akukho-ke osekungashiwo.

Uma ucabanga ukuthi ungalibusa kahle izwe ngaphandle kokusebenzisana nabantu, uma ucabanga ukuthi ubukhona babantu ekubuseni izwe kudidisa izinto, ukuthi bayisiphazamiso noma ukuthi inqwebukamqondo yabo yenza izinto zingenzeki kahle, kusho ukuthi ukunasidingo sokunqikaza: abantu mabakhishelwe ngaphandle. Thina bantu base-Algeria ngezikhathi zempi saba nethuba, nenhlanhla enkulu yokuthi sazisise ngezinto eziningi. Kwezinye izindawo zasemaphandleni abaholi bezepolitiki kanye nezempi bazithola bebhekene nezimo ezazidinga ukwesabela okuhambisa nezinkulu izinguquko. Ake sizibheke-ke ezinye zalezi zimo.

Ngeminyaka ye-1956 kanye ne-1957 ikholoniyalizimu yamaFrench yabeka ukuthi izindawo ezithize zingangenwa, ukuhamba kuyiwe kulezi zindawo kwalawulwa yimithetho. Abampofu babengasavumelekile ukuthi bahambe ngokukhululeka baye emadolobheni bayothenga izinto ezisandakuvunwa. Ngalesi sikhathi abathengisi bokudla babethola inzuzo enkulu kakhulu, itiye, ikhofi, ushukela, ugwayi kanye netswayi kwakubiza kakhulu. Imakethe engekho emthethweni yadlondlobala kakhulu yaze yaqala ukwenza izinto ngendlela engahloniphekile. Abampofu babengakwazi ukuthenga ngokheshi, kwakumele bathenge ngesikweletu, babekise ngezivuno zabo, noma ngomhlaba, kungen-jalo baqala bahlukanisa umhlaba wamakhaya abo kancane kancane; emveni kwalokho kwamele basebenzele kuphela ukukwazi ukukhokha lezi zikweletu kubanikazi bezitolo zokudla zendawo. Kwathi uma omakhonya bezepolitiki bebona ukuthi izinto zisengcupheni kangakanani bashesha banyakaza. Babe sebenza indlela yokusebenza umnotho wezokuthengisa: edolobheni umnikazi wesitolo kwakumele athenge izinto kuhulumeni ngobuningi bese enikezwa isifakaziso sokukhokha esishoyo ukuthi konke akuthengile kubiza malini. Uma umnikazisitolo esebuyele emuva la esigodini sakhe kwakumele aqale azibike esikhulwini sezepolitiki esizobheka isifakaziso, bese esho ukuthi kumele leyo naleyo nto ibize malini, okuzoletha inzuzo engakanani, nokuthi kumele idayiswe ngamalini. Izimali izinto ezazizodayiswa ngayo zazibhalwa zibekwe ezitolo khona zizobonakala kuwo wonke umuntu bese kuthi umsebenzi welungu le*dour*, isigodi, eselifana nomhloli othizeni, kube umsebenzi walo ukutshela noma ubani ofuna ukuthenga ukuthi izinto zibiza malini. Umnikazi wesitolo akumthathanga sikhathi ukuthi abone intuba; kwakuthi emva nje kwezinsuku ezintathu noma ezine abike ukuthi isitokwe sesiphelile. Wabe esebuyela ezindleleni zakhe zokonakala ngokuthengisa emakethe engekho emthethweni. Impendulo yabezepolitiki nezimpi yavela ngokushesha. Babebakhokhisa ezinkulu izinhlawulo bese kuthi leyo mali inikezwe iziphathimandla emadolobhaneni amancane asemaphandleni khona izosetshenziselwa imisebenzi yokuphisana noma eminye imisebenzi ethuthukisa ezomphakathi. Kwezinye izindawo kwavunyelwana ngokuthi izitolo zivalwe okwesikhashana. Kwakuthi uma kuba nesiqubu sokuphanga sesibili ibhizinisi lithathwe linikezelwe ekomidini laba-phathi abakhethiwe, bese umnikazi walo ekhokhelwa imali kanye ngenyanga.

Lezi zifundo ngempilo zasiza ukuthi abantu bachazeleke kahle ukuthi imithetho yezomnotho isebenza kanjani, ngoba kwakusetshenziswa izibonelo eziphathekayo. Ukuzalisa imali kwayeka ukuba yinto nje esengqondweni, kwajika kwaba yinto ebambekayo futhi okukhulumekayo ngayo ebantwini. Abantu base beqonda kahle ukuthi ukuceba ngenxa yebhizinisi kwenzeka kanjani nokuthi likhuliswa kanjani. Kwaba ngaleso sikhathi-ke lapho abantukazana babexoxa izindaba zokuthi abanikazi bezitolo babebaboleka imali enenzalo emba eqolo; abanye babekhumbula ukuthi baxoshwa kanjani lapho babehlala khona, ukuthi kwathi kade bengabantu abangabanikazi bomhlaba, baphenduka izisebenzi. Uma abantu beya ngokuya beqondisa izinto, izinga labo lokuhlala beqaphile nalo liyenyuka, futhi baye ngokuya bebona ukuthi konke kuxhomeke kubo nokuthi ukukhululeka kwabo kuncike obumbanweni lwabo, nasekuqapheleleni izifiso zabo kanjalo nokuhlala bekwazi ukuzikhomba izitha zabo. Abantu bazi kahle ukuthi ingcebo akuyona nje imiphumela yokusebenza kodwa kuyimivuzo yokusebenza ngokubambisana okuvikelekile. Abayizicebi abasebona abantu abahloniphekile kodwa sebeyizilwane ezidla abantu, izimpisi, kanye namanqe futhi bacwile egazini labanye abantu. Kunjalo nje amakhomishane ezepolitiki kwakumele ukuthi ashaye umthetho wokuthi akukho muntu okumele asebenzele omunye. Umhlaba ungowalabo abawusebenzayo. Lo mgomo okuthe ngenxa yomkhankaso wokwazisa abantu waba ngumthethosisekelo wenguquko jikelele yase-Algeria. Abalimi abampofu ababekade beqashe abasebenzi emasimini abo baphoqelelwa ukuthi bahlukanise umhlaba yikhona laba ababebaqashile bezokwabelana ngemivuzo yemali.

Inzuzo ngehektare elilodwa yabonakala seyenyuka ngokuphindwe kathathu, nakuba amaFrench ayehlasela kaningininji ngamabhomu emhlabeni futhi esebenzisa nezomoya. Kusenjalo kwakunezinkinga zokuthola izinto zokuno-thisa umhlaba okutshalwa kuwo. Laba bantu abase bezibonela ukuthi bavune kangakanani babenesifiso sokuqondisisa ukuthi lokhu kwenzeke kanjani. Babe sebebona masinyane ukuthi umsebenzi akuyona nje into elula, babona ukuthi ukugqilaza kuyimpendulo yokusebenza nokuthi futhi ukusebenza kusho ukuthi kumele kube nezisekelo; inkululeko, ukuzethemba ekuzimiseleni, ekusabeleni kanjalo nenqwebukamqondo.

Kulezo zifunda lapho sakwazi khona ukuvivinya lezi zinguquko ezasibonisa okukhulu, lapho sabona khona ukuvuseleleka kobuntu babantu ngenxa yezimfundiso-nguquko, abantukazana base befundiseka kahle ngoba babona ukuthi ukuzimisela ukusebenza kuba nomvuzo wokusebenza kahle. Sakwazi ukubonisa iningi labantu ukuthi ukusebenza akukhona nje ukusebenzisa umzimba nezinyama zawo kodwa lowo nalowo usebenza kangcono ngokusebenzisa ingqondo kanye nenhliziyo, hhayi nje imisipha nomjuluko. Ngokunjalo ezifundeni ezikhululekile, ezazingaxhumene nemizila yezomnotho kwafanela ukuthi siguqule indlela yokukhiqiza eyayikade isebenzela amadolobha kanye nokudayisela phesheya. Sasungula umkhiqizo wokusetshenziswa abantu kanye namabutho ezempi yenkululeko yesizwe. Ukukhiqizwa kwamalentisi kwaphindwaphindwa kane, sase silungisa indaba yokuhweba ngamalahle. Izivuno zemifino kanye namalahle zathunyelwa ezifundeni zaseningizimu zisuswa enyakatho zigwinciza ezintabeni kanti izifunda zaseningizimu zona zabe zithumela inyama enyakatho. Kwakuyi-FLN (Front de la Liberation Nationale) eyeza naleli cebo lokuxhumana, yavula nezindlela zokukhulumisana. Asidingi ochwepheshe nezingcweti zasemayunivesithi ahamba phambili le eNtshonalanga. Ezifundeni ezikhululekile inani ngelanga lafinyelela ezingeni elalingakaze laziwe lezi-3, 200 zamakhalori. Abantu babenganelisiwe nje ukuthi bajabulele le mpumelelo. Babe sebeqala bebuza imibuzo ephathelene nemibono-micabango. Njengokuthi nje, kwakwenziwa yini ukuthi ngaphambi kwempi yenkululeko kube khona izifunda ezazingakaze zilibone ngamehlo iwolintshi; kodwa izinkulungwane zamathani zawo zazithunyelelwa phesheya unyaka nonyaka; kwakwenziwa yini ukuthi ama-Algerian amaningi ayengakaze abone amagrebhisi kepha izigidi zawo zazishushumbiselwa ukuthokozisa ama-European? Namuhla abantu bazi kahle ukuthi yini okungeyabo. Abantu base-Algeria sebazi kahle ukuthi yibo kuphela abangabanikazi bomhlaba wabo. Uma kukhona abangayiqondisisi intshisekelo ye-FLN ekuvimbeni noma yini engathikameza ukuba ngabanikazi bomhlaba wase-Algeria, kanye nokuzimisela kwayo okukhulu ukuthi kungabi bikho namuntu oyekethisa imigomo, kumele ukuthi wonke umuntu akhumbule ukuthi abantu base-Algeria sebekhulile, bayakwazi ukuzibophelela futhi banenqwebukamqondo. Ngamafuphi, abantu base-Algeria sebengabanikazi.

Sisebenzise lesi sibonelo nge-Algeria ukuze sicacise le nkulumo-kucabanga – hhayi ngoba sifuna ukutusa abantu bakithi kodwa sifisa nje ukutshengisa ukuthi umzabalazo wabo ubambe iqhaza elingakanani ukuze kuzuzeke inqwebukamqondo. Kusobala ukuthi abanye abantu nabo bazuza imiphumela efanayo ngokusebenzisa izindlela ezahlukile. Namuhla sisesimweni esingcono esenza kucace ukuthi lokhu kungqubuzana okwenzeka e-Algeria kwakungenakuvimbeka, kodwa kwezinye izindawo abantu baholelwa emiphumeleni efanayo ngokuthi iqembu lezepolitiki lisebenzise imizabalazo yezepolitiki kanye nemikhankaso yokwazisa nokucacisela abantu. E-Algeria siyazi ukuthi abantu babezilungiselele ngokuphelele ukubhekana nezinkinga ezazibagqolozele. Ezweni elingakathuthuki impilo isibonisile ukuthi iphuzu elibalulekile akulona elokuthi abantu abangama-300 baqonde ukuze bathathe izinqumo, kodwa wukuthi bonke abantu baqonde bese bethatha isinqumo noma ngabe lokhu kuthatha isikhathi esiphindwe kabili noma kathathu. Eqinisweni kuthathe isikhathi ukuchaza ukuthi isikhathi 'esidlekile' ngomsebenzi wokwenza ukuthi abantu abangabasebenzi bathathwe njengabantu. Lesi sikhathi siyokhokheka uma sekufezwa umsebenzi. Abantu kumele bazi ukuthi baphikelelephi, ngobani. Abezepolitiki kumele bazi ukuthi ikusasa liyohlala lifiphele uma nje ingqwebukamqondo yabantu ihlezi incane, ingakhuli futhi ingabonakali. Thina, ma-Africa angosopolitiki kumele sibe nemibono ezwakalayo ngesimo sabantu bakithi. Kodwa-ke lokhu kukhanyiseleka kumele kuhlale kuzinze esimweni sokucabanga nokwenza. Ukukhanyiseleka kwabantu bonke ngeke kwenzeke masinyane, ukuzimiselela umsebenzi wokukhanyisela abantu ngokwakha ubuzwe kuzoba lula nje ngendlela eqondile; okokuqala ngoba ukwakhiwa kwezindlela zokukhulumisana nokuxhumana kusathuthuka; okwesibili indlela yokucabanga ngesikhathi nokuhamba kwaso akumele kube okwesikhashana, noma okubheke isivuno sonyaka ozayo, kodwa kumele kubhekane nomhlaba wonkana; okokugcina, kungoba ukudangala nokuphazamiseka okungumphu-mela wokubuswa ngabezizwe kusuke kusezwakala kahle nje. Kodwa kumele sikhumbule ukuthi ukunqoba okuncane okwenzeka ngoba kululula – umvuzo wokucindezelwa kwezokuphathekayo ngoba kubonakala kanye nangokwezomoya – kuwumbandela uhulumeni angenakuwubalekela. Make sithathe nje isibonelo somsebenzi kahulumeni wekholoniyalizimu. Umkholonisti akakaze eyeke ukufundekela ngokuthi abomdabu 'bangamavila'. Kunamuhla nje emazweni athize asekhululekile siye sizwe abaholi besho into efanayo. Okwakufunwa umkholonisti kwakuwukuthi isigqila sibe nomdlandla. Ngokusebenzisa izindlela ezigcwele inkohliso ebanga ukuqhelelana, wayehlose ukuthi isigqila sikholelwe ekutheni lo mhlaba esiwusebenzayo ngowaso, kanjalo nalezi zimayini isigqila esisebenza kuzo zibe zihlukumeza impilo yaso ngezaso. Umkholonisti wak-hohlwa, ukuthi ubugwili bakhe buvela osizini lwesigqila, into evele imangalise kakhulu. Eqiniyweni okwakushiwo umkholonisti kumuntu okholonayiziwe kwakuyilokhu: 'Sebenza uzibulale, yikhona mina ngizoceba!' Namuhla kumele senze izinto ngokwehlukile, akumele sithi kubantu: 'Sebenzani nizibulale, kodwa izwe maligcwale ingcebo!' Uma sihlose ukuthi umcebo wonkana wesizwe ukhule, kwehle ukuthengwa phesheya kwezinto ezingenamsebenzi neziyingozi, senyuse imikhiqizo yasemasimini, silwisane nokungafundi, kumele sisungule umkhankaso wokwazisa abantu. Abantu kumele bazisise ukuthi kwenzekani. Imisebenzi okungeyeningi labantu kumele ibe yimisebenzi esetshenzwa yiningi labantu. Lokhu kusifikisa ekutheni sandise amaqoqwana asendaweni phakathi kukawonkewonke wabantu. Ngokujwayelekile saneliswa nje ukusungula izinhlangano zesizwe ezifana neWomen's Movement neYouth Movement kanye namaLabour Unions zonke zisebenzela enhlokodolobha. Kodwa kuthi uma sike sazama ukuhlolisisa okungemva kwamahhovisi asenhlokodolobha, uma siphumele ngemuva lapho imibhalo kumele igcinwe khona, siyamangala uma sithola ubala, okungekho kanye nokukhohliswa. Sidinga isesekelo, amaqoqo amancane anikeza umfutho kanye nomnyakazo. Iningi labantu kumele lik-wazi ukubamba imihlangano, lidingide izindaba, libeke eyalo imibono futhi likwazi nokwamukela imiyalo. Izakhamuzi kumele zibe nethuba lokubeka induku ebandla lizikhulumele, lizisungulele ushintsho. Ukuhlangana kweqoqo elincane lendawo kanye nekomiti kuwumsebenzi womphakathi. Kuyithuba lokusebenzisa ilungelo ukuthi umuntu ngamunye akwazi ukulalela okushiwoyo futhi akhulume. Kulowo nalowo mhlangano ingqondo iyahlanganisa ikhulise imibono nezindlela zokucabanga, kanti nehlo nalo liya ngokuya libukela kude uma libhekene nokufunda kabanzi ngomuntu.

Ubuningi bentsha emazweni angakathuthuki budala izinkinga kuhulumeni okumele ukhulunyiswe ngendlela ecacile. Intsha yasemadolobheni evama ukuba nesikhathi esiningi ngoba ingenzi lutho, futhi ingafundile izithola ibhekene nokuningi okungahle kuyiphazamise. Ngesikhathi esiningi intsha yasemazweni angakathuthuki ivama ukuthengiselwa emazweni anezimboni njengezinto nje zokuzijabulisa. Njengenjwayelo njengokomthetho, kunobudlelwane phakathi kwendlela umphakathi osebenzisa ngayo okwezengqondo kanye nokwenyama ukuze kube nezindlela zokuzijabulisa. Emazweni angakathuthuki intsha ikwazi ukuthola izinto zokuzijabulisa ezivela emazweni ongxiwankulu: izincwadi zok-usesha, imishini yokugembula, izithombe eziyingcaca, izincwadi eziphathelene nezokuhweba ngezocansi, amafilimu enzelwa nafanele abantu abadala, kanye notshwala; ngaphezu kwakho konke lokhu. Emazweni aseNtshonalanga indlela imindeni ephila ngayo, isikole kanye nje nendlela isimo sempilo esiphakeme ngayo, konke kwenza ukuthi intsha ivikeleke ekonakalisweni yilezi zindlela zokuzijabulisa. Kodwa ezweni lase-Africa lapho ukukhula ngengqondo kun-galingani, lapho ukungqubuzana kwale mihlaba engafani sekudicilele phansi amasiko abantu akudala, kwaphazamisa nezindlela zokucabanga, ukuthinteka, kanye nokuba nozwelo kwentsha yase-Africa kusezandleni zalolu laka nonya okutholakala kuleli sikompilo laseNtshonalanga. Umndeni womuntu wase-Africa uvama ukungakwazi ukulwa nalobu budlova ngendlela ezinzile futhi enokufana.

Kukulolu phiko-ke lapho uhulumeni kumele ukuthi abe umcwengi kanye nomzinzisi. Amakhomishana entsha emazweni angakathuthuki avama uk-wenza iphutha elilodwa. Abona indima yawo ifana neyamakhomishana entsha asemazweni asethuthukile. Akhuluma ngokudlondlobalisa umphefumulo, ukuthuthukisa umzimba, nokukhuthaza amakhono kwezemidlalo. Ngokubona kwethu kumele bangayexwayi le mibono. Intsha yasemazweni angakathuthuki ivama ukuba yintsha engenzi lutho. Kumele ukuthi okokuqala nje ibe nekwenzayo. Yingakho nje kumele ukuthi ukhomishana wezentsha enganyelwe uMnyango Wezemizebenzi. UMnyango Wezemisebenzi, owuphiko olubalulekile ezweni elingakathuthuki, kumele usebenzisane noMnyango Wezokuhlela, ongolunye uphiko oludingekayo ezweni eligakathuthuki. Intsha yese-Africa akumele ukuthi ikhuthazwe ukubheka ezinkundleni zemidlalo, kodwa kumele ibheke emasimini nasezikoleni. Inkundla yezemidlalo akuyona into ewumbukiso emadolobheni, kodwa iyindawo yasemaphandleni okumele ukuthi ilungiswe kahle, isetshenzwe bese inikezelwa esizweni. Indlela yokucabanga ngezemidlalo kongxiwankulu ihluke kakhulu kule okufanele ibe semazweni angakathuthuki. Osopolitiki base-Africa akumele bazixakekise ngokukhiqiza abezemidlalo, kodwa kumele babhekane nokwakha abantu ngabanye abamiqondo yabo iqwebukile bese bekwazi-ke nokubamba iqhaza kwezemidlalo. Uma ezemidlalo zingathathwa njengento eyingxenye yesizwe, okuwukuthi ingxenye yokwakha isizwe, uma sisebenza ukwakha abadlali besizwe esikhundleni sabantu abaqwebukile, ezimidlalo zizosheshe zibulawe ukuthi abadlali bangochwepheshe abakhokhelwayo kanye nezohwebo. Ezemidlalo akumele ukuthi zibe umdlalo nje nokujabulisa izicukuthwane zasemadolobheni. Umsebenzi wethu obalulekile wukuthi sihlale sazi ukuthi kwenzekani kwawethu amazwe. Akumele ukuthi siphakamise ukukhonza ukuvelela kwabantu ngabanye nokuthi sahlala sifuna iqhawe elingenye inhlobo yomholi. Kumele siphakamise abantu, sisabalalise izingqondo zabo, sibafundise amakhono, sibenze bavelele ngokwahlukana kwabo futhi sidlondlobalise ubuntu babo.

Siyaphinda futhi sibuyela emcabangweni ogxilile ngokubusa kwawo esifisa ukuthi bonke osombusazwe base-Africa bakholelwe kuwo – ukuthi kumele sikukhuthalele ukucacisa imizamo yabantu, sivuselele umdlandla wokusebenza, nokuthi siqede lokhu ukuba lufifi kwawo kwezomlando. Ukuba nesazelo ekuphatheni emazweni angakathuthuki kufuna ukuthi sazisise ukuthi konke kumele kuqale ngokufundisa ngokuhabulisa iningi labantu, sikhulise izindlela zokucabanga, ngalokhu okusheshe kubizwe ngokuthi 'kuyizimfundiso ngezepolitiki'.

Kuvamile ukuthi kucatshangwe ngendlela nje efana nobugebengwana ukuthi ukufundisa iningi labantu ngezepolitiki kusho ukuthi kumele kuthi nje emva kwesikhathi balaleliswe izinkulumo zezepolitiki. Kucatshangwa ukuthi uma umholi noma umongameli wezwe ekhuluma ngezinto ezisematheni ngephimbo elozelisayo kwanele ngoba yilokho okudingekayo ekufundiseni abantu ngezombusazwe. Kodwa ukufundisa abantu ngezombusazwe kusho ukuvula ingqondo, ukuyiphaphamisa ukuze izinikele ekuzifundiseni ngezomhlaba. Kuyilokhu okwashiwo uCésaire: 'Ukusungula imiphefumulo yabantu.' Ukufundisa iningi labantu ngezombusazwe akukhona futhi akunakuba ukukhuluma nje. Kuwukuqinisekisa ukuthi iningi labantu lazi ukuthi konke kusezandleni zalo, ukuthi uma izinto zintengantenga kungenxa yabo, uma sonke siqhubekela phambili yingoba nabo banendima kukho, ukuthi akukho muntu odumile nowaziwayo othatha izinqumo ngakho konke, kodwa ukukwazi ukuzakhela umhlaba nomkhathi kungokwabantu, futhi lo mlingo usezandleni zabo bodwa. Ukuze sikwazi ukwenza izinto zenzeke, ukuze sikwazi ukuzizwa kahle emizimbeni, kumele ukuthi njengoba sesishilo, konke okwenziwayo kwenzekele ezindaweni lapho abantu bekhona hhayi nje emadolobheni nakunhlokodolobha.

Ukugeleza kwemibono nezindlela zokucabanga kusuka kwabasezikhundleni kuya eningini labantu, kuphinde kusuke ebantwini kuye kwabasezikhundleni, lokhu kumele kube yisizinda sokwenza izinto ezingaguquki, hhayi ngoba nje kunesidingo sokwenza izinto kanjalo, kodwa kungoba ukuzenza kanjalo yikho okungaqinisekisa inkululeko. Kuba amandla abantu abajwayelekile okuyiwo anyukela phezulu ukunikeza abaholi umdlandla bese kwenza ukuthi bakwazi ukuthatha izinqumo eziletha inqubekela phambili. Thina ma-Algerian futhi sashesha kabi ukuyiqondisisa le nto ngoba akekho noyedwa umuntu osezikhundleni eziphakeme osekunguye ohamba phambili kulo mkhankaso wensindiso. Abantu abajwayelekile abalwayo e-Algeria, futhi bazi kahle kamhlophe ukuthi ngaphandle kokuqhuba umzabalazo ngentshisekelo mihla namalanga, lo mkhakha wabaphakeme ungawa uphele nya – futhi njengoba bazi kahle kamhlophe ukuthi ngaphandle kwabasemkhakheni ophakeme kanye nobuholi babo, nabo abangabajwayelekile kungahliphizeka kugcine konke sekuyinhlekelele kube kwampunzidlemini. Amandla okubusa akholekayo nethembekayo atholakala kuphela uma kunabantu abasemzabalazweni. Indlela okwenzeka ngayo izinto ithi abantu abazikhethela ngokwabo ukuthi bazoholwa obani, akubi abasesikhundleni nabanamandla ababekezelela abantu abajwayelekile.

Iningi labantu kumele lizibonele uhulumeni neqembu lezombusazwe bonke besebenzela bona. Abantu abafanelwe ukuzethemba, okungukuthi bazisisa kahle ukuthi banesithunzi, okuyinto esobala abangasoze bayikhohlwa. Ngesikhathi sokukholonayizwa abantu babetshelwa ukuthi kumele bazinikele ngezimpilo zabo ukuze babe nesithunzi. Kodwa abantu base-Africa basheshe babona ukuthi akuzona zodwa izifiki ezazibeka isithunzi sabo engozini. Abantu base-Africa bashesha babona ukuthi isithunzi kanye nokuzibusa kungontanga. Eqinisweni abantu abakhululekile uma bephila izimpilo ezibanika isithunzi bangabantu abazibusayo. Abantu abaphila izimpilo ezibanika isithunzi bangabantu abaziphethe. Asikho isidingo sokubonisa ukuthi abantu base-Africa banjengezingane futhi bayiziphukuphuku. Uhulumeni kanye neqembu lezombusazwe bathola abantu ababafanele. Bese kuthi ngemva nje kwesikhashana abantu bathole uhulumeni obafanele.

La maphuzu emibono angenhla avela kokufundwe ezimpilweni zangempela ezindaweni ezithize. Kuke kwenzeke ukuthi emhlanganweni impendulo yesidlamlilo uma sibuzwa umbuzo olukhuni kube wukuthi: 'Esidinga ukuba sikwenze nje wuku...' Le ndlela yokukhuluma yokukhetha amafuphi, ehlanganisa ngendlela enobungozi ukuzenzekela kanye nokululazwa kwengxubevange yezinkolelo, nokwesweleka kobungcithabuchopho ivama ukuba ukunqoba kwangalelo langa. Kuthi njalo uma sihlangabezana nesidlamlilo esingenakuzimisela ngomsebenzi waso, kungeneli ukuthi sithi wenze iphutha. Kufanele ukuthi enziwe ukuthi asebenze ngendlela enokwethembeka akhuthazwe ukuthi alandelele izindlela zokucabanga ezimusa esiphethweni esenza umqondo,

afundiswe ukuqondisisa lokhu kuthi: 'Okumele sikwenze nje wukwenza uku-
...' Lokhu kunqamulela okukhethwayo okuyingxubevange yokuzenzakalela,
nokubaze, ngoba akuqukethe lutho oluphathekayo ngezokucabanga, kuvama
ukunqoba. Njalo nje uma sihlangabezana nalokhu kungathwali umthwalo
wemfanelo emntwini oyisidlamlilo, akwanele ukuthi sithi usephutheni. Kufanele
ukuthi simbonise ukuthi unegunya, kumele akwazi ukuzicabangela aze afike
esiphethweni esenza umqondo; futhi kumele afundiswe ukuthi le nkulumo
evame ukuba nonya, engenabuntu, egcina nje ngokuba eqwaqwadekile nje
ethi, 'Okumele sikwenze nje wukwenza uku-...' Akekho noyedwa umuntu
ongumongameli weqiniso, akumholi futhi akusona isidlamlilo. Umshikashika
wokufuna iqiniso ezindaweni zabantu uwumsebenzi womphakathi. Ezinye
izidlamlilo eseziyiphilile impilo, zinolwazi ezilithole ekuphileni, ziyakwazi
nokuhlanganisa imicabango yazo ngokushesha futhi ngaphambilini zakwazi
ukuxhumanisa izindlela zokucabanga. Kumele bazinqande bangagubezeli
abantu, ngoba ukuze kube nemiphumela yanoma yiziphi izinqumo kumele kube
ukuzimisela okucatshangisiwe nokuqondaniswe nabantu bonkana. Sindawonye,
sisemkhunjini munye. Sonke sisengozini yokubulawa, nokuhlukunyezwa
futhi uma sesisesimweni sezwe elikhululekile wonke umuntu uyohlupheka
ngenxa yendlala kanye nezifiso ezibangelwa yindlala. Umzabalazo oqhakam-
bise ukubumbana usho ukuthi nesazelo naso sinokusebenza ngobumbano
kusukela phansi eningini kuze kuyofika phezulu kwabasezikhundleni. Yebo,
wonke umuntu kumele abambe iqhaza emzabalazweni khona wonke umuntu
ezozuza inkululeko. Akunazandla ezihlanzekile, akunamuntu obukelayo nje
ongaxhumi, ongaxhasi. Sonke sisesimweni sokungcolisa izandla zethu obishini
lomhlaba wethu kanye nalokhu kukhunta kwengqondo okusabisayo. Omele
eceleni ebukela uyigwala noma impimpi.

Umsebenzi wabaholi ukuqinisekisa ukuthi iningi labantu lisebenzisana nabo.
Kodwa-ke noma ngabe yikuphi ukuzibophezela kuchaza ukuthi ingqondo ivulekile
futhi kuyaqondakala ukuthi inhloso iyini, ngamafuphi, kumele kube kukade
kunokuhlaziya okuthize ngaphambilini, noma ngabe kuncane kangakanani.
Abantu akumele bathunjwe ngomoya nangengqondo badideke. Amazwe
angakathuthuki aholwa iqembu labakhethekile abakholelwa kunguquko-juqu
abamvelaphi yabo isebantwini, yiwo kuphela angakwazi ukunikeza abantu
amandla okuthi bavelele, babambe iqhaza emlandweni womhlaba wonke.
Kodwa njengoba sesishilo, lokhu kumele kwenzeke ngendlela eqinisekisa
ukuthi leli qembu lezicukuthwane zesizwe, abantu abanamalungelo lingake
lize liqalise, kumele kuliwe nalo ngakho konke esinakho. Ukuhabulisa iningi
labantu kuwukuphendula isizwe sonkana sibe yinto ebambekayo nebonakalayo
kuzo zonke izakhamuzi. Kuwukwenza ukuthi impilo yesizwe kube yimpilo
yazo zonke izakhamuzi. Njengoba umongameli uSékou Touré asikhumbuza
kahle mhla ekhuluma kuSecond Congress of African Writers: 'Emkhakheni
wokucabanga, umuntu angazitshela ukuthi ungumqondo womhlaba kodwa

eqinisweni lapho zonke izenzo zithinta ezomphefumulo kanye nezenyama, umhlaba yiwo oyingqondo yomuntu ngoba kukulo mkhakha lapho kutholakala khona inani eliphelele lamandla nemininingwane yokucabanga. Amandla ashukumisayo ngezokuthuthukisa kanye nenqubekelaphambili, futhi kukulo mkhakha lapho amandla wonke exubana lapho ubungcithabuchopho bomuntu obaziswayo bugcina sebuthola ukubumbeka kube munye.' Ngakho ngoba impilo yomuntu ngamunye ingeyesizwe ngoba ekuxhumaneni kwezinto zezwe akukwazi ukuba ngeyomuntu yedwana, ibe ncane ingathintani nalutho olunye futhi ingabhekisa eqinisweni lonke lesizwe kanjalo nomhlaba. Njengoba wonke owayelwa ngesikhathi somzabalazo wayebambelele esizweni uma sekuyisikhathi sokubunjwa kwesizwe emva kwenkululeko, zonke izakhamuzi kumele ziqhubeke zibambelele ekwakheni isizwe sonkana imihla ngemihla, ziqukathe ngaso sonke isikhathi leli qiniso elimsulwa ngesizwe, okuzothi khona lapha nakhona manje kube nokunqoba okuphelele. Uma okwakha ibhuloho kungakhulisi izingqondo zalaba abalakhayo yeka, musa ukulakha lelo bhuloho, yekela izakhamuzi ziqhubeke nokuwela umfula ngokubhukuda noma zisebenzise isikebhe. Ibhuloho akumele ukuthi lifane nemfologo ngokungazinzi noma ukuthi ligxunyekwe nje endaweni ngamacebo angaqondakali, kodwa okumele kwenzeke kuyimpendulo yalokhu ngoba ibhuloo kumele libe umphumela wokucabanga nokusebenza kwezakhamuzi. Kuyazeka ukuthi lokhu kudinga abaklami bezakhiwo, nonjiniyela, nabantu bakwamanye amazwe esikhathini esiningi bayadingeka, kodwa umsebenzi weqembu lezombusazwe kuba ngukuqinisekisa ukuthi lo msebenzi uba yithuba lokuthi kufundiswe abantu amakhono azogxila ezingqondweni zezakhamuzi yikhona kuzothi ibhuloho lonkana libe ngelabantu ngoba selixhumene nabo ngezindlela eziningi, lakh-iwe kabusha liyingxenye yezimpilo zabo futhi lingelabo. Izakhamuzi kumele zilemukele ngezimhlophe ibhuloho, kube elazo. Yilokho-ke okwenza ukuthi zonke izinto zilunge; yilokho kuphela.

Uhulumeni ozibiza ngokuthi ungowesizwe, kumele ukuthi asingathe isizwe sonkana, ngoba futhi emazweni angakathuthuki intsha kuba yingxenye ebal-uleke kakhulu. Inqwebukamqondo yesizukulwane esisha kumele yenyuswe, ikhanyiswe. Yiyo kanye le ntsha eyoba yibutho lempi lesizwe. Uma intsha ifundiseke kahle, uma iNational Youth Movement iwenze kahle umsebenzi wayo wokuxhumanisa kahle ulusha kanye nesizwe, la maphutha athunaza futhi alulaza ikusasa lamariphabhulikhi eLatin America ayagwemeka. Ibutho lezempi akuyona neze imfundiso ngempi, liyimfundiso ngezomphakathi, izimfundiso ngezombusazwe. Isotsha esizweni esesivuthiwe akulona isotsha eliqashiwe, elikhokhelwayo kodwa yisakhamuzi esivikela isizwe ngokusebenzisa izikhali. Yingakho-ke nje kubalulekile ukuthi isotsha lazi kahle ukuthi lisebenzela izwe, hhayi isikhulu samasotsha la elisebenza nawo, noma ngabe liqhakambe kangakanani. Izindaba zamabutho kanye nezomphakathi kumele zisetshenziselwe ukuvuselela inqwebukamqondo yesizwe, ukuqeda ubuhlanga, nokwakha ubumbano. Ezweni elingakathuthuki ukugqugquzelela abantu kumele kwenzeke ngokukhulu ukushesha. Izwe elingakathuthuki kumele liqaphele ukuthi lingasebenzisi amasiko akudala abeka abantu besilisa ngaphambili kwabesifazane. Abantu besifazane kumele bathathwe njengababalulekile ngendlela efanayo nabesilisa, hhayi kuphela emibhalweni ekumthethosisekelo kodwa ekuphileni kwemihla ngemihla, ezikoleni nasemihlanganweni. Uma amazwe aseNtshonalanga ehlalisa amasotsha ezinkanjini zempi akusho lokho ukuthi isona sixazululo esilungile. Asiphoqelekile ukuthi abafisa ukusebenza nathi sibafake kwezempi. Ukusebenzela isizwe kungaba ngokwezempi noma ngokwezomphakathi. Nakuba kunjalo-ke zonke izakhamuzi eziyimiqemane kumele zikwazi ukusukemela phezulu uma kufanele zihlanganyele umsebenzi wokuvikela inkululeko yesizwe kanye namalungelo abantu bayo.

Imisebenzi emikhulu yokwakha kwezomphakathi kumele yenziwe yilaba abasuke beqashiwe. Indlela lena esebenza kahle kabi ekuvuseleleni izindawo ezingenanqubekelaphambili ukuze kube neziningi izakhamuzi ezifunda kahle ngobunjalo besimo sezwe. Kumele singakugwemi ukuphendula amasotsha empi abe yinhlangano eziphethe okuthi maduze ingenzi lutho ingenanhloso ibe seyifuna 'ukungenela ezombangazwe' bese isongela iziphathimandla. Okube sekuthi ngakho ngoba bahamba emabhilidini abaphethe, abanamandla ojenene bosofa baqala baphuphe ngezakhiwo zezikhumbuzo. Iyodwa qha indlela yokunqanda lokhu, ukuhabulisa amasotsha empi, okungukuthi impi kumele ibe ngeyesizwe. Kuthi kunjalo kube kunesidingo esisheshayo sokudlondlobalisa amabutho ezimpi athathwe emphakathini. Uma kuqala impi, kuba izwe lonke elilwayo nelisebenzayo. Akumele ukuthi kube namasotsha angochwepheshe futhi inani lamaphoyisa amsebenzi wawo wokuziphilisa ngubuphoyisa kumele lihlale lilincane; ngoba okokuqala nje, imvamisa amaphoyisa adotshwa kulabo akade beqeda ukufunda emayunivesithi abangaba wusizo kwezinye izindawo – amakhono obunjiniyela adingeka ngokuphindaphindwe ngezinkulungwane uma eqhathaniswa nawephoyisa – okwesibili, kungoba noma okuncane okuzwakala sengathi kuvumelana nokusebenzisa ubuhlanga kumele kuqedwe. Sibonile-ke kula makhasi esivela kuwo ukuthi ubuzwe, leli hubo elalilihle kakhulu ekubhukuliseni abantu ukuze babhekane nomcindezeli, buyavithika buphele emva kokuzuzwa kwenkululeko. Ubuzwe akuyona imfundiso yezombangazwe futhi abulona uhlelo. Uma sifisa ngempela ukuthi amazwe ethu avikeleke ekukhinyabezekeni, ekuhlulekeni ukunyakaza kanye nasekuwohlokeni aphele nya, kumele sishintshe masinyane ekukholelweni ebuzweni siye enkolelweni yesoshiyalizimu kanye nonqwebukamqondo ngezombusazwe. Isizwe sikwazi kuphela ukuzimela geqe uma uhlelo lwaso luholwe lwenatshiswa kahle ngabaholi abahlose izinguquko ezinkulu lwase lwesekwa yiningi labantu elinomdlandla nelicacelwe kahle. Yonke imizamo ebhekene nobuzwe kumele ukuthi ihlale ibhekisiswe esimweni samazwe angakathuthuki. Uhlu oluhamba phambili lokuvimbela indlala nobumnyama, lokuvimbela inhlupheko nokungakhuli kwengqondo kumele luhlale lusezingqondweni zabesilisa nabesifazane.

Umsebenzi wezihlwele zabantu, ukuzimisela kwabo ukunqoba usizi lweminyaka ngeminyaka oludalwa ukukhishelwa ngaphandle kwezomlando wemiqondo yobuntu, kumele kuqinisekiswe ukuthi uxhumene kahle nomsebenzi kanye nokuzimisela kwabo bonke abantu abasemazweni angakathuthuki. Kunenhlobo yokusebenzisana ngokubambisana, nekusasa elifanayo phakathi kwezihlwele zabantu abasemazweni angakathuthuki. Abantu basemazweni eThird World abahlanganise lutho nezindaba zomshado weNkosi uBaudoin, noma izindaba zezicukuthwane zase-Italy. Esifuna ukuzwa ngakho yizindaba zezomlando wase-Argentina noma eBurma ukuthi balwa kanjani nokungafundi noma ukushiqela kwabanye abaholi. Yilokhu okusinikeza intshisekelo okusifundisayo futhi okwandisa kuzwakalise kahle imisebenzi yethu. Njengoba sesibonile, uhulumeni udinga uhlelo uma efisa ngempela ukukhulula abantu ngezomban-gazwe nangezomphakathi. Akwanele ukuba nohlelo lwezomnotho, kudingeka nemigomo echaza izindlela zokwabelana ngomnotho nangobudlelwane emiphakathini. Eqinisw
eni kumele kube nendlela yokucabanga ngomuntu nendlela yokucabanga ngekusasa lomuntu. Lokhu kuchaza ukuthi akukho nkonzo, akukho budlelwane nezifikibahlali okungedlula uhlelo lwenkululeko. Abantu abangaqala ngokungabonisisi kahle izinto kuye ngokuya becacelwa, bazolufuna ngenkani lolu hlelo. Ama-Africa kanye nabantu abangakathuthuki bashesha kabi ukwakha inqwebukamqondo yezomphakathi nezepolitiki, okuyinto le engakholwa abaningi. Ingozi iba sekuthini bavama ukufinyelela ezingeni lenqwebukamqondo ngokwezomphakathi kuqala bengakafinyeleli ezingeni lezwe. Uma kunje-ke emazweni angakathuthuki iziphakamiso ezivutha ulaka zobulungiswa emphakathini zihlanganise ngokungalindelekile, nale nto yokungaphucuki kahle ukubona izinto ngehlo lobuzwe. Abantu abangakathuthuki baziphathisa okwabantu abalambile – okusho ukuthi labo abaphatha i-Africa njengendawo yabo yokudlalela kukhona okusina kubajeqeza. Okungukuthi ngamanye amazwi, amandla abo awasoze angapheli. Izicukuthwane ezisebenza nje ukufunza abantu inhloso yobuzwe aziphumeleli; okwenza ukuthi zizithole sezibopheleleke ochungechungeni lwezilingo novivinyo. Uma ubuzwe bun-gachazwa kahle, bungahlunyiswa futhi bungagxiliswa, uma bungaphenduki masinyane, bube inqwebukamqondo ngezomphakathi kanye nezepolitiki, bungabi ubuntu babantu, kuya endleleni eyodwa: ukuphelela obala. Ubuholi bezicukuthwane basemazweni angakathuthuki buvalela ukuqwebukangqondo nobuzwe esimweni esingayi ndawo nje esisamthetho ongasho lutho. Kuba ukuzimisela okunzulu kuphela kwabesilisa nabesifazane emisebenzini enobulungiswa futhi nenemiphumela ebonakalayo eyenza ukuthi kuzwakale kucace ukuthi le nqwebukamqondo iyini ngempela. Yilesi sikhathi-ke lapho kuphela khona ukuthi amafulegi kanye namabhilidi kahulumeni kube wuphawu lwesizwe lobuzwe. Abantu besizwe bayabushiya ubukhazikhazi obungathi shu benhlokodolobha bayoziphumuza ezindaweni zasemaphandleni ezibanika impilo namandla. Indlela impilo yesizwe ezibonakalisa ngayo kungobumbano lwabantu oluhambisana nokuzazisa nokuzethemba okube sekunyakazisa wonke

umuntu. Kuwukukhanyiseleka kanye nokusebenza-kucabanga okuzwakalayo ngokuvumelana kwabesilisa nabesifazane. Lolu bumbano oluphokophelele ekwakheni ikusasa elibonakalayo lusho ukuthi abantu basebenza ngokuba nesazelo ngomfutho obalulekе kakhulu kwezomlando; kungenjalo kuba nezinxushunxushu, ukucindezelana, ukuvuka kwamaqembu asungulwe ngobuhlanga kanye nefederalizimu, njalonjalo. Uma uhulumeni wezwe efisa ukuba ngowezwe ngempela, kumele aphathe ngendlela eyenza ukuthi abantu baziphathe futhi baphathele abantu, kumele kube uhulumeni walabo abephucwa ifa labo futhi kubuse bona abephucwa okungokwabo. Akekho noyedwa umholi noma ngabe ubaluleke kangakanani ongathatha isikhundla sabantu, futhi uhulumeni wezwe kumele ukuthi ngaphambi kokuba azikhathaze ngokwaziwa emazweni omhlaba wonke, abuyisele kubantu isithunzi sazo zonke izakhamuzi, afukamelise imiqondo yazo, agcwalise amehlo azo ngezinto zobuntu bese ethuthukisa umhlaba wobuntu ukuze abaphila kuwo bakhanyiseleke futhi bazibuse.

ISIGCINOMANOTHI

1   Mamadou Dia, Nations africaines et solidarite mondiale, P.U.F., 140. Umbhalo ka-Mamadou Dia, *Nations africaines et solidarite mondiale*, P.U.F., ikhasi 140.

2   Umthombo unjengongenhla

Mayelana nesikompilo lesizwe

'Akwanele ukubhala ihubo ngokuvukela umbuso elizoba yingxenye yalokhu ku-vukela; umuntu kumele azihlanganise nabantu ukuze abambe iqhaza kulokhu kuvukela umbuso. Phumelela ekubeni munye nabantu, amahubo azozilande-lela. Ukuze noma isiphi isenzo sibe nobuqiniso obumsulwa, umuntu kumele ukuthi abe yingxenye ebalulekile ye-Africa nendlela ecabanga ngayo, abambe iqhaza kule mishikashika yokugqugquzelela inkululeko, inqubekelaphambi-li kanye nenjabulo e-Africa. Ngale kwalo mzabalazo wodwana akunandawo yengcweti noma ingcithabuchopho ngezobuciko engazinikezele ngokuphelele ekungahambisaneni nabantu abalwela i-Africa nabantu bayo abahluphekayo.'

Sékou Touré[1]

Leso naleso sizukulwane kumele sizibonele ukuthi yini umsebenzi wobizo lwaso, bese siwenza noma singawenzi, kokubili kuzibonakalele. Emazweni angakathuthuki, izizukulwane zaphambilini zakwazi ukulwisana nohlelo olunyenyayo lwekholoniyalizimu; ngakho zakwazi ukuphendla indlela eyabe seyenza ukuthi le mizabalazo yanamuhla yenzeke. Njengoba sesisezibilini zale mpi kumele siwuyeke lo mkhuba wokusola ababephila ngaphambi kwethu nokwenza sengathi asiqondisisi ukuthula nokuzithela ngabandayo. Balwa ngakho konke abebenakho besebenzisa izikhali zesikhathi sabo, ngakho uma umzabalazo wabo ungazange usabalalele umhlaba wonkana, isizathu salokhu akumele kube ukuthi bebengemaqhawe kodwa siwukuthi isimo sangeleso sikhathi kwezamazwe ngamazwe sasihluke kakhulu kwesanamuhla. Bangaphezu koyedwa wabakholonayiziwe abathi, 'Sesanele', zaziziningi kunoyedwa izinhlanga ezabhikisha, zaba ngaphezu kweyodwa izinhlobo zokuvukelwa kombuso ngabantu abangabalimi abampofu, okwadingeka ukuthi ziqedwe, yaba ngaphezu kweyodwa imibhikisho okwamele ivinjwe ukuze sibe lapha esesikhona namuhla, sizimele geqe, siqinisekile ngokuthi sizonqoba.

Inhloso yethu, thina umlando olindele ukuthi sifeze okudingayo, thina es-izimisele ukubhidliza umgogodla wokubuswa ngabezizwe, kumele sivumele lokho nalokho kuvukela, nakho konke ukuzama noma ngabe kukhungathekisa kangakanani, kanjalo nakho konke ukuhlasela noma ngabe kwehlulekile noma ngabe kucwile egazini.

Kulesi sahluko sizohlaziya isizinda sokwamukeleka ngokomthetho lokhu kufuna ubuzwe obugcwele. Iqembu lezombusazwe okuyilo eligqugquzela abantu aligabe ngakunaka lolu daba lokwamukeleka ngokomthetho. Amaqembu ezombusazwe akhathalela nje izinto ezibambekayo zangemihla ngemihla, kuba segameni lalokhu okubambekayo, egameni lalokhu okwenzeka manje, okuyikhona okuba nethonya kubunjalo benamuhla nekusasa labesilisa nabesifazane okwenza ukuthi basebenzise isiqubulo sokubizela abantu emshikashikeni womzabalazo. Iqembu lezombusazwe lingakhuluma nje ngobuzwe ngezindlela ezithinta imizwa, okubalulekile kulo wukuthi abantu abalalele bazwisise ukuthi kufanele babambe iqhaza emzabalazweni uma nje befuna ukuphila.

Sesiyazi-ke manje ukuthi esigabeni sokuqala somzabalazo wobuzwe, ikholoni-yalizimu izama ngakho konke ukuthi idambise izimfuno zabantu ngokuthi ilawule ngokwengcindezelo indlela ezomnotho ezisebenza ngayo. Kuthi zibekwa nje ekuhilizisaneni, ikholoniyalizimu yenze sengathi iqondisisa kahle konke okwenzekayo, ngokuvuma ngokukhulu ukuzithoba ukuthi izwe lisenkingeni yokungathuthuki edinga ushintsho olukhulu, kwezomphakathi nakwezomnotho.

Yebo khona kuyiqiniso ukuthi izindlela ezithize ezivelele, njengokuvulwa kwamathuba emisebenzi, lapha nalaphaya, evulelwa abangaqashiwe, zi-yakubambezela ngeminyaka embalwa ukubumbeka kokuzazi nokuzazisa ngokobuzwe. Kodwa kuthi maduze nje ikholoniyalizimu ibone ukuthi ingek-wazi ukuzuza uhlelo lwezomphakathi nezomnotho olungenelisa izindimbane zabantu ababuswa ngabezizwe. Noma ngabe kukhulunywa ngokugcwalisa izisu zabo, ikholoniyalizimu iyehluleka nje, kwazise ayinawo amandla alokhu. Uhulumeni wekholoniyalizimu ube esebona masinyane ukuthi imizamo yawo yokuvimba amaqembu obuzwe ngokusebenzisa nje kuphela umnotho kufana nse nokwenzeka amazweni abuswa ngabezizwe noma akholonayiziwe lokhu ayengafuni kwenzeke kwawabo amazwe. Akumangalisi-ke ukuthi namuhla inkambiso yeCartierism iyadlondlobala yonke indawo.

Indlela ubuCartierism obuphelelwa ithemba kabuhlungu ngayo ingenxa yenkani yeFrance ebelesele ngokuzixhumanisa nabantu okudingeka ibafunze ukudla, kodwa amaFrench ebe ekokukhulu ukuhlupheka ibonisa ngokusobala ukuthi ikholoniyalizimu ayikwazi ukuziguqula ibe yinhlangano yezosizo ezingahambisani nobuqembu lombusazwe. Yingakho nje singekho nesidingo sokuchitha isikhathi siphindaphinda ukuthi: 'Kungcono ukulamba nesithunzi sakho kunokudla usuthe ube ugqilazekile.' Impendulo yalokhu wukuthi kumele sizincenge ukuze sivume ukuthi ikholoniyalizimu ayinakukwazi ukudala isimo esenza ukuthi abakholonayiziwe bakhohlwe wukuthi banxanele ukuba nesithunzi. Kuthi uma ikholoniyalizimu seyibona ukuthi ushintsho lwezomphakathi luyisaphi, bese kubuya izindlela zayo zakudala zokusebenzisa amaphoyisa, ukuthumela amasotsha ukuze ahlome ahlasele, nokubumba umbuso onhloso yawo kuwukwesabisa abantu okuyiwo osebenza kangcono ekuhambiseni izindlela zokucabanga kanye nezimfuno.

Kuthi ngaphakathi kwamaqembu ezombusazwe, noma ekuhambisaneni nawo kube nekilasi eliphucukile lezingcithabuchopho zomdabu. Ukuqaphelisisa ukuthi ubusikompilo besizwe kanye nokwamukela ukuthi kuyinto ebalulekile, yiyona nto abayikhonzile. Kuthi kanti abezombusazwe bagxilisa izinhlelo zabo kokwenzeka namuhla, izingcithabuchopho zona zigxile emlandweni. Kuthi uma amakholonisti esebhekene nezingcithabuchopho zomdabu zidalula ukuthi ingamanga le ndaba yokuthi ngaphambi kokuqala kokubuswa ngabezizwe abantu babesazilwane, abe yizimungulu. Okwenza ukuthi babe yizimungulu nakakhulu wukuthi lokhu okushiwo yintsha eyizingcithabuchopho kwamukelekile kahle nje kosomaqhinga bakomasipala abakhulu. Kumanje nje sekwamukelekile ukuthi eminyakeni eminingi engamashumi ngamashumi, baningi kabi abacwaningi base-Europe asebevumelene bavuselela izindlela zempucuko zase-Africa, eMexico kanye nasePeru. Abanye babo kubamangalisile ukubona ukuthi lezi zingcithabuchopho ezikholonayizile zinelukuluku elikhulu kabi ekuvikeleni amasikompilo asemazweni abo. Kodwa laba ababona sengathi leli lukuluku liyihaba, bavama ukukhohlwa, kodwa kuyacaca ekungejwayelekeni kwakho ukuthi izindlela abacabanga ngazo kanye nokuzazisa kwabo kufukanyelwe amasikompilo aseFrance noma aseGermany akufaneleka kwawo sekwabo-nakaliswa futhi akwaze kwabekelwa inselelo.

Ngiyalivuma iqiniso lokuthi ubukhona bempucuko yama-Aztec abukenzi okungakanani okungaguqula okudliwa abalimi abampofu baseMexico namuhla. Ngiyavuma ukuthi noma ngabe kunobufakazi bokuthi kwake kwaba nempucuko yamaSonghai, akuliguquli iqiniso lokuthi namuhla ama-Songhai awondlekile, awafundile antshingwe esibhakabhakeni nasemanzini, nezingqondo ezingenalutho namehlo agqolozele ubala. Kodwa-ke njengoba sesibonile ezikhathini eziningi lolu gqozi ngesikompilo lesizwe ngaphambi kwesikhathi sokubuswa ngabezizwe, izingcithabuchopho zamakholonisti zilubuka njengolufanelekile ngoba zisuke zibumbene ekuthini zihlehlele emuva zibhekisise lelo sikompilo elingekwaseNtshonalanga, okuzicacelayo izingcithabuchopho ukuthi zisengozini yokuthi ziphonseke ogibeni lwayo. Laba bantu basebenza ngomdlandla omkhulu ngezinhliziyo nemiqondo egcwele ulaka ngoba befuna ukuvuselela ukuxhumana nengqikithi yabantu yakudala ngaphambi kokuqala kwekholoniyalizimu.

Make sihlaziye sigxile; mhlawumbe lo mdlandla kanye nentukuthelo ku-fukanyelwa, noma kusekelwa yithemba eliyimfihlo lokuthi emva kwabo bonke lobu buhlwempu banamuhla, ngaleya kwalokhu kuzizonda, lokhu kuziyekelela nokungavumi ukubhekana neqiniso, kukhona isikhathi esizayo esimangalisayo futhi esikhangayo emehlweni ethu kanye nawabanye. Ngisho lokhu nje ngoba ngiqoka ukugxilisisa. Ngakho ngoba mhlawumbe ekuzazini kwazo izingcitha-buchopho ezikholonayiziwe ezikwazi ukuyibheka ngamehlo othando indaba yomlando wanamuhla wabantu bakubo abacindezelwe, ngoba akukho lutho olukhangayo kulesi simo sobulwane; asebeqoke ukubheka phambili, bagxile ngokucabanga nokuhlaziya, ngakho kumele ngabe bajabula kabi uma bethola ukuthi ikamuva alinindiwe ngamahlazo, kodwa isithunzi, inkazimulo kanye nokuhluzeka kwengqondo. Ukuvuselela obesekwadlula akugcini nje ngoku-hlumisa noma ukufanekisa isethembiso sesikompilo lobuzwe. Kuvusa inhlansi ebaluleke kakhulu engqondweni nasekuzizweni okuhlelekile kokholonayizwe. Mhlawumbe akukakaboniswa kahle nangokucacile ukuthi ikholoniyalizimu ayaneliswa nje ukugxisha imithetho yayo emazweni abantu abakholonayiziwe, namuhla nangomuso. Ikholoniyalizimu ayeneliswa nje ngukufaka abantu ogibeni lwayo noma ukuphuca izingqondo zabantu nanoma yini eziyikho nezinakho. Ikholoniyalizimu isebenzisa indlela yokucabanga ehlanekezelwe ngokubheka insukaphi yabantu abakholonayiziwe, iyisontasonte, iyigubekezele, bese iyidicilela phansi.

Uma sibhekisisa izimali ezafakwa amakholoniyalisti ukuze aqinisekise ukuthi abomdabu bayaqhelelana namasikompilo abo ngesikhathi sekholoniyalizimu, kuyacaca ukuthi babezimisele kangakanani ukuthi isigcino kube wukwenza abomdabu bakholwe ukuthi bazosizakala baphume ebumnyameni. Umphumela kwakuwukugxilisa emakhanda abantu bomdabu ukuthi uma nje amakholonisti angahle ahambe, bazozithola sebebuyele emuva ekubeni sazilwane, ekululaze-keni. Uma ukubuswa ngabezizwe kubhekisiswa kahle, ezingeni lokufiphazeka kwengqondo kwakungahlosile ukuthi abomdabu bakubuke njengomama onenhliziyo enhle ovikela umntwana wakhe ezingozini ezimzungezile, kodwa kwakuwukuthi kufana nomama ovimba umntwana wakhe ongaphilile kahle ekutheni azibulale noma azinikele ebubini bokubusa kwaleli lukuluku lokuzibulala. Umama ongumkholonisti, uvikela umntwana ekuzilimazeni, ekundlondlobaleni kokuzazisa kwakhe, ekusebenzeni komzimba wakhe, ekubunjweni kwawo lo mzimba kanye nakho konke okubi okungahle kuwehlakalele.

Kulesi simo izimfuno zezingcithabuchopho bomdabu azilona ihaba, kuphela nje yizimfuno ezithi makube nohlelo oluhlanganiswe kahle ngokucacile. Ingcithabuchopho ekholonayiziwe ehlose ukuthi umzabalazo wayo ube sez-ingeni elisemthethweni nelethembekile, iyazimisela futhi ibonisa ngezenzo ukuthi izimisele ukuziveza ubuyona yikhona kuzobonakala umlando wayo, ibe mandla ekubeni yile nhlobo yomuntu ohamba uhambo olude kakhulu olumusa emathunjini abantu bakubo.

Lolu hambo oluya ezibilini alugcini ngokuba ngolwezwe kuphela. Ingcithabuchopho yomdabu esithathe isinqumo sokuvumbulula aman-ga aqanjwa amakholonisti ikwenza lokhu ezwekazini lonkana. Imvelaphi iyadunyiswa. Isikompilo elivunjululwe kule mvelaphi ukuze kukhonjiswe ubukhazikhazi bayo, akuyilona leli sikompilo ingcithabuchopho ephila kulo njengamanje. Ikholoniyalizimu engakwazi neze ukubuka izinto ngendlela ejulile, ebona imininingwane nomahluko ocashile seyahlala ithi, 'i*nigger*' linonya, hhayi um-Angolan noma umNigerian, kodwa 'i*nigger*'. Ngokubona abantu abasazilwane, abagcwele ukukholelwa ezeni, abanokusangana, okusasa labo liwukwenyanywa, ukuqalekiswa uNkulunkulu, umhlaba wabantu abadla abantu, umhlaba 'wama*nigger*'. Indlela ikholoniyalizimu egxeka ngayo inkulu kabi, ingangezwekazi. Inkolelo yekhoniyalizimu ekuthini isikhathi sangaphambi kokufika kwabo sifana nobumnyama bomphefumulo, yayibhekiswe ezwenikazi lase-Africa lonkana. Ngakho imizamo yokholonayiziwe yokuzivuselela ukuze adonsule lolu dosi lwekholoniyalizimu nayo ilandela indlela efanayo yokucabanga. Ingcithabuchopho ekholonayiziwe, engene shi esikwenimpilo laseNtshonalanga izimisele ukubonisa ukuthi nayo inelayo isikompilo, ayikwenzi lokhu egameni le-Angola noma leDahomey. Leli sikompilo ekhuluma ngalo yisikompilo le-Africa yonkana. Uma umuntu omnyama, ongakaze azizwe eyi-'Negro' ngale ndlela azizwa ngayo ngaphansi kwengcindezelo yabamhlophe, ube esethatha isinqumo sokuthi abonise ukuthi isikompilo lakhe nendlela aziphatha ngayo kungcono, kungokomuntu ophucuzekile. Ube esebona ukuthi umlando wakhe ubeka emahlombe akhe izindlela eseziklanyiwe, ukuthi umlando umfaka endleleni ecacile okumele ukuthi ahlale kuyo abonise ukuthi kukhona le nto okuthiwa yisikompilo lomuntu oyi-'Negro'.

Futhi kuyiqiniso ukuthi umthwalo wale ndlela yokucabanga emumethe ubuhlanga, noma indlela lokhu kucabanga okusetshenziswa ngayo, use-mahlombe ama-European ngoba abakaze bayeke ukuthi babeke isikompilo labo njengabamhlophe ukuba lithathe indawo yamasikompilo angekho. Ukubuswa ngabezizwe akuzange kubone kunesidingo sokuthi kuphikisane nesikompilo lezwe ngalinye ngalinye. Yingakho-ke nje kwathi zibekwa nje impendulo yabakholonayiziwe yavele yaba banzi njengezwekazi. Kule min-yaka engama-20 adlule e-Africa imibhalo efundwayo akuyona imibhalo yesizwe kepha iyimibhalo 'yamaNegro'. Isibonelo nje, ukusebenzisa igama elithi '*negritude*' kwakuyindlela yokubonisa ukuzithanda uma kwakungeyona eyokuphikisana nale nhlamba umuntu omhlophe ayesethuke ngayo wonke umuntu ongayena umlungu. Ukusetshenziswa kwaleli gama le*negritute* uma kuboniswa intukuthelo ebhekiswe kumuntu omhlophe sekusizile kwezinye izikhathi ukuqeda okwakungavumelekile ukuthi kukhulunywe ngakho ngoba kungamachilo kanye neziqalekiso. Ngakho ngoba izingcithabuchopho zaseKenya nezaseGuinea zazibhekene nalokhu kukhishwa inyumbazana ukungakhethi kanye nengxubevange yokwedelelwa ababusi basezizweni, eyabo impendulo kwaba ukuzinaka bona nokwenza imicimbi yokugubha. Okwalandela lokhu kugcizelela isikompilo lase-Europe, kwaba ukugcizelela isikompilo lase-Africa. Ngokuvamisile nje izimbongi ze*negritude* zaziveza i-Europe yakudala ne-Africa eseyiyintsha, ukucabanga ngendlela engenamfutho kanye nobumbongi, imibono ekhinyabezayo engafani nobunjalo bokunethezeka kwemvelo; kulolu hlangothi kube ukuqina okungenakugobeka, ukukhonza imikhosi, izinkambiso nokungethembani, kanti kolunye uhlangothi kube ukungazi okungakanani, ulaka, inkululeko kanjalo belu nokunethezeka nokuba nezinto zikanokusho. Kodwa futhi kanye nokungakhatheleli nokunganakekeli lutho.

Izimbongi ze*negritude* azizange zithandabuze, zeqa imingcele yase-Africa zasabalalela e-America, zishumayela ivangeli. Kwasunguleka okubizwa nge-'The Black World', kwagqama uBusia waseGhana, uBirago Diop waseSenegal, uHampate Ba waseMali kanye noSiant-Claire Drake waseChicago, bathi bamnyombo munye futhi izindlela zabo zokucabanga ziyafana.

Kungaba yisikhathi esikahle lesi sokuthi sibheke isibonelo sasemazweni ama-Arabhu. Siyazi ukuthi izindawo eziningi zama-Arabhu zazibuswa yikholoniyalizimu. Nakulezi zindawo ikholoniyalizimu yayisebenzisa amacebo afanayo kwabomdabu bakulezi zindawo ngokufuna ukuhlohla inkolelo ethi umlando wabomdabu wawucwile ebulwaneni. Umzabalazo wenkululeko yesizwe wawuxhumene nesikompilo elalibizwa ngokuthi ukuvuseleleka kobuSulumane. Isasasa elibonakala kubabhali bama-Arabhu anamuhla uma bekhumbuza abantu bakubo ngezahluko ezibalulekile zomlando liyimpendulo ephikisana nala manga aluhlaza ezifiki. Amagama abalulekile ama-Arabhu angababhali bezincwadi aqoshiwe emlandweni kanjalo nensukaphi yempucuko yama-Arabhu aqhakanjiswa ngentshiseko nomdlandla ofanayo nalo ezempucuko yama-Africa. Abaholi basemazweni ama-Arabhu bazamile ukuvuselela iDar el Islam eyayidumile eyashintsha okuningi okubukekayo ngesikhathi seminyaka yekhulunyuka le-12 kuya kwele-14.

Kunamuhla nje, enkundleni yezombusazwe, i-Arab League iyisibonelo esibambekayo salokhu kuzimisela ekuvuseleleni insukaphi ukuze iye phambili esiphethweni esilindelekile. Namuhla odokotela kanye nezimbongi zama-Arabhu bayaqhwebana bawele imingcele ngenhloso yokusungula isikompilo kanye nempucuko entsha yama-Arabhu. Bayabumbana egameni lobu-Arabhu, okuyiyona nto ehola iqhakambise imicabango yabo. Emhlabeni wama-Arabhu, nakuba nawo eyecindezelwe yikholoniyalizimu, ukuzazisa ngobuzwe kwahlala kuvutha ngendlela eyayingaziwa e-Africa. Umphumela walokho wukuthi akubi nazimpawu zobumbano oluzenzekelayo phakathi kwabangamalungu e-Arab League. Okwenzekayo okungalindeleki, wukuthi lelo nalelo lungu lenza imizamo yokuncoma nokuqhakambisa imisebenzi yesizwe eyimpumelelo. Nakuba le ngxenye engeyempucuko seyehlukanisiwe nakho konke okungubu-Africa emhlabeni wayo, ama-Arabhu awalinge akukhohlwe lokhu okuwabumbanisayo uma ebhekene nenhloso thizeni. Ukuzazi kwabo ngokwesikompilo kusho ukuthi bangama-Arabhu, ababona abantu besizwe. Okubalulekile kulesi sikhathi akukhona ukuqiniseka isikompilo lesizwe, akukhona ukugxila emkhankasweni wokubumba izizwe, kodwa kuwukubukisana isikompilo lama-Arabhu noma labase-Africa ngokuphikisana nekholoniyalizimu. Uma izimfuno zezingcithabuchopho ezikholonayiziwe zama-Arabhu nabase-Africa ziyingxubevange, zingezezwekazi lase-Africa lonkana, kodwa kuma-Arabhu, zingezomhlaba wonkana.

Okufunwa yisimo somlando kuphoqelela ukuthi izingcithabuchopho zase-Africa zisebenzise ubuhlanga uma zikhuluma ngezimfuno zazo; okwenza ziqhakambise isikompilo lama-Africa ngaphezu kwelesizwe, okube sekwenza ukuthi izingcithabuchopho zingazuzi lutho. Ake sithathe nje isibonelo se-African Society for Culture. Le Society yasungulwa yizingcithabuchopho zase-Africa ngoba zifuna ukuthi kube nokubambisana kwezemibono, kwezohambo lwempilo kanye nakwezokucwaninga. Inhloso yale Society kwakuwukusungula nokubumba isikompilo le-Africa, ukubonisa imininingwane yezwe nezwe, ukuze kucace kahle ukuthi lelo nalelo sikompilo lisebenza kanjani ezweni ngalinye. Kuso leso sikhathi le Society yayibhekene nenye inselelo, nesinye isidingo: ukuthi ikwazi ukuba mdibi munye ne-European Society for Culture eyayisonga ngokuthi izoba yi-Universal Society for Culture. Okwakusekujuleni kwalesi sinqumo kwakuwukufuna ukuthi iSociety ibe sezingeni elilinganayo nalabo bomhlaba jikelele bebe kanti beza nesikompilo elimsuka walo usezibilini zezwekazi lase-Africa. Kepha ngokukhulu ukushesha iSociety kwacaca ukuthi ayikwazi ukubhekana nokwakufanele ikwenze, kanjalo nendlela amalungu ayo ayeziphatha ngayo yagcina seyifana nje nokuthi angumhlobiso, awanamandla; okwawo nje wukuveza ubufakazi bokuthi isikompilo le-Africa likhona, okwabe sekwenza ukuthi la malungu azithole esebhekene nokuzazisa nokuzicabangela kanye nokubukisa kwabase-Europe.

Sesibonisile-ke ukuthi le ndlela evamile yokucabanga yayinomsuka ongamanga, amanga ayebhebhethekiswa yizingcithabuchopho zase-Europe. Kodwa izinhloso zale Society zabe seziwohloka emva kokuthi imibono yeNegritude isidingidwe yacaca. I-African Society for Culture yabe seyishintsha igama yaba iCultural Society for the Black World, yase iphoqeleleka ukuthi isebenzisane nabamnyama abahlakazekele kwamanye amazwe, okungukuthi, eziningi izinkulungwane zabantu abamnyama ababehlala emazweni akuma-Americas.

AmaNegro ayehlala e-United States, eCentral kanye naseLatin America eqinisweni ayedinga inxanxathela yamasikompilo ayezobambelela kuyo. Izinkinga ayebebhekene nazo zazingahlukile kulezi abase-Africa ababebhekene nazo. Abamhlophe base-America babengaziphethe ngendlela eyahlukile kulena abamhlophe abangamakholonayiza abaziphethe ngayo e-Africa. Sesibonile ukuthi abamhlophe babemandla ekudidiyeleni wonke ama-'Negro' esitsheni esisodwa. Ngesikhathi somhlangano wokuqala i-First Congress of the African Society for Culture eParis ngonyaka we-1956, amaNegro ase-America avele azibona kahle izinkinga zawo ukuthi ziyafana nezabamnyama base-Africa. Ngokuthi ongqondongqondo base-Africa babonise ukuthi laba ababeyizigqila bamunye nempucuko yase-Africa, benza ukuthi bazizwe bemukelekile. Kodwa kwathi ngokuhamba kwesikhathi amaNegro ase-America abona ukuthi izinkinga zawo zokuphila zehlukile kunalezi abase-Africa ababhekene nazo. Kukodwa nje okufanayo phakathi kwabamnyama baseChicago, abaseNigeria noma abaseTanganyika, kuwukuthi uma bezichaza ngobubona babuhlanganisa nobudlelwane babo nabamhlophe. Kwathi uma lokhu kuqhathanisa kwasekuqaleni sekwenzekile nemizwa ngakho seyidambile, abamnyama base-America babe sebebona ukuthi izinkinga okubhekenwe nazo azifani neze. Isimiso nezinhloso zenkululeko lapho abamnyama nabamhlophe base-America bekhankaselela ukuqeda ukubandlululwa ngokohlanga kwehluke kakhulu emzabalazweni wobuqhawe babantu base-Angola belwisana nobubi bekholoniyalizimu yamaPutukezi. Yingakho-ke nje kwathi ngesikhathi se-Second Congress of The African Society amaNegro ase-America athatha isinqumo sokusungula i-American Society for African Culture.

INegritude yabe seyihlangabezana nezinkinga ezivele ziyisithiyo sayo, lokhu okungukuthi, kunezinto ezingakhulumeki ngaphandle kokuqala ngomlando nemvelaphi yomuntu. Isikompilo le-'Negro' noma le-'Negro-African' labe seliphelela obala ngoba babe sebebona ukuthi lelo nalelo sikompilo liqala ngokuba ngelesizwe, babona nokuthi zinkinga ababebhekene nazo oRichard Wright noLangston Hughes azifani neze nalezi oLeopold Senghor noJomo Kenyatta ababebheke nazo. Kanjalo nemibuzo thizeni yama-Arabhu ayesehube ihubo le-Arab Rennaisance kwabe sekubacacela ukuthi indlela amazwe abo ami ngayo nendlela ezomnotho ezazisebenzisana ngayo kubaluleke kakhulu, ngaphezu kokuvuselela okuphathelene nemvelaphi yabo. Imiphumela yalokho wukuthi imibuso yama-Arabhu kunamuhla nje ixhumene ngokugcwele nemiphakathi kanye namasikompilo abaseMediterranean. Isizathu salokhu wukuthi le mibuso ingaphansi kwengcindezi yendlela yanamuhla yokwenza izinto, kanjalo nezokuxhumana ngezohwebo; kunjalo nje izindlela zakudala zokuthengiselana, ezazisebenza ngesikhathi ama-Arabhu enaba sezinyamalele. Ngaphezu kwakho konke, kunaleli qiniso elingenakuphikiswa lokuthi imibuso thizeni yezepolitiki yamazwe ama-Arabhu yehluke kakhulu ekusebenzeni kwayo, kunjalo nje ayazani, okwenza ukuthi noma yini ebaxhumanisayo, noma ngabe ezesikompilo, igcina ngokungasho nto ebalulekile.

Kuyacaca-ke ukuthi indlela inkinga yesikompilo ebukwa ngayo kwamanye amazwe akholonayiziwe ingahle iholele emibonweni ehlukahlukene kakhulu. Ukuthi ikholoniyalizimu ilokhu ibelesela ngokuthi ama-'nigger' awanasikompilo nokuthi ama-Arabhu ayizilwane ngokwemvelo, yenza ukuthi kwakheke isikompilo elinokuba ngelezwekazi hhayi ilizwe ngalinye, futhi lisebenzisa ukubandlulula ngebala nangobuhlanga kuphela. E-Africa indlela ingcithabuchopho ecabanga nezichaza ngayo izinto iqhakambisa ubumnyama bomuntu wase-Africa, okuwukuthi: Black-African noma ukuba um-Arab-Islamic. Lokhu kuchaza akubi nje okwesizwe. Isikompilo liya ngokuya lisusswa ebunjalweni bezinto nempilo. Isikompilo lizitholela ihontshi lendawo ephephile lapho kuphuphuma khona imizwa futhi liyehluleka ukuzivulela indlela eqondile engahle ibe yiyona kuphela engalinikeza amandla okukhiqiza, ukubumbeka, nobunjalo obuyiqiniso.

Nakuba umlando ubonisa ukuthi leli qiniso aliphelele, izenzo zezingcithabuchopho zomdabu zeseka futhi zithethelela noma zivumela okwenziwa osopolitiki. Futhi kuyiqiniso ukuthi isimo sengqondo sezingcithabuchopho zomdabu kwesinye isikhathi siba sengathi sinokuthatheka noma siba ngesenkolo. Kodwa kuthi emva kokucubungulisisa kucace ukuthi ingcithabuchopho ibona kahle ukuthi isengozini yokugqabula konke okusasele okuyibumbanisa nabantu bakubo. Lokhu kukhuluma ngobukhona besikompilo lesizwe eqinisweni kufana nje nokushisekela ukubuyela emuva esimweni esikhungathekisayo sokwamukela nanoma yini. Ukuze ingcithabuchopho ekholonayiziwe izithole ihlengekile, ukuze ikubalekele lokhu kuzazisa nokuzibeka phezulu kwawo wonke umuntu okwenziwa ngubunjalo besikompilo labantu abamhlophe, iba nesidingo sokubuyela emuva, esikhathini sasendulo engasazi nokusazi, izilahle kuso, izibandakanye nabantu bakubo abangamaqaba, noma ngabe kwenzekani. Ingcithabuchopho yomdabu, ngakho ngoba izizwa sengathi ikhishwa inyumbazana, ngamanye amazwi kungathi indlela yempilo igcwele nje okungaqondakali nokugcwele impikiswano kube kungenasisombululo, ibe isizikhipha kukho konke lokhu okuyibeka engozini yokukhinyabezeka, bese izimisela ukuthi ikholelwe kulokhu ezozitholela khona, iyamukela bese ixhumanisa inhliziyo nomphefumulo wayo. Izithola ilindeleke ukuthi yazi ngakho konke, iphendule yonke imibuzo iphendulela uwonkewonke. Ingcithabuchopho ayigcini nje ngokuba umkhulumeli wabantu, yamukela nokuthi ihlanganiswe nabanye abantu, nokube sekwenza ukuthi ikwazi nokuzihleka ngobugwala bayo bakudala.

Lokhu kuzisika insumpa kuthi kubuhlungu futhi kwesabisa, kube kudingekile. Kanjalo sizozithola sesibhekene nezinkulu izinkinga ezihlukumeza ingqondo nomphefumulo: abantu abangenasizinda, abangenamingcele, abangenambala, abangenazwe, abangenazimpande nabangenaqembu labo lezingelosi ezizobavikela. Yingakho nje kungezukumangalisa ukuzwa ezinye izingcithabuchopho ezikholonayiziwe zithi: 'Ngikhuluma njengowaseSenegal ongumFrench. Ngikhuluma njengom-Algerian ongumFrench.' Futhi ikhubeka ngoba kunesidingo sokuthi iveze ubuzwe bayo obumbaxambili, ukuzimisela okumbaxambili, ingcithabuchopho engum-Arabhu ibe ingumFrench, noma umNigerian kanye nomNgisi, kuthi uma ifisa ukuba neqiniso bese ikhetha okukodwa kwalokhu kulokhu, okuphikisana nokungakhethi. Ngokujwayelekile-ke kodwa uma ingcithabuchopho ingafisi ukukhetha, noma uma yehluleka ukukhetha, ibe isiqoqa konke engakuthola amlandweni okubumbe impilo yayo bese izibeka ezimweni ezingezikajikelele; 'ezimweni zandawo yonke'.

Isizathu salokhu-ke kuba wukuthi ingcithabuchopho ekholonayiziwe isuke seyaziphonsa ngokugcwele esikwenimpilo laseNtshonalanga. Kufana nje nabantwana abangakhuliswanga ngabazali babo, abayeka ukufuna ukwazi ngaleli khaya elisha kuphela uma sebezizwa begculisekile engqondweni ngalesi simo esisha; ingcithabuchopho yomdabu izozama ukuthi isikompilo lama-European ilenze elayo nayo. Ayineliswa nje ngukwazi ngoRabelais noma uDiderot, uShakespeare noma u-Edgar Allen Poe, kunalokho iyawunwebisisa umqondo wayo ukuze igcine isifana nabo ngokugcwele:

La dame n'était pas seule

Elle avait un mari

Un mari très comme il faut

Qui citait Racine et coreneille

Et Voltaire et Rousseau

Et le Père Hugo et le jeune Musset

Et Gide et Valéry

Et tant d'autres encore[2]

Kwezinye izikhathi kuthi ngaso sona lesi sikhathi abamaqembu ezombusazwe agqugquzele abantu egameni lenkululeko yesizwe, ingcithabuchopho ibe izahlukanisa nekufezile ngoba isizwa sengathi kuyikhipha inyumbazana. Kodwa-ke lokhu kukhuluma kuba lula nje, akufani nokwenza. Ingcithabuchopho esingene shiqe empucukweni engokwaseNtshonalanga ayingeni ngomnyango wangemuva isikwazile ukufumbatha noma ukushintsha ubuyona ngenxa yempucuko yabase-Europe; ibe isibona ukuthi empeleni kuleli sikompilo efisa ukuzibandakanya nalo ukuze izizwe yethembekile, zimbalwa izithixo ezingaqhathaniseka nalaba abaningi omagama abo avelele futhi anobukhazikhazi kwezempucuko yezifiki. Umlando vele wabhalwa, futhi ubhalelwe abaseNtshonalanga, ngakho kuyenzeka kwesinye isikhathi ukuthi uqhakambise okuthize ngezigaba zimbe zensukaphi yase-Africa. Kodwa-ke ukuthi uma ingcithabuchopho ibhekene nesimo sezwe layo, ilibhekisise kahle futhi ilibukisise ngokungakhethi ngoba ifisa ukulibiza ngelayo, kwazise ingcithabuchopho iyakwesaba ukuntula ukungabi nangqondo kanye nobulwane. Kodwa ibona kufanele iwabalekele la masikompilo abelungu. Kumele icinge kwezinye izindawo, nanoma kuphi; ngoba ukungabi nasikompilo elizwakalayo elifana naleli abakholonayizi abaqholosha ngalo beqhwakele esicongweni esibabukisa nakude le, ingcithabuchopho ekholonayiziwe ivama ukuzithola isizifaka ezimpikiswaneni ezishisayo okube sekwenza ukuthi ibe nendlela yokucabanga eyenza ibe nozwelo oluyihaba kanye nokusoleka. Lokhu kuzihoxisa kuvela okokuqala nje embuzweni ovela ngaphakathi kungcithabuchopho, indlela eziphatha ngayo kanjalo nobunjalo bobuntu bayo okube sekwenza ukuthi ukusabela nokuphikiseka kube segazini.

Lokhu esikhuluma ngakho ngenhla kusiza ukuthi sikwazi ukuchaza kahle indlela ingcithabuchopho yomdabu ezimisela ngayo kulesi sigaba senkululeko nengqwebukamqondo ehambisana naso. Indlela emazombezombe, egcwele izithombe ngoba izithombe zingamabhuloho avulekayo akwazi ukuvulela isimo sokungaqwebuki ukuthi sichithekele emadlelweni aluhlaza. Le ndlela inomdlandla, igcwele ilukuluku, ivutha amalangabi empilo. Le ndlela inobuk-hazikhazi, futhi ifana nethusi, igezelwe ekukhanyeni kanti futhi inesihluku. Le ndlela abaseNtshonalanga bathi ayilungile futhi iyihaba, ayiyona into eham-bisana nobuhlanga njengoba abanye besho njalo, kodwa ibonisa ngokujulile ukuthi kunesidingo sokuthi ingcithabuchopho izilimaze, yophe igazi ukuze ikwazi ukuzikhulula, ikhulule le ngxenye yobuyona esingcoliswe ngamagciwane kanye nokubola. Ukuzilimaza kwangempela lapho umsipha kufanele uthathe isikhundla somcabango.

Nakuba le ndlela yokwenza ingafikisa ingcithabuchopho yomdabu kwesinye isigaba esingajwayelekile esiphakeme esifana nezinkondlo; ezingeni lempilo ivama ukungasebenzi kahle. Uma isithatha isinqumo sokubuyela empilweni yayo yemihla ngemihla emveni kokuba kade ikhulumisana nabantu bakubo noma ngabe bengobani, nakuba bekuphi; lokhu ebuya nakho ekugcineni kuyizinto nje ezijwayelekile uma zingezezakudala. Ukuzithola kwengcithabuchopho igcizelela ukubaluleka kwamasiko, ukwenza izinto ngezindlela zasendulo kanye nezindlela zokugqoka kuye kwenze ukuthi lolu hambo lwayo lokufuna lugcine nje selufana nolungatheni, nokufuna okuyimvelakancane. Kuba yilesi sikhathi-ke lapho izingcithabuchopho zibabaza zidumisa konke okusemhlabeni wabomdabu. Imvunulo yomdabu ingubo entazayo yama*boubou* iba ngcwele, isicathulo saseParis noma e-Italy sibukelwa phansi ngoba izimbadada zamaSulumane, ama*babouchers* yizo ezingcono. Ulimi lomkholonayizi dukuduku selumshisa izindebe zomlomo. Ukuvuseleleka kokuxhumana nabantu bakubo kulesi sigaba kwenza ukuthi afune ukuba i-'*nigger*' kodwa hhayi i-'*nigger*' elingavamile kodwa i-'*nigger*' langempela, i-'*nigger* elingcolile' le nhlobo echazwa ngabamhlophe. Ukuvuselela ukuxhumana nabantu bakubo kusho ukuthi kumele abe 'um-Arabhu' ongcolile owenza konke angakwenza ukuze abonakale engowomdabu, okusho ukuthi kumele anqume lezi zimpiko ekade zidedelwe ukuba zizikhulele nje.

Ingcithabuchopho yomdabu, ekholonayiziwe ibe isithatha isinqumo sokubhala phansi uluhla lwakho konke okubi okuyizindlela zabakholonayizi, ibe isisheshisa ikhumbula okohlu ngabantu bakubo, laba bantu asebenziwe bangabanakekeli beqiniso. Lokhu kwenza kanje kubonisa umkholonisti ihlazo bese kuqinisa intshisekelo yokholonayiziwe. Kuthi-ke uma umkholonisti owayejabule ngokukwazi ukwenza izingcithabuchopho ukuthi zikhonze izindlela zabo abone manje ukuthi laba bantu ababethi sebebadobe badobeka sebeqale ukuzihlanganisa 'nama*nigger* anensila' kube sekonakala lonke-ke uhlelo. Zonke izingcithabuchopho zomdabu ebezithembekile, zonke izingcithabuchopho zomdabu esezibhoboka zivuma, uma sezithathe isinqumo sokubuyela emuva, ziphile ngezindlela zazo zakudala; lokhu akugcini nje ngokuphindiselela emuva umsebenzi wamakholonisti kodwa kubonisa nokuthi umsebenzi ababewen-zile ubungagxilile futhi ungenanhloso etheni. Zonke izingcithabuchopho ezikholonayiziwe ezibuyela kunsukaphi yazo ziba yisiboniso esiqavile sokuthi uhulumeni nezindlela zakhe zokwenza izinto kanye nolaka eziluvusayo akana-kuthetheleleka, ngakho izingcithabuchopho ziyavuseleleka emkhankasweni wazo futhi ziyabekezela.

Uma siqala sihlaziya lezi zigaba ezahlukene zokuthuthuka zemisebenzi yababhali abakholonayiziwe, kuvela izigaba ezintathu. Okokuqala, kuyacaca ukuthi ingcithabuchopho ekholonayiziwe isiphumelele ekumumatheni isikompilo lomkholonayizi. Imisebenzi yengcithabuchopho uma iqhathaniswa ngaphuzu linye nalinye ifana nse neyozakwabo abasedolobhenikazi. Ugqozi lokusebenza kwayo ngolobu-Europe futhi umsebenzi wayo kulula ukukhomba ukuthi ufana namiphi ezigqamele kahle kwezemibhalobuciko yakomasipala abakhulu. Yisigaba lesi sokuzifanisa okunzulu lapho sibona khona amaParnassians, amaSymbolist kanye namaSurrealist khona lapha phakathi kwababhali abakholonayiziwe.

Esigabeni sesibili umbhali okholonayiziwe uzithola esekungabaza lokhu abesekholelwa kukho, bese ethatha isinqumo sokubuyela emuva, acabangisise ngemuva lakhe. Lesi sigaba sicishe siqondane nalesi sokuzicwilisa esiqeda kusichaza. Kodwa-ke ngoba umbhali okholonayiziwe akaxhumene kahle nabantu bakubo ngoba ubudlelwane bakhe nabo bufana nobomuntu wangaphandle, kuyamanelisa ukukhumbula. Izinkumbulo zasebunganeni ziyavumbuka, izinganekwane zakudala uyazicwaninga ebe esebenzisa izindlela zokucwaninga ezingezokubolekwa kanjalo nokucabanga ngomhlaba okutholakale ezinkalweni ezehlukile. Kwesinye isikhathi le mibhalobuciko ebhalwa nje ngaphambi kwempi yokungqubuzana iba namahlaya nemibhalomifanekiso kanti kwesinye isikhathi igcwala usizi, ubunzima, ukufa kanjalo nesicanucanu. Kodwa ngaphansi kwakho konke lokhu kungazithandi, kuzwakala umsindo wokuhleka.

Okokugcina, okuyisigaba sesithathu, yisigaba sokulwa. Lapho umbhali okholonayiziwe, emva kwakho konke ukuzama ukuzibandakanya nabantu bakubo, uyabavuselela. Esikhundleni sokuthi abuke abantu bezikhathalele, uyaphenduka abe ngumgqugquzeli wabantu. Kuvumbuka imibhalo yokulwa, imibhalo yenguquko jikelele, imibhalo yesizwe. Ngalesi sikhathi salesi sigaba baba baningi abesilisa nabesifazane ababengakaze bacabange ukuthi bangaba ababhali, abazithola sebesesimweni esingejwayelekile ejele, ekulwisaneni nohulumeni, noma ngelanga lokugcina ngaphambi kokuthi banqunywe bazizwa, benentshisekelo yokuqhakambisa isizwe sabo, yokubhala ngabantu bakubo bese beba ngabakhulumeli bale mpilo entsha esisungulekile.

Kuthi kungakapholi maseko kodwa bese ingcithabuchopho ekholonayiziwe kuyicacela ukuthi ubunjalo besizwe abakhiwa yisikompilo kodwa budaleka emza-balazweni wokulwisana nezifiki ezifuna ukuthatha izwe. Ayikho ikholoniyalizimu ezithethelela ngokuthi amazwe ewathathayo awanamasikompilo nampucuko.

Ikholoniyalizimu akusoze kwayikhathaza kuyinike amahloni ukuthi ayiwaboni amagugu amasikompilo ephambi kwayo. Kuthi ngale nkathi iqala umsebenzi wayo wobuciko ingcithabuchopho ekholonayiziwe ingaboni ukuthi isebenzisa izindlela zobuciko kanye nolimi eluboleke kulezi zifiki. Yanelisekile ngokuthi isebenze sengathi konke ekwenzayo kuphathelene nesizwe kanti isitayela sakho sicishe nje sifane nokusangqayizivele. Ingcithabuchopho yomdabu endlela yayo yokubuyela kubantu bakubo iwukusebenzisa ubuciko empeleni iziphatha njengomuntu ovela kwamanye amazwe. Kwesinye isikhathi ingcithabuchopho ayingabazi, isebenzisa ulimi lwabantu bendawo ukuze ibabonise ukuthi ifisa kan-gakanani ukusondelana nabo, kodwa okuyibambile engqondweni akuhlanganise lutho nezinto zemihla ngemihla zabantu besilisa nabesifazane besezweni layo. Isikompilo leli ingcithabuchopho exakekiswe yilo aliluthu olungaphezu kohlu lwezinto ezikhethekile. Ingcithabuchopho ithi izama ukuzisondeza kubantu igcine ngokubambelela otalagwini. Lolu talagu-ke kodwa lubonisa impilo enzulu ejulile esesimweni sokuhlala ivuseleleka. Lokhu kulungisa kabusha okulindelekile futhi okufana nabantu bakho, eqinisweni akusebenzi ngoba ingcithabuchopho seyivele iphikisiwe ngoba ayibi yindlela ehambisana kahle nobunzulu bezinto ezivele zigcwele izinguquko ezinkulu. Esikhundleni sokuthi ingcithabuchopho ifunisise ubunzulu bento, izinikezela ekuthini isanganiswe yilezi zicucu eziwubumba okuthi uma zihlanganiswa siveze okuphikisayo, osekukudala kakhulu nokokwenziwa. Isikompilo alimandla ngokubonakalisa okungale kwalo njengesiko. Isikompilo libonisa ngokusobala ukuthi alilulazeki. Eqinisweni ebunzulwini balo liyaphikisana nesiko, ngoba kuvele kuwukufiphala nokuwohloka. Ukufuna ukubambelela emasikweni akudala noma ukuvuselela amasiko angasanakiwe akukhona nje ukuphikisana nomlando, kuwukuphikisana nabantu uqobo. Uma abantu beseka umzabalazo wempi noma wepolitiki belwisana nekholoniyalizimu enonya, amasiko ayaguquka, akumele kuyashintsha. Okwakuyindlela yokulwa ngokuthula kulesi sigaba kushintsha kakhulu kube njengeze. Amasiko ezweni elingakathuthuki libe lisemzabalazweni wempi yenkululeko, asesimweni sokuntengantenga futhi kuningi okuwathintayo kuwaphazamise. Yingakho-ke nje ingcithabuchopho izifaka engcupheni yokungahambisani neningi. Abantu abasemzabalazweni wenkululeko baya ngokuya begxila ekubeni amaphekulazikhuni bengasangeneki, ingcithabuchopho ebalandelela eduzane noma ibalingisa igcina isifana nje nosomathuba oyigovu, noma iba njengosele ngemuva, eshiywa yizikhathi.

Emkhakheni wezobuciko obubonwa ngamehlo nje, iciko elikholonayiziwe lifisa ukuthi libumbe imisebenzi ebalulekile yesizwe ligcina ngokugxila eminingwaneni ebopha ngabhande linye. Lawo maciko nakuba kade egxile kakhulu ekwazini izindlela ezintsha zokwenza izinto noma ngezokudweba noma ubunjiniyela bokuklama izakhiwo, ayawafulathela amasikompilo akwamanye amazwe, awaphikise, ngoba efuna ukwenza okungokwesizwe sawo acabanga ukuthi yikho okubonisa ubunjalo obubalulekile bobuciko besizwe. Kodwa la maciko ayakhohlwa ngukuthi izindlela zokucabanga, ukudla okudliwayo, izindlela zesimanje zokuxhumana, izilimi kanye nezimpahla ezigqokwayo konke sekuzijikajikile izingqondo zabantu nokuthi izinto ezithize ezaziyisisekelo sokuphepha ngezikhathi zekholoniyalizimu, zisesimweni senguquko enkulu ngendlela ababazekayo.

Iciko eselithathe isinqumo sokubonisa amaqiniso esizwe libuyela emuva, okuyinto engalindelekile, bese lizithola selibhekene nezinto ezingasenalusizo esikhathini sanamuhla. Engqondweni yalo lokhu elikuhlosile yimisalela yendlela yokucabanga komphakathi, izinto eziyizembatho ezibonakala obala, imisalela kanye nolwazi oluvaleleke eqhweni layizolo lesikhathi sakudala. Kodwa-ke ingcithabuchopho yomdabu efisa ukuthi isikompilo libe ngelimsulwa kumele ibone ukuthi iqiniso lesizwe kumele kuthi zisuka nje libe yiqiniso eliwubunjalo besimo sesizwe. Kumele ingcithabuchopho iphikelele phambili ize ifike lapho okuqala khona ukuvuka kwexhala ngoba yilapho-ke la ulwazi lusimama khona.

Ngaphambi kokuzuzwa kwenkululeko iciko elingumdwebi lalingayikhath-alele indaba yokudweba inhlabathi yezwe lalo. Lalikhetha ukudweba izinto ezingaxhumene nobuzwe futhi esikhathini esiningi lalidweba izinto ezinganyakazi, ezithule nje. Emva kwenkululeko, ukufisa kwalo ukuthi lizibandakanye nabantu kube sekwenza ukuthi lidwebe izinto ezibonisa ngaphuzu linye ubunjalo bezwe obungenamumo, obunganyakazi; obufana nje nokufa imbala, hhayi impilo. Kule mikhakha yabafundile kuba khona abajabula bafe ngale midwebo ebonisa iqiniso, kodwa sinelungelo lokuzibuza umibuzo yokuthi leli qiniso libonisa okuyikho yini, noma mhlawumbe liyinto okungaseyona eyesikhathi sanamuhla, engasenasisindo, noma eyenza sizibuze ngalolu daba lobuqhawe babantu ababuyela kumvelaphi yabo.

Kungashiwo okufanayo nangezinkondlo. Emva kwesikhathi sokuzifanisa nabanye, amabinza anemvumelwano yokuphindaphindwa kwamagama abe eseyekwa, kwaqubuka ukushaywa kwezigubhu zezinkondlo. Lezi yizinkondlo zokubhikisha kodwa ezinokucubungula kanye nokuchazisisa. Imbongi kufanele yazi kodwa ukuthi ayikho into engathatha isikhundla sokucabanga okuqondile nokungenakuphindela emuva kwabantu abazimisele ngempi. Ake siphinde sicaphune embhalweni kaDepestre:

La darne n' était pas seule

Elle avait un mari

Un mari qui savait tout

Mais à parler franc qui ne savait rien

Parce que la culture ne va pas sans concessions

Une concession de sac haor et de son sang

Une concession de soi-même aux autres

Une concession qui vaut le

Classicisme et le romantisme

Et tout ce dont on abreuve notre esprit[3]

Imbongi ekholonayiziwe ebhekene nokubhala izinkondlo ezibalulekile ngesizwe, imbongi eqikelela ukuchaza kahle ngabantu besizwe sayo iyahluleka ukunemba kahle ngoba ngale nje kokuthi ihlale phansi ibeke ipeni phezu kwephepha ayikho esimweni esikahle sokubhekana nalokhu okushiwo uDepestre. Imbongi yomFrench uRene Char yayiyazisisa kahle le nto uma isikhumbuza ukuthi, 'Inkondlo isunguleka entweni ebekwe phezu komuntu nasekuzikhetheleni kwakhe. Inkondlo ifana nento enyakazayo, ewumphumela wezinqumo zemicabango ebalulekile ebudlelwaneni nomuntu osiza ukuthi konke lokhu kuvele kubonakale phambili.'[4]

Yebo, umsebenzi wokuqala nje wembongi ekholonayiziwe wukuthi ibachazisise kahle abantu besizwe sayo, eyakhelwa kubo inkondlo leyo. Imbongi ayikwazi ukuphikelela phambili ngokuzimisela ngaphambi kokuba ibone ukuthi yehluke kanjani kubo. Konke esikwaziyo sesikuthathe kwabanye, kwelinye icala. Kodwa-ke leli cala elinye alisinikeze lutho, ngaphandle kokusishukumisa ngokusithandelisa ngokuphindaphindwe izinkulungwane, lisithumbile, liseshelile, lisibophelele ngamaqhinga alo ayizinkulungwane lisebenzisa amasu nemigilingwane eyizinkulungwane. Ukuthatha kubuye kusho ukuthi nawe uthathiwe emazingeni amaningi. Akwanele ukuthi silokhu sibelesele ngokuzihlukanisa nalesi simo ngokuqokelela izindlela eziningi zokufakaza nokuphika. Akwanele ukuzama ukuhlangabezana nabantu kumvelaphi abangasaphili kuyo. Kumele sihlangabezane nabo kuleli zolo lamanje lapho kunomnyakazo wabo wokubhikisha; kumele sigxile kule ndawo yokujikajika okufihlakele, lapho abantu betholakala khona, akumele kube nephutha, ngoba kulapho imimoya yabantu ijuliseka khona, lapho imibono yethu kanye nezimpilo zethu kugcwaliseka ngokukhanya.

UKeita Fodeba, ungqongqoshe wezangaphakathi eRepublic of Guinea, ngenkathi engumqondisi we-African Ballet akazange adlale ngesimo sabantu baseGuinea. Wahumusha kabusha zonke izithombe zezigqi ezazibonakala ezweni lakhe esebenzisa ihlo lomzabalazo. Kodwa futhi wenza okungaphezulu kwalokhu. Emsebenzini wakhe wezinkondlo ongadumile kangakanani kunendlela athanda ngayo ukuphindaphinda ebonisa ngokusobala leso naleso sigaba somlando womzabalazo, ngokuchaza indawo esenzeke kuyo njengoba injalo, kanjalo nezindlela zokucabanga ezibonisa ukuthi okufunwa ngabantu kuzokwenzeka kanjani. Nansi-ke inkondlo kaKeita Fodeba, eyisimemo esimsulwa esithi masicabangisise kahle ngokudalula kanye nangempi:

Intathakusa ye-Africa

(Umculo wesiginci)

Kwakusentathakusa. Idolobhanyana elilikade lidansa cishe bonke ubusu-ku laliqala kancane kancane liphaphama. Abelusi abagqoke amanikiniki babelusa imihlambi yabo beyiyisa esigodini bephelekezelwa yimiculo yemitshingo yabo. Amantombazana athwele izimbiza zamanzi emakhan-da, ayezungeza endleleni eqonde emithonjeni yamanzi. Emagcekeni emizi iqembu labantwana licula amaculo abhalwe kuKoran.

(Umculo wesiginci)

Kwakusentathakusa – kunempi phakathi kwemini nobusuku. Kodwa ubusuku base bukhathele bungasenakulwa, bagcina bufile. Imisebe em-balwa yelanga yamemezela ukunqoba kwemini, yabe ilokhu ibonakele phezulu kude le, izinkanyezi zokugcina zigcwele zacasha phansi kwama-fu, ambala wazo ufana nowezihlahla esivuthayo neziqhakazile.

(Umculo weKora)

Kwakusentathakusa. Kanti laphaya kude ekupheleni kwesithunzi sendawo egwincizayo ngowesilisa okhotheme ngoba elungisa umhla-bathi: isithunzi sikaNaman umlimi ongumuntukazana. Njalo nje uma ephakamisa igeja lakhe umhlambi wezinyoni uyethuka undizele phezulu ngokushesha uye uyofika eceleni komfula iJoliba, umfula omkhulu waseNiger. Ibhulukwe lakhe lokotini elimbala osamlotha licwile emazol-weni, lithinta utshani ngapha nangapha kwakhe. Ejulukile, engakhathali, elokhu egobe njalo wayelokhu esebenza ngegeja lakhe ngoba kwaku-fanele imbewu ibe isitshaliwe ngaphambi kokuthi zifike izimvula.

(Umculo weKora)

Kwakusentathakusa, intathakusa yayisathombuluka. Izinyoni zazilokhu zindizandiza phakathi nezitshalo zibika ukufika kwemini. Umntwana othwele izinsiba ehlombe uyagijima useze waphelelwa ngumoya ngenkathi ekule ndawo enamanzi, ulibangise kuNaman. 'Mfowethu Naman,' washo embiza, 'imeya yendawo iyakufuna, laphaya phansi kwesihlahla sephalava.'

(Umculo weKora)

Emangeliswe wukubizwa kusesekuseni kangaka, uNaman wabeka phansi igeja lakhe wabamba indlela elibhekise edolobhaneni elase libonakala manje likhanya ngenxa yemisebe yelanga lokusa. Ababezodla, bebukeka bedangele ngokuxakile, base befikile sebehlezi phansi. Ngapha eceleni kwabo kwakunomlisa ogqoke umfaniswano, unogada wendawo ezib-hemela inqawe yakhe ngokukhululeka.

(Umculo weKora)

UNaman wahlala phansi phezu kwesikhumba semvu. Inyanga yemeya yendawo yasukuma ukuze idlulisele ebandla umbiko wesinqumo sabadala. 'Abelungu bathumele unogada wendawo ukuthi azocela omunye wethu ukuthi athunyelwe ukuze ayolwa empini yasezweni labo. Emva kokudingida le ndaba abadala bavumelane ngokuthi ma-kuthunyelwe insizwa ezokwazi kahle kakhulu ukumela isizwe sakithi, ezobabonisa kahle abelungu ubuqhawe bethu thina maMandingos esidume ngabo.'

(Umculo wesiginci)

UNaman, osiqu nomzimba wakhe kwakuyindabizekwayo, amatshit-shi endawo esaqamba amaculo ngaso, wakhethwa ngelika 'Elethu!' Unkosikazi kaNaman uKadia omnene, osemusha uthe uma ezwa lezi zindaba ezikhathaza umoya wayeka ukugaya wabeka amabele enqolo-baneni, wangasho lutho kumuntu, wazivalela endlini ukuze akhihle isililo esingezwakali ngenxa yalolu sizi oselumvelele. Njengoba ukufa kwakukade kumthathele umyeni wakhe wokuqala akakholwanga ukuthi abelungu bangamthathela umyeni wakhe ayesebeke kuye wonke amath-emba akhe.

(Umculo wesiginci)

Kwathi ngakusasa, ngale kokukhala nokubalisa kwakhe, uNaman wagibela isikebhe elibangise echwebeni lemikhumbi yenhlokodolobha, ephelezelwa yimisindo yempi enosizi. Ngalobo busuku, esikhundleni sokuthi asine enkundleni esobala njengenjwayelo, amantombazana akhetha ukuza kwaNaman azoqapha ikhaya lakhe lapho babe sebesexoxa izindaba zabo bezungeze iziko lomlilo wezinkuni kwaze kwasa.

(Umculu wesiginci)

Kwadlula izinyanga eziningi kungezwakali lutho ngoNaman. UKadia omncanyana waphatheka kabi kakhulu, wabona kungcono ayohlola kumthandazi esigodini esingumakhelwane. Ngisho nabadala imbala babamba imihlangano yokudingida lolu daba, kodwa kwaba nhlanga zimuka nomoya.

(Umculo weKora)

Kwathi ekugcineni kwafika incwadi ebhalwe igama likaKadia. Indlela ayekhathazeke ngayo ngesimo somyeni wakhe waqoka ukuhamba ngabo lobo busuku, wahamba isikhathi eside waze wayofika enhlokosigodi lapho kwakunotolika owakwazi ukumfundela incwadi yakhe.

UNaman useNorth Africa, uyaphila ubuza nje kuphela ngokuthi kuvunwe kanjani, imicimbi yokudoba, imigidi, nezihlahla zephalava kanye nesigodi sonkana ukuthi konke kuhamba kanjani.

(*Umculo weBalafon*)

Ngalobo busuku abesifazane asebekhulile besigodi bamvumela uKadia osemusha ukuthi abenabo emgidini wabo wasebusuku ekhaya lalo omdala kunabo bonke. Ukujabulisa kwalezi zindaba kwenza ukuthi induna yesigodi imeme zonke izinxibi zendawo ukuthi zizothokoza, zidle idili.

(*Balafon*)

Kwadlula ezinye izinyanga eziningi futhi kuthule cwaka, kungekho okwakuzwakala ngoNaman. UKadia wayesezilungiselele ukubuyela kumthandazi futhi ngenkathi ethola incwadi yesibili. Emva kokubase-Corsica nase-Italy, uNaman manje useseGermany futhi ujabule kakhulu ngokwethweswa iziqu.

(*Umculo weBalafon*)

Okwalandela lokho kwaba nje ikhadi elithi amaJalimane asembophile uNaman. Lezi zindaba zafaka itwetwe kubo bonke abesigodi. Abadala babamba umhlangano base bevumelana ngokuthi kusukela ngaleso sikhathi uNaman kumele agidele iDouga, umcimbi ongcwele wenqe ongowalabo ababenze izinto zobuqhawe ezivelele nongukugiya kwamakhosi amaMandingo okuyileso naleso sigi sabo simele izigaba zomlando waseMali. UKadia wazizwa eduduzeka uma ebona umyeni wakhe ephakanyiselwe esikhundleni seqhawe lesizwe.

(*Umculo wesiginci*)

Sahamba isikhathi.... Iminyaka yadlula ilandelana.... UNaman wayeseseGermany. Wabe eseyeka ukubhala.

(*Umculo wesiginci*)

Kwathi ngelinye nje ilanga induna yesigodi yathola imbiko ovela eDakar othi uNaman uzobuyela ekhaya maduze.

Duku duku zaqala izigubhu zakhala. Abantu bagida kwaze kwaba sekuseni. Amantombazana endawo abe eseqamba amaculo amasha okwamukela uNaman ngoba lawa akudala ayeqanjelwe wona ayengasho lutho ngeDouga, umgido odumile wamaMandingo.

(*Izigubhu*)

Kodwa kwathi nje emva kwenyanga eyodwa iphoyisa elinguMoussa, umngani omkhulu kaNaman, lathumela le ncwadi ebuhlungu kuKadia: 'Kwakusentathakusa. Sasise-Tiaroye-sur-Mer. Kwathi sisaphikisana kakhulu, thina namaphoyisa abelungu, inhlamvu yadubula uNaman. Ulele ethafeni laseSenegal.'

(*Umculo wesiginci*)

Eqinisweni kwakusentathakusa. Imisebe yelanga yokuqala eyayithin-tathinta ulwandle yenza ukuthi kuvumbuke amagwebu namagagasi ambala wegolide. Izihlahla zesundu zitshekisa iziqu zazo kancane zizib-hekise ngasolwandle ngenxa yomoyana oshayayo, kusengathi ziyagula ziguliswa yile mpi yasentathakusa. Imisindo yemihlambi yamagwababa kwaba yiyo etshela omakhelwane besigodi izindaba zosizi oselwehlile lwagobhozisa igazi kuntathakusa yaseTiaroye … Kanti-ke laphaya phezulu esibhakabhakeni esishiswe yilanga, phezu nje komzimba kaNaman, inqe elikhulukazi belilokhu libhenguza kancane. Kwakungathi lithi kuye: 'Naman! Awukawugidi lo mgidi obizwa ngegama lami. Abanye bazowugida.'

(*Umculo weKora*)

Isizathu esenze ukuthi ngikhethe le nkondlo ende kangaka yingoba inezim-fundiso ezingaphikiseki ezibalulekile. Konke kucacile lapha. Indaba exoxwe ngobuciko iya ngokuya ikhula. Ukuqondisisa kahle le nkondlo akuyona nje into yolwazi kuphela kodwa kuwudaba lwezombusazwe. Ukuqondisisa le nkondlo kuwukuqondisisa iqhaza okumele silibambe, ukuze sikwazi ukubonisa indlela esizoyihamba nokuzilungiselela lokhu kulwa. Akekho noyedwa umuntu ok-holonayiziwe ongenakwazi ukuthi le nkondlo isho ukuthini. UNaman, iqhawe lezimpi zase-Europe, uNaman owafunga wagomela ngamandla nenqubekela phambili komasipala omkhulu, uNaman, ubulawa amaphoyisa ngalesi sikhathi ethi usebuyela ekhaya; lapha kuseSetif ngonyaka we-1945, eFort-de-France, eSaigon, eDakar, kanye naseLagos. Wonke ama-'*nigger*' kanye nawo wonke 'ama-Arabhu angcolile' abalwa impi yokuvikela inkululeko yamaFrench noma impucuko yabaseBritain bayazibona kule nkondlo kaKeita Fodeba.

Kodwa uKeita Fodeba ubona kude. Emveni kokuthi ikholoniyalizimu isisebenzise abomdabu ezimpini zayo, ibe isibasebenzisa njengomakadebona bezimpi ukuze bacekele phansi imizabalazo yezenkululeko. Izinhlangano zomakadebona bezempi emazweni akholonayiziwe zingezinye zezinhlangano eziphikisana nobuzwe ngendlela exakile. Imbongi uKeita Fodeba wayelungiselela ungqongqoshe wezangaphakathi eRepublic of Guinea ukuthi akwazi ukuvika amacebo enziwa ikholoniyalizimu yamaFrench. Kwakungenxa yosizo lomakadebona bezempi okwenza ukuthi amasotsha omshoshaphansi wamaFrench azimisele ukuwisa izwe laseGuinea elalisanda kukhululeka.

Uma ingcithabuchopho ebusa ngabezizwe ibhalela abantu besizwe sayo isebenzisa insukaphi kumele lokhu ikwenze ngenhloso yokuvula ikusasa, ibanikeze amandla okuzenzela izinto, ibafudumalise ngethemba. Kodwa ukuze ikwazi ukuqinisekisa ithemba, ukuze inike umfutho leli themba kumele nayo izibandakanye nomzabalazo, izinikele ngenyama nangomphefumulo emza-balazweni wenkululeko yesizwe. Ungakhuluma nganoma yini oyithandayo, kodwa uma kufikwa ekukhulumeni ngaleyo nto eyodwa empilweni yomuntu, into ehambisana nokuklama amadlelo amasha, ukukhanyisela izwe lakho, ukuma uqonde thwi kanye nabantu bakini, lokho kudinga amandla amakhulu.

Ingcithabuchopho ebusa ngabezizwe kumele isabele hhayi kuphe-la uma ibizwa yisikompilo lesizwe, kumele isabele uma ibizwa yisizwe sonkana ngoba isikompilo liyingxenye yesizwe. Ingcithabuchopho ebusa ngabezizwe akufanele ukuthi izikhathaze ngokukhetha ukuthi kumele ilwe impi yenkululeko kuphi futhi kanjani. Okokuqala nje ukulwela isikompilo lesizwe kusho ukulwela inkululeko yesizwe, okube sekufukamela imivuzo ephathekayo yalokhu kulwa; yilapho-ke isikompilo lidlondlobala khona. Asinakuwehlukanisa umzabalazo wezesikompilo kulowo wabantu ohlose inkululeko yesizwe sonkana. Nasi isibonelo, abantu base-Algeria, abesilisa nabesifazane abalwisana nekholoniyalizimu yamaFrench ngezandla zabo ezimsulwa, balazi kahle kamhlophe isikompilo lase-Algeria. Isikompilo lase-Al-geria libumbeka ngesikhathi sokulwa, ejele, uma kubhekenwe nokulengiswa kanye nasekuthumbeni nasekudilizeni izikhungo zezempi zamaFrench.

Akumele-ke ukuthi saneliswe ukubuyela kumvelaphi yabantu ukuze sikwazi ukuthola izibonelo ezibambekayo uma sifuna ukuphikisana nemizamo yokubus-wa ngabezizwe yokuhlanekezela nokubukela phansi. Kumele sisebenze futhi sizabalaze nabantu khona sizokwazi ukubumba ikusasa silungiselele ukuvuthwa kwezithelo esezivele ziqalile ukuhluma. Isikompilo lesizwe aliyona nje indaba exoxwayo lapho kuba sengathi okudumile kubantu sekuphndulwe kwaba yilona qiniso. Aliyona nje ingxubevange yezenzo ezihloniphekile, ngamanye amazwi into eya ngokuya ingxhumani nezimpilo zabantu. Isikompilo lesizwe liyimicabango yabantu ebumbene eyenza bakwazi ukuchaza, ukuthethelela nokudumisa izenzo esezenze ukuthi babe mdibimunye futhi bame baqine. Isikompilo lesizwe kufanele ukuthi libe semnkantsheni womzabalazo wenkululeko olwelwa yila mazwe angakathuthuki. Izingcithabuchopho zase-Africa ezisalwa egameni lesikompilo lama-'Negro-Africa' ziqhubeka nokuhlela izingqungquthela zihlose ubumbano lwaleli sikompilo kufanele zibone ukuthi zenza nje into efana nokuqhathanisa uhlamvu lwemali nedwala lethuna.

Alikho ikusasa elifanayo phakathi kwesikompilo lesizwe saseGuinea ne-saseSenegal kodwa kunekusasa elifanayo phakathi kwesizwe saseGuinea nesaseSenegal ezicindezelwe ngokufanayo yikholoniyalizimu yamaFrench. Uma sifuna ukuthi isikompilo laseSenegal lifane nesikompilo laseGuinea akwanele ukuthi abaholi bala mazwe omabili bakhulume ngazwi linye ngezinkinga zenkululeko nokuziphatha kwamazwe, izinkinga zezinhlangano zabasebenzi kanye nezomnotho. Nakuba kunganjalo akuzukufana ncimishi konke ababhekene nakho ngoba laba baholi basebenza ngezivinini ezahlukene ezingafani nse.

Ayikho nhlobo into esingathi ngamasikompilo afana kakhulu. Ukucabanga ukuthi kukhona ongabumba isikompilo elimnyama kuwukukhohlwa ukuthi ama-'Negro' asendleleni yokushabalala ngoba laba abawasungula babhekene nokuncipha kobungqungqulu babo kwezamasikompilo kanye nezomnotho.[5] Akusoze kwaba khona into ebizwa ngokuthi isikompilo elimnyama ngoba akekho usopolitiki obona umsebenzi wakhe kuwukubumba iriphabhulikhi emnyama. Inkinga isekwazini ukuthi laba bantu bahlose ukubenzelani abantu bakubo, izinhlobo zokuxhumana kwemiphakathi abazozisungula kanye nemibono yabo ngekusasa lobuntu babantu. Yilokho okubalulekile. Konke okunye kufana nje nomoya ohwamukayo kanye nenkoleloze.

Ngonyaka we-1959 ngenkathi izingcithabuchopho zase-Africa zibambe umhlangano eRome zazikhulumela futhi ngodaba lobumbano. Kodwa omunye walaba baholi oyimbongi uJacques Rabemananjara okunamuhla nje ungungqongqoshe kuhulumeni waseMadagascar, wayekade ephikisene nohulumeni wakhe akaze abavotela abantu base-Algeria ngenkathi besemhlanganweni we-United Nations General Assembly. Ukube uRabe wayeneqiniso nonembeza kwakumele asule kuhulumeni bese egxeka laba bantu abathi bamele izimfuno zabantu base-Malagasy. Laba abashona baseMadagascar abayizinkulungwane ezingama-90 abazange banikeze uRabe igunya lokuphikisana nezimfuno zabantu base-Algeria ngenkathi ye-UN General Assembly.

* * *

Isikompilo lama-'Negro African' lidlondlobaliswa wumzabalazo wabantu hhayi amaculo, izinkondlo kanye nezinganekwane. USenghor, oyilungu le-African Society for Culture obesebenzisana nathi kulolu daba lwesikompilo le-Africa, akabanga nankinga ekuphakamiseni ukwesekwa kombono weFrance nge-Algeria. Ukwesekwa kwesikompilo kanye nobumbano kwezamasikompilo ase-Africa kumele kuqale ngokwesekwa okuphelele komzabalazo wabantu wenkululeko. Akunakulindeleka ukuthi isikompilo le-Africa libe nenqubekela phambili uma kungeko ofaka isandla ngokugcwele ekwakheni isizinda salolu sikompilo olungukukhululeka kwezwekazi lase-Africa.

Ake siphinde-ke futhi, akunazinkulumo, akunazimemezelo ngezamasikompilo okungasiphazamisa emgomweni wethu obalulekile wokukhulula isizwe nomhlaba waso; ekulwiseni njalo nje izindlela ezintsha zokubuswa ngabezizwe nokuthi njengabaholi, siyeke ukufuna ukujatshuliswa nokugculiswa ngukuba sezikhundleni eziphakeme.

ISISEKELO SAKHO KONKE – ISIKOMPILO LESIZWE NEMIZABALAZO YENKULULEKO

Indlela ikholoniyalizimu eyayidlondlobala ngayo, futhi ijahe ngayo ukunqoba, yakwazi ukushenxisa ngamawala amakhulu isikompilo labantu asebenqontshiwe. Ukuthi umphakathi wamakholonayiza uphike ukuthi izwe eselinqotshiwe linobunjalo balo, isimiso esisha sezomthetho esigxunyekwa ababusi asebethathe izwe, ukukhishwa inyumbazane kwabantu bomdabu kanjalo namasiko abo, ukwephucwa okungokwabo kanjalo nokugqilazwa okuhleliwe kwabesilisa nabesifazane konke ngobunjalo bakho, kwenza ukuthi isikompilo labantu linyamalale.

Eminyakeni emithathu eyedlule emhlanganweni wethu wokuqala wekhongolose ngacacisa ukuthi kuleso naleso simo sokukholonayizwa, inkuthalo enqala ivele iguquke ngokukhulu ukushesha bese esikhundleni sayo kubusa izindlela abakholonayizile ababuka ngazo izinto. Inkundla yesikompilo ibiyelwe ngezingodo zokuvimba ingozi, nezigxobo eziyinkombandlela, isigxobo ngasinye siwuhlelo lokuzivikela oluyisisekelo empilweni enemizwa engokwemvelo yokuzilondoloza. Lesi sigaba siyathakazelisa kakhulu ngoba umcindezeli akasanelisiwe nje kuphela ukungabi bikho kwesizwe esesinqotshiwe nesikompilo laso. Benza konke okusemandleni abo ukuze laba abakholonayiziwe bavume ukuthi elabo isikompilo aliyilutho, njengoba ukugqilazwa sekubenze baba nezimpendulo ezingacatshangisisiwe, ukuze bavume ukuthi isizwe sabo siyacikizela, futhi ekugcineni kumele bavume ukuthi kwandlela imizimba yabo edalwe ngayo injengomsebenzi oshiywe ungaqediwe.

Izindlela abakholonayiziwe ababhekana ngazo nalezi zimo zehlukahlukene. Nanxa iningi labantu libambelela emasikweni alo akudala angqubuzana nekholoniyalizimu, kanti nendlela yobuciko yabo ibugxilisa yenze kube sengathi buyinto eyodwa engajiki, ingcithabuchopho yona igxila ekwenzeni konke okusemandleni ukuze izifanise ngokwezamasikompilo nezifiki ezingoqhwagumhlaba, bese iqinisekisa ukuthi igxeka konke okuyisikompilo lobuzwe bayo noma igxile emkhankasweni wokuqongelela ngesineke nangenkuthalo inqolobane yemininingwane yesikompilo layo.

Okufanayo kuzo zombili lezi zindlela zokubhekana nesimo, wukuthi zombili zinomphumela onezimpikiswano ezingavumelekile. Umuntu okholonayiziwe akakwazi ukubhekana nesimo ngendlela emsizayo ngenxa yokuthi isimo nendlela ikholoniyalizimu esebenza ngayo bekungakacutshungulwa ngokujulile, ngakho-ke indlela yakhe yokubhekana nesimo iba nobumbuka noma ukukholelwa ekutheni kunamaqiniso angenakuguqulwa. Isimo sokukholonayizwa, siliumisa nse, isikompilo lesizwe. Akube kusaba bikho sikompilo lesizwe, imicimbi yezamasikompilo, izinto ezisunguliwe, noma izinguquko esimisweni sokucindezelwa yikholoniyalizimu, futhi azisoze zaba khona. Kukhona imizamo enesibindi kodwa egqagqene yokuvuselela isikompilo, ukushukumisa izinto, ukuguqula izahluko, ubunjalo kanye nokuzwakala kwezinto. Imivuzo yalezi zinguquko ezincane ezisheshayo, ephathekayo nebonakalayo ayikho nhlobo. Kodwa uma silandelela imivuzo size siyofika ekugcineni kwayo, kuba nezinkomba zokuthi kukhona ukuguquka okwenzekayo, sengathi inkungu iyasuseka phezu kwenqwebukamqondo yobuzwe bese kucaca ukuthi ingcindezelo ibhekene nenselelo, futhi kunethemba lokuthi umzabalazo wenkululeko kukhona lapho uya khona.

Isikompilo ngaphansi kwengcindezelo yekholoniyalizimu lifana nesikompilo elingatshazwayo okunemizamo ehlelekile yokulishabalalisa. Kuthi ngesikhulu isivinini lube seluba yisikompilo elitshingelwe ukubeni yimfihlo. Emehlweni alezi zifiki lobu bumfihlo bube sebubonakala kahle ngoba zibuka lokhu kubambelela emasikweni akudala njengento ewukungafuni ukucindezelwa. Lokhu kuphikelela nokubambelela esikwenimpilo umphakathi wamakholonayiza oligxekayo sekuvele kuwwukubonakaliswa kobuzwe. Lokhu kwenza kusijeqezisa emuva emithethweni yakudala yokungaguquki kwezimo. Akuqalwe impi ebonisa ukucasuka, akuchaziwe kabusha ukuhlobana. Kuphela nje kunokubambelela ngamandla amakhulu entweni eya ngokuya inciphа, iya ngokuya iphelelwa umfutho, futhi iya ngokuya iphelelwa ubuqotho bayo.

Emva kwekhulunyaka elilodwa noma amabili okuxhashazwa, isikompilo lesizwe selinciphe kakhulu. Seligcine selifana nje nokubalwa kwezindlela zokuziphatha, izindlela zokugqoka kanye nezinhlobonhlobo zamasiko. Akunamnyakazo obonakalayo. Akunamakhono okusungula okusha, akunantshisekelo ngalutho. Inhlupheko, ingcindezelo yesizwe sonkana, kanye nokuvinjelwa sekuyizinto ezifanayo. Emva kwekhulunyaka lokucindezelwa ngokukholonayizwa isikompilo lilokhu lingazivumelanisi nezinguquko, lijiyile futhi linjengenhlama eqine satshe engenakusebenziseka. Ukuxhwala kobuqotho bobuzwe kanye nokuba seduze kokufa kwesikompilo kuyanikezelana. Yingakho nje kubalulekile ukuthi lokhu kuxhumana kubhekisiswe ngesikhathi somzabalazo wenkululeko. Ukuphika ukubaluleka kwesikompilo, ukugxeka izindlela zesizwe zokubonisa imizwa nokusukumela izinguquko kanye nokuvinjelwa ngokomthetho kwanoma yiyiphi inhlobo yezinhlangano kubanga ulaka kulaba abakholonayiziwe. Kodwa-ke le ndlela yokubhekana nezimo ingeyokuzivikela, ayiqonde kugadla okunesankahlu, inobuyaluyalu obungalawuleki, futhi ayinamivuzo ephathekayo. Ukuxhashazwa ukuhlupheka kanye nendlala engapheli iminyaka ngeminyaka kuthi ngokuhamba kwesikhathi kunike ababuswa ngabezizwe intshisekelo yokusungula umbhikisho.

Kuhamba kuhambe isidingo sokuthatha isinqumo sokulwa siye ngokuya sidlanga kuze kufike lapho iningi labantu selizizwa kanjalo. Kuqale-ke manje kube nezinxushunxushu lapho kade zingekho khona. Imicimbi yamazwe ngamazwe, ukuwa kwezingxenye zemibuso yamakholonisti kanjalo nezinxushunxushu ezihambisana nohlelo lokukholonayiza, zithungela futhi zidlondlobalise ukungqubuzana okube sekugqugquzela kuqinise inqwebukamqondo ngobuzwe.

Lezi zinxushunxushu ezintsha eziba khona kuzo zonke izigaba zohlelo lwekholoniyalizimu ziba nemiphumela ehambisana nesikompilo. Isibonelo ngezokubhala; kuba nokukhiqiza okungaphezu kokuvamile. Okwakuwukuzifanisa namakholonisti ngokubhala kuyaguquka, ukubhala ngezomdabu kuveza ukujula kwezinhlobonhlobo zobuciko nokuzimisela ukuthi izihloko ziqinisekisile. Izingcithabuchopho ezikade zazidla ngokuba ngabathengi nabasebenzisi ngesikhathi sengcindezelo manje sezingabakhiqizi. Lezi zindlela zokubhala ziqala ngokuthi zibe ngezezinkondlo kanye nezimbangalusizi. Bese kuza amanoveli, izindaba ezimfishane nama-eseyi. Kuba sengathi kukhona indlela esamthetho elawulayo noma imithetho yokuzichaza okwenza ukuthi izinkondlo ziye ngokuya zincipha uma izinhloso kanye nezindlela zokusebenza emzabalazweni ziya ngokuya zicaca. Kuba nomahluko omkhulu wezihloko. Eqinisweni izihloko ezinosizi nokucasuka, ezikhomba abanye ngeminwe, eziklabalasayo, ezibhedukisa umsindo, zigcina vele seziduduza izifiki. Kulesi sigaba esedlule amakholonisti eyekukhuthaza ukubhala ngelezi zihloko nangale ndlela futhi esiza ukushicilelwa kwalezi zincwadi. La mazwi ahlabayo amenyezwayo, ukuchichima kosizi kanye namagama ashisayo izifiki ezingoqhwagumhlaba zazikufanisa konke lokhu nokugonyuluka. Ukukhuthaza lokhu kugonyuluka, ngandlelathile, kungase kugweme inxushunxushu kuvunguzise nomoya wokuthulakwenza.

Kodwa-ke lesi simo asinakuqhubeka sikanje. Eqinisweni inqubekelaphambili eza nenqwebukamqomdo ngobuzwe babantu iyasiza ekushintsheni futhi icacise ubuciko kwezokubhala kwezingcithabuchopho ezikholonayiziwe. Ukukwazi ukuzinza ekuzabalazeni kwenza ukuthi izingcithabuchopho zeqele ngale kokulila. Izikhalo ezilandelwa ukulalahlwa yicala zivula indlela yokudlulisela phambili icala. Bese kufika-ke isikhathi sokubhikisha. Ukuvuthwa kwenqwebukangqondo ngobuzwe akugcini nje ngokuguqula izinhlobo zobuciko kanye nezihloko ekubhaleni, kube sekusungula isizukulwane esisha sabafundi bezincwadi. Kuthi kanti in-gcithabuchopho ibikade iqale ukubhala icabangana kuphela nomcinde-zeli – ngoba ifisa ukumjabulisa noma ukumsola ngokusebenzisa ezesintu noma imikhakha engeyayo – iya ngokuya ingcithabuchopho ishintsha iqa-le manje ibhekane nabantu bakubo kanjalo nayo qobo.

Kusukela kuphela kulesi sigaba kuqhubeke, lapho sesingaqala-ke sikhu-lume ngemibhalo yobuzwe. Ubuciko bokubhala bubhekana ngqo nezobu-zwe futhi bucacisa izihloko ezingezobuzwe. Lokhu-ke kuba ezokubhala ezibhekene nokulwa ngendlela ejulile ngoba kukhuthaza wonke umuntu ukuthi azibandakanye nomzabalazo wokwakha isizwe. Imibhalo yoku-hlasela esiza ekubumbekeni kwenqwebukamqondo yobuzwe, ibumba isi-mo esiphendla indlela eya kokuningi okungenasiphetho. Imibhalo yoku-hlasela iba sesikhundleni sokuphatha ngoba iyintshisekelo esizinda sayo singumlando.

Kwelinye iqophelo, izindaba ezikhulunywayo, izinganekwane, iz-inkondlo zokudumisa amaqhawe esizwe, kanye namaculo obekukade ku-bonakala sengathi kumi ndawonye, kuyaqala nakho kuguquke. Abazeki bezindaba ababekade bezeka izindaba ezingenampilo babe sebezivusele-la baye ngokuya bezinonga ngezinguquko eziqavile. Kuba nemizamo yokubuka ngeso lakabusha izimpi zakudala, izindlela zokulwa, amagama amaqhawe kanjalo nezikhali ezazisetshenziswa. Kuyenyuka ukusetshen-ziswa kwendlela yokusikisela. Esikhundleni sokuthi 'Kwasukesukela' babe sebeshintsha basebenzise ulimi olumbaxambili bathi, 'Engizonixoxela ngakho kwenzeka kwenye indawo, kodwa kungenzeka nalapha esikhona, namuhla noma kusasa.' Yingakho-ke isibonelo sase-Algeria sibalulekile. Kusukela ngonyaka we-1952 kuya kowe-1953 naphambili abaxoxizindaba baguqula izindlela abazixoxa ngazo izindaba kanjalo neminyombo yazo. Umphakathi wabalaleli owawusunciphile, waqala wakhula; abantu ba-buya ngobuningi babo. Inkondlo yokubonga amaqhawe esizwe enendlela yayo eyaziwayo yokuyikhuluma nokuyibhala yabe isivuka emaqandeni. Kumanje nje seyiyindlela emsulwa yokuzijabulisa esijike yaba ngebalu-lekile kwezesikompilo. Ikholoniyalizimu yayazi kahle kamhlophe ukuthi yenzani ngenkathi ngonyaka we-1955 iphonsa emajele abantu abana-maciko okuxoxa izindaba.

Uma abantu behlangabezana naleli culo elisha lamaqhawe nezokunqoba kuba nenjabulo eza ngamandla, evuselela okwase kukhohlakele ezicubi-ni, bese yenza indlela entsha yokusebenza kweso lengqondo. Njalo nje uma ozeka izindaba exoxa ngesigaba esisha sendaba, abalaleli bathola imvuselelo yeqiniso. Umphakathi wembulelwa inhlobo entsha yomuntu. Inamuhla alisabhekile ngaphakathi kodwa selibheke kuzo zonke izinhlan-gothi. Umzeki wezindaba uyaphindelela ngokuvula iso lakhe lengqondo, ubumba izinto kabusha futhi uphenduka abe ngumdali. Kuze kwenzeke nokuthi abantu okungajwayelekile ukubabona bengenye into baguquke, abangemukelekile emphakathini, njengezaphulimithetho kanye nabaphila impilo yokuzula, bayavuseleleka, baphiliswe kabusha. Kumele ukuthi ukubuya kweso lengqondo kanye nokuqanjwa kabusha kwezingoma nezinganekwane kubhekisiswe emazweni akholonayiziwe. Umzeki wezindaba usabela ekubizweni ngabantu ngezindlela ezahlukahlukene ezama lokhu nalokhuya, yedwana, kodwa kucace ukuthi usizwa ngabamlalele. Imibhalo yoteku iyanyamalala noma iphelelelwe yisasasa. Kuthi imidlalo yasesiteji yona iyeke ukuba yinto ekhathaza onembeza bezingcithabuchopho. Njengoba ingasekho inkinga yokuthola lokhu kuhambisana nosizi kanye nemibhikisho, sekujike kwaba yinto yabantu nje yemihla ngemihla, esiphenduke ingxenye eyejwayelekile yezenzo ezisabunjwa noma esezivele zibunjiwe.

Kwezobuciko bezandla lokhu obese kugqwalile nobese kuvithikile, kuyahlambuluka, kuvuseleleke. Isibonelo nje ngesobuciko bokusebenzisa ukhuni, obase buvame nje ukuveza ubuso bezinkulungwane zabantu, buyaqala bushintshe, kubazwe ngezindlela ezinhlobonhlobo. Izimbozamlomo ezibuso bazo bungasho nto noma ezinobuso obukhandlekile ziyaqala zivuleke zibe nempilo, izingalo ziyenyuka zibheke phezulu ngendlela enomnyakazo. Kuvela ukuqanjwa kwemisebenzi yobuciko eveza obekungaveli phambilini. Inqwaba yamavukana nabaphikisi ikhuthaza ukuthi izikole zokuqamba zisungule okusha. Lolu shintsho kwezobuciko luvama ukunganakeki. Kodwa indlela olusiza ngayo umzabalazo wesizwe ibaluleke kakhulu. Ngokubonisa impilo ngobuciko lapho ubuso nemizimba yabantu ibonakala inempilo, ngokuthatha isizinda esisodwa esinzulu, iciko ligqugquzela izenzo ezinenhloso.

Ukwembuleka kwenqwebukamqondo ngobuzwe kube nomphumela ofanayo kwezokubumba. Kuyahlukanwa nokwakheka okusemthethweni. Ojeke, amabhodlela namathreyi kubunjwa ngendlela ehlukile, ekuqaleni, lo mehluko uba mncane bese uya ngokuya ukhula. Imibala eyayikade imbalwa ngoba ilandela imithetho yokwenza izinto ngamasiko avumelana nokwasendulo, iyabuya, ngoba isibonisa imiphumela yokuvukela umbuso. Imicako ethize, izinhlobo ezithize zemibala esasibhakabhaka phambilini okwakungavunyelwe, kuyavuseleleka kube njengoba kwakunjalo. Kanjalo nokunqatshelwa kokuvezwa kobuso bomuntu; okuyinto eyayilindelekile kwezinye izindawo ezithize, ngokusho kwezazi zezokuhlalisana kwabantu kuyaguquka kube sekubuya. Osolwazi ngemvelaphi yabantu abakumadolobhakazi, kanjalo nochwepheshe bayashesha ukuzibona lezi zinguquko bese bezicekela phansi zonke ngoba befuna ukuqhubeka bakhulume ngendlela ubuciko bakumakholoni obusebenza ngayo. Ochwepheshe bamakholonisti bayahluleka ukwamukela lezi zindlela ezintsha zobuciko bese bejaha ukuvuselela amasiko abomdabu asendulo. Kujika kube yiwo amakholonisti manje aselwela izindlela zakudala zomdabu zokwenza izinto. Isibonelo esinga-khohlakaleki futhi esibalulekile ngoba sehlukile kulezi zimo zokubuswa ngabeziswe, yindlela abamangala ngayo abalandeli abamhlophe bom-culo wejezi emva kweMpi Yomhlaba Yesibili ngenkathi kuqhamuka isi-tayela sebhibhophu. Ngokwabo umculo wejezi kwakumele uhlale uy-isikhalo sosizi lolangazelela ubu-'Negro' basendulo, amabhodlela ewiski amahlanu angawakhe, bekhalela izinhlupheko zabo kanye nokubandlu-lula ngohlanga kwabelungu. Uma eqala nje ezazi ngokugcwele ewubu-ka kabusha umhlaba, uma eqala nje ezipha ithemba elithi yena, bese ehlehlisela emuva umhlaba wobandlululo, kuyacaca ukuthi uzovuthela icilongo lakhe ngakho konke okusenhliziyweni yakhe acule ngephim-bo lakhe eliyisihosho, elizwakalayo nelicacile. Izindlela ezintsha zejezi azisombulukiswanga yimiqhudelwano yezomnotho. Zingezinye zemi-phumela eqinisekile yokunqoba okungasenakuguquka nakuba kuthatha isikhathi emhlabeni oseNingizimu wase-USA. Uma sicabanga ngesikha-thi esingaba iminyaka engama-50, lapho nje, kusukela namuhla, kung-esimangalise ukubona ukuthi le nhlobo yejezi edlalwa ama-'Negro' ah-luphekile nanosizi, iyobe ivikelwa abelungu abobe bekholelwa ekutheni kunenhlobo ethize yobunegrithudi engaguquki kanjalo nobudlelwane bayo nezinye izinto.

Singaphinde sivumbulule izinguquko ezifanayo, inqubekelaphambili efa-nayo kanye nentshisekelo efanayo uma sicwaninga imikhakha yezomdan-so, umculo, amasiko, kanye nemicimbi yesintu. Ngaphambi kwesikhathi sezombusazwe noma ezomzabalazo wenkululeko, umuntu ozibukisisayo izinto wayekwazi ukuzwa nokubona kulezi zobuciko ukuthi kukhona okusi-na kujeqeza okuza nomfutho wempi. Izindlela ezingajwayelekile zokukhu-luma, izihloko ezimsuka wazo umsulwa azisahlanganise nalutho namandla okuphindaphinda kodwa amandla okugqugquzela abantu ukuze bakwazi ukubhekana nale mpikiswano esengqondweni. Konke okwenziwayo kuza-ma ukuvuselela ubunjalo bokholonayiziwe, ukuze kukwazi ukuvimba im-ibono ngokungathuthuki kanye nokwahluleka. Ukukhuthalela ukuchaza kahle nokubonisa ukushukuma kwezobuciko, umdanso, umculo, ezokub-hala kanye nenkondlo yokubonga amaqhawe esizwe. Umuntu okholonayi-ziwe uqamba kabusha indlela acabanga nabuka ngayo izinto. Umhlaba awusabonakali sengathi ulahliwe. Konke kusesimweni sokubhekana nga-mehlo esingasenakuphindiseleka emuva.

Sesibe ngofakazi bokuvuseleleka kwamandla amasha kwezamasikompilo abomdabu. Sibonile ukuthi la mandla, lezi zinkambiso ezintsha, zihamb-isana nokuvuthwa kwenqwebukamqondo ngobuzwe osekuthi manje ziye ngokuya zizimela futhi zenziwa izikhungo. Yingakho-ke nje kuba nesidingo esikhulu sokubumba ubuzwe ngazo zonke izindlela.

Iphutha elivame ukwenzeka, elingathetheleleki ukuzama ukuqamba okusha ngamasikompilo nokugcizelela ukubaluleka kwamasikompilo abomdabu ngesikhathi kusaphilwa ngaphansi kwengcindezelo yekholoniyalizimu. Yikho-ke lokhu okusifikisa esiphakamisweni okungathi asenzi mqondo: Ezweni elikholonayiziwe, ubuzwe busesimweni esiphansi kakhulu, esifana nesingakaqalisi kunjalo nje ukungakabi ngakanani yikho okunamandla amakhulu okuvikela usikompilo lwesizwe. Okokuqala, isikompilo liyindlela isizwe esiziveza ngayo, lokho esikuthandayo, esikukhethayo kanye neziboniso zobunjalo baso. Konke okunye; izinto ezingamahlazo, izindinganiso, kanjalo nezinye izibonelo zibumbeka kuyo yonke imikhakha yomphakathi. Isikompilo lesizwe liwumvuzo wakho konke lokhu, ingabe imiphumela yokubukana ngeziqu zamehlo noma ngabe kungaphakathi noma ngaphandle komphakathi wonkana, kanye nazo zonke izigaba zawo. Esimweni sokukholonayizeka, uma isikompilo lingasekiwe yisizwe kanye nohulumeni, liyancipha bese liyafa. Inkululeko yesizwe kanye nokuvuseleleka kukahulumeni yikho okuyisizinda sobukhona besikompilo.

Isizwe asigcini nje ngokuba yisizinda sesikompilo, ukuchuma kwaso, ukuvuseseleka kwaso, kanye nokuvuthwa kwaso. Kuyisidingo. Okokuqala nje kuba wumzabalazo wokubumba isizwe okuyiwo ovumela ukuthi isikompilo lihlume, livule neminyango yezobuciko. Kuthi-ke emva kwesikhathi kube yiso kanye isizwe esinikeza usikompilo indawo, izimo kanye nohlaka lokuzikhulumela. Isizwe siqinisekisa ukuthi kukhona konke okudingekayo okuzosinikeza ukwethembeka, ukuqinisekisa, intshukumo kanye nekhono lokusungula. Futhi-ke kuba ubunjalo besizwe obenza ukuthi isikompilo livuleleke kwamanye amasikompilo okube sekwenza ukuthi sikwazi ukuba nethonya futhi sizibandakanye nawo. Lokho okungeluqobo akunakukwazi ukuthinta ubunjalo noma kubujike nangayiphi indlela. Ukuvuselelwa kwesizwe kumele kuzale isikompilo lesizwe ngendlela efana nse nokuzalwa ngokomzimba.

Sesibonisile-ke ukuthi amandla okubaluleka kewesikompilo lakudala adlondlobala kanjani uma sekusondele umzabalazo obalulekile wenkululeko yesizwe, sesikwazile nokuqondisisa izindlela ezintsha zokuzisho kanjalo nokusabalala kweso lengqondo. Osekusele-ke manje umbuzo owodwa obalulekile. Buyini ubudlelwane phakathi komzabalazo, ukuhilizisana ngezombusazwe noma ngempi yezikhali kanye nesikompilo? Liyema yini isikompilo ngesikhathi sokuhilizisana? Umzabalazo wenkululeko yesizwe usabusikompilo ngokwawo yini? Kumele siphethe ngokuthi umzabalazo wenkululeko yesizwe nakuba unomvuzo esikwenimpilo ngoba lingamava

ezigameko okwedlulwe kuzo uphinde kwawona ube impikiswano yesikom-
pilo? Ngamanye amazwi, umzabalazo wenkululeko uyisikompilo yini?

Sikholwa ukuthi uma abantu abakholonayiziwe besungula ngokuhlele-
kile umzabalazo wokubuyisela ukuzimela kwesizwe yiyona ndlela eba-
luleke kakhulu ebonisa ubunjalo nobukhona besikompilo. Akuyona nje
kuphela impumelelo yomzabalazo enikeza lo mzabalazo amandla kanye
nokwazi isikompilo, ngoba isikompilo alicashi, liphumule ngesikhathi
sokulwa. Ukuthuthuka nokuqhubekela phambili okwenzeka ngaphakathi
komzabalazo kwenza izindlela isikompilo elingenabela kuzo zikhule fu-
thi zibonise amathuba amasha angahle aziveze. Umzabalazo wenkululeko
awugcini nje ngokubuyisela isikompilo lesizwe esimweni nasekuhlelekeni
kwalo kwakudala. Lo mzabalazo onhloso yawo ukuguqula izinto ukuze
kuhleleke kahle izindlela zokusebenzisana phakathi kwabantu, awunaku-
bushiya bumsulwa ubunjalo besikompilo labantu. Emva kokuphela komza-
balazo akushabalali nje kuphela ikholoniyalizimu, kodwa kushabalala
nalaba abakholonayiziwe.

Lobu buntu obusha ngobungobabo kanjalo bungobabanye abantu, buc-
haza ngokusobala inhlobo entsha yobuntu. Lobu buntu obusha bubanda-
kanyiswa nezinhloso kanye nezindlela zokuhambisa umzabalazo. Umza-
balazo ogqugquzela abantu bonke noma ngabe bakuliphi izinga ochaza
kahle izimfuno zabo nabakulindele, futhi ongesabi ukwethembela ek-
wesekweni ngabantu, uyaphumelela noma kanjani. Umphumela wale
nhlobo yomzabalazo ukuthi uzuza izimo ezikahle zokuthuthukisa nokus-
ungula okusha ngesikompilo. Uma inkululeko izuzwe ngaphansi kwalesi
simo ayibi bikho le nto ekhathaza umoya ngokungabi nazinqumo ezith-
athiwe ngesikompilo, into evame ukutholakala kwamanye amazwe asan-
da kukhululeka, ngoba ngale ndlela isizwe sibumbeka futhi sisebenze
ngendlela evele igcizelele ukubaluleka kwesikompilo. Isizwe esibumbeke
ngokuzimisela nemisebenzi yabantu, esifumbethe izifiso zeqiniso zaban-
tu futhi eziwuguqulayo uhulumeni, sincike ezinguqukweni ezivelele ngok-
wezamasikompilo ukuze sizimele, siziphilele.

Abantu abakholonayiziwe abakhathazekile ngesikompilo lezwe labo,
futhi befisa ukulenza libe ngelamukelekile emhlabeni akumele babeke
ithemba labo kokukodwa – okuwukuthi inkululeko iqinisekile futhi iza nen-
qwebukamqondo yabantu – ukuze ikwazi ukufeza izinhloso zayo. Inkulule-
ko yesizwe njengenhloso iyingxenye yalolu daba, izindlela zokwenza kanye
nokuphathelene nabantu kungenye futhi ingxenye yomzabalazo. Sikholel-
wa ekutheni ikusasa lesikompilo nengcebo yesikompilo lesizwe kuxhome-
ke ezindinganisweni ezidlondlobalisa umzabalazo wenkululeko.

Sesifikile-ke manje isikhathi sokuthi siveze obala abaFarisi abathile.
Abanye bakholelwa ekuthini ubuntu sebudlulile ebangeni lokuzikhethela

isizwe. Isikhathi sesifikile sokuthi kwakhiwe izinyunyana zezombusazwe ezinkulu, ngakho-ke abakholelwa enkolweni endala yobuzwe kumele bawalungise la maphutha ale nkolelo. Thina-ke sikholelwa ekutheni empeleni la maphutha agcwele imiphumela kungaba ukungasibambi isinyathelo sobuzwe. Uma isikompilo liyindlela inqwebukamqondo yobuzwe eziveza ngayo angingabazi-ke ukuthi ngithi lokhu kusho ukuthi inqwebukamqondo ngobuzwe iyindlela ephakeme kakhulu yesikompilo.

Ukuzazi nokuzibona akusho ukuthi kumele kuvalwe umnyango wokukhulumisana. Ifilosofi isifundisa ukuthi ukukhulumisana yikho okuyisiqinisekiso esikhulu. Ukuzazi ngenqwebukamqondo yobuzwe okungebona nje ubuzwe, kuyakwazi kukodwa nje ukusinikeza indlela yokucabanga ngobuzwe. Udaba lokuzazi ngobuzwe nesikompilo lesizwe izinto ezinto ezihleleke ngendlela yazo ethi zona e-Africa. Ukuqala kokuzazi ngobuzwe e-Africa kuhambisana ngqo nokuzazi ngokuba umAfrica. Isibophezelo kumAfrica sokubhekana nesikompilo lobuzwe siyafana nesibophezelo sesikompilo lobu-'Negro-African.' Lesi sibophezelo esimbaxambili asizinzile esisekelweni sesayensi yefilisofi ebhekene nokucabanga ngezimo zezinto kanjalo nalezo ezingabambeki, kodwa sizinze emthethweni olula othi noma ngabe yisiphi isizwe sase-Africa lapho ikholoniyalizimu isabambelele khona; leso sizwe singesizungeziwe, esibuthakathaka futhi esisengozini engenasiphelo.

Uma umuntu ahlulelwa ngezenzo zakhe ngingathi-ke ingcithabuchopho yase-Africa ineyodwa into ebaluleke kunazo zoke okumele iyenze, ukwakha isizwe sayo. Uma lesi senzo sineqiniso; okungukuthi, uma sibonisa izimfuno zabantu, uma siveza ngokusobala ukungagculiseki kwabantu base-Africa, sizokwazi ukufinyelela ekutholakaleni kanye nokuqhubekisela phambili izindinganiso jikelele. Inkululeko yesizwe ayiziqhelelanisi nezinye izizwe, kuba yiyo ebeka isizwe phezu kwezicongo zomlando. Kuba semnyombeni wokuzazi ngobuzwe lapho ukuzazi ngokuba ngowomhlaba wonkana kusuka khona bese kukhula. Eqinisweni le ndlela yokusunguleka ibonakala ngokugqamile kuwo wonke amasikompilo.

Leli phepha lalifundwe kuSecond Congress of Black Writers and Artists, eRome ngonyaka we1959.

ISIGCINOMANOTHI

1   Leli phepha elisihloko salo sithi 'The Political Leader as Representative of a Culture' lathulwa kuSecond Congress of Black Writers and Artists, eRome ngowe-1959

2   'Yayingeyodwa inkosazana/Yayinomyeni/Umyeni okahle, oqotho/Owayesho ngekhanda uRacine noCorneille/Kanye noVoltaire noRousseau/Kanjalo noHugo kanye noMusset osemusha/Kanjalo noGidel kanye noValery/Nabanye futhi abaningi.' Kusho uRene Depestre embhalweni, *'Face a la nuit.'*

3   'Yayingeyodwa inkosazana/Yayinomyeni/Umyeni owayazi konke/Kodwa iqiniso lithi wayengazi lutho/Ngoba isikompilo alenzeki ngaphandle kokulahlekelwa okuthize/Ngaphandle kokunikela ngokwakho, umzimba negazi/Ngaphandle kokuzinikela kwabanye/Ukuzinikela kokunjenge/Classism noma iRomanticism/ Konke okufukamela imiphefumulo yethu.' Kucashunwe kwethi *'Face a la nuit'*, kaRene Depestre.

4   *'Patrage Formel,'* kaRené Char.

5   Emcimbini wokugcina wasesikoleni eDakar okwakunikezwa kuwo imiklomelo uMongameli weRepublic yaseSenegal uLeopold Senghor, wamemezela ukuthi iNegritude kumele ifakwe ezinhlelweni zezifundo ezikoleni. Uma lesisinqumo sihambisana nomlando wesisikompilo asinakuphikiswa. Kodwa ke uma ngabe kuyindlela yokubumba inqwebukamqondo yokuba ngumuntu omnyama kufana nje nokufulathela umlando osekuvele kubonisile ukuthi ama"Negro" amaningi asefana nje nangasekho.

Impi yokubuswa ngabezizwe nokuphazamiseka kwengqondo

Kodwa-ke impi iyaqhubeka. Eminyakeni eminingi ezayo siyobe sisabopha amanxeba angenakubalwa nakubalwa, amanye awafihleki nokufihleka; amanxeba abantu bakithi belinyazwa wukuhlaselwa ngababusi bezizwe.

I-imphiriyalizimu kunamuhla nje ilwa nomzabalazo weqiniso wokukhulula abantu, itshala imbewu yokubolisa lapha nalaphaya, okumele ukuthi kushatshalaliswe, kusiphunwe ngolaka olungenasihe kulo mhlaba wethu kanjalo nasezingqondweni zethu.

Manje sesizobhekana nale nkinga yempilo engokwengqondo, ukuphamamiseka noma izifo zayo ezabonakala emva kwempi yenkululeko yabantu base-Algeria.

Mhlawumbe ofundayo uzobona sengathi lokhu kubhala ngezifo zengqondo akuxhumi ndawo encwadini enjengalena. Akukho lutho-ke esingakwenza ngalakho.

Sasingekho esimweni sokulawula udaba lokuthi lolu khondolo lokuphazamiseka kwengqondo nokuziphatha okwaqutshukiswa yile mpi sekudlondlobele kangaka phakathi kwabaqhakambisa ukubuyisana nokuthula kanjalo nomphakathi 'odanjiswe ulaka'. Iqiniso lisekuthini umnyombo wokubuswa ngabezizwe uwumkhiqizi wezibhedlela zezifo zengqondo. Kusukela onyakeni we-1954 besibonisa odokotela bezifo zengqondo baseFrance kanye nabamazwe onke emibhalweni yesayensi, ukuthi kunzima ukwelapha ngokuphelele abantu abakholonayiziwe, ngamanye amazwi ukubenza balungele impilo yomphakathi onhlobo yawo ungowamakholonisti.

Ngakho ngoba iwuhlelo lokuphikisana bobuntu babanye abantu noma umsebenzi osakusangana wokungavumi ukuthi abanye abantu bangabantu, ikholoniyalizimu yenza ukuthi abakholonayiziwe bahlale bezibuza umbuzo owodwa: 'Eqinisweni ngingubani ngempela?'

Izimo zokuzivikela eziqhamuka kulesi simo sokubhekana ngqo kwabakholonayiziwe kudala isimo esiveza ngokusobala ubunjalo babantu abakholonayiziwe. Ukuze sikwazi ukuqondisisa lesi simo kudinga nje ukuthi sicwaningisise futhi sazise ubuningi nokujula kwamanxeba okugwazwa wona owengabade ngesikhathi esifushane nje esezandleni zombuso okholonayizayo. Ngesikhathi amaGerman kuyibo abaphethe izwe, amaFrench ayengabantu. Ngaphansi kombuso wamaFrench, abaseGerman baqhubeka nokuba ngabantu. E-Algeria akubi bikho nje ukubusa kuphela, kodwa kunesinqumo sokuthatha ngokugcwele, ukuzipha izwe lonke nokuhlala kulo. Ama-Algerian, abesifazane begqoke amahaik, amabhayi amboza ubuso, kunezihlahla zesundu, kanjalo namakameli kuba yingxenye yesizinda *esingokwemvelo* esifakazela ukuthi kukhona abantu abangamaFrench lapha.

Indawo yemvelo ezwakala sengathi inobutha ayihlalisani kahle, emazweni akholonayiziwe iyafana eqinisweni nasendle, nomiyane, nabomdabu, kanye nezifo. Ikholoniyalizimu isuke seyiphumelele uma le mvelo engaqeqeshekile seyithunjiwe yalawulwa. Ukwakha imigwaqo yezitimela enqamula amahlathi, ukukhipha amanzi emaxhaphozini, kanjalo nokunganaki ezombusazwe kanye nezomnotho wabomdabu kuyizinto nje ezifanayo.

Uma ukubuswa ngabezizwe kuyekwa kungacelwa nselelo ngempi, kuthi uma konke lokhu okulimaza abantu sekudlule ebangeni elithize, ukuzivikela kwabakholonayiziwe kuncipha kuze kuphele bese kuthi iningi labo ligcine selisezibhedlela zabagula ngengqondo. Kuthi kusengathi kunokuthula kokunqoba ikholoniyalizimu kube kukhona izimpawu ezingapheli futhi ezinkulu zokugula ngengqondo, okuwumphumela wale ngcindezelo.

Namuhla le mpi yenkululeko abantu base-Algeria abayinikeza konke aba-nakho ngesikhathi seminyaka eyisikhombisa seyijike yaba umthombo okhiqiza izifo zengqondo.[1] Lapha kunezibonelo zeziguli zase-Algeria nezaseFrance ezingaphansi kwethu esicabanga ukuthi zingasinika ulwazi oluzosisiza. Asikho nesidingo esingakanani sokuthi sichaze ukuthi indlela esizokhuluma ngayo uma siya phambili, kuzoba ngengasebenzisi amatemu esayensi, siqinisekise ukuthi sigwema izimpikiswano eziphathelene namatemu amakhulu aphathelene noku*semiological*, noku*sological* ekwelapheni. La matemu ambalwa esayensi siwasebenzise lapha ngoba nje sifuna ukucacisa okuthile ngezikhombo ezifanele. Kumele-ke kodwa ukuthi sigcizelele la maphuzu amabili.

Umthetho ovamile uthi isifundo sezifo zengqondo sibeka izifo eziningi eziphatha iziguli zethu ngaphansi kweqoqo okuthiwa yi-'*psychotic reaction*'. Ukwenza kanjalo kuqhakambisa lokho okuwumsuka wesifo nakuba lapha nalaphaya kuyashiwo ukuthi impilo yesiguli ngokwezengqondo, umphefumulo nangokomzimba, kanjalo nomlando wakho konke lokhu kanjalo nabakubosiguli. Sikholelwa ekutheni kulezi zindaba esizozibonisa lapha, umsuka wakho konke yisimo esingemnandi, esigcwele igazi, esingenaluzwelo, ukwenza ukuphathwa ngesihluku kwabantu kube yinto eyamukelekile okwenza abantu babone sengathi babhekene nembubhiso.

Isiguli sesibili ochungechungeni A sine*typical psychotic reaction* kepha isiguli sokuqala, esesibili, esesine nesesihlanu ochungechungeni B ziveza ukuthi ukuxhumana ngokuba yimbangela akukuningi kangakanani nakuba singakwazi ukukhomba ngqo okuyiyona mbangela. Lapha kusempini, impi yamakholoniyalisti evama kaninginini ukufana nokuqothulwa kwesizwe, le mpi ephazamisa zonke izinto ibhubhise umhlaba, okuyiyona-ke eqinisweni eyimbangela. Lokhu kungamatemu esiwasebenzisa uma sikhuluma ngezifo zengqondo uma siqonde ukusebenzisa amatenu esayensi, kodwa sibonisa umthelela wempi ikakhulukazi impi yokukholonayizwa. Emva kwezimpi zomhlaba ezimbili kwaba khona imibhalo eminingi ekhuluma ngokugula ngengqondo kwamasotsha ayelwa ezimpini kanjalo nomphakathi okwakuyizisulu zokuqhunyiswa kwamabhomu nokubalekiselwa ezindaweni eziphephile. Okubonakala kuqambeke ngendlela enembile kulezi zindaba ezibalulwe lapha, uma sisadinga ukwazi, kuwukuthi impi yekholoniyalizimu iyinto eseyintsha, ngisho nezifo ezibangayo.

Enye indlela yokucabanga engangatshazwa esibona ukuthi idinga ukubuyekezwa yilo mbono othi lezi zimbangelakuphazamiseka kwengqondo azinamonakalo otheni. Imiphumela emibi, okungukuthi, lapho kunezimo ezimbi lapho ubunjalo bonkana bomuntu buphazamiseka unomphelo seyachazwa kahle kodwa njalo uma ichazwa kuba sengathi kukhulunywa ngeziguli ezingavamile. Sikholelwa ekutheni lezi zimo zivame ukuthi ngokomthetho zibe ngezifana nezibulalayo, njengomdlavuza kanje. Lezi zifo zimphatha isikhathi eside umuntu, kuphela izinyanga, zihlasela ngamakhulu amandla aphazamisa ukuzazi nokuzethemba komuntu, zigcine sezishiye umonakalo obonakala ngamehlo. Konke kubonisa ukuthi ikusasa lalezi ziguli alilihle. Lesi siboniso esilandelayo sizochaza kahle lokhu esizama ukukusho.

Ezweni elithize lase-Africa eselineminyaka lazuza inkululeko sibe nethuba lokwelapha onentshisekelo ngezwe futhi owayesemzabalazweni. Lo mlisa ominyaka yakhe yayingama-30 wayefika azosibuza imibuzo, ecela nosizo ngoba wayephethwe wusizi lokuqwasha kanjalo nokuhlaselwa uvalo nokuhlala ecabanga nokuzibulala ngesikhathi esithize sonyaka. Leli langa laliqondene ngqo nelanga ayetshelwe ngalo ukuthi akayocupha ibhomu ndaweni thizeni. Abantu abayishumi bafa ngalokho kuhlaselwa.[2]

Lesi sidlamlilo sasingakaze sicabange nakanye ukubalekela nokuthethelela izigameko ezedlule, sasikade sazi kahle kamhlophe ukuthi kusho ukuthini ukuzinikela emzabalazweni. Lezi zibonelo ezinje zivusa imibuzo eziphathelene nokusebenza kwesazelo esimweni somzabalazo wokuguqula ezombangazwe.

Konke lokhu osekuphawulwe ngakho okwangesikhathi seminyaka ye-1954 kuya kowe-1959. Ezinye iziguli zazihlolwe e-Algeria ezibhedlela noma odokotela abazimele. Ezinye zazelashwe ezikhungweni zezempilo ze National Liberation Army.

UCHUNGECHUNGE A

Lapha kunezindaba ezinhlanu ezizoba yizibonelo. Zonke zikhuluma ngama-Algerian noma ama-European ababenezimpawu ezicacile ezibonisa ubunjalo besifo esiphathelene ne*reactive disorders*.

Isiguli sokuqala – Ukungavukelwa komAlgerian emva kokudlwengulwa komkakhe.

U-B yindoda eneminyaka engama-26. Udluliselwe kithi yiMedical Services of the National Liberation Front ngoba ephathwa yikhanda elingapheli futhi eqwasha. Wayengumshayeli wetekisi futhi eyisidlamlilo eqenjini lesizwe kusukela eneminyaka eyi-18. Ngonyaka we-1955 waba yilungu lombutho we-FLN (Front de Liberation National). Ezikhathini eziningi wayesebenzisa itekisi lakhe ukuthutha nokusabalalisa amapheshana akhuluma ngezepolitiki kanye nabaholi bezombusazwe. Ngenkathi i-FLN ibhekene nokwenyuka kwengcindezelo yathatha isinqumo sokuthi ihlasele izindawo zasemadolobheni; uB wanikezwa umsebenzi wokushayela imoto ukuze athuthe amavukelambuso awasondeze ezizindeni zokuhlasela, futhi imvamisa wayewalinda bese ewaphindisela emuva uma eseqede ukuhlasela.

Kodwa kwathi ngelinye ilanga, emva nje kokuhlasela okushubile kwamavukelambuso endaweni yama-European, bazithola sebekakwe amaphoyisa ndawo zonkana, waphoqeka ukuthi ashiye imoto kanjalo namavukelambuso ahlakazeka acela empunzini. U-B, owakwazi ukuphunyuka, wabaleka wayocasha emzini womngani, kwathi uma kudlula amalanga ambalwa wathola umbiko oyisiqondiso esithi makajoyine umzabalazo womshoshaphansi, azibandakanye nombutho wokubhikisha oseduzane, angabe esaya nasekhaya.

Kwaphela izinyanga engezwa zindaba ngomkakhe nendodakazi yabo eyayinezinyanga ezingama-20. Kodwa wagcina ezwile ukuthi kwase kuyisikhashana amaphoyisa emfuna edolobheni. Emva kweminyaka emibili wathola umlayezo ovela kumkakhe emcela ukuba akhohlwe nguye. Wayezifake ehlazweni. Akusamele acabange ukuthi abuye azohlala naye. Ngokukhulu ukukhuthazeka wabe esecela imvume kukhomanda wakhe ukuthi ahambe isinyelela aye ekhaya. Akazange avunyelwe. Kodwa kwathathwa izinyathelo sokuthi ilungu le-FLN lithinte umka-B kanye nabazali bakhe.

Emva kwamasonto amabili kwafika umbiko obhaliwe onemininingwane ubhekiswe kukhomanda ka-B, eqenjini lika-B.

Ngokushesha nje emva kokuthi itekisi lakhe ayekade elishiyile selitholakele (kunezibhamu ezingontuluntulu ezimbili ngaphakathi), iqembu lamasotsha amaFrench namaphoyisa lahamba laya emzini wakhe. Bathi uma bengamtholi lo mlisa, bathatha umkakhe bahamba naye, bamvalela isonto elilodwa.

Bamphenya mayelana nabangani nabalingani bomyeni wakhe abangamavukelambuso, bamshaya kabuhlungu bephindelela izinsuku ezimbili. Ngelanga lesithathu isotsha lomFrench – akakwazanga ukusho noma laliyisikhulu somphathi wehhovisi, latshela bonke abanye ukuthi mabaphume, lase liyamdlwengula. Emva nje kwesikhashana isotsha lesibili nalo lamdlwengula kubukela nabanye-ke manje; lilokhu limtshela: 'Uma kwenzeka uphinda usibone isikhohlakali esiwumyeni wakho, ungakhohlwa neze ukumtshela ukuthi sikwenzeni.' Bamvalela elinye isonto bengasamphenyi ngemibuzo. Base bemphelezela bambuyisela ekhaya. Wathi uma exoxela unina ukuthi wehlakalelwe yini wathi unina akamtshele yonke into u-B. Kwathi uma sekuvele indlela yokuxhumana nomyeni wakhe, wamxoxela ngalo lonke leli hlazo.

Kwathi uma ukushaqeka sekuthe ukwehla, futhi nangenxa yokuthi u-B wayehlale exinwe ngumsebenzi womzabalazo umzuzu nomzuzu, wakwazi ukukunqoba ukuphathwa kabi yilesi sigameko. Ezinyangeni eziningi wayelalela imibiko ngabantu besifazane base-Algeria ababehlukunyeziwe nababedlwenguliwe; wathola nethuba lokubona abayeni balaba besifazane kwase kuthi awakhe amashwa, esakhe isithunzi njengomyeni olimazekile wakukhohlwa.

Ngonyaka we-1958 wathunyelwa phesheya ukuze ayosebenza khona. Ngaphambi nje kokuthi ahlangane nebutho lakhe wayenokuhanjelwa yingqondo nokuqwasha okwase kukhathaza abalingani bakhe nabamphethe. Kwabe sekuhlehliswa ukuhamba kwakhe, kwathiwa makahlolwe wodokotela bezempilo. Yilapho-ke athunyelelwa khona kithi. Wayebonakala eyinsizwa okulula ukuxoxa nayo; ilinqekuzisa ikhanda uma kufanele, ilinikine uma kufanele – kokunye ikwenze lokhu kuze kweqe. Kwakunehaba nokho ukumamatheka kwakhe, sakuzama ukwemboza imizwa egqibelene ngaphakathi: 'Ngiyaphila, ngiphila kahle kakhulu, empeleni ngiwumqemane. Sengingcono kakhulu manje. Nginikeni imithi embalwa nje ebuyisa amandla; amavithamini kanje, emveni kwalokho hhawu ngizobe sengiwumqabavu.' Kwacaca nokho ukuthi kunexhala nje elikwenza kuvele obala konke abezama ukukuziba nokukuvalela ngaphakathi. Wabe eselaliswa esibhedlela ngaso leso sikhathi.

Ngosuku lwesibili ithemba lokuhle elalikhonyana lashabalala ngoba manje sase sinomuntu osembhedeni ongafuni ukudla, ophethwe ukhwantalala olunosizi. Wayegwema yonke inkulumo yezombusazwe futhi ebonakalisa ukuthi akangeni ndawo kunoma yini ephathelene nomzabalazo wenkululeko. Wayegwema ukulalela izindaba ngezempi yenkululeko. Kwakunzima kakhulu ukufinyelela ekwazini ukuthi izinkinga zakhe ziyini ngempela, kodwa kwathi emva kwezinsuku sakwazi ukuhlanganisa izicucu zendaba yakhe, zawenza umqonjwana.

Ngalesi sikhathi ehlala phesheya wayeke wazama ukuya ocansini kodwa wehluleka. Wayecabanga ukuthi yingoba ukhathele, okuyinto ejwayelekile uma kade umasha lokhu kumasha okuphoqelelekile kanye nezikhathi zokungadli ukudla okuqinisa umzimba. Waphinde wazama futhi emva kwamasonto amabili, waphinde wehluleka. Wakhuluma nomngani owameluleka ukuba aphuze uvithamini B12. Wawuphuza ongamaphilisi. Lo mzamo omusha, waba nokwahluleka okusha. Ngale kwalokhu, emizuzwaneni nje ngaphambi kokuphinde azame, wayehlaselwe yisifithifithi esinamandla sokufuna ukuklebhula isithombe sendodakazi yakhe. Lokhu kuhlobanisa kwakhe ukuya ocansini nesithombe sentombazanyana yakhe kwakungase kusenze sicabange ukuthi wayefisa ukulala nayo; okuyihlazo elenyanyisayo. Kodwa-ke kwathi emva kokuphonsa isiguli imibuzo kaningana, nangokuphupha kwaso ikati elifile, ukubola kwalo okwakuqubula iphunga elibi, sabe sesizithola sesicabanga ngenye indlela. 'Leyo ntombazana,' wasitshela ngelinye ilanga 'inokubola okuthile ngaphakathi.' Kusukela ngaleso sikhathi ukuqwasha kwakhe kwaya ngokuya kwanda kubanga ukukhathazeka ngaye ngoba nakuba ayephuza isilinganiso esiphakeme samaphilisi okulala nawokudambisa ukhwantalala, wavele waqalwa wukwethuka izanya nokuba nexhala okwasethusa sonke. Emva kwalokho, wasixoxela okokuqala ngqa ngomkakhe, egegetheka ethi: 'Useke wawanambitha amaFrench.' Yilapho-ke esayiqonda khona indaba yakhe. Konke okwase kumehlele kwabe sekusicacela. Wasitshela ukuthi njalo uma ezama ukuya ocansini ucabanga umkakhe. Lokhu kusithululela kwakhe isifuba kwakucaca ukuthi kubaluleke kakhulu.

'Ngashada le ntombazane ekubeni kwakukhona engangiyithanda. Ngeshwa abazali bayo base beyihlelele ukushada nomunye. Ngase ngamukela intom- bazane yokuqala abazali bami abangikhethela yona. Wayengumuntu okahle kodwa ngangingamthandi. Ngangilokhu ngizitshela ukuthi: linda nje kancane, usemusha, uma usuthole intombazane elungele wena uyohlukanisa bese uba nomshado ojabulisayo. Uyazibonela-ke ukuthi ngangingasondelene kangakanani nomkami. Kwathi uma kuqala impi saqhelelana nakakhudlwana. Ekugcineni ngangibuyela ekhaya ngidle, bese ngihamba ngiyolala singazange size sikhulumisane nokukhulumisana.'
    'Kwathi ngenkathi nginalaba abalwela inkululeko ngezwa ukuthi udlwengulwe amasotsha amaFrench. Ekuqaleni ngangizithukuthelele kakhulu lezo zinja. Kodwa ngabuye ngathi: 'Hhayi suka, akuyona into etheni ngoba kabambula- langa. Angaphinde aqale impilo yakhe kabusha.' Kwathi emva kwamasonto amaningana kwangicacela ukuthi wadlwengulwa *ngoba babekade befuna mina*. Eqinisweni wadlwengulwa ngoba bemjezisela ukuthi akafuni ukukhuluma. Kwakungaba lula kabi ukuthi abanikeze igama noma elilodwa nje lomunye wethu okwakungabasiza ukuthi baphenye zonke izinhlaka zamavukelambuso, mhlawumbe bangithole bangibophe nokungibopha. Lokhu kwakungeyikho ukudlwengula nje, kungabangangwa ngukuthi babenesizungu noma i*sadism* engike ngiyibone ezindaweni ezithile kuma*dours*; kwakuwukudlwengulwa kowesifazane obambelele ngokuzimisela kwakwethembile nowayelindele uk- wenza noma yini ukugwema ukukhaphela umyeni wakhe. Lo myeni, *kwakuyimi*. Lona wesifazane wayesindise impilo yami wavikela nemininingwane yethu esingamabutho omzabalazo. Kwakuyiphutha lami ukuthi wahlazeka ngale ndlela. Kodwa akazange athi: 'Nakhu engakubekezelela ngenxa yakho.' Kodwa washo okuphikisana nalakho: 'Khohlwa yimi, qala kabusha impilo yakho, mina sengihlazekile.'
    'Yilapho ngathatha khona isinqumo sokuthi sibuyelane emva kwempi; kumele ngikutshele, ngibabonile abalimi abantulayo beduduza omkabo emva kokudlwengulwa bebuka. Kwangimangalisa kakhulu lokhu; mangivume nje ukuthi ekuqaleni ngangingaqondisisi ukuthi kusho ukuthini lokhu. Kodwa kwakumele sizingene lezi zindaba ukuze sikwazi ukuchazela umphakathi futhi sengike ngabona abanye bezikhethela ukushada intombazana eyayikade

idlwengulwe yakhuleliswa amasotsha amaFrench. Konke-ke lokhu kwangenza ukuthi ngicabange kabusha ngomkami.'

'Sengicabangile ngasithatha isinqumo sokuthi ngimthathe sibuyelane kodwa ngangingazi ukuthi ngiyozizwa kanjani mhla ngambona ngamehlo. Futhi kwakuthi uma ngibuka isithombe sendodakazi yami kube sengathi nayo ihlazekile. Kuba sengathi konke nje okuthintene nomkami kubolile. Ukube nje bamhlukemeza ngemibuzo, uma bebephule wonke amazinyo akhe noma ingalo, ngabe ngangingakhathazekile kangaka. Kodwa lokhu, ukwedlulisa kanjani? Futhi kwakumele yini ukuthi angitshele ngakho?'

Wabe esengibuza ukuthi ukwehluleka kwakhe ocansini mina ngicabanga ukuthi kuhlobene yini nalokhu kukhathazeka kwakhe.

Ngaphendula: 'Kungase kube njalo.'
Wabe esehlala ngezinqe embhedeni.
'Ukube lokhu kwakwenzeke kuwe, wawuyokwenzenjani?'
'Angazi...'
'Ubungaphinde umthinte umkakho?'
'Ngicabanga ukuthi nginga...'
'Uyabona-ke ... Awuqinisekile.'
Wabambelela ezihlathini kwase kuthi emva kwemizuzwana waphuma endlini.

Kusukela ngalelo langa waqala wakwamukela ukulalela uma kukhulunywa ngezombusazwe futhi izinhlungu zekhanda kanye nokungafuni kwakhe ukudla, kwancipha ngendlela ebonakalayo.

Emva kwamasonto amabili wabuyela eqenjini lakhe wathi kimi: 'Ngelanga lokuthola inkululeko ngiyobuyelana nomkami. Uma kungalungi ngiyobuya futhi ngizokubona e-Algiers.'

Isiguli sesibili – Umuntu owasinda ekubulaweni kwabantu abaningi ngasikhathi sinye, unokuhlala ahlale afune ukubulala

U-S, yinsizwa eneminyaka engama-37. Uhlala kwi*douar* udabuka esigodini saseConstantine. Akakaze enze lutho kwezombangazwe. Selokhu kwaqala impi isifunda sakubo sibhekene neziwombe zempi phakathi kwamasotsha ase-Algeria kanye namabutho ezempi amaFrench. Ngenxa yalokhu u-S usebe namathuba okubona izidumbu kanye nabalimele. Kodwa waqhubeka wangazingena ezombusazwe. Njengeningi labantu abampofu basemaphandleni angakubo babesiza amasotsha ase-Algeria uma edlula ngendlela ngesikhathi sempi. Kodwa kwathi ngelinye ilanga ekuqaleni konyaka we-1958 kwaba nokuhlaselwa okwabulala abantu duzane ne*douar*. Amasotsha esitha asukumela phezulu azungeza isigodi sonke lapho kwakungekho ngisho nelilodwa isotsha lomzabalazo. Bonke abahlali bazungezwa base behlonywa imibuzo. Bonke bazithulela abangathi vu. Kwathi emva kwamahora ambalwa kwaqathaka endizeni enophephela emhlane umphathi wamasotsha amaFrench wathi; 'kunodweshu oluningi kabi oluphehlwa kule *douar*, yicekeleni phansi!' Amasotsha aqala ashisa izindlu ngenkathi abesifazane bethi bazama ukuqoqa izingubo ezimbalwa noma ukuthatha okusamphako. Babephindiselwa emuva ngokushaywa ngezidunu zezibhamu. Abanye abantukazana bathola ithuba lokubaleka, besizwa yilesi siphithiphithi. Umphathi wamasotsha wakhipha isiqondiso sokuthi akuvinjezelwe wonke umuntu owayesasele, abantu baqhutshwa bayiswa esigodini esiseduze nokuyilapho abaqala khona ukubabulala. Amadoda angama-29 adutshulwa abulalwa ebekwe izibhamu eziphongweni. U-S wadutshulwa ngenhlamvu eyangena ethangeni langakwesokudla nasengalweni yangakwesokunxele; kwephuka ithambo lengalo.

U-S wabe esequleka waze waphaphama esephakathi kweqembu lamasotsha e-ALN (Armée de Libération Nationale). Wabe eselashwa ngodokotela okwathi uma esekwazi ukuzihambela wadedelwa. Lapha endleleni wayelokhu enza izinto ezingajwayelekile, okwenza ukuthi ababemphelezela bakhathazeke kakhulu. Wathi ufuna isibhamu ngenkani nakuba kwakucaca ukuthi uyisakhamuzi esingenakuzisiza ngesibhamu futhi wala waphetha ukuhamba phambi kukanoma ubani, kungakhathaliseki ukuthi ungubani. Enjalo nje wayengafuni muntu ahambe emva kwakhe. Kwathi ngabusuku bumbe wephuca isotsha isibhamu salo wazama ukudubula amasotsha ayelele. Bamephuca ngenkani isibhamu. Kwasukela lapho ukuthi bambophe izandla, wafika lapha kithi esiKhungweni enjalo.

Waqala ngokusitshela ukuthi akafile, udlale ngabo bonke abanye. Kancane kancane sakwazi ukuhlanganisa udaba lwakhe lokuzama ukubulala kodwa ahluleke. U-S akakhathazekile kodwa ujabule ngokwedlulele, futhi ulokhu esuka ekujabuleni eya osizini ngamakhulu amawala lawa futhi akakhulumi, kunalokho uyamemeza. Akabulalanga mpahla kodwa wakhathaza wonke umuntu ngokulokhu ekhuluma engaqedi kwaze kwafanele ukuthi uMbutho uvule amehlo umqaphele ngoba elokhu etshela wonke umuntu ukuthi 'uzobulala wonke umuntu.' Ngesikhathi elaliswe esibhedlela wahlasela iziguli eziyisishiyagalombili esebenzisa izikhali ayezakhele yena mathupha. Abahlengikazi nodokotela nabo akabayekanga. Saze saqala ukuzibuza ukuthi sasingabhekene mhlawumbe nalokhu kugula kwesithuthwane okusaqala, lokhu okwenza umuntu abe nolaka oluvuthayo kube sengathi uhlezi elindele ukuhlala izithonto.

Sabe sesiqalisa ukumelapha nge*narcotherapy*. Emva kwamalanga amathathu sakwazi ukumhlalisa phansi simbuze imibuzo kanye ngosuku okwenza ukuthi sikwazi ukuqondisisa kahle ukuthi uphethwe yini, esebenza kanjani. Ukudideka kwakhe kwaya ngokuya kwehla. Lokhu okulandelayo kucashunwe kokwakushiwo yisiguli:

'UNkulunkulu unami... kodwa akunakuba wayenalabo asebafa...Ngaba nenhlanhla enkulu kabi ... Empilweni kungukuthi uyabulala noma ubulawe... Ngangikade ngicabanga ukuthi angazi lutho ngalokho... KunamaFrench phakathi kwethu...Bazifihlile, benza sengathi bangama-Arabhu... Kumele babulawe bonkana... Nginikezeni isibhamu esinguntuluntulu... Bonke laba ababizwa ngokuthi bangama-Algeria bangamaFrench... futhi banginamathele, abangishayisi ngomoya. Kuthi nje uma ngithi ngizama ukulala, bangene endlini yami. Kodwa-ke manje sengiyazi ukuthi bafunani. Uwonkewonke ufuna ukungibulala. Kodwa ngizolwa, ngizivikele. Ngizobabulala bonke, ngamunye ngamunye. Ngizobanquma intamo, omunye emva komunye; kanjalo nawe. Nonke nifuna ukungibulala kodwa kuzomele nicabange amanye amaqhinga. Ukunibulala akuzukuba namthelela nakancane kimi. Abancane, asebekhulile, abesifazane, izingane, izinja, izinyoni, izimbongolo... akekho noyedwa ozosinda ... emva kwalokho ngizokwazi ukulala ngokuthula.'

Konke lokhu wayekusho eqala, ame, aqale ame futhi enolukhulu ulaka lolo, engafune kuzihlanganisa nabani futhi enokwedelela.

Emva kwamasonto amathathu ukuyaluza kwakhe kwaphela kodwa wayengafuni ukukhuluma futhi engafune kuba namuntu; okwenza ukuthi sesabe ukuthi hleze kukhulu okuzayo. Kodwa-ke kwathi emva kwezinyaga ezintathu wacela ukuthi simkhiphe esibhedlela khona ezokwazi ukuyofunda umsebenzi ohambisana nesimo sakhe sokukhubazeka. Sabe sesimdlulisela kwabezenhlalakahle be-FLN. Saphinde sambona futhi emva kwezinyanga eziyisithupha. Wayesephila kahle.

Isiguli sesithathu – Ukwethuka izanya nexhala nokuphazamiseka kwengqondo emva kokuhanjelwa yingqondo okwesikhashana wase ebulala owesifazane

U-D, owayengumfundi, isotsha le-ALN, uneminyaka eyi-19. Ngenkathi efika la esiKhungweni wayesegule izinyanga eziningana. Okwakumphethe kwakuzibonakalisa ngezindlela ezejwayelekile: wayenosizi olunzulu, izindebe zakhe zomile, izandla zakhe zinomswakama ongapheli. Wayephefumulela phezulu engaqedi. Eqwasha cishe njalo ebusuku obuningi. Wayesezame kabili ukuzibulala selokhu aqala ukugula. Uma sikhuluma naye wabonisa izinsolo zokuthi uzwa amazwi angekho. Kwesinye isikhathi wayegqolozela into eyodwa nje esikhaleni, ubuso bakhe bese buvuleka sengathi kukhona akubonayo lapha obala. Ukucabanga kwakhe kwakungahlangani, nakushoyo kungenzi mqondo. Ukuziphatha kwakhe kwaziwa ngokuthi yi*blocking*, leli gatsha lezifo zengqondo lapho kuthi uma kuqala inkulumo noma ukwenza okuthile bese kunqamuka nje kungenasizathu esibonakalayo. Kodwa kunokukodwa okwaziveza kimi: Isiguli sasikhuluma ngokuthi igazi laso lichithekile, imithambo yegazi isengekile, futhi inhliziyo yaso ishaya ngendlela engajwayelekile. Wasincenga ukuba simsize siqede lokhu kopha kwegazi sibavimbe bangangeni esibhedlela 'ukuzomunca igazi lempilo yakhe'. Kwadlula isikhashana wangabe esakwazi ukukhuluma wabe esecela ipensela lokubhala. Wabhala lokhu: 'Sengilahlekelwe yiphimbo, impilo yami yonke iyashabalala.' Lokhu kubonisa kwakhe ukushabalalelwa ubuntu bakhe kwenza ukuthi sikholwe ukuthi usefike esimweni esilukhuni kakhulu.

Kaninginingi uma sikhuluma nesiguli sasithi kunowesifazane owayefika uma sekuhwalala azomhlukumeza. Ngase ngizwile-ke ukuthi unina ayemthanda kakhulu wayesashona, nokuthi wayengasoze asinde ebuhlungwini balokhu kulahlekelwa (ngalowo mzuzu iphimbo lakhe lafiphala, kwaqathaka izinyembezi). Ngabe sengishintsha inkulumo ngayibhekisa ekumbuzeni ngesithombe sikanina. Ngathi uma ngithi makangichazele kakhe ngalona wesifazane omlandela kangaka nomhluphayo futhi, wangitshela ukuthi uyaziwa, ukuthi umazi kahle kakhulu nokuthi nguyena luqobo owambulala. Umbuzo-ke kwabe sekuba othi ingabe sibhekene nesimo somuntu ongaqwebukile ngokuphelele, onomuzwa wokuzizwa enecala emva kokushona kukanina, njengoba uFreud esichaza lesi simo ekubhaleni kwakhe okunesihloko esithi, 'Mourning and Melancholia'. Samcela ukuthi ake asitshele kabanzana ngalona wesifazane ngoba umazi kahle, futhi nguye owaze wambulala. Yilokhu okwenza sakwazi ukubumba kabusha le ndaba:

Ngasuka kuleli dolobha engangiwumfundi kulo ngajoyina inhlangano yomzabalazo. Emva kwezinyangana ngathola umbiko ovela ekhaya. Wawuthi umama ongizalayo ubulewe yisotsha lomFrench elimdubule ngesibhamu, lamdubula esiphongweni, kwathi odadewethu ababili bathathwa bayiswa ekamu lamasotsha. Kuze kube namuhla angazi ukuthi bakuphi. Ukushona kukamama kungiphathe kabi kakhulu. Ubaba washona eminyakeni edlule, bese kuyimi ngedwa indoda ekhaya futhi kukodwa ebengikufuna: ukukwazi ukuthi kube khona engikwenzayo okuzokwenza ukuthi umama nodadewenu baphile kangconywana. Ngelinye ilanga sahamba saya emzini oyisithabathaba walezi zifiki zabamhlophe la umphathi, owumkholonisti odume ngobubi wayebulele khona izakhamuzi ezimbili ezingama-Algerian. Kwase kusebusuku ngenkathi sifika emzini wakhe. Ngumkakhe kuphela owayekhona. Kwathi uma esibona wasincenga ukuthi singambulali; wathi, 'Ngiyazi ukuthi nize lapha nje nizele umyeni wami. Akekho... Sengimtshele kangaki nje ukuthi akehlukane nezombusazwe!' Sabe sesivumelana ngokuthi simlinde umyeni wakhe. Kodwa ngangilokhu ngithi uma ngibheka lo nkosikazi ngicabange owami umama. Wayehlezi kusofa ontofontofo kodwa kusengathi imicabango yakhe ikwenye indawo. Ngangizibuza ukuthi asimbulali ngani. Wabe esebona ukuthi ngiyambuka. Wavele waziphonsa kimi ekhala: 'Ngiyacela bandla...ningangibulali ... nginabantwana.' Emzuzwini owalandela wayesefile. Ngambulala ngommese wami. Ukhomanda wami wangephuca isikhali sami wangitshela ukuthi nginyamalale. Kwathi ezinsukwini ezimbalwa ngaphekwa ngemibuzo wukhomanda wesigodi. Ngangithi bazongidubula kodwa nganginge nandaba.[3] Yilapho engaqala khona ukuhlanza njalo uma kade ngidla futhi ngaqala ukungalali kahle ebusuku. Emva kwalokhu lo wesifazane wayesefika njalo ebusuku efuna igazi lami. Manje elikamama wami lona igazi liphi?

Kwathi kusihlwa nje isiguli sesisembhedeni, ikamelo 'lahlaselwe ngabesifazane', bonke befana. Kwakungowesifazane oyedwa kodwa ephindaphindwe kaninginingi. Bonke babenembobo ekhamisile eziswini. Babengenagazi, bephaphathekile ngenxa yokugula futhi bezace kakhulu kabi. Abesifazane laba basihlupha lesi siguli esiseyingane bethi bafuna sibuyise igazi labo elachitheka. Ngasoleso sikhathi umsindo wokugeleza kwamanzi wagcwala indlu; waya ngokuya ukhula lo msindo kwasengathi kuduma impophoma mbala, lowo mlisa osemusha wabona igazi seligcwele phansi ekamelweni lakhe – igazi lakhe – ngaleyo nkathi laba besifazane babuyelwa imibala yabo, namanxeba abo aqala ukuvaleka. Sesimanzi te wumjuluko, siqhaqhazeliswa wuvalo, isiguli sasiphaphama sihlale sibhekile kuze kushaye intathakusa.

Isiguli lesi esisesincane selashwa amasonto amaningi zaze zaphela izimpawu zesifo sokuphupha kabi ebusuku. Ubunjalo bobuntu baso-ke kodwa abukakalungi. Kuthi nje uma eke wacabanga unina kuqhamuke owesifazene ongenamathumbu athathe isikhundla sikanina ngendlela exakile. Nakuba kusengathi lokhu esikucabangayo akunembile ngokwezesayensi, sibona sengathi isikhathi kuphela esiyosiza ukwelapha le nsizwa ukuze ubuyona bubuye.

Isiguli sesine – Iphoyisa elingumEuropean eliphethwe wukhwantalala olunamandla, okuthe lisesibhedlela lahlangana nomunye umuntu owayeyisisulu salo, umAlgeria owayekade elwela izwe lakhe yena ephethwe yisifo sokuba ndikindiki samuntu oqulekile.

U-A, uneminyaka engama-28, ushadile, akanabantwana. Sesizwile-ke ukuthi yena nomkakhe sebezame iminyaka eminingi belashelwa ukuthi bakwazi ukuthola abantwana. Uthunyelwe lapha kithi ngabaphathi bakhe emsebenzini ngenxa yendlela aziphethe ngayo ebanga izinkinga.

Sakwazi ukuxhumana kahle kakhulu naye zibekwa nje. Isiguli sakhuluma nathi ngezinkinga zaso ngokukhululeka. Sasinobudlelwane obuhle nomkaso, kanjalo nabasekhweni. Sasinobudlelwane obuhle nalaba esasisebenza nabo futhi abasiphethe babesibheka njengesisebenzi esihle. Okwakusiphethe kabi isiguli ngukuthi asilali kahle ebusuku ngoba silokhu sizwa imisindo yokuklabalasa. Eqinisweni sasitshela ukuthi kula masonto ambadlwana sivala yonke iminyango namafasitela (kusehlobo njalo belu) okuyinto ehlukumeza umkaso ongakwazi ukukhululeka ngenxa yokucinaniswa yilokhu kushisa. Futhi ugxisha uvolo ezindlebeni zakhe khona ukuklabalasa kungezukuzwakala. Kwesinye isikhathi phakathi nobusuku isiguli sivulela umsakazo noma sidlale umculo yikhona singezukuwuzwa nomncane umsindo wasebusuku. Wabe esesichazela kahle usizi lwakhe esinikeza yonke imininingwane:

Ezinyangeni ezimbalwa ezedlule wayedluliselwe kusigaxamabhande we-FLN. Ekuqaleni wanikezwa umsebenzi wokuba ngunogada wamabhilidi ambalwa kanye nezindawo zokudlela. Kodwa kwathi emva nje kwamasonto ambalwa wabe esesebenza enhlokohhovisi yamaphoyisa. Kulapho-ke aqala khona ukwenza umsebenzi owawudinga ukuthi kube 'nokuhlukumeza okuthizeni.' 'Indaba ilapha, akukho ababezimisele ukukuvuma.'

'Kwesinye isikhathi', washo eqhubeka esichazela, 'uzwa efuna ukubatshela ukuthi uma besicabangela bangavele babhoboke bangasiphoqi ukuthi sichithe isikhathi eside sizama ukusenga imidanti ngamunye kubo. Kodwa kwakufana nokukhuluma netshe nje. Yonke imibuzo iba nempendulo ethi: 'Angazi.' Kwala noma sibuza amagama abo. Uma sibabuza ukuthi bahlalaphi, baphendula bathi, 'Angazi.' Yingakho-ke kwasicacela ukuthi kumele sibanikeze abakucelayo. Kodwa maye, baklabalasa kakhulu! Ekuqaleni kwakungihlekisa. Kodwa kwabe sekuqala kungididizelisa. Kunamuhla nje ngingakutshela kahle ukuthi sikuphi nemibuzo yethu uma nje ngizwa uhlobo lomsindo wokuklabalasa. Umuntu oseshaywe kabili ngesibhakela, waphinde washaywa emva kwendlebe unendlela yakhe yokukhuluma, yokuklabalasa, neyokuphikelela nokuthi umsulwa. Emveni kokuthi kade eselenge ngezihlakala amahora amathathu, iphimbo lakhe liyashintsha. Emva kokucwiliswa emanzini obhavu, iphimbo liba ngelehlukile. Njalonjalo. Kodwa-ke kuba emva kokusetshenziswa kogesii lapho iphimbo lingabekezeleki khona. Ucabanga ukuthi usezofa ngalowo mzuzu. Vele-ke kodwa baba khona labo abangaklabalasi: labo ngosibindigidi abanenkani. Kodwa baye bacabange ukuthi sizobabulala masinyane. Kodwa-ke thina asifune kubabulala. Esikufunayo wulwazi. Siqala ngokuzama ukuthi sibaklabalasise, bese kuthi emva kwesikhashana bazinikele, bakhulume. Lokhu kuwukunqoba kithi. Bese siyaqhubeka. Ukhumbule ukuthi asiphikelele ekuqhubekeni nale nto. Kodwa abasiniki thuba, abenzi ukuthi zibe lula izinto kithi. Manje yikho nasekhaya ngikuzwa konke lokhu kuklabalasa. Ikakhulukazi ukuklabalasa kwalaba abafela ezandleni zamaphoyisa asenhlokohhovisi. Dokotela, ngikhathele, ngidiniwe yilo msebenzi. Uma nje ungangelapha ngizocela ukuthi bangishintshe ngiyosebenza eFrance. Uma bengalela, ngizovele ngesule emsebenzini.'

Ngenxa yesimo ayekuso ngambhalela incwadi yokuthi ahlale ekhaya njengesiguli. Kwathi uma ala ukuthi simlalise esibhedlela, ngamelapha njengesiguli sangasese. Ngelinye ilanga, ngaphambidlana nje kokuthi siphinde sikhulume naye, kwadingeka ngiphuthume ngesidumo emsebenzini. Kwathi uma u-A efika kwami, umkami wamcela ukuba ahlale phansi angilinde kodwa yena wathi ukhetha ukuhambahamba ngaphandle lapha esibhedlela bese eyabuya azongilinda. Emva kwemizuzu engemingaki lapho sengiphindela ekhaya ngambona emi encike ngesihlahla ejuluke emanzi te, ebhalwe uvalo olunamandla. Ngamthatha ngamfaka emotweni ngashayela saya ekhaya. Kwathi uma sesizinzile ehlezi kusofa wangitshela ukuthi uhlangane nesinye seziguli engizelaphayo (umAlgerian obelwela izwe lakhe) owayekade ehlukunyezwe ngamaphoyisa enhlokohhovisi yawo nobelashelwa ukuphazamiseka engqondweni emva kokuhlukunyezwa. Ngabe sengizwa ukuthi leli phoyisa nalo lalibandakanyekile ekuhlukumezeni lesi siguli. Ngamnikeza amaphilisi okudambisa imizwa, amsiza ukwehlisa uvalo.

Kwathi uma esehambile ngaya kuleli wodi lapho lom-Algerian ayelaliswe kulo. Abasebenza ewodini babengakaboni lutho olungejwayelekile. Kodwa isiguli sase sinyamalele. Sagcina sisithola sicashe endlini yokugezela lapho sasizama khona ukuzibulala. Isiguli sasikwazile naso ukulibona nokulikhumbula iphoyisa, sase sicabanga ukuthi lilapha nje lifuna sona ukuba lisithathe lisibuyisele enhlokohhovisi yamaphoyisa.

U-A wayelokhu ebuya ezongibona kaningana, kwathi uma eseba ngcono wayiswa kwelinye izwe ngezizathu zempilo. OkomAlgerian olwela izwe lakhe khona, kwathatha isikhathi eside kabi ukuthi akholwe ukuthi uyazikhohlisa, nokuthi akholwe ukuthi amaphoyisa awavumelekile ukungena esibhedlela, ukuthi uphazamisekile, nokuthi usesibhedlela ngoba kunguye odinga ukunakekelwa, njalonjalo

Isiguli Sesihlanu – Isikhulu samaphoyisa esingumEuropean esasihlukemeza umkaso nabantwana babo

U-R, oneminyaka engama-30, waziletha yena lapha kithi. Uyiphoyisa elingumhloli okwathi emasontweni athize wabona ukuthi 'kukhona okungashayi khona.' Ushadile, banabantwana abathathu. Ubhema kakhulu: amaphakethe amathathu ngelanga. Usephelelwe wuthando lokudla futhi useqala ukuqwasha ebusuku ngoba ethikanyezwa amaphupho amabi. La maphupho awananto etheni avelele ngayo. Okumkhathaza emoyeni yilokhu akubiza ngokuthi 'iziwombe zokusangana'. Okukuqala nje akathandi ukuphikiswa: 'Dokotela ake ungitshele ukuthi yini eyenza ukuthi uma nje umuntu eqala engibheka ngeziqu zamehlo ngibe sengifuna ukumshaya. Noma ngingekho emsebenzini ngiye ngifise ukumshaya umuntu ongithikamezayo endleleni yami. Ake sithathe isibonelo nje uma ngizithengela iphephandaba. Kunomugqa. Ngakho kumele ulinde. Ngelula isandla ukuze ngithathe iphepha (lona odayisa amaphephandaba wumngani wami wakudala) bese kuthi omunye umuntu nje osemgqeni akhulume ngolaka: 'Linda kufike isikhathai sakho!' Hhayi-ke, ngizwe sengifuna ukumshaya bese ngizitshela ukuthi: 'Uma nje bengingakutholo mngani, okwamahora nje ambalwa, ubungeke ubukise ngami.'

Uyahluleka ukubekezelela umsindo. Ekhaya uhlale efisa ukushaya wonke umuntu. Kunjalo nje uhlale eshaya izingane zakhe ngisho nale enezinyanga ezingama-20.

Kodwa okwamethusa kakhulu kusihlwa ngelinye ilanga kwaba ukuba umkakhe amsole ngolaka athi ushaya kakhulu izingane. (Wayeze wathi kuye: 'Kodwa yini kangaka, usuyasangana...') Waphenduka wambheka, wamshaya wase embophela esihlalweni elokhu emtshela ememeza: 'Ngizokufundisa ukuthi ubani umakhonya lapha ekhaya khona ungeyuphinde ukhohlwe.'

Ngenhlanhla abantwana baqala bakhala baklabalasa. Kwaba ilapho ebona khona ubucayi balokhu ayekwenza, wamkhulula umkakhe, kwathi ngakusasa ekuseni wathatha isinqumo sokuyobona udokotela onguchwepheshe wezemizwa. Wathi wayengakaze abenje, akavamile ukujezisa izingane zakhe, akakaze alwe nomkakhe. Le nkinga akuyo njengamanje yayiqale ngesikhathi kuqala 'izinkathazo'. Waqhubeka wathi: 'iqiniso ukuthi manje sesisetshenziswa njengamasotsha empi ahamba ngezinyawo. Nasi isibonelo sangesonto eledlule nje. Sasisebenza sengathi sisempini. Laba abakuhulumeni bathi ayikho impi e-Algeria, kumele amaphoyisa kube yiwo abuyisa umthetho nenqubonhle kodwa ikhona impi lapha e-Algeria, kuyothi mhla bekubona lokho kuyobe sekuphuze kakhulu. Okungikhathaza kakhulu kunakho konke ukuhlukume-zwa. Kusho ukuthini lokhu kuwe? Kwesinye isikhathi ngihlukumeza abantu amahora ayishumi ngingaphumuli.'

'Ukuhlukumeza abantu kukwenza uzizwe kanjani?'

'Kuyakukhathaza njengokulindelekile... Kuyiqiniso khona ukuthi siyas-hintshana, kodwa indaba isekutheni wazi ukuthi umuntu osebenza naye kumele yena azithathe nini izintambo kuwe. Wonke umuntu uyabona ukuthi sekuseduze ukuthi athole impendulo, yingakho-ke kumele aqaphelisise ukuthi akamdluliseli komunye okuzoba nguye osethola udumo. Yingakho-ke kwesinye isikhathi simdlulisa; kwesinye singamdlulisi.

'Size sibethembisa imali, imali ephuma kwawethu amaphakethe ukuze sikwazi ukumuzwa umuntu ekhuluma ekukhipha konke. Inkinga yethu ukuthi siyakwazi yini ukwenza lo muntu akhulume? Kugcina sekuyinto yomuntu ngamunye ukuthi ngubani ozophumelela; kufana nje nokuthi siyaqhudelana. Sigcina sesizilimaze izandla ngenxa yokubashaya ngenqindi. Sabe sesibiza 'amaSenegalese'. Kodwa manje bavele babashaye kakhulu kabi noma bamlimaze umuntu lingakapheli ngisho ihora elilodwa, kungenjalo abenzi okwanele bese kungenzeki lutho. Eqinisweni kumele usebenzise ingqondo yakho kulo msebenzi. Kumele wazi ukuthi usiqinisa nini isandla nokuthi usixegisa nini. Kumele ukwazi ukuzwisisa kahle konke. Uma umuntu esevoveke inkani asikho isidingo sokuqhubeka umshaye. Yingakho-ke nje kungcono ukuthi uzenzele wena wedwa owakho umsebenzi ngoba kuba lula ukuzahlulela ukuthi usebenza kanjani. Mina angivumelani nalaba abashiya umuntu ehlukumeza abanye bese belokhu bebuya bezolunguza ukuthi kwenzekani. Umthetho omkhulu kunayo yonke ngukuthi akumele ukuthi wenze ohlukunyezwayo acabange ukuthi ngeke aphume ephila. Lokho kumenza ukuthi acabangisise ukuthi yisiphi isidingo sokukhuluma uma kungeke kumphilise. Uma kunjalo alikho nelincane ithuba lokuthi kube khona okutholayo kuye. Kumele ahlale esethembeni: yithemba elibenza ukuthi bakhulume.

'Kodwa okungikhathaza kunakho konke yile ndaba yomkami. Kusho ukuthi kukhona okuxegayo lapha ekhanda lami. Kuzomele ungelaphe dokotela.'

Ngoba abaphethe benqaba ukumnikeza ikhefu labagulayo kanti nesiguli sasingafuni ukuthi sisibhalele incwadi evela kudokotela wezifo zengqondo, sabe sesimelapha 'esemsebenzini'. Kulula ukubona ukuthi le ndlela yokwelapha ishoda ngani. Lo mlisa wayazi kahle kamhlophe ukuthi zonke izinkinga zakhe zidalwa yilo msebenzi awenzayo, kulezi zindlu zokuhlukumeza abantu ngemibuzo, nakuba wayezama ukusola 'isimo sezinkathazo'. Njengoba way-engahlosile neze ukwehlukana nomsebenzi wakhe wokuhlukumeza abantu ngemibuzo (lokhu akwenzi mqondo ngoba kusho ukuthi kumele ashiye emsebenzini) wangicela kahle nje ngolimi oluzwakalayo ukuthi ngimsize khona ezokwazi ukuhlukumeza ama-Algerian alwela izwe lawo ngaphandle kokuthi azizwe enecala, angabi nazinkinga zokuziphatha, akwenze nje lokhu ngoxolo nokuthula kwengqondo.[4]

UCHUNGECHUNGE B

Lapha kulolu chungechunge siqoqe sabeka ndawonye izindaba namaqoqo ezindaba lapho okuvusa ukugula kuyisimo luqobo esibangwa wukuthi kunempi evuthayo e-Algeria.

Udaba Lokuqala – Ukubulala umAlgerian amabili – oneminyaka eyi-13 noneyi-14 – bebulala umEuropean ababedlala naye

Lolu daba luthinta ukuxilongwa ngokwezempilo nangokwezomthetho. Abafana ababili bama-Algerian ababeneminyaka eyi-13 neyi-14 babekwe icala lokubulala ababekade bedlala naye ongum-European. Sebevumile ukuthi bakwenzile lokhu. Lobu budlova ebebuhlolwa, bubhaliwe kwafakwa nezithombe kwase kubekwa efayilini. Kuboniswa omunye walaba bantwana ebambe isisulu ngenkathi lo omunye esigwaza ngommese. Laba ababekwe icala abazange bajike kulokhu ababekushilo. Sikhulume nabo isikhathi eside kakhulu. Nakhu okubalulekile okucashunwe kwesasikukhuluma:

a. *Oneminyaka eyi-13:*
   'Besingamcasukele. Njalo ngoLwezine besiyaye sihambe naye siphethe izihlilingi siyozingela phezu kwegquma emva kwesigodi. Wayengumngani wethu omkhulu. Ubeseyekile esikoleni ngoba ubefuna ukuba ngumfundisi njengoyise. Kwathi ngelinye ilanga sathatha isinqumo sokumbulala ngoba ama-European afuna ukubulala wonke ama-Arabhu. Asikwazi ukubulala 'abantu abadala' kodwa singakwazi ukubulala umuntu onjengaye ngoba uwuntanga. Besingazi ukuthi siqalephi. Sacabanga ukumphonsa emseleni kodwa lokho bekungamlimaza nje kuphela. Sabe sesithatha ummese ekhaya esambulala ngawo.'
   'Kodwa namkhetha kanjani?'
   'Ngoba wayedlala nathi. Ukuba besikhethe omunye umfana ubengeke avume ukwenyuka nathi egqumeni.'
   'Kodwa ubengumngani wenu?'
   'Bona bafunelani ukusibulala? Uyise iyilungu lempi uthi sonke kumele sinqunywe izintamo sibulawe.'

'Kodwa akakushongo kini lokho?'

'Yena? Cha.'

'Niyazi ukuthi usefile manje?'

'Yebo.'

'Kusho ukuthi ukufa.'

'Kusho ukuthi sekuphelile konke ngawe, usuzoya ezulwini.'

'Nimbulele?'

'Yebo.'

'Niyazisola ngokuthi nibulele umuntu?'

'Cha, ngoba bafuna ukusibulala, ngakho-ke...'

'Kunganikhathaza ukuba sejele?'

'Cha.'

b. *Oneminyaka eyi-14:*

Lo mfana wehluke kakhulu kulaba afunda nabo, abasekilasini naye. Usecishe abe yindoda; umuntu omdala uma ubona izinyama zakhe, indlela yakhe yokuziphatha kanjalo nendlela izwi lakhe elizwakala ngayo uma ephendula imibuzo. Naye akaphiki ukuthi ubulele. Ukwenzeleni lokhu? Akawuphenduli umbuzo kodwa ubuza mina ukuthi ngake ngambona yini umEuropean esejele. Ukhona noyedwa umEuropean owake waboshwa wavalelwa ejele ngoba ebulale umAlgerian? Ngaphendula ngathi empeleni angikaze ngibone noyedwa umEurope esejele.

'Kodwa kunama-Algerian abulawayo zonke izinsuku, angithi?'

'Yebo.'

'Manje kungani abasejele kungama-Algerian kuphela? Ukuchaza ukuthini lokho?'

'Anginakukuchaza, kodwa tshela mina ukuthi nimbulaleleni umfana obengumngani wenu?'

'Ngizokutshela... Wake wezwa ngebhizinisi iRivet?'[5]

'Yebo.'

'Amalungu omndeni wami amabili abulawa ngalelo langa. Ekhaya bathi amaFrench ayefungile ukuthi azosibulala sonkana, ngamunye ngamunye. Ukhona noyedwa umFrench owaboshwa ngenxa yawo wonke la ma-Algerian abulalwa?'

'Angazi.'

'Hhayi-ke, akekho noyedwa owaboshwa. Bengifisa ukuya entabeni kodwa ngisemncane kakhulu. Ngakho, mina nalo mfana omunye sithe ... sizobulala um-European.'

'Ngobani?'

'Ngokubona kwakho, ucabanga ukuthi bekufanele senzeni?'

'Angazi. Kodwa useyingane; konke okwenzakayo yizinto zabantu abadala.'

'Kodwa babulala nezingane.'

'Kodwa lokho akusona isizathu sokuthi nibulale umngani wenu.'
'Hhayi-ke ngimbulele. Manje usungenza noma yini oyithandayo.'
'Ngabe kukhona anenze khona lo mngani?'
'Cha. Akenzanga lutho.'
'Manje?'
'Kunjalo nje, yilokho kuphela.'

Isiguli Sesibili – AmaParanoid delusions nokuziphatha ngendlela enokufisa ukuzibulala okuzifihla ngokuthi 'yizenzo zobushokobezi' kumAlgerian osemusha oneminyaka engama-20

Lesi siguli sasilethwe kulesi sibhedlela sethu ngamaFrench angamalungu ase-benza ezinkantolo emva kokuhlolwa kwaso wodokotela kanye nabezomthetho bamaFrench abasebenza njengodokotela bezifo zengqondo e-Algeria.

Isiguli sasizacile futhi sisesimweni sokudideka. Umzimba waso wonke wawuphaphathekile uvuvukele, ubuso bumabokoboko futhi singakwazi ukudla ngoba umhlathi waso wawephukile ezindaweni ezimbili. Kwase kuphele amasonto amabili isiguli sifunzwa ngephayiphi elingena liqonde emithanjeni yegazi.

Emva kwamasonto amabili, ukucabanga kwaso kwaqala kwabuya sase sikwazi ukuxhumana naso. Sabe sesikwazi ukuhlanganisa kahle udaba lwaso olunezigigaba.

Ngenkathi eseyibhungu wayeyilungu elizimisele lezikawoti, wagcina es-engomunye wabaholi enhlanganweni yezikawoti ezingamaSulumane. Kodwa kwathi uma eseneminyaka eyi-19 wazishiya phansi izikawoti ukuze akwazi ukuzinikela emsebenzini wakhe. Wayengumfundi onentshisekelo yokuba ngumakhi nomkhandi wemishini yokufothokhopha futhi enephupho lokuthi agcine esenguchwepheshe ohamba phambili kulo mkhakha womsebenzi. Ngelanga lokuqala kuLwezi ngonyaka we-1954 wayematasa emsebenzini. Ngaleso sikhathi akabonisanga mdlandla odabeni lomzabalazo wenkululeko. Wayesahlukana kudala nabangani bakhe baphambilini. Ngaleso sikhathi wayethe 'uzimisele ukubhekana nokuthuthukisa amakhono akhe kwezobuchwepheshe.'

Kodwa kwathi phakathi konyaka wezi-1955 esemhlanganweni womndeni wavele wabona sengathi abazali bakhe bambuka njengembuka. Kwathi emva kwezinsukwana lokhu kuzizwa kanje kwaya ngokuya kuncipha, kodwa nga-phakathi wayezizwa engakhululekile, enovalo olungajwayelekile.

Ilapho athatha khona isinqumo sokuthi anciphise isikhathi asichitha nom-ndeni bedla noma bekhuluma, wasezikhiyela ekamelweni lakhe. Wagwema konke okumthintanisa nabomndeni. Kwakukulesi simo-ke lapho kwenzeka khona inhlekelele. Kwathi ngalanga limbe, phakathi nomgwaqo kuyogamanxa ihora le-12 wezwa kahle izwi limbiza ngembuka. Wathi uma ephenduka akabona muntu. Ngokushesha wakhetha ukungayi emsebenzini. Wahlala ekamelweni lakhe wakhetha nokungadli isidlo sakusihlwa. Kwakusebusuku lapho azithola khona ehlaseleka. Esikhathini esingamahora amathathu wayelokhu ezwa

ethukwa ngamazwi ayememeza ekhanda lakhe ebumnyameni: 'Mbuka....
Gwala ndini...bonke abafowenu bayafa .... Mbuka .... Mbuka.'

Wankonkoshelwa wuvalo nokwesaba okungachazeki: 'Inhliziyo yami
yayishaya izikhathi ezingama-30 ngomzuzu nje owodwa emahoreni ayi-18.
Ngangithi ngizofa.'

Kusukela ngalowo mzuzu isiguli sasingasakwazi ukugwinya noma yini.
Waya ngokuya ezaca, umzuzu ngomzuzu, wazivalela ebumnyameni akangafuna
nokubona abazali bakhe. Kwathi ngelanga lesithathu waqala wathandaza yedwa.
Wangitshela ukuthi wayeguqa amahora ayi-17 kuya kwayi-18 ngelanga. Ngelanga
lesine wavele nje wasukuma waphuma 'njengohlanya', kanti vele 'unentshebe
futhi eyayimenza abukeke njengohlanya', wayengagqokile ijakhethi nothayi
njengokujwayelekile. Kwathi nje uma ebeka unyawo emgwaqeni wangazi ukuthi
uyaphi kodwa wavele wahamba nje, kwase kuthi emva kwesikhathi wazithola
esesendaweni yama-European. Ubukeka njengama-European (ngakho baben-
gadideka bathi ungomunye wabo) yikho lokhu okungathi kwamvikela ukuthi
angamiswa abuzwe imibuzo ngamaphoyisa amaFrench kanti nje lapha eceleni
kwakhe abantu abangama-Algerian besilisa nabesifazane babeboshwa, bephathwa
kabi, bethukwa futhi beseshwa. Okungalindelekile wukuthi wayengawaphethe
ngisho amaphepha okubonisa ukuthi ungubani. Ukuthi laba besitha abahamba
bezulazula beqaphe indawo bambuka bamzwela kwabe sekugxoba kugxiviza
ukucabanga kwakhe okungahambisani nesimo okungukuthi 'wonke umuntu
uyazi ukuthi ungasohlangothini lwama-French. Namasotsha mbala anikezwe
isiqondiso sokuthi angamthinti.'

Kunjalo nje ukubona ama-Algerian eboshiwe, izandla zawo zisemuva
kwezintamo ngoba beseshwa; kuye lokhu kwakufana nokudelela. Eshayekile
ukuphazamiseka futhi engakwazi nokwenzani, wavele wasuka wahamba.
Kwaba yilapho-ke azithola khona esemi phambi kwenhlokohhovisi yabasebenzi
bamaFrench. Esangweni kwakumi amasotsha amaningana ehlome ngezibhamu
eziyintuluntulu. Wasuka waqonda ngqo kula masotsha, waziphonsa komunye
wawo wazama ukumephuca isibhamu ememeza ethi: 'Ngingum-Algerian.'

Bamnqanda masinyane bamthatha bamusa emahhovisi amaphoyisa
lapho bazama khona ukumkhiphisa amagama abaholi kanye namanye
amalungu ohlelo lwezokuxhumana lolu okwakuthiwa uyalusebenzela.
Emva kwezinsukwana ezimbalwa amaphoyisa namasotsha abona ukuthi
ahlangene nomuntu ozigulelayo. Kwabe sekukhishwa isinqumo sokuthi
ahlolwe; yilokhu kuhlolwa-ke akwabonisa ukuthi uphethwe yisifo sengqondo,
kumele alaliswe esibhedlela. Wasitshela wathi: 'Kukodwa nje engangikufuna,
ukufa. Nangenkathi ngisesiteshini samaphoyisa ngangifisa futhi ngikholwa
futhi ukuthi ngizofa ngoba emva kokuthi sebengihlukumeze kanjeya ngase
ngethembe ukuthi bazongibulala. Kwakungijabulisa ukuthi bangishaye
ngoba lokho kwakubonisa ukuthi bangibona njengomunye oyisitha sabo.
Ngangingeke ngiqhubeke ngilalela lokhu kusolwa ngingenzi lutho. Angilona
igwala. Angilona inina. Angilona imbuka.'6

Isiguli Sesithathu – Isigulo sokuhlaselwa uvalo kowesifazane osemusha umFrench
oyise owayesebenzela uhulumeni walalelwa unyendle

Lo mfundi oneminyaka engama-21 weza ukuzongibonela ukuthi unezimpawu
zovalo ezazibanga ukuthikamezeka ekufundeni kwakhe kanye nasempilweni
yakhe. Izandla zakhe zazihlale ziswakeme, kwesinye isikhathi zibonisa oku-
thusayo uma sekungathi 'amanzi avuza ezandleni zakhe.' Isifuba sasicinene
sihambisana nekhanda elimphatha ebusuku. Wayeququda izinzipho. Kodwa
okwenza simnake kakhulu kwakuyindlela ayebonisa ngayo ukufisa ukuxhumana
nathi nakuba kwakucaca ukuthi unovalo olukhulu oluwumnyombo wakho
konke lokhu okwakumphethe.

Ubaba wami wayesesikhundleni esiphakeme eqenjini labasebenzela uhulu-
meni. Kwathi uma kuqala izinxushunxushu waziphonsa njengohlanya em-
sebenzini wokuzingela ama-Algerian. Kwezinye izikhathi wayengakwazi ng-
isho ukudla noma ukulala ngoba lolu daba lwalungamhlalisi phansi, efuna
ukuphelisa imibhikisho. Ngahlala ngabuka ngokukhulu ukudumala ubaba
eya nokuya eshintsha. Ekugcineni ngathatha isinqumo sokungamvakasheli,
ngahlala edolobheni. Eqinisweni njalo nje uma ngivakashele ekhaya, uku-
khala ngokumemeza okwakuphuma ngezansi endlini kwakwenza ukuthi
ngingalali nokulala. Babehlukumeza ama-Algerian kusukela nasezindlini
ezazingasetshenziswa ngoba befuna ukuthi akhiphe izindaba. Awusoze
wazi ukuthi kunjani ukuzwa ukukhala nokuklabalasa okunjengalokho
ubusuku bonke. Kwesinye isikhathi ngiye ngicabange ukuthi konje umuntu
uyimela kanjani into enjalo; angisho ukuhlukumeza abantu ngisho ukuzwa
umsindo wokukhala komuntu osezinhlungwini. Kwakungayeki, kulokhu
kuqhubeke njalonjalo. Ekugcineni angiphindanga ngavakashela ekhaya.
Ubaba wangivakashela kambalwa edolobheni, angikwazanga ukumbheka
emehlweni, ngendlela engangesaba ngayo futhi ngizenyenza ngayo. Ngoku-
hamba kwesikhathi kwaba lukhuni ngisho nokumanga.

Uyabona ukuthi ngiphile isikhathi eside kakhulu esigodini sakithi, ngazi
cishe yonke imindeni. Ngangidlala nama-Algerian angontanga ngenkathi
sisebancane. Njalo uma ngiya ekhaya ubaba wayengitshela ukuthi kune-
qembu labantu asebeboshiwe. Ekugcineni ngabe sengiyeka phansi ng-
isho ukuphumela emgwaqeni ngoba kwakungicacela ukuthi ngizohlang-
abezana nenzondo noma kuphi. Ekujuleni ngaphakathi ngangazi ukuthi
ama-Algerian aqinisile. Ukube ngangingumAlgerian ngabe nami ngaba
semzabalazweni wokubhikisha.

Kodwa kwathi ngelinye ilanga wathola imbiko ngethelegramu umazisa uku-
thi uyise ulimele kabi. Wathi uma eya esibhedlela wathola ukuthi uquleke
akangaphaphama. Wabe eseshona emva kwesikhashana nje equlekile. Uyise

wayekade elimale ngenkathi kunomsebenzi wokuhlola isimo sabalwa nabo neqembu lezempi. Laba ababeqaphele bazithola sebesogibeni olwalubekwe i-Algerian Military Army.

'Umngcwabo wakhe wawungigulisa. Bonke laba abasezikhundleni eziphakeme bekhalela ukushona kukababa 'owayenesimilo esivelele esamenza ukuthi anqobe laba bomdabu.' Kwakuthi angibuyise. Wonke umuntu wayazi ukuthi lokhu abakushoyo akulona iqiniso. Akekho owayengazi ukuthi ubaba nguye owayephethe zonke izikhungo zalapho abantu babehlukunyezwa khona nokuthi wayeziphethe ngesihluku esedlulele. Babazi kahle kamhlophe ukuthi kwakubulawa abantu abayishumi ngelanga emva kokuhlukunyezwa kodwa beze emngcwabeni ukuzophindaphinda amanga ngobaba, ukuzimisela kwakhe, ukuzinikela, ukuthanda kwakhe izwe lakhe njalonjalo. Sengiyavuma ukuthi amagama awasasho lutho kimi manje, awasasho olutheni kangakanani. Ngabuyela edolobheni ngaqinisekisa ukuthi angihlangani nabaphathi. Bathi bangathokoza ukungisiza ngemali, ngavele ngenqaba. Kimi kwakufana nokuthi leyo mali yayingeyaleli gazi elalichithwe ngubaba. Angifuni ngisho nesenti layo. Ngizimisele ukuzisebenzela.'

Isiguli Sesine – Adjustment disorders kuma-Algerian aneminyaka engaphansi kweshumi

Lolu daba luphathelene nababaleki, amadodana abalwela umzabalazo noma abomphakathi ababulawa amaFrench. Banikezwa izindawo zokuhlala eTunisia naseMorocco. Banikezwa imfundo, izinto zokudlala futhi bayavakashiswa. Bayahlolwa njalo wodokotela. Sahlangana kanjena nabanye babo:

a. Bonke abantwana babebonisa ukuzithanda kakhulu zonke izithombe eziveza abazali. Noma yini nje okungathiwa imele ubaba noma umama babeyifuna futhi bayinkonkoshele bayinakekele kakhulu.

b. Ngokujwayelekile bonke nje babenezimpawu ezibonisa ukuthi bay-awesaba umsindo. Uma nje beke bakhuzwa noma kancane kanga-kanani kwakuzwela kubo. Babenentshisekelo yokuthula nothando.

c. Iningi labo lalingalali kahle, liqwasha ebusuku futhi linesifo sokuhamba ulele.

d. Ukuchamela umbhede ngezikhathi ezithile.

e. Ukuthambekela ekubeni nonya. Omunye umdlalo abawuthandayo ukubhoboza baxhoxhe ngolaka iphepha lokubhalela. Wonke amap-ensela abo bayawaluma futhi badla izinzipho ngokuphindaphindiwe. Kuhlala kuqubuka izingxabano nakuba kucaca ukuthi bayathandana.

I*Pueperal psychosis* izigulo ngengqondo ezihlukahlukene eziphatha abesifazane abakhulelwe nabasanda kubeletha. Lolu hlobo lokugula lwenzeka nje maduzane nesikhathi sokubeletha noma emva kwamasonto ambalwa umntwana ezelwe. Into ebangela le nhlobo yokugula ixake kakhulu. Izizathu ezimbili ezibalulekile okucatshangwa ukuthi yizo eziyimbangela wukudideka kokusebenza kwezindlala zobulili babesifazane kanye 'nemizwa yokukhombisa indlela othintwe ngayo isimo' – itemu okuthi nakuba lingaqondile ngqo lihambisane nalokhu okujwayele ukubizwa ngokuthi 'ukwethuka okudlulele'.

Selokhu nje uhulumeni wamaFrench asebenzisa inqubomgomo yokubhu-bhisa konke okungokwalabo ababebona beyizitha wakha nomngcele owevile kumakhilomitha angamakhulukhulu, sekunababaleki abacishe babe yizigidi ezintathu emngceleni weTunisia neMorocco. Inhlupheko enkulu abaphila ngaphansi kwayo ayiyona imfihlo. Izithunywa ze-International Red Cross sezibavakashele kaninginingi okuthi uma zicubungula usizi lwenhlupheko yababaleki nempilo ebucayi abaphila phansi kwayo zase ziphakamisa ukuthi kwenyuswe usizo lwezimali oluvela ezinhlanganweni zasemazweni ngamazwe. Ngakho ngoba indlala idlangile kulezi zinkambu zababaleki, kulindelekile ukuthi abesifazene abakhulelwe babe sengozini ye*Puerperal psychosis*.

Laba babaleki bahlala ezindaweni ezihlezi zisesimweni esibucayi ngaso sonke isikhathi ngenxa yengxubevange yokuhlukumezeka: ukuhlaselwa amasotsha amaFrench ngoba besebenzisa 'ilungelo lokucathamela nokuhubha ngejubane', ukudubula ngokusebenzisa amabhanoyi – akupheli ukudutshulwa ngamaFrench kwemihlaba yamaMoroccan namaTunisian, kunjalo nje iSakiet Sidi Youssef, isigodi sobuqhawe saseTunisia iyisibonelo sezindawo ezigelezelwa yigazi eliningi kakhulu – ukuhlaselwa ngamabhomu ombayimbayi kanjalo nokuhlakazeka kwemindeni ngoba abantu bebaleka. Kungakho nje kunama-Algerian esifazane angababaleki aguliswa yizifo zengqondo emva kokubeletha.

Kunezimpawu ezahlukahlukene zalokhu kuphazamiseka kwengqondo: uku-yaluyaluza okuthi ngesinye isikhathi kuhambisane nentukuthelo; ukuphatheka kabi emoyeni kwesinye isikhathi okuphelezelwa intukuthelo; usizi olujulile oluphazamisayo emoyeni; ukuzidabukela kakhulu okuhambisana nokuzama ukuzibulala kaningi; izinkomba zokuba novalo olwedlulele oluhambisana nezinyembezi, ukukhalela nokwenza izicelo zokuthethelelwa, njalonjalo. Ngokunjalo izifo zokukholwa ngokuthile engqondweni ziziveza ngezindlela eziningi: ukukholwa ukuthi kukhona abafuna ukukwenzakalisa, ukukholwa ngukuthi kunamaFrench afuna ukubulala umntwana ongakazalwa noma osanda kuzalwa, ukwenzeka kwezinto ngendlela eyenza laba besifazane bancenge laba babulali abangabonakali ukuba bangazithinti izingane zabo.

Kumele siphinde sichaze ukuthi inkinga eyiwona msuka walokhu kugula ayinakuxazululeka ngokulalisa imizwa noma ngokuqeda izinkomba zokugula ezisemzimbeni. Noma isiguli seselashiwe, ukuphila phansi kwezimo ezibucayi kwenza ukuthi lezi zinkimbinkimbi zokugula ziqhubeke kunokuba zilothe.

UCHUNGECHUNGE C
USHINTSHO EKUVEZENI IMIZWA NOKUPHAZAMISEKA KWENGQONDO EMVA KOKUHLUKUNYEZWA

Lesi sigaba sihlanganisa iziguli ezinezigulo ezinzima nezinkomba zazo ezaziveza ngenkathi zihlukunyezwa noma emva nje kokuhlukunyezwa. Sizehlukanisa ngamaqoqo ngamaqoqo ngoba sibonile ukuthi izinto ezifanayo ngobunzima bokugula zihambisana nezindlela zokuhlukunyezwa noma ngabe asibhekene nokuthi umphumela uyini ebunjalweni banoma yimuphi umuntu noma ngabe kunzulu noma kukheka ngaphezulu.

Iqoqo Lokuqala – Emva kokuhlukunyezwa okungenakukhetha okubizwa ngokuthi kungokokuvikela

Lapha sikhuluma ngezindlela ezinonya ezisetshenziswayo uma kufunwa ukuthi umuntu akhulume, hhayi ukuhlukumeza nje okungenanhloso. Okusuke kubalulekile yiqiniso lokuthi ubuhlungu bufika ezingeni elithile, kuthi uma beqa lapho bungabe busabekezeleka. Inhloso yomhlukumezi kuba ukuthi ohlukunyezwayo afinyelele kuleli zinga eliphezulu ngokukhulu ukushesha. Akukho ndlela ekhethekile nemininingwane esuke ilandelwa. Kuba yisihluku nobudlova nje okusebenzisa izindlela ezihlukahlukene: amaphoyisa ambalwa ashaya isisulu kanyekanye; amaphoyisa amane ama azungeze isisulu asiqubule aphonselane ngaso esishaya, elinye lide lisishisa ngogwayi esifubeni elinye lisishaya izithende ngenduku. Ezinye izindlela zokuhlukumeza ezazisetshenziswa e-Algeria esasitshelwa ngazo yilabo abazisulu ziyashaqisa:

a. Ukuphuzisa abantu amanzi ngenkani, bese bebachatha ngamanzi an-ensipho besebenzisa uchatho olukhipha amanzi ngamawala.[7]

b. Ukugqisha ibhodlela endunu.

Kunezinhlobo ezimbili zokuhlukumeza abazibiza ngokuthi 'ukuphoqelela ukunganyakazi':

c. Isiboshwa siphoqelelwa ukuba siguqe ngamadolo, izingalo sizend-lale phansi bese izandla zibheka phezulu, umzimba nekhanda kume kunganyakazi. Asivunyelwa ukunyakaza nakancane. Iphoyisa eligade iziboshwa yilo elibheka lesi siboshwa, lisibhambabule ngomshiza uku-qinisekisa ukuthi asinyakazi.

d. Isiboshwa simiswa sibheke ubonda, siphakamise izingalo, izandla zi-namathele obondeni. Uma nje isiboshwa sike sanyakaza noma saboni-sa ukuntengantenga, siyabhaxatshulwa.

Manje masicacise ukuthi zimbili izinhlobo zezisulu ezihlukunyezwayo:

a. Kukhona labo abazi okuthize.

b. Kukhona abangazi lutho.

c. Laba abazi okuthile abavamile ukubonwa ezikhungweni zezempilo. Kuyenzeka sazi kahle kamhlophe ukuthi uSibanibani oyilungu lomza-balazo uhlukunyeziwe emajele amaFrench kodwa asihlangani nhlobo naye eyisiguli.[8]

d. Kodwa laba abangazi lutho bona bavama ukuza lapha kithi ukuze six-oxisane. Asisho lama-Algerian asuke ekade eshaywa ngamaphoyisa ngenkathi ebopha abantu njengenjwayelo. Naleli qembu alizi kithi njengeziguli. Sisho la ma-Algerian angewona amalungu ezinhlangano abanjwa aboshwe ngamaphoyisa asiwe emakamu amaphoyisa noma ezikhungweni zokuphonswa imibuzo.

Izimpawu ezibonakalayo empilweni yengqondo-mphefumulo

a. *Clinical depression*: Iziguli ezine.
   Laba iziguli ezibhocobele nezilusizi kodwa ezingenaxhala nokuthu-ka izanya (*melancholic*), zinomunyu ojulile futhi imvamisa aziphumi nasembhedeni, azifune kuxhumana namuntu bese kuthi nje esikha-leni zibe nodlame singekho isizathu.

b. Isifo sokuzizacisa: Iziguli ezinhlanu
   Lezi ziguli ziletha izinkinga ezinkulu ngoba lokhu kungafuni ukud-la kuhambisana nokungafuni nokwesaba ukuthintana nabantu. Uma umhlengikazi nje esondela esigulini ezama ukusithinta noma ukus-ibamba isandla, isiguli sinqaphaza ngolukhulu ulaka. Lokhu kwenza ukuthi kube nzima ukufunzwa ngethumbu okudingwa yilezi ziguli, kanjalo nokuzinikeza imithi.[9]

c. Ukungahlaliseki phansi: Iziguli eziyi-11
   Lezi yiziguli ezingakwazi ukuhlala ndawonye. Ziphikelela ukuthi zishiywe zodwa futhi ziba nenkinga yokuba zibe zodwa nodokotela endlini yokubonela iziguli.

Zimbili izindlela umuntu azizwa ngazo ezaqhamuka kuleli qoqo lokuqala labahlukunyeziwe:

Okokuqala nje: *ukungabi bikho kobulungisa*. Ukuhlukunyezwa malanga onke, imini nobusuku bengenze lutho, kwakungathi kuhlubule okuthize kulaba bantu. Omunye walaba abahlukunyeziwe othathwa njengeqhawe wayeke wabhekana nesimo esibuhlungu kakhulu kabi: emva kwamalanga amaningi okuhlukunyezwa okungawasizanga amaphoyisa, abe esebona ukuthi ayebhekene nomuntu ozithandela ukuthula ongahlanganise nalutho nezinhlelo zokuxhumana kwe-FLN. Nakuba babekukholwa lokhu umholi wamaphoyisa kuthiwa wathi: 'Musani ukumyeka ahambe kanjalo nje. Msebenzeni nakakhudlwana yikhona kuzothi uma esephuma la, athule athi du.'[10]

Okwesibili, ukungayigqiziqakala inkulumo ngendlela yokuziphatha. Kulezi ziguli ayikho indlela enobulungisa. Indlela enokuhlukumezeka iyindlela ebuthakathaka. Okokuqala okumele kwenziwe ngukukhukhumeza amandla akho, hhayi ukubuza imibuzo ngokuthi le ndlela ehanjwayo injani ngempela. Amandla empoqo wukuphela kwento esemqoka.

Iqoqo Lesibili – Emva kokuhlukunyezwa ngogesi

Lapha sifake amaqhawe ase-Algeria ahlukunyezwa ikakhulukazi ngokusetshenziswa kukagesi. Kuthi kanti ukusetshenziswa kukagesi kwakukade kuyindlela yokuhlukumeza kolunye uchungechunge, kusukela ngoMandulo wonyaka we-1956 okunye ukuhlukumeza kwakwenziwa ngokusebenzisa ugesi wodwa.

Izimpawu ezibonakalayo eziphathelene nempilo yengqondo

a. *Local or systematic delusions*: Iziguli ezintathu.

Lezi ziguli zizizwa sengathi 'zinameva nezinalithi' emzimbeni wonke, futhi kube sengathi kukhona odonsula izandla zazo, amakhanda ayaqhuma futhi kungathi zigwinya ulimi lwazo.

b. Ukungabi nandaba nalutho, ukuphelelwa umdlandla nokungafisi lutho: Iziguli eziyisikhombisa.

Lezi ziguli zona ziphethwe ukungakhathaleli lutho, ukuphelelwa umfutho wokwenza izinto namandla, futhi zigcina nje ziphilela usuku ngalunye.

c. Ukwesaba ugesi ngendlela enehaba.

Ukwesaba ukuthinta le nkinobho yokucisha nokukhanyisa ugesi, ukwesaba ukuvula umsakazo, ukwesaba ukusebenzisa icingo lokuxhumana. Akukwazi nokuthi udokotela akubize nangegama ukushaqisa-sakwelapha ngogesi.

Iqoqo Lesithathu – Emva kokusebenzisa umuthi wokukhipha iqiniso

Lo muthi usetshenziswa esigulini okubonakala sengathi siphethwe ukukhohlwa okuhlasela ingqondo ngale ndlela eyenza kucace ukuthi ukusihlukumeza ngemibuzo akunakusisiza ukuthi sikhulume ngokukhululeka. Kuzanywa izindlela zokusebenzisa amakhambi angamakhemikhali. IPentothal engumjovo ongena uqonde ngqo emithanjeni yegazi iyona evame kakhulu ukusetshenziswa kumuntu okungathi akuvumi ukuthi akhulume, kungathi kukhona okungaphakathi okungamkhululi. Udokotela uyaye azame ukusiza isiguli ukuze sikhululeke sihlukane 'nalesi sicubu esingesona esakulo mzimba'.[11] Nakuba kunjalo sekube nezinkinga uma kuzanywa ukuthiba lokho konakala okuqalayo kuze kancane kancane ekusebenzeni kwengqondo futhi kujwayelekile ukubona ukonakala kwesimo okumangalisa kakhulu, kungenjalo ukuqhamuka kwezimpawu ezintsha futhi ezingachazeki. Ngokuvamile-ke le ndlela yokwelapha iya ngokuya iyekwa.

E-Algeria odokotela abasebenza nezempi kanjalo nodokotela bempilo yengqondo sebethole ezinye izindlela zokuzama ukusebenzisa le ndlela yokwelapha eziteshini zamaphoyisa lapho abantu bevalelwa balindiswe khona. Uma iPentothal ikwazi ukudambisa ukuphazamiseka kwengqondo, kusho ukuthi uma kukhulunywa ngabomzabalazo bama-Algerian kufanele ikwazi ukubhidliza izindonga zepolitiki ukuze amaphoyisa avume akwenzile khona singezukuba bikho isidingo sokusebenzisa ugesi – ngoba ngokwesiko lokusebenza kodokotela noma ngabe yikuphi ukuhlupheka kumele kunqandwe. Indlela le yabezempilo abayifanisa 'nempi engokwezengqondo'.

Le nto yenzeka kanje: Kuqala udokotela wengqondo athi: 'Ngingudokotela, hhayi iphoyisa. Ngilapha nje ngoba ngizokusiza.' Lokhu kwenza ukuthi isiboshwa sihlale sethembe ukuthi konke kuhamba kahle emva kwezinsukwana ezimbalwa.[12] Bese kuza lokhu: 'Ngizokunikeza imijovo embalwa ezokusiza ukuthi ihlambulule ingqondo yakho.' Kube sekuthi ezinsukwini eziningana anikezwe amavithamini, amaphilisi agxumisa inhliziyo kanye nezinye izinto ezenza ukuthi acabange ukuthi lokhu okuthiwe kuzokwenzeka sekuyenzeka. Ngelanga lesine noma lesihlanu bayamjova ngePentothal. Ukushushiswa ngemibuzo kube sekuqala.

Izimpawu ezibonakalayo zezifo zengqondo
  a. I-*Verbal stereotypy* – ukukhuluma okunenkolelomcabango
      Isiguli siphindaphinda izinto esizishoyo njengokuthi: 'Angibatshelanga lutho. Kumele ningikholwe, angizange ngikhulume.' I-*stereotypy* ihambisana novalo oluyihaba olungapheli kodwa esikhathini esiningi isiguli asiboni ukuthi kukhona yini esikushilo okungafanele sikusho. Ukuzizwa enecala ngenxa yalokhu akukholwayo kanjalo namagama namakheli amalungu okungahle kube ukudalulile kuvele kube yinto enkulu ngokubabazekayo. Akukho nokuncanae ukubethembisa okubuyisa ukuthula noxolo lwengqondo kulabo nembeza abasuke sebelimele.

b. Ukuba nenkungu ekucabangeni nasekusebenzeni kwezinzwa

Isiguli asikwazi ukuzwa ubukhona banoma yini. Ukucabanga kuy-ambandelana nje ngaphandle kokukwazi ukwahlukanisa izinto ne-mingcele yokucabanga. Akukwazeki ukuhlukanisa phakathi kweqiniso namanga. Konke kuyiqiniso futhi kube kungamanga.

c. Ukwesaba okunehaba kwanoma iyiphi inkulumo phakathi kwabantu ababili. Lokhu kwesaba kusuka ekutheni kuba nokuqaphela okwed-lulele ngoba ucabanga ukuthi ubani nobani angamhlukumeza ngo-kumhlohla imibuzo noma nini.

d. Ukuzivalela

Isiguli siziqaphele. Uma sibuzwa umbuzo siyawuzwisisa igama negama uma siphendula, nezimpendulo nazo ziza igama ngegama. Yingakho nje kuba sengathi kunokuzibamba okusemoyeni kanjalo nokwehla kwendlela ingqondo esebenza ngayo, imisho enqamukayo kanye nokuphindaphinda, njalonjalo.

Kuyacaca ukuthi lezi ziguli zala ngenkani ukuthi kusetshenziswe nanoma iyiphi inhlobo yemithi engena iqonde emithanjeni yegazi.

Iqoqo Lesine – Emva kokudidiswa kwengqondo

Muva nje bekunezinkulumo eziningi ngodaba 'lwempi yezengqondo' lapha e-Algeria. Nokho asihlosile ukucubungula okunzulu kwalezi zindlela. Lapha sizobalula nje imiphumela yakho kwezempilo yengqondo. Kunezinhlu lapho abantu bedidiswa khona imiqondo lapha e-Algeria.

1. *Lokhu okuqondiswe kuzingcithabuchopho*

Inqubo yalokhu kwenza ukuthi isiboshwa sithathe izikhundla ezith-ize zokulingisela. Kuyacaca-ke ukuthi lokhu kwenza kanje kungokwa-siphi isikole sengxubekwelapha yengqondo.[13]

a. Dlala umdlalo wokuba umbambiqhaza.

Ingcithabuchopho bayenza ibambe iqhaza baveze nesizathu es-izwakalayo esiyenza yenze lokhu. Lokhu kuyiphoqa ukuthi iphile impilombili, ithathe isikhundla seqhawe elishabalalisiwe ngenxa yokuthi simo sifuna ukuthi kuqashelwe. Inhloso yalokhu kusebenza za ukuhlasela ngaphakathi kwalaba abanokuzazi ngobuzwe. Ukug-cini nje ngokuthi abambisane nabo, unikezwa iziqondiso zokuthi adingide 'ngokukhululeka' naphikisana nabo abakwelinye icala kanye nama*holdouts* ukuze abanqobe bawelele ngakuye. Lena yin-dlela esebenza kahle yokumenza ukuthi anikeze ulwazi oluholela ekwazini ngamaqhawe nokumsebenzisa; ngakho-ke uba yimpimpi.

Uma-ke kwenzeka ukuthi athi akatholanga muntu wokuphikisana naye, bayamnikeza, kungenjalo bamtshela ukuthi akenze sengathi kunjalo.

b. Ukukhuluma ngokubaluleka kwakho konke okwenziwe amaFrench kanjalo nemivuzo yekholoniyalizimu.

Ukuze le ngcithabuchopho ikwazi ukwenza umsebenzi wayo kahle yelulekwa ngabantu abahlukahlukene 'abangabeluleki ngezepolitiki' abafuna izikhulu zaseNative Affairs noma odokotela bezengqondo, omelaphingxube kanye nosolwazi bezenhlaliswano, njalonjalo.

c. Ukuthatha izinkulumompikiswano nge-Algerian Revolution bese bezihlikiza ngayinye ngayinye.

I-Algeria ayisona isizwe, ayikakaze ibe yiso futhi ayisoze yaba yiso.
Ayikho into ebizwa ngokuthi 'abantu base-Algeria'.

Uthando lwesizwe lwabantu base-Algeria aluzwakali ngoba alusho lutho.

Ama*fellagas* ayimigulukudu, izigebengu, futhi avalwe amehlo ngenxa yalo volo obekwe emehlweni awo.

Izingcithabuchopho zibe sezishintshana ngokukhuluma ngale-zi zihloko zodaba futhi kumele zikhulume ngendlela ekholekayo. Zinikezwa amamaki ('imiklomelo yodumo') abe esehlanganiswa ekupheleni kwenyanga. La mamaki abe esesetshenziselwa ukubo-na ukuthi ingcithabuchopho le izokhululwa yini.

d. Abaphila impilo yomphakathi egcwele ukugula.

Ukuhlala uwedwa kuwukuthatha isinqumo sokubhikisha. Umuntu ngamunye kumele njalo ahlale enabantu. Ukuthula aku-vunyelwe. Umuntu ngamunye kumele akukhulume akucabangayo.

Ubufakazi

Lolu wudaba lwesiguli esiyingcithabuchopho esavalelwa izinyanga eziningi besididisa ingqondo. Kwathi ngelinye ilanga izikhulu zenkam-bu zamhalalisela zimtshela ngokwelulama kwakhe zamtshela ukuthi sezizomkhulula maduze nje.

Ngoba wayezejwayele izindlela isitha esisebenza ngazo, wayengafuni ukuthathela phezulu abakholwe. Indlela yokusebenza eqinisweni kwakuba ukuthi iziboshwa zitshelwe ukuthi sezizokhululwa bese kuthi ngaphambi nje kosuku ezethenjiswe lona kwenziwe isigungu kuhlalwe lubuye lubukisiswe udaba lwalabo ebese bethenjisiwe. Uma uphela lo mhlangano kwakuvama ukuthi kunqunywe ukuthi ilanga lokukhululwa lihlehlisiwe ngoba isiboshwa sasibonisa ukuthi asinazimpawu zokwelapheka. Lesi sigungu, ngokusho kodokotela bezengqondo abasuke bekhona kuleyo mihlangano, sasibonisa igciwane lobuzwe elinqala.

Kodwa kulesi sikhathi akubanga nakukhohliswa ukuze kufezeke izinhloso ezithize. Isiboshwa sakhululwa ngelanga elalethenjisiwe. Kwathi uma esekhululekile, esesedolobheni nomndeni wakhe lona owayeyisiboshwa wazincoma ngokuthi ubambe iqhaza lakhe ngoku-hloniphekile. Wayejabule ngokwedlulele ngokuthi usezokwazi ukubuyela emzabalazweni, wayeseqala ezama ukuxhumana nabaholi. Kwaba ngaleso sikhathi-ke lapho umcabango omubi nongapheli wafika engqondweni yakhe. Mhlawumbe akekho awayekhohlisekile – laba ababembophile, kanjalo nalabo ayenabo ejele, kanjalo naye qobo.

Lo mdlalo bekumele uphele kuphi?

Saphinda sadinga ukuthi sisikhulule isiguli ekucabangeni ukuthi kukhona okushaya amanzi yikhona sizoyeka ukuzibeka icala.

Izimpawu ezibonakalayo zezifo zengqondo

a. Ukwesaba ukukhuluma okuyihaba nokungenasisekelo nabantu. Kwakuthi nje uma abantu abathathu noma abane behlangene, uku-zivalela kubuye bese ukungabethembi abantu nokungakhululeki kubuye ngamandla.

b. Isiguli siphelelwa amazwi, singakwazi ukuchaza noma ukumela umbono. Lokhu kuyindlela yokucabanga engalindelekile. Noma ngabe yini okuvunyelwana ngayo iyaphikiseka ngaso leso sikhathi futhi nangomfutho ofanayo. Lokhu kungumphumela wale mpi ebu-hlungu kakhulu. Lobu bunjalomuntu obusebenza ngendlela eneha-ba bungumphumela 'wempi engokwengqondo' esetshenziswa yik-holoniyalizimu e-Algeria.

2. *Okwabantu Abangezona Izingcithabuchopho*

Ezikhungweni ezifana naseBerrouagahia, ukubona ngokuvuna wena akuseyona into okuqalwa ngayo uma kudingeka ukuthi kuguqulwe isimo sokucabanga. Kodwa kwenziwa okuphikisana nalokho, kugxilwa esiqwini somzimba ngoba kwethenjwe ukuthi ngokwenza kanjalo ukuzazi ngobuzwe bakho kuzodidiseka. Umuntu 'uyashaywa ukuze athanjiswe'. Umklomelo walokhu kuba ukuthi umuntu angahlukunyezwa ngokwenyama noma avunyelwe ukuthi adle.

a. Kumele ukuthi uvume ukuthi awulona ilungu le-FLN. Lokhu kushi-wo ngokumenyezwa yiqoqo labo kulokhu kuphindwaphindwa ama-hora amaningi.

b. Emva kwalokho kumele uvume ukuthi uyilungu le-FLN bese uvuma ukuthi lokho kwakungalungile. Phansi nge-FLN!

Bese kuza isigaba esilandelayo: Ikusasa le-Algeria liwubuFrench. Yilokho nje kuphela ukuba yiFrench. Ngaphandle kweFrance, i-Algeria iyobuyela ezinsukwini zobumnyama.

Ekugcineni usungumFrench. Ume njalo France.

Izigulo ezitholakala lapha kazizimbi kakhulu. Kuba isiqu somzimba esizwa ubuhlungu nesihlukumezekile esikhalela ukuphumula nokuthula.

UCHUNGECHUNGE D
IZIFO EZIBANGWA WUKUPHAZAMISEKA KWENGQONDO UMSUKA WAZO OSEMZIMBENI

Ukudlanga kwezifo zengqondo kanjalo nokwanda kwezifo ezintsha nezinge-jwayelekile akuyona yodwa imiphumela yempi yokulwa nokukholonayizwa e-Algeria. Ngale nje kwezigulo zokuhlukunyezwa komzimba, ukugula kwalabo abahlukunyezwe ngokomzimba ngokunjalo nalokho kwabahlukumezi, kunoku-guliswa yimpi nje okukhungethe i-Algeria yonkana; ukugula okwenza ukuthi odokotela abanakekela lezi ziguli uma bebhekene nesifo abangasiqondisisi bathi: 'Lokhu kuyophela mhlazane kuphela le mpi eyisiqalekiso.'

Siphakamisa ukuthi senze iqoqo kulolu chungechunge lwesine lwezifo esahlangabezana nazo kuma-Algerian amanye awo ayekade esiwe ezinkanjini zokuboshwa kwamasotsha omzabalazo. Zonke lezi zifo zingachazwa ngokuthi yizigulo ezibangwa wukuphazamiseka kwengqondo.

Leli gama elithi *psychosomatic pathology* linikezwa izifo zomzimba eziqala kakhulu esimweni esinodweshu nokungqubuzana.[14] Ngamanye amazwi ukux-akaniseka nokuxoveka kwengqondo ngenxa yesimo esikhona yikho okuholela ekutubekeni nasekuguleni komzimba. Lokhu kugula kuvela ngenxa yokuthi isitho esithile somzimba sikwamukela kanjani lokhu kuxabana, sizivikela kanjani kulokhu kungqubuzana; ngakho lesi sifo siyisibonelo sesigulo kanjalo neselapho. Empeleni kunokuvumelana ngokuthi izitho zomzimba (nalapha-ke sisakhuluma ngobudlelwane phakathi kwengqondo nokusebenza kwezitho zomzimba, ngokwedlule okwakubizwa ngezigulo ezibangwa wukuphazamiseka kwengqondo) ziyayinqoba le mpi yokuhlaselwa kwengqondo ngokusebenzisa izindlela ezingezona kodwa ezisebenzayo. Isitho sikhetha lokho okungena-mandla nalulaka olungakanani ukuze singakhandleki.

Sekukonke nje lesi sifo sokuguliswa ukuphazamiseka kwengqondo sesamukelekile namuhla nakuba zingaqinisekile izindlela ezivamile zok-uselapha ezifana nokuphumuza umzimba nokuthi ogulayo aveze imizwa yakhe. Ngesikhathi seMpi Yomhlaba Yesibili ukuhlasela ngezindiza zempi e-England kanye nokuvinjezelwa kweStalingrad, uma nje senza isibonelo, eSoviet Union, inani labantu elabikwa ukuthi liphethwe yilesi sifo lenyuka kakhulu. Sesazi kahle kakhulu-ke manje ukuthi akudingi ukuthi ulinyazwe yinhlamvu yesibhamu ukuze uhlukumezeke, okuyimiphumela yempi.

Njengakunoma iyiphi impi, impi yase-Algeria seyibangela iqoqo lezifo ezihlobene nomthelela wengqondo kumpilonhle nensebenzakahle yezitho zomzimba. Ngaphandle kwezifo eziseqoqweni elizolandela, izifo ezazith-olakala e-Algeria kwakuyizifo nje ezijwayelekile ezazivame ngezikhathi zezimpi 'zakudala.' Sithole ukuthi Iqoqo G liqondene ngqo nempi yokuqeda ukubuswa kwe-Algeria ngabasemazweni. Le nhlobo yokugula (ukufinyela kwezinyama zomzimba) sasesike sayibona ngaphambi kokuthi kuqale umza-abalazo wokukhulula izwe. Kodwa odokotela ababeyichaza babethi iyisifo esinesigcwagcwa 'abomdabu' abazalwa naso, okuyinto nje yemvelo yendlela uhlelo lwemizwa yomzimba esebenza ngalo okube sekuba ubufakazibokuthi abakholonayiziwe banenxanxathela yohlelokusebenza komzimba engaphezu kwevamile.[15] Eqinisweni lokhu kufinyela komsipha kuyisibonelo sokuthi isitho lesi salona okholonayiziwe siyaziqinisa okungukuthi siyabonisa ukuba manqikanqika nokwenqaba ukuhambisana namakholonisti.

Izimpawu ezibonakalayo zezigulo ezibangwa ukuphazamiseka kwengqondo
a. Izilonda esiswini

Kunhlobonhlobo lokhu. Ubuhlungu buvama ukuhlasela ebusuku buhambisana nokuhlanza, ukwehla komzimba, umunyu nokudabu-ka, kwaba mbalwa kube nokuba nenhliziyo encane. Iningi lalezi ziguli ngabasebasha, abaphakathi kweminyaka yobudala eyi-18 nengama-25. Njengokomthethonqubo aseluleki ukuthi umuntu ahlinzwe. Kwake kwahlizwa abantu ababili kubo bobabili kwadingeka ukuthi ungakap-heli unyaka babuyele ethiyetha.

b. Izinso ezibuhlungu

Kanjalo nakulesi sifo, ubuhlungu budlanga kakhulu ebusuku. Kod-wa akubi namatshe atholakala ezinsweni. Lesi sifo siphatha, nanxa kungavamile, abaneminyaka eyi-14 kuya kweyi-16.

c. Ukuphazamiseka kokuya esikhathini

Lezi zinkomba-kugula zande kakhulu ngakho asizukugxila kuzo. Abesifazane abanalesi sigulo kuba ukuthi beqisa izinyanga ezintathu noma ezine bengayanga esikhathini, noma isikhathi sihambisane ne-silumo esinzima esiguqula indlela abazizwa ngayo nabenza ngayo.

d. Ukuhlale wozela okubangwa ukudlikiza okungenambangela

Iziguli kuba ngabesifazane abasebasha abangabuthi quthu ubuthon-go ngenxa yokuqhaqhazela okungapheli okuthi akufane nesifo sePark-isons. Nalapha-ke futhi 'izihlakaniphi zezesayensi' ziphinda lelo lokuthi abomdabu banohlelokusebenza komzimba olwehlukile kolwabezizwe.

e. Ubumpunga ngaphambi kwesikhathi

Kwabasinde ezikhungweni zokuphenywa ngemibuzo, izinwele
zivele zibe mhlophe esikhaleni nje, okungaba yibalana ekhanda, ez-
indaweni ezithile ekhanda noma kube yikhanda lonke. Imvamisa lokhu
kuhambisana nobuntekenteke obudlulele nokungalangazeleli ucansi.

f. I-*Paraxysmal tachycardia*

Ukushaya kwenhliziyo kuvele kusuke nje kwenyuke ishaye ka-120,
130 noma 140 ngomzuzu umunye. Lokhu kwenyuka kokushaya kwen-
hliziyo kuhambisana nokuhlaselwa ukwethuka, ukuzwa sengathi uku-
fa kuseduzane, bese kuthi uma sekuphela lokhu kuhlaselela, umuntu
ajuluke kakhulu.

g. I-*Sustematic contraction*

Lezi iziguli zabantu besilisa okuthi kancane kancane kube nzima
ukuthi banyakaze ngezindlela ezithizeni njengokwenyuka izitebhisi,
ukuhamba ngokushesha, noma ukugijima (kwababili lokhu kwaqala
isidumo nje). Imbangela yalobu bunzima isekuthini kuba nokuqina
okuthize kwezinyama nemisipha okungachaza ukuthi kunezindawo
ebuchosheni ezihlaselekile (*central grey matter*). Ukuhamba kuyabam-
beka kujike kube ukuhudulwa kwezinyawo. Ukuzama nje noma kan-
cane ukugoba imilenze kuvele kungenzeki. Ukuphumula akube ku-
saba bikho. Lokhu kuqina komzimba nokungakwazi ukukhululeka
ukuzinyakazela ngokuthanda kwenza isiguli kube sengathi sibunjwe
ngesitho somzimba esisodwa. Ubuso nabo bumi nje bubhekile kodwa
kusengathi bukhandlwe ukukhungatheka okunzima.

Isiguli kuba sengathi siyehluleka 'ukwehlisa ukulungela impi kwemizwa' yaso.
Sihlala nje sihlinile, kungathi kukhona esikulindele, sengathi siphakathi kokufa
nokuphila. Njengoba nje omunye wazo wasichazela: 'Njengoba nibona nje,
ngiqine njengesidumbu.'[16]

UKUTHAMBEKELA EBUGEBENGWINI OKUKUBANTU BASENORTH AFRICA OKUMSUKA WAKHO YIMPI YENKULULEKO YESIZWE

Ukulwela inkululeko yabantu bakini akusiyona into eyisidingo kuphela. Uma nje
impi isaqhubeka kumele uvuselele kaninginingi ukukhanya, hhayi kwabantu
nje kuphela kodwa nawe siqu ngakho konke okunesizinda sobuntu. Kumele
uhambe izindlela zasendulo zomlando, umlando wabantu abaphathwe kabi
ngabanye abantu bese usungula ukuhlangana phakathi kwabantu bakini nabanye.

Eqinisweni inhloso yebutho elisemkhankasweni wempi yezikhali engey-
enkululeko yezwe kuwukuthi lihlaziye kahle ukululazwa kwabantu okwenziwa

abagqilazi bamakholoni. Kwesinye isikhathi ibutho lide licabanga ukuthi okumele likwenze ukudonsela abantu bakubo emuva, libakhiphe emgodini nasemgedeni. Ibutho livama ukubona ukuthi akwanele ukuthi lizingele izitha kodwa phezu kwalokho kumele lizingele isizinda sokuzizwa wehluleka esesiziphe ikhaya emizimbeni yabakholonayiziwe. Isikhathi sengcindezelo sinyantisa igazi, kodwa ukuvuselelwa kwabantu emva komzabalazo wenkululeko kuza nesimo esidala ukubumbana okunemivuzo emininingi kanjalo nokuthatheka kwezinqumo. Impumelelo yabantu emva kwempi ayikhona nje ukunqoba kwamalungelo abo. Kubanikeza okuphathekayo, ubudlelwane nokubumbana. Ngakho njalo ngoba ikholoniyalizimu ayigcinanga nje ngokululaza abantu ebakholonayizile. Ubunjalo bomphakathi balulazeka kwakhishwa ubuntu babo njengomphakathi wonkana. Abantu abakholonayiziwe bagcine sebefana nabaphilela ubukhona balaba ababekholonayizile.

Le mpi ebikade ingeyabantu abafuna inkululeko yenza ukuthi abantu baphikisane noma bavuthe bhe ulaka, kuye ngokuthi isimo sinjani, lokhu okuthiwa kungamaqiniso okutshalwa ezingqondweni zabo umbuso wekholoniyalizimu, kwezempi kanye nokuxhashazwa ngokwezomnotho. Impi yezikhali kuphela engakwazi ukukhipha wonke la manga adlulele ngokweqile futhi acwiya labo kithi abavuselelekile.

Kukangaki eParis noma e-Aix, e-Algeria noma eBasse-Terre sibona abakholonayiziwe bebhikishela lokhu okuthiwa ubuvila babantu abamnyama, umAlgeria kanye nomVietnamese. Kuthi kunjalo embusweni wamakholonisti uma nje umntukazana esebenza ngokuzimisela noma umuntu omnyama ala ukuthatha ikhefu emsebenzini, angathathwa njengomuntu ogulayo. Ukuvilapha komuntu okholonayiziwe kuyindlela yokuzivikela, indlela yokuzigcina futhi kuyinto enhle eyehlisa ubudlova bezifiki obuklinya izwe lonkana.

Ukungavumi kwamahlathi namaxhaphozi ukufeza izinhloso zezifiki kufana nje nokuthi imvelo ingumngani womuntu okholonayiziwe. Gqoka izicathulo zakhe, uzifanise naye uyeke ukucabanga nokubelesela ngokuthi i-'nigger' lisebenza kanzima nokuthi umSulumane (towelhead) akwazi kahle kakhulu ukusebenza umhlaba. Kuhulumeni wamakholonisti isimo sempilo yamaSulumane kanye naleso sama-'Nigger' wukuhluleka ngisho ukuzenwaya, ukungamsizi umcindezeli ukuthi agxilise isandla sakhe ekudleni kwakhe. Umsebenzi womuntu okholonayiziwe ongakafiki ekuvuselekeni ngezepolitiki noma ekuthatheni isinqumo sokuphikisana alahle le umcindezeli, ukuthi aqinisekise ukuthi kudinge ukuthi okuncane ukuzama kwakhe ukusebenza kuhlwithwe kuyena. Kuba yilapho-ke ukusebenzisana noma ngabe kuncane kangakanani kuziveza khona.

Lokhu okubonakalayo ngendlela abakholonayiziwe ababuka ngayo ukusebenza kuyafana nje nendlela abakholonayiziwe ababuka ngayo imithetho yamakholonisti, intela yawo, kanjalo nalo lonke uhlelo lwekholoniyalizimu. Ngaphansi kombuso wekholoniyalizimu, ukubonga, ukuba neqiniso kanye nokuhlonipheka ngamagama nje angathi shu. Kule minyaka edlulile ngibe nethuba lokukwazi ukuqinisekisa leli qinisosizinda lokuthi ukuhlonipheka, isithunzi kanye noboqotho kugqama ngokubonakalayo kuphela esimweni sobumbano lwesizwe kanye namazwekazi. Kuthi nje uma umuntu nabakubo bedicilelwa phansi njengezinja kungabi bikho okunye okungenziwa nga-phandle kokusebenzisa noma ngabe yini ekhona ukuze ukwazi ukubuyisa isithunzi sakho njengomuntu. Ngakho kufanele ukuthi usinde ngayo yonke indlela phezu komzimba womuntu okuhlukumezayo khona ukucabanga kwakhe okusuke sekunyamalele kwenye indawo kungabuyiseka esimweni sakho sobuntu. Kulesi sikhathi sale minyaka embalwa esanda kudlula ngibe nethuba lokuba ufakazi wezibonelo ezimangalisayo zokuhlonipheka, ukuzinikela, uthando lwempilo kanjalo nokungakhathali ngokufa ngenkathi i-Algeria isempini. Cha, angizukuncoma ngihalalisele amabutho ayelwela inkululeko. Okubonakalayo ngokuvamile ngisho nakumakholoniyalisti angamaphikankani akwazile ukubona ukuthi amabutho alwela inkululeko e-Algeria alwa futhi afe ngendlela engajwayelekile, kunjalo nje ukukhuluma ngobu-Islam noma ngeParadisi akunakulekelela ngokuchaza lolu hlobo lokuzimisela mayelana nokuvikela abantu bakubo kanjalo namaqabane. Bese-ke kuba nalokhu kuthula okufana nokokufa, lokhu kuthula okucasula umhlukumezi – kodwa-ke umzimba wona uyakhala kuzwakale. Ilapho sihlangana khona nalo mthetho wakudala othi akukho lutho oluphilayo olukwazi ukuhlala lunganyakazi isizwe sonkana sibe sinyakaza; umuntu ophilayo unobuntu obungenamkhawulo.

Enye yezinto ezigqamile ngabantu base-Algeria eyaqala ngenxa yekholoni-yalizimu, ubugebengu obushaqisayo. Ngaphambi konyaka we-1954 izimantshi, amaphoyisa, abameli, izintatheli kanjalo nabacubunguli bezempilo babevumelana ngokuthi ubugelekeqe bama-Algeria buyinkinga. Babethi umAlgerian azalwa eyisaphulimthetho. Le ndlela yokucabanga yachazisiswa, kwavezwa nobufakazi besayensi. Lokhu kucabanga kwakufundiswa emanyuvesi eminyakeni engaphezu kwama-20. Abafundi bezobudokotela e-Algeria bakwamukela lokhu kufundiswa, kwase kuthi kancane kancane kungabonakali abahlonishwayo emphakathini, emva kokwamukela ikholoniyalizimu bavumelana ngokuthi abantu base-Algeria badalwe benezici ezibonakalayo: bazalwa bevilapha, bazalwa bengabaqambi-manga, bazalwa bengamasela futhi bazalwa beyizigelekeqe zezaphulimthetho.

Lapha sibheke ukuthi siyihlaziyisise le ndlela yokucabanga ukuze sizikhumbuze umsuka wayo kanye nokucatshangwa kwayo ngezesayensi. Esigabeni sesibili sizobuyekeza amaqiniso bese sizama ukuwacubungulisisa.

UmAlgerian uvame ukubulala abanye abantu: Kuyiqiniso, izimantshi zizokutshela ukuthi izingxenye ezine kwezinhlanu zalezi zindaba ezilethwa enkantolo zinge-zokulimaza kanye nokushaya. Ubugebengu e-Algeria busezingeni eliphakeme kakhulu, bungobuphakeme kakhulu emhlabeni wonke. Uma nje umAlgerian, futhi lokhu kwenzeka kubo bonke nje abantu baseNorth Africa, esekhethe ukwenza okuphambene nomthetho, ukwenza ngokweqisa.

UmAlgerian ubulala ngesihluku nobulwane: Isikhali sakhe esikhethekile ummese. Izimantshi ezithi 'ziyalazi izwe' seziyichazisisile le ndlela yoku-cabanga ngalolu daba. AmaKabyle nje ngokwesibonelo, akhetha ivolovolo noma isibhamu esifushane. Ama-Arabhu wona, lawa ahlala emathafeni, athanda ummese. Izimantshi ezithize zithi ziyamangala ukuthi mhlawumbe vele ama-Algerian ayathanda ukubona kugobhoza igazi. Zizokutshela ukuthi ama-Algerian anomuzwa onamandla wokufisa ukuthinta igazi elishisayo acwile egazini lomuntu ambulele. Izimantshi namaphoyisa kubambelele kakhulu kabi ekutheni kunento exhumanisa igazi nendlela amaSulumane acabanga ngayo.[17] Izimantshi eziningi e-Algeria zisho nokusho ukuthi uma umAlgerian efuna ukubulala, lokho kuye kusho ukuthi ufuna ukunquma uqhoqhoqho. Isihluku sama-Algerian sizibonakalisa kahle ngobuningi bamanxeba ngoba amaningi awo engasenasidingo ngoba aba ngowokugwaza emva kokuthi umuntu esefile. Ukuhlola kodokotela kwesidumbu somuntu osefile kulibonisa ngokusobala leli qiniso: umbulali uveza ngokusobala ukuthi ubefisa ukubulala ephindelela ngoba ubunjalo nesibalo samanxeba bubonisa kahle ukuthi bekuhlosweni.

UmAlgerian ubulala kungenasizathu: Imvamisa izimantshi namaphoyisa abamangazwa yizizathu zokubulala: isenzo esingatheni, ukugudlisela, uku-sho okuthile ungaqondile, ukubanga okuthile, njengokuthi ubani umnikazi wesihlahla sama-olivi esisegcekeni lomndeni noma umnikazi wesilwane esitholwe sedukile. Umkhankaso wokufuna isizathu sokubulala okulindeleke ukuthi siqinisekise kahle lokhu kubulala kwesinye isikhathi okusuke kwen-zeke kabili noma kathathu kugcina nje sekutholakele ukuthi isizathu siyinto engatheni. Yingakho-ke nje kuhlala kunokucabanga ukuthi umphakathi uyazifihla izizathu zangempela.

Okokugcina, *Ukuqola komAlgerian kuhlale kuhambisana nokugqekeza*: okun-gahambisana noma kungahambisani nokubulala, kodwa okunokuhlukumeza umnikazi womuzi.

Zonke-ke lezi zinto ezigxile ebugebengwini bama-Algerian kwakubonakala sengathi ziwubufakazi obeseka ukuzama ukuchaza izinto ngendlela yenqubo ehlelekile yobugebengu.

Ngenxa yokuthi okwakubonakele kwakufana eTunisia naseMorroco, kwase kuvamise ukuthi kukhulunywe ngobugebengu baseNorth Africa. Iminyaka engaphezu kwama-30, phansi kobuholi bukaSolwazi uPorot, ongusolwazi wezifo zengqondo owayecwaninga ukusebenza kwemiqondo yama-Algerian, amathimba amaningana ayenza ucwaningo ngenhloso yokuchaza ukuthi le nhlobo yobugebengu isebenza kanjani, enikeza izindlela eziningi zokuyihumusha ngokwezenhlalo, ngokokusebenziseka nangokobunjalo bomzimba womuntu.

Umsebenzi wokucwaninga ngalolu daba wenziwa esikoleni sezifundo zezifo zengqondo kuFaculty of Algiers, yiwo esizowusebenzisa lapha ukuze sizinqumele ngokwethu. Sizokhumbula ukuthi imiphumela yalolu cwaningo olwenziwa eminyakeni engaphezu kwengama-20 yayiyisisekelo salezi zifundo ezazethulwa wuPhiko Lwezifo zengqondo.

Umphumela walokhu kwaba wukuthi odokotela abathola iziqu zabo zobudokotela kuleFaculty of Algiers babephoqelekile ukuthi bezwe, bafunde ukuthi umAlgerian uzalwa eyisigebengu. Kunjalo nje ngikhumbula kahle ukuthi abanye bethu babemukela babuye benabe ngalezi zindlela zokucabanga esasifundiswe zona. Sasize sengeze ukuthi: 'Kunzima ukukwamukela kodwa kunobufakazi obutholakale ngesayensi.'

Umuntu ongumNorth African uyisigebengu, unomuzwa wemvelo wokuba yisilwane esidla ezinye, ubudlova bakhe busobala kumuntu wonke. UmNorth African uyathanda ukweqisa kwakwenzayo, ngakho kasinakumethemba ngokuphelele. Namuhla ungumngani wakho omkhulu, kusasa uyisitha sakho esikhulu. Akanandaba nokuthi akwenzayo kunomqondo yini, futhi iCartesianism akayazi nokuyazi kanjalo nokwenza izinto ngokunakekela, ukulinganisa kahle izinto nokuba nengqondo nje ehluzekile yizinto zonke eziphikisana nobunjalo bakhe bangempela. UmNorth African unobudlova, ubudlova bofuzo. Uyehluleka nokuzithiba akwazi ukuhlela kahle imizwa yakhe nakwenzayo ngayo. Yebo kunjalo, umAlgerian uzalwa engakwazi ukuzibamba.

Kodwa basitshela ukuthi lokhu kungakwazi ukuzibamba kuhambisana nolaka olukhulu oluyilukuluku lokubulala. Lokhu kuchaza, njengokusho kwabo, ukuziphatha okungejwayelekile komAlgerian oguliswa wusizi. Odokotela bezengqondo – ama*psychiatrist* amaFrench e-Algeria babebhekene nenkinga enkulu. Babefundiswe ukuthi kufanele bakwesabe ukufuna ukuzibulala kweziguli eziphethwe wusizi. Kodwa-ke umAlgerian oguliswa usizi uyabulala. Lokhu kugula kwenqwebukamqondo ngokwesimilo okuhlala kuhambisana nokuzibeka icala kanye nokuthambekela ekuzibulaleni kumuntu ongumAlgerian kuthatha isimo semizwa sokufuna ukubulala. UmAlgerian ophethwe isifo sosizi akazibulali. Ubulala abanye. Yilona-ke leli lukuluku lokubulala elichazwa kwenatshwe ngalo nguSolwazi uPorot emqingweni wocwaningo lwezobudokotela lomfundi wakhe, uMonserrat.

Laba bacwaningi bakuchaza kanjani-ke lokhu kuphuma eceleni? Okokuqala nje, ngokocwaningo lwabo, ukuzibulala kungafaniswa nokuthi umuntu ucubungula imizwa yakhe, uyazibhekisisa enze umsebenzi wokuzihlola ngaphakathi. Kodwa umAlgerian uyabhikisha ephikisana nemizwa yakhe yangaphakathi. Akunampilo yengaphakathi kumaNorth African. Okuphikisana nalokho kuba yikhona okwenzekayo; umNorth African uqeda izinkinga zakhe ngokuhlasela abantu aphakathi kwabo. Akanayo ingqondo emenza akwazi ukuhlaziya. Ngenxa yokuthi i*melancholia* – ilukuluku lokubulala, liyisifo sokuziphatha ngokwesimilo nangokonembeza, kuyacaca ukuthi umAlgerian angaphathwa yimelancholia mbumbulu, okungeyona ngempela, ngoba unembeza wakhe awuthembakali kanjalo nesimilo sakhe sintekenteke.

Okokuqala nje ngamandla engqondo yakhe. UmAlgerian ukhubazekile engqondweni. Uma sifisa ngempela ukuqondisisa le ndlela yokucabanga kufanele sizikhumbuze ngesifundo ngokuhlobana kwezimpawu ezithile nomqondo eziwuqukethe, esibizwa ngesimiyoloji okwenatshwa ngayo ocwaningweni ngokusebenza kwengqondo yomAlgerian.

Ngokwalesi sifundo, owengabade uzibonakalisa ngalezi zinto:

- ukungabi namizwa nhlobo noma ukuba nemizwa kancane
- ukukholwa noma yini noma ukuba uthathekile ngokweqile
- ukuba nenkani ngokwedlulele
- ingqondo efana neyengane kodwa engenakho ukufisa ukwazi njengengane yase- Europe
- ukuthambekela kuma*pithiatic reactions*[18]

UmAlgerian uyehluleka ukuqondisisa noma yini nje ayibonayo. Imibuzo azibuza yona ihlale ibhekise emininingwaneni, ayiyi ekuhlanganiseni nasekupheleliseni, ukholwa ngokubona futhi uthanda izinto ezibambekayo, iyamdida imininingwane, akayizwisisi imicabango nemibono futhi akavulekile ngokwengqondo. Ukukhuluma kwakhe kuncane sengathi kumi ndawonye. Izenzo zihlale ziyisifuthefuthe nolaka. Uyehluleka ukuqonda imininingwane uma ebuka okuphelele, ngakho okuyingxenye ukubiza ngokuphelele. Ngenxa yalokho indlela abuka ngayo izinto iyadidiyela uma ebhekene nokuncane nje okumthintayo noma okungatheni njengesihlahla somkhiwane, ukunyakaza kokuthile, noma imvu eklabe edlelweni. Ulaka umuntu asuke ezalwe nalo luhlala lubheke izindlela zokulusebenzisa futhi lwaneliswa ngisho nayisizathu esincane kangakanani. Kungulaka oluphelele kakhulu.[19]

Uphiko locwaningo lwase-Algiers lwaseqa isigaba sokuchaza ngoba lufuna ukuya kwesilandelayo, sokucacisa. Kwakungunyaka we-1935 kuCongress of the French-speaking Psychiatrists and Neurologists eBrussels lapho uSolwazi uPorot achaza khona ukuthi siyini isisekelo sesayensi yalokhu kucabanga kwakhe. Ekhuluma ngombiko kaBaruk ophathelene nokuhayiza wakubeka ngokuthi: 'Owomdabu waseNorth Africa ongqondo yakhe kanjalo nokunyakaza komzimba kwakhe akukhulile ngendlela, ungumuntu wasendulo ofana nofile nje nemizwa yakhe elawula izenzo zakhe ibuswa yingqondo kuphela.'

Ukuze sikwazi kahle ukukala lo mbono kaSolwazi uPorot kumele sizikhumbuze ukuthi into eyehlukanisa abantu ezilwaneni yi*diencephalon*, le ndawo yobuchopho endala kunazo zonke kumuntu. USolwazi uPorot akayibalekeli le mpikiswano futhi ngoMbasa we-1939 kumagazini i*Sud Medical et Chirurgical*, esebenzisana nomfundi wakhe uSutter owayenguSolwazi wezifo zengqondo e-Algiers wathi: 'Ukuba ngowasendulo akukhona ukungakhuli, ukunqamuleka kokukhula kwengqondo nokucabanga; kuyinto engokwenhlalo esifike ezingeni layo lokugcina lokuziphendukela ngokwemvelo futhi-ke kuwukufunda ukuphila impilo eyehlukile kweyethu.' Okokugcina-ke uSolwazi ukhuluma ngomsuka wale ndlela yakhe yokucabanga: 'Lokhu kuba ngowasemandulo akuyona nje into edalwa ukuthi umuntu ukhuliswe kanjani, umnyombo wayo ujulile futhi sikholelwa ekutheni isendlalelo sakho esinzulu sincike kule ndlela engumklamo ohleleke ngobungcweti noma okungenani indlela uhlelo lwezimiso zemizwa oluhleleke ngayo ngokulandelana. Sesibonile-ke ukuthi ukwenza komAlgerian izinto engacabanganga, ubuningi nenjwayezi yokubulala kwakhe, ubugebengu bakhe obungapheli kanjalo nokuba kwakhe ngowasendulo akuqondene ngephutha. Sisesesimweni esibonisa umklamo ohlanganisekile wendlela yokuziphatha kanjalo nendlela yokuphila engachazeka kahle ngesayensi. UmAlgerian akanacortex noma uma sifuna ukubeka kuqonde, ufana nesilwane esingumuntu; ubuswa yi*diencephalon*. Uma ukusebenza kwengqondo kukhona, kuyacikizela futhi akunamandla ngoba akukho nhlobo kulezi zindlela ubuchopho obusebenza ngazo. Akunakufana futhi akunakungatshazwa. Ukuthi umkholonayizi uyahluleka ukuthi amukele ukuthi owomdabu angakazwi ukuzithathela izinqumo akusuki nje ekuthini ubandlululwa ngokobuhlanga noma ngokokuthi ngubani inhloko kodwa kusuka nje kokulula okuboniswa ekuxazululweni kwesayensi ukuthi okholonayiziwe akaphelelanga ngokomzimba nangalokho angase akwazi ukukwenza.'

Ake siphethe lo mbono ofingqiwe ngokucela uDokotela uCarothers, ongungoti wakwaWorld Health Organisation, ukuthi aphethe ngakutholile e-Africa yonkana. Lo ngoti womhlaba washicilela konke akuthola emsebenzini wakhe wocwaningo encwadini eyaphuma ngonyaka we-1954.[20]

UDokotela uCarothers wayekade esebenza eCentral nase-East Africa kodwa imiphumela yakhe iyafana nalena eyavela ocwaningweni lwaseNorth Africa. Ngokwalo ngoti womhlaba, 'UmAfrica usebenzisa ingxenyana encane kakhulu yengqondo ekuma*frontal lobes*. Konke okuthinta kuqondane ne*psychiatry* e-Africa kubonakala kahle ngenxa ye*frontal lobe* evilaphayo.'[21]

Ukuze acacise kahle lokhu akushoyo uDokotela uCarothers ubonisa ngokusobala izinto ngokungafani kwazo. Uqhakambisa umbono wokuthi umAfrica nje ojwayelekile ungumEuropean othenwe amandla okucabanga nokwenza, uyi*lobotomised European*. Siyazi ukuthi kulolu cwaningo lapho kwakukhulunywa khona isiNgisi futhi babekholelwa ekutheni base bethole indlela ehamba phambili yokwelapha izifo ezithize ezinzima kakhulu zengqondo ngokuthi bahlinze ingxenye yobuchopho le engaphambili. Le ndlela yokwelapha seyayekwa emva kokuthi kutholakale ukuthi idala umonakalo omkhulu ebunjalweni bomuntu. NgokukaDokotela uCarothers ukufana phakathi komAfrica ojwayelekile kanye nomEuropean ofana notheniwe ngengqondo kuyamangalisa.

Emva kokuthi esefundisise yonke imibiko ngemisebenzi yabacwaningi ababesebenza e-Africa yonkana, uDokotela uCarothers wenza siphethe ngokuthi umAfrica uyafana ngisho engowasiphi isizinda. 'Lena-ke,' eqhubeka ebhala, 'yimininingwane yezihloko zodaba engafani nemikhakha yase-Europe. Iqoqwe ezindaweni ezahlukahlukene saze-Africa – empumalanga, entshonalanga kanye naseningizimu – kunjalo nje ababhali babazi kodwa hhayi kakhulu; abaningi babengazi nokwazi ngemisebenzi yabanye. Lokhu kufana kwezinto ezisemqoka kuyaphawuleka.'[22]

Ngaphambi kokuthi ngiphethe, kubalulekile ukuthi ngisho ukuthi uDokotela uCarothers wathi uma echaza ukuvukela kweMau Mau wathi kuwumphumela wesifo sokukhungatheka okungakaphumeli obala okukuphindaphindeka kwakho kungelapheka ngokusebenzisa izindlela zokwelapha ingqondo ezikhethekile, ezihamba phambili.

Kwakuwukuziphatha kwama-Algerian okungajwayelekile okufana nobugebengu obungapheli, ubuthakathaka bezizathu zabo kanjalo nokubulala kanye nokulwa okuhambisana nokugeleza kwegazi okwakuyinkinga kwababukeleyo. Incazelo eyethulwayo yalokhu okuyiyona osekuyingxenye yokufundiswayo, iyilokhu, uma sesiphetha ukucwaninga: Indlela ubuchopho bomuntu waseNorth Africa obakheke ngayo bubanga ubuvila balona 'ongowomdabu', ingqondo yakhe, ukuziphatha kwakhe emphakathini engahlelekile kanjalo nokungacabangi kwakhe okusabulwane. Ubugebengu bakhe obungenangqondo kuwukuhuny-ushwa kwezinkomba thizeni ebuchosheni ezihambisana nohlelomizwa kudala uhlobo oluthize lokuziphatha. Iwukusabela okugxile emizweni futhi okunzulu okugxile ezintweni ezihlelwe ngokwemvelo. Ubuvila be*frontal lobe* yakhe yibo obubanga ukungacabangi kwakhe, ubugebengu bakhe, ukuntshontsha kwakhe, ukudlwengula kwakhe, kanye namanga akhe. Lesi siphetho ngasinikezwa yisikhulu somkhandlu kamasipala manje esesiyimantshi: 'Laba bantu abenza izinto bengacabanganga,' washo engitshela, 'abalalela imithetho yemvelo yabo kudinga ukuthi bafakwe emgqeni ngale kokuzwelwa. Imvelo kumele idanjiswe, akumele ikhulunyiswe incengelwe ukuthi ibone kabusha.' Ukufaka emgqeni noma ukuqondiswa, ukuthanjiswa, ukupholiswa kanye nokuthuliswa ngamagama lawa asetshenziswa ngamakholoniyalisti kula mazwe abafikela kuwo bawaphatha, bawalawula.

Isizathu esenza ukuthi sichithe isikhathi esingaka sikhuluma ngalezi zindlela zokucabanga zosolwazi noma zezifundiswa zamakholoniyalisti akukhona ukuthi siqonde ukubonisa ubuthakathaka kanye nokungabi namqondo kwakho, yingoba sifuna ukuhlaziya umbono obaluleke kakhulu ngokocwaningo nangokuseben-ziseka kwawo. Ubugebengu bama-Algeria abubanga yinto okwakhulunywa ngayo kakhulu ngesikhathi somzabalazo ngenkathi kukhulunywa ngokuba-luleka kokukhanyiselwa ngezombusazwe kanye nokuqedwa (*demystification*) kwezinkoleloze. Kodwa lezi zinkulumompikiswano ezingatheni ngalolu daba zazihlose ukuthi sikwazi ukuhlaziyisisa futhi sikhombe ngokusobala udaba lomuntu ngayedwa kanye nomphakathi ekulweleni inkululeko. Uma lolu daba lobugebengu bomAlgerian lukhulunywa nabaholi kanye namasotsha ngesikhathi ukuvukela kushisa bhe, uma kuqhakanjiswa isilinganiso sez-inombolo zobugebengu, ukwenza kabi nokweba ngalesi sikhathi ukuvukela umbuso kungakaqali, uma kuchazwa ukuthi indlela ubugebengu obuziveza ngayo kanjalo nokwenzeka okuphathekayo kobulelesi zisekelwe ubudlelwane phakathi kwabesilisa nabesifazane, phakathi kwabantu nohulumeni, futhi-ke wonke umuntu uzwa kahle ukuthi kuthiwani, uma sibona ukuthi umAlgerian ubukeka kanjani noma owaseNorth Africa ozalwe eyisigebengu phambi kwethu, indlela yokucabanga eyatshalwa kunqwebukamqondo yomAlgerian ngoba vele 'singabantu ababi, abanezinhliziyo ezincane, abanobudlova.... indlela le esiyiyo...' yebo kunjalo, singasho sithi umzabalazo awumile, uyaqhubeka.

Inkinga enkulu ehambisana nendlela yokucabanga ukuthi ukwethukwa komuntu okungaphakathi kithi kumele kuhlonzwe, kucacisiswe bese kuthungathwa ngaso sonke isikhathi nakuzo zonke izindawo. Akumele silindele ukuthi isizwe sizokhiqiza abantu abasha. Akumele silindele ukuthi abantu baguquke ngokungabonakali ngale nkathi umzabalazo ulokhu ushintshashintsha. Kuyiqiniso ukuthi zombili lezi zinhlelo zibalulekile, kodwa yingqwebukamqondo lena edinga ukulekelelwa. Uma umsebenzi womzabalazo kumele ulethe inkululeko ephelele ube uletha nenzuzo eyengeziwe, kumele konke okwenzekayo kukwazi ukukhombeka ngokugculisayo. Isishoshovu somzabalazo sivama ukuba nesidingo sokuhlanganisa zonke izinto ezenzekayo, isidingo sokufuna ukwenza konke okudinga ukwenziwa ukuphothula konke nokuzibambela mathupha kukho konke. Inqwebukamqondo kodwa ayijiki ekucabangeni ngokusemuva noma ukuchitha isikhathi uma kunesidingo. Yingakho-ke nje kuthi uma ibutho elihlaselayo liqhubekela phambili enkundleni, isiphetho sokuhlasela sisho ukuthi kunesizathu sokuphumula, kodwa kuyiwo kanye umzuzu wokuthi inqwebukamqondo inyuke ngegxathu elilodwa ngesikhathi ngoba konke kumele kusebenze ngokuvumelana.

Yebo ama-Algerian avele avuma ukuthi izimantshi kanye namaphoyisa babeqinisile.[23] Lobu bugebengu bom-Algerian okuhambisana nokuhlukumeza okuwukubonisa ubuqiniso bobudoda kwakumele kubhekisiswe futhi manje sekubhekwa ngamehlo abonisa umlando wokukholonayizwa. Lokhu kuzicabangela wena wedwa okuyingxenye yobugelekeqe bama-Algerian kungukuzibonakalisa ngobudoda okwafanela ukuthi kuphinde kubhekwe kubukisiswe phambi kwamehlo omlando wokubuswa ngabezizwe. Ngokubonisa nje ukuthi ubugelekeqe bama-Algerian ahlala eFrance buhluke kakhulu kulokhu kwama-Algerian aphila impilo yokubuswa nokuhlukunyezwa ngabezizwe.

Kunokwesibili okudinga ukugcizelelwa: e-Algeria ubugelekeqe bama-Algerian benzeka endaweni eqoqekile noma evalelekile. Ama-Algerian ayebelana, abhokodane wodwa, abulalane. E-Algeria kwakungavamile ukuthi umAlgerian ahlasele umFrench futhi babekwexwaya ukuxabana nabo. Kodwa- ke eFrance ubugebengu nobugelekeqe kwabafiki kwakungakhethi, kwakwenzeka kuyo yonke imiphakathi futhi kweqa nemingcele.

EFrance ubugelekeqe bama-Algerian sebuya ngokuya buncipha. Bumandla ngokubhekiswa kumaFrench kanjalo nezizathu zakho sezingezintsha. Okukodwa okuxakayo kwasisiza ukuthi sichazele izidlamlilo ukuthi kusukela ngonyaka we-1954 ubugebengu ngokomthetho ojwayelekile sekusele kancane buphele nya. Sekuphelile lokhu kuxabana nje okungayi ndawo nokuphikisana ngemininingwane emincane nje bese kugcina sekunobulewe. Kuphelile nokuthi kushunqe uthuli lolaka ngoba nje umakhelwane ethe wabona isiphongo noma ihlombe likankosikazi womuntu. Umzabalazo wenkululeko kungathi wenze ukuthi lonke lolu laka lusetshenziselwe isizwe ngoba ukuziphindiselela kuyinto ethinta inhliziyo futhi enomzwelo ojulile. Izimantshi namaphoyisa amaFrench nabo base bekubonile lokhu kodwa izidlamlilo kwadingeka ziboniswe futhi zichazelwe ngakho nezizathu zakho.

Manje kwase kufanele sithole incazelo.

Singasho yini ukuthi impi okuyiyona nkundla yokukhiphela kuyo ulaka lweningi, yenza ukuthi izenzo ezigcwele ngaphakathi zokufisa ukubulala ezifiki zibhekiswe kuzo? Kuyinto eyaziwayo ukuthi izigameko ezinkulu emiphakathini zenza ukuthi izenzo zokuganga zinciphe, kanjalo nezifo zengqondo. Ukuba sesikhathini sempi eyayihlukanisa i-Algeria kabili futhi ingavumelani nezindlela zobulungiswa kanye nezokuphatha kulolu hlangothi lwesitha kwaba yisizathu sokwehla kobugebengu bama-Algerian.

Emazweni ayesekhululekile aseMaghreb lokhu kwakuyiqiniso ngesikhathi somzabalazo futhi kwaqhubeka nangemva kokuzuzwa kwenkululeko futhi kwaba ngcono nakakhulu lapho inkululeko isizuziwe. Kuyacaca-ke ukuthi isimo sokubuswa ngabezizwe sisinikeza indlela yokucabanga nokuchaza kabusha ngobugebengu nobugelekeqe. Yilokhu esikwenzele izidlamlilo. Namuhla wonke umuntu okolwethu uhlangothi useyaqondisisa ukuthi ubugebengu nobuge-lekeqe akuyona into umAlgerian azalwa nayo futhi abudalwa uhlelomizwa lwakhe. Impi yase-Algeria kanjalo nezimpi zomzabalazo wenkululeko zidala isimo esiveza ongqaphambili bangempela. Sesibonisile-ke ukuthi esimweni sokubuswa ngabezizwe, laba abacindezelekile bazithole kumele bazinuke amakhwapha. Babe sebevama ukusebenzisana njengezivikelo. Yilowo nalowo uvimbela umakhelwane wakhe ukuthi abone izitha zobuzwe. Kuthi emva kwamahora ayi-16 osuku esebenza, ekhathele efile lona okholonayiziwe afike ekhaya aziphonse embhedeni bese kuthi umntwana ongale kwekhethini eli-bahlukanisile ekhala, enza ukuthi okhathele angakwazi ukulala, kuvele kube ukuthi lona ngumAlgerian omncane. Uma eya esitolo eyozikhalela ngempushana nje nesishebo kumnikazi sitolo, kakade asemkweleta isizumbulu semali, nokuthi uma enqaba ukumkweletela bese umAlgerian egutshuzelwe yinzondo enkulu kakhulu kanjalo nokufisa ukubulala – ekubeni njalo umnikazi sitolo engumAlgerian. Bese kuthi emva kwamasonto amaningi okuzama ukucasha, azithole esevaleleke ekhoneni, umasitende esefuna ngoshova imali yerente osekuyisikhathi ingakhokhiwe. Ngakho umAlgerian akalitholi ngisho ithutshana lokuthi ulaka lwakhe alubhekise kumphathi ongumEuropean; lapha phambi kwakhe kunomasitende, ovusa inzondo lapha kuye – kanti vele ungumAlgerian.

Lokhu kuhlala kunezinto ezivusa ilukuluku lokubulala, okuvela esimweni sendlala, ekukhishweni endlini ahlala kuyo ngoba engakhokhanga irente, ibele likamama elishwabene elingenalubisi, abantwana abahlubule abamizinjana yabo yisikhumba namathambo, ukuvalwa kwefemu abetohoza kuyo, imigqa emide yabafesele umsebenzi, lona okholonayiziwe ugcina esebona umAlgerian wakubo njengesitha esingayi ndawo. Uma ezithola eqhuzuka ezilimaza etsheni elisendleleni engafake sicathulo, yingoba umuntu wakubo olibeke lapho leli tshe, bese kuthi nama-olivu abethi uzowavuna lapha awadayise, nazi izingane zikaSibanibani zifikile ebusuku zawantshontsha. Yebo, kunjalo ngesikhathi sokubuswa ngabezizwe e-Algeria kanjalo nakwamanye amazwe, umuntu way-engenza noma yini ukuze athole okuya ethunjini. Abanye babebulala nokubulala. Kudinga ukuthi usebenzise ukucabanga kwakho ukuze uziqondisise lezi zimo. Noma ukukhumbula kwakho. Ezinkanjini zokuhlushwa nokuhlukunyezwa kwabantu abantu babebulalelana ucezwana nje lwesinkwa. Ngikhumbula kahle enye indaba ebuhlungu. Kwakuse-Oran ngonyaka we-1944. Kwathi kule nkambu yamabutho esasilinde kuyo ukugibela sihambe, amasotsha aphonsa izingcezu zesinkwa ephonsela abantwana bama-Algerian abazilwela ngamawala nolaka olumangalisayo. Udokotela wezilwane wayichaza ngo-'*wafa wafa*' le nto, ese-benzisa inkulumo eyaziwayo eyacutshungulwa kahle emapulazini lapho kuliwa kabi khona kubangwa nje ummbila. Izinyoni ezinamandla kunezinye ziqinisa ngokuphanga ziwuqede ummbila kuthi lezi ezingenalo lolu laka oludlulele ziye ngokuya zizaca. Noma yiliphi izwe elibuswa ngabakwamanye amazwe livama ukujika lifane nepulazi elikhulu, inkambu yokuhlushwa nokuhlukunyezwa lapho umthetho obusayo kuyilowo wommese.

E-Algeria sekushintshe konke emva kwempi yenkululeko yesizwe. Ukudla komndeni wonkana kunganikelwa ngakho emasotsheni adlula ngendlela ngobusuku nje obubodwa. Umndeni ungaboleka abantu imbongolo yawo ukuze kusizwe isotsha elilimele. Bese kuthi uma emva kwesikhathi umnikazi bemtshela ukuthi imbongolo yakhe idutshulwe yizitha, akazihluphi ngokuthuka abantu ngenhlamba noma ukubasongela. Esikhundleni sokubuza ngokufa kwembongolo yakhe ubuza ukuthi lo muntu obelimele uphephile yini.

Ngesikhathi sokubuswa ngabezizwe, umuntu angenza noma yini ukuze athole ulofu wesinkwa noma imbuzi, nayo ezizacele. Ngaphansi kokubuswa ngabezizwe ubudlelwane phakathi komuntu kanye nokumzungezile kanjalo nomlando kuhambisana nokudla. Esimweni sengcindezelo esifana nesase-Algeria, kumuntu ocindezelwe, impilo ayisho ukubambelela ezintweni ezibalulekile nokuba nesimilo esihle, akusho ukuthi ngukubamba iqhaza ekuthuthukiseni izwe. Ukuphila kusho into elula, ukungafi. Ukuba khona kusho ukuthi kumele uphile. Lelo nalelo khaba elitshaliwe lakhula liwukunqoba. Akuwona umphu-mela wokusebenza kanzima, kodwa ukunqoba okusho ukuphumelela ekubeni ngaphezu kokufa. Ngakho ukweba amasundu noma ukudedela imvu yakho ukuthi idle ummbila wakwamakhelwane akukhona ukungawashayi mkhuba amalungelo endawo nempahla, futhi akukhona ukwephula umthetho, noma ukungahloniphi. Konke kuba yimizamo yokubulala. Uma usuke wabona abesilisa nabesifazane eKabylia bexakekile behla benyuka isonto emva kwesonto bevuka kusempondozankomo beya emasimini ukuze balale bedlile, uyabona ukuthi ukweba kuwukuzama ukubulala; akusona nje isono esingelutho. Kukodwa nje okubakhungethe, ukufisa ukugcwalisa isisu esiya ngokuya sibaqaka, noma ngabe lokhu kudinga okuncane. Ngubani okuzokhishelwa kuyena isibhongo, ajeziswe? AmaFrench alaphaya ezansi endaweni ephephile namaphoyisa, namabutho ezempi kanjalo namalori empi. Laphaya ezintabeni kunama-Algerian kuphela. Laphaya phezulu, kunezulu nezethembiso zalo zempilo yaphakade, lapha ngezansi nanka amaFrench nezethembiso ezikholakalayo zejele, ukushaywa, nokubulawa. Yingakho-ke nje uzithola sewubhekene nawe ngqo. Ulele lapha-ke umongo walolu daba lokuzizonda oluwuphawu lokungqubuzana okungokobuhlanga emiphakathini ehlaliswe ngokuhlukana.

Ubugebengu bama-Algerian, ukwenza kwakhe izinto engacabanganga, ubulwane bokubulala abuwona-ke nje umvuzo wokuthi imizwa yakhe isebenza kanjani noma ukuthi unhloboni yomuntu kodwa kungumphumela oqondene ngqo nekholoniyalizimu. Ukuthi laba abangabashisekeli bezwe lase-Algeria baxoxa ngalolu daba, ukuthi babengesabi ukubhekana nezinkolelo abazithola kukholoniyalizimu, ukuthi babebona kahle ukuthi lowo nalowo uyisihenqo somunye nokuthi eqiniasweni bayazibulala uma bebhekana nomakhelwane babo njengezitha; kwasho ukuthi mkhulu umphumela ngokuba nengqwebulangqondo yezokuvukela umbuso. Futhi umuntu okholonayiziwe, uyalwa elwela ukuthi ukucindezelwa kuphele. Futhi kumele aqinisekise ukuthi wonke la manga atshalwa ngaphakathi kuwe etshalwa ngabacindezeli, ayaphela nya. Kuhulumeni wamakholonisti ofana nalona wase-Algeria izindlela zokucabanga azibanga nomthelela nje kuphela kuma-European ambalwa, zaba nomthelela nakuma-Algerian. Inkululeko ephelele isho ukuthi zonke izingxenye zobuntu ziyathinteka. Ukuhlaselwa nokulalelwa unyendle, iziwombe zokulwisana, ukuhlukunyezwa noma ukubulawa kwezindimbane zabantu abayizishoshovu kugxilisa intshisekelo nokuzimiselela ukuphumelela, kuvuselela inqwebukamqondo futhi kusimamise neso lengqondo. Uma isizwe ngokuphelele sesiqala umnyakazo oya phambili, umuntu akabi nje sasakhiwo esiza kamuva esizweni, umuntu uphilisana naso, ukhula naso futhi uphumelela naso. Le *dialectical prerequisite* ichaza ukunqanda izindlela zokubuswa ngabezizwe noma ukukhohlisa. Inkululeko akuyona nje into efika ngomlingo kodwa iyinto okungenzeke lutho ngaphandle kwayo futhi eyisizinda sokuthi abesilisa nabesifazane baphiliseke enkululekweni yeqiniso, ngamanye amazwi ukukwazi ukusebenzisa konke okudingekayo ukuze kube noguquko olukhulu emphakathini.

ISIGCINOMANOTHI

1 Esingenisweni esingashicilelwanga sohlelo lokuqala nolwesibili lwencwadi
ethi *L'an V de Ia révolution algérienne* (Studies in a Dying Colonialism),
sesibonisile ukuthi isizukulwane sonkana sama-Algeria esigxile ekulangazeleni
ukubulala okungenazizathu ezizwakalayo nakho konke ukugula ngokomzimba
nangokwengqondo okuyimiphumela yalokhu, kuyoba yilona lifa labantu
baseFrance abase-Algeria. AmaFrench agxeka ukuhlukunyezwa e-Algeria
aphikelela ekubambeleleni embonweni wawo ongubuFrench. Lokhu-ke
akukhona ukuhlambalaza, kunalokho kungukuqinisekisa: bafuna ukuvikela
unembeza wabahlukumezi banamuhla nabangahle babe ngabahlukumezi
bangomuso, bazama ukuvikela intsha yamaFrench ekuphelelweni yisimilo.
Thina-ke ngokwethu asikwazi ukungavumelani nale ndlela yokucabanga. Okunye
kwalokhu esikubonile okuqukethwe kulo mbhalo, ikakhulukazi, umlando weziguli
u-4 no-5 kuchungechunge A ngeshwa kubonisa futhi kuvumelana kugunyaze
lokhu kwesaba okuyihaba kwabakholelwa embusweni wabantu ngabantu
abangamaFrench. Inhloso yethu, empeleni iwukubonisa ukuthi noma iyiphi
indlela yokuhlukumeza iyabukhinyabeza ubunjalomuntu balo ohlukunyezwayo,
okuyinto elindelekile.

2 Isimo esizungeze lezi zimpawu siqhweba amehlo ngenxa yezizathu eziningi.
Emva kwezinyanga eziningi lapho izwe lakhe selizuze inkululeko, wayesephembe
ubungani nabantu ababengabasemazweni abakholonayizayo. Laba bantu
besilisa nabesifazane bayamukela kahle nangaphandle kokungabaza indaba
yokuzuzwa kwenkululeko; betusa isibindi samaqhawe ayekade elwela inkululeko.
Isidlamlilo sabe sesikhungathwa wukushaywa wuvalo nokuxinwa yinzululwane
okuhambelana nokwesaba izindawo eziphakeme. Isidlamlilo sasizibuza ukuthi
kungenzeka yini ukuthi kulaba bantu ababebulawe yibhomu esasiliphonsile,
kukhona abafana nalaba asebengabangani bakhe. Nakuba kwakwaziwa kahle
ukuthi irestorenti le eyabhonjwa yayivakashelwa kakhulu ngababandlululi
ngokohlanga abadume kabi, kodwa akukho okwakunganqanda umuntu
ozihambelayo ekuthini angene kule restorenti ezodla. Kusukela mhla eqala
ukuhlushwa wuvalo nenzululwane, lo mlisa wayegwema ukucabanga ngezigameko
ezedlule. Okuxakayo nokho ngukuthi kwathi nje ezinsukwini ezimbalwa
ngaphambi kwelanga elibalulekile, izimpawu zokugula zaqala. Emva kwalokho
zaba yinsakavukela.

Ngamanye amazwi esikwenzayo akusikhululi, kusibambe ngobhongwana.
Indlela abahleleke ngayo, behlangene kahle ngezizathu ezizwakalayo ingagcina
isihlakazekile iguqukile kakhulu. Ezinye-ke nje izingibe zezomlando kanye nakho
konke okuhambisana nawo. Kodwa isiyezi singasibalekela kanjani? Ubani ongathi
isiyezi akuyona into yemihla ngemihla yempilo?

3 Emva kokuhlolisisa umibiko yongoti ngezokwelapha nangezokomthetho
eyagcizelela izimpawu zokuphazamiseka kwengqondo zalesi senzo, izinyathelo
zomthetho ezazithathwa yiHhovisi labaSebenzi be ALN zahoxiswa.

4 Lolu daba lwabonisa ukuthi kunohlelo olubumbene lwezimo zezinto olwenza
ukuthi kungaphunyuki lutho. Umhlukumezi othanda izinyoni noma othokozela
ukulalela imizwilili yamakhwaya noma okhehlegume usesigabeni nje esithizeni.
Isigaba esilandelayo sifana nje nobulwane obuphelele ngobunjalo babo.

5 IRivet yisigodi esisendaweni engase-Algiers esaba ngundabizekwayo langa
limbe ngonyaka we-1956. Kwathi ngelinye ilanga kusihlwa isigodi sahlaselwa

ngamasotsha amaFrench afika ahlasela imizi, adonsa abesilisa abanga-40 emibhedeni yabo ababulala.

6   Ngonyaka we-1955 ukwenzeka kwezinto ngale ndlela kwakukuningi kuvamile e-Algeria. Ngeshwa elikhulu, akuyibo bonke ababanenhlanhla yokulaliswa ezibhedlela.

7   Le ndlela yokuhlukumeza iyimbangela yokufa kwabantu abaningi. Amandla nomfutho walolu chatho abangela izilonda eziningi kanye nokubhoboka ulwelwesi oluvikela amathumbu nokuvaleka kwemithambo yegazi.

8   Lapha phela sikhuluma ngama-Algerian azi okuthize kodwa angavumanga lutho ngenkathi ehlukunyezwa ngoba kuyiqiniso ukuthi um-Algerian oke wakhuluma uyabulawa uma nje eqeda ukukhipha izimfihlo.

9   Abasebenzi bezokwelapha kumele bahlale ngokunakekela neziguli emini nasebusuku futhi kumele bazichazele ngezinto. Lo mbono wokuthi 'isiguli sidinga ukuhlukunyezwa kancane' kuyabonakala ukuthi akusizi ngalutho kulesi simo.

10   Lokhu kuhlukumeza okungokokuxwayisa kwezinye izikhungo kugcina 'sekungukuxwayisa okuwukucindezela'. ERivet nje uma sisebenzisa lesi sibonelo; nakuba indawo yonke yayinokuthula amakholonisti ayezimisele ngokuthi angazitholi esehlelwa ngabengakulindele (izindawo ezingomakhelwane zase ziqale ukubonisa izimpawu zemibhikisho), abe esethatha isinqumo sokushaya abhuqe wonke owayeyilungu le-FLN. Ama-Algerian angaphezu kwa-40 abulawa ngelanga elilodwa.

11   Eqiniseni akuyona into engaziwa. Lokhu kuxabana kuyinto nje elindelekile esimweni sokuguquka kwezindlela ubunjalobuntu abukho lapho kungena 'umzimba wangaphandle'. Kungachazeka kangcono ngokuthi nje akwamukelekanga kahle.

12   Singabalula nokuthi kodokotela bezengqondo abasebenza neqembu i-'Présence francaise' abasebenza ukuhlola iziboshwa, babe sebeqala beqhosha ngokuthi banabangani abakhulu nabameli kanjalo nodokotela bengqondo abazozikhipha iziboshwa. Zonke iziboshwa ezihlolwa ngale ndlela zinqunywa amakhanda. Labo dokotela bezengqondo bayaziqhenya phambi kwethu ngale ndlela ababeyisebenzisa yokugoba inkani.

13   E-U.S. kunendlela entsha esetshenziswayo, ingxubekwelapha ngokomphakathi. Abantu abaseka le ndlela yokwelapha bakholelwa ekuthini umuntu eyedwa akasenaqhaza angalibamba kuphela nje ufana nensimbi eyodwa nje emshinini omkhulukazi. Ingxubekwelapha ngokomphakathi igcina isivumela ukuthi umuntu aklame izindima ezahlukehlukene eziyimbumba yemisebenzi yokuzilibazisa nokuzijabulisa. Noma ngubani angaba nendima futhi angashintsha nokushintsha indima yakhe osukwini, akwazi ukushintshana nanoma ngubani omunye. Ingxubekwelapha ngokwasemsebenzini e-U.S. kubonakala sengathi iyaphumelela, kubonakala imilingo ekusetshenziswweni kwengxubekwelapha ngokomphakathi ekusebenzeni kwabo nabasebenzi basezimbonini. Abasebenzi bavunyelwa ukuthi bazifanise nabaqashi babo okube sekwenza ukuthi ubudlelwane phakathi komqashi nomqashwa buhambe kangcono, kunciphe ukukhandleka.

14   Leli temu lichaza ukuthi umbono-phupho ususetshenziswa kancane. Leli temu: *'corsico-visceral'* eqiniseni liyifa locwaningo lwaseRussia – ikakhulukazi lukaPavlov – linomphumela omuhle wokubuyisela ingqondo ekhaya layo,

okungukuthi, ubuchopho bubhekwa njengesizinda sakho konke ukusebenza komzimba.

15 Onomqondo obukhali kakhudlwana akanayo le nxanxathela engaphezu kwevamile. Kuyawenza umqondo lokhu kwabezizwe.

16 Asikho isidingo sokusho ukuthi akunakwenzeka kube nokufinyela kwemisipha lapha.

17 Sazi kahle ukuthi ukholo lobuSulumane alukuvumeli ukuthi abantu badle inyama yesilwane esingophanga. Yingakho nje izilwane zinqunywa intamo.

18 Profesa A. Porot, *Annales Medico-Psychologiques*, 1918.

19 Ngokwamazwi ejaji elihlonishwayo lenkantolo yase-Algeria, isihluku som-Algerian siziveza ngokuthanda kwakhe okuvelele nokuhlabahlosile. Ngonyaka we-1955 lathi, 'Sinephutha uma sithi yonke le mibhikisho yayingezombusazwe. Ekugcineni kwakufanele ukuthanda kwabo ukududulana nokungqubuzana bakukhombise ngezenzo.' Ngokwesazi sesayensi yemvelaphi nenhlalo yabantu, ukuchazisiswa kochungechunge lokuvivinya kanye nemidlalo ekwazi ukuhambisa kahle imizwa yolaka yalaba abakholonayiziwe kwakungaqeda ukuvukelwa kombuso e-Aures ngeminyaka ye1955–1956.

20 C. Carothers, *The African Mind in Health and Disease: A Study in Ethno-psychiatry* (World Health Organization).

21 Umthombo unjengongenhla, k. 157.

22 Umthombo unjengongenhla k. 158.

23 Kuyacaca nakakhulu ukuthi ukuzifanisa nalesi sithombe esasivezwe ngum-European sasinemizwa engqubuzanayo. Eqinisweni um-European kwayena wayenendima enongqubuzwano kulom-Algerian onodlame, ojatshuliswa wubala, ononya, onobugovu, onokuziphakamisa, ogqamisa impilo nobuyena phezu nje kweminininingwane kanye negama, njll. Masiphawule nje lapha eceleni ukuthi ngenkathi bebhekene ngamehlo um-European ose-Algeria, umFrench wasedolobheni eFrance kuya ngokuya ebonisa ukuthi esakhe isithombe som-Algerian sinje, asifani nalesi samaFrench.

Isiphetho

Manje-ke, maqabane, kuzoba kuhle ukuthi sinqume khona manje ukuguqula inkambo yethu. Kufanele sibuvuthulule ubumnyama obukhulu esaphonswa kubona, sibufulathele. Usuku olusha oseluntwela kufanele lusifice sizimisele, siphokophelele phambili futhi singantengantengi.

Kufanele sikhohlwe ngamaphupho ethu, sizilaxaze izinkolelo zethu zakudala nobungani basemandulo isintu singakabi khona. Masingachithi isikhathi ngemithandazo ephindwaphindwayo engatheli zithelo nokulingisa abanye okucanuzelisa inhliziyo. Masishiye le Europe lapho bekhuluma khona ngoMuntu bengaphezi, ekubeni bebulala abantu ndawo zonke lapho bebathola khona, emakhoneni azo zonke izitaladi zabo luqobo, kuwo wonke amagumbi omhlaba.

Sekungamakhulunyaka amaningi beklinya cishe isintu sonke egameni lalokho okubizwa ngokuthi ngukwambulelwa ngokomoya noma ngokwenkolo. Awubabuke nje namuhla babamba beyeka bedidizeliswa ubunhlakanhlaka ngokomphakathi nangokomoya.

Nanxa kunjalo kusengashiwo ukuthi i-Europe iphumelele futhi yonke into esike yayizama ichumile.

I-Europe iqhoqhobale izintambo zokuhola umhlaba ngentshiseko, ukungabaza ezinye izizwe nangobudlova. Awubheke nje ukuthi izigodlo zobukhosi bayo zihlale zenabela nakude kangakanani. Zonke izenzo zayo kazinamkhawulo, zedlula konke ukucabanga. I-Europe ikwenqabe konke ukuzithoba nokuzehlisa; ngaphezu kwalokhu ilaxaze lonke uzwelo nobuntu.

Izivezile ukuthi inobugovu nonya, isizibonakalisile ukuthi ikhetha ubudlova bokuhlale ifuna ukubulala, isibabulele yabashwabadela abantu.

Pho, bakwethu, kungani singakuqondi ukuthi sinezinto ezingcono okufanele sizenze kunokulandela yona kanye leyo Europe?

Yona kanye leyo Europe lapho ababekhuluma khona ngomuntu bengaphezi, nalapho babegcizelela bengaphezi ukuthi kuphela nje banexhala ngenhlalakahle yomuntu: namuhla siyazi ukuthi kungaziphi izinhlupheko isintu esikhokhe ngazo ngakho konke ukunqoba komqondo wabo.

Wozani-ke, maqabane, umdlalo we-Europe usugcine uphelile: masifune okuthile okuhlukile. Thina namuhla singenza konke, inqobo nje uma singalingisi i-Europe, inqobo nje uma singabuswa yisifiso sokujaha ukufica i-Europe.

I-Europe manje iphila ngesivinini esiwumsangano nobudedengu kangangokuba isikuvuthulule konke ukwelulekwa nakho konke ukuhluzeka komqondo futhi ngesivinini iyokhalakathela kwalasha; esiyokwenza kahle ukuthi siwugweme ngalo lonke ijubane elingaba khona.

Nanxa kunjalo kuyiqiniso kakhulu ukuthi siyakudinga esizobukela kukho, nokuthi sidinga amacebo nezibonelo. Kwabaningi bethu isibonelo esiyi-Europe yisona esihlaba umxhwele kunazo zonke. Ngakho-ke sibonile emakhasini andulele ukuthi lokho kulingisa i-Europe kusiholele ezihibeni ezibangela amahloni kangakanani. Impumelelo ye-Europe, amasu e-Europe nendlelakwenza ye-Europe kufanele kungabe kusasilinga kusiketukise.

Uma ngithungatha umuntu kumasu nendlelakwenza kwe-Europe, ngibona kuphela ukuphendukezelwa, okunye emva kokunye, kobunjalo bomuntu nesiwulukuhlu sokubulawa kwabantu ubuthaphuthaphu.

Isimo somuntu, okuhlelwe yisintu ngengomuso, nokubambisana phakathi kwabantu kuleyo misebenzi eyandisa ubuntu obuphelele yizona zinkinga ezintsha, eziphoqa ukuba kuqanjwe amasu aphusile.

Masinqume ukungayilingisi i-Europe, kokubili amandla nobuchopho bethu sikusebenzise endleleni entsha. Masizame ukubumba umuntu ophelele, lowo i-Europe engakwazanga ukumfukamela aze achanyiselwe ngempumelelo. Masiqinise imisipha nezingqondo zethu sibheke kwenye indawo, indawo entsha. Asizimisele ukubumba umuntu kabusha nangokuphelele, into i-Europe engekwazi ukuyenza.

Emakhulwininyaka amabili adlule, i-United States of America okuyizwe elalikade likholonayizwe yi-Europe, yanquma ukuyifica i-Europe. Yaphumelela ngokugculisa kakhulu kangangokuba yaba yinunukazi esabekayo, lapho konke ukubola, ukugula nobulwane kwe-Europe sekudlondlobalele emazingeni ashaqisayo.

Maqabane, asinawo yini omunye umshikashika okufanele sigxile kuwona esikhundleni sokusungula i-Europe yesithathu? INtshonalanga yazibona iyisi-mangaliso esingokomoya esilangazelekayo. Ngenxa yalo moya wayo, i-Europe ifohle ngenkani kwamanye amazwe, yabeka izaba ezithethelela amacala ayo enkohlakalo, yakwenza kwamukeleka njengokusemthethweni ukugqilaza kwayo cishe isintu sonkana.

Yebo, umoya wobu-Europe unezingxabo ezixakile nje. Yonke indlelakucabanga ye-Europe isisabalalele ezindaweni ezaziya ngokuya ziba yihlane elingahlalwa muntu, ezizungezwe ngamawa esabekayo; okungakho-ke nje amasiko ayo achuma kulezo zindawo okuyimvelakancane ukuhlangana nomuntu kuzona.

Ukuziphilela yona kuphela unomphela nokuzithanda kwayo okunyanyisayo akuyekanga neze ukucaba indlela esimweni esisakuphanjanelwa yingqondo, lapho ukubeka imibono ehluzekile kwaholela osizini neqinisobunjalo bempilo kalabhekwa ngeso lomuntu ongokoqobo, oshikashikela ukubeka induku ebandla. Kodwa esikhundleni salokhu iqinisobunjalo laba ngamazwi, amazwi abekwe ngendlela ehlukile, nengcindezi evukuzwa ngumqondo oqukethwe yilawo mazwi. Nanxa kunjalo, amanye ama-European abetholakala egqugquzela abasebenzi base-Europe ukuba bakuchithe lokhu kuzithanda ngokweqile futhi bakufulathele lokhu kuphika amaqiniso obunjalo bempilo.

Kodwa ngokuvamile abasebenzi base-Europe abenzanga lutho emva kwalokhu kugqugquzelwa, kwazise phela nabo abasebenzi ngokwabo bakholelwa ekutheni bayingxenye ngokugcwele, yalolu hambo lokuzama izinto ezintsha olukhwezelwa ngumoya we-Europe.

Zonke izithako ezimqoka zesixazululo sezinkinga ezinkulu zesintu bezilokhu, ngezikhathi ezahlakuhlukene, zingapheli emcabangweni we-Europe. Kodwa izenzo zamadoda ase-Europe azikaze zikuphumelelise ukuthunywa kwawo, okwakubalwa kukho ukufaka omkhulu umfutho, ukuchitha isikhathi bajule ekuzicabangisiseni lezi zinto, bazishintshe lapho zidinga ukushintshwa khona nendlela ezisebenza ngayo ukuze kuthi ekugcineni impilo yomuntu ithuthuk-iselwe ebangeni eliphakeme ngokungaseyikuphela.

Namuhla singofakazi bokuthi konke kume nse e-Europe, nayo ayisadikizi nakudikiza. Maqabane, masibaleke siphume siphele kulokhu kumandawonye lapho kancane kancane imibono ishintsha itshekela ekusekeleni ukuphusa kwale nhlabakhefu ye-Europe. Masiphinde silubuyekeze udaba lobonjalo bomuntu. Masilubuyekeze udaba lokuhluzeka kwengqondo yesintu jikelele, isintu oku-fanele sixhumane kakhudlwana, amaxhama obumbano lwaso asatshalaliswe, kuthi nokucobelelana kwaso kubuyele ekubeni nobuntu.

Wozani zingane zakwethu, sinomsebenzi omkhulu kakhulu okufanele siwenze ukuze sibambe iqhaza ekuqapheni konke okunyonyobela isizwe. I-Europe isikwenzile lokho ebiphokophelele ukukwenza; futhi okuningi ikwenze kahle kakhulu; masiyeke-ke ukulokhu siyikhomba ngomunwe siyisola siyethwesa amacala, kodwa masiyitshele ezikabhoqo ukuthi mayingabi ugubhu oluzibethayo. Akusekho okusafanele sikwesabe, ngakho masiyeke ukulobizela ukufana nayo.

IThird World namuhla ithibele i-Europe njengesikhondlakhondla esinhloso yaso kufanele kube ngukuzama ukuxazulula izinkinga i-Europe eyehlulekile ukuba nekhambi lazo.

Kodwa makusicacele lokhu: okubalulekile njengamanje ukuyeka ukukhu-luma ngokuthi isivuno sizoba singakanani, nokudlondlobalisa umkhankaso, nesivinini somshikashika. Akusekho ukubuyela emuva. Kumane nje kuwudaba olunzulu lokungahudulele abantu ekuzigwazeni ngowabo, ukungagxishi ingqondo amawongowongo ayidunga ngokushesha okukhulu, ayishiye iyigobongo. Izaba zokufica i-Europe akufanele zisetshenziselwe ukwenza umathanda kumuntu, ukumxebula kubuyena nengasese lakhe, ukumgoba inkani nokumbulala.

Lutho, asifune kufica muntu. Esikufunayo ngukuhlabela phambili sonke isikhathi, ubusuku nemini, sihambisana noMuntu, sihambisana nabo bonke abantu. Inhlabaluhide yojenga lohambo akufanele inwetshwe, kungenjalo umugqa ngamunye ngeke ubabone kahle labo abaphambi kwawo; futhi abantu asebazana ngokufanisana nje, kuya ngokuya kuncipha ukubonana nokuxoxa kwabo.

Okubalulekile wukuthi iThird World kumele iqale kabusha umlando womuntu, umlando ongagcini nje ngokukhuluma ngamagalelo amangalisayo i-Europe ewaqhakambisayo kodwa lo mlando kufanele ungabukhohlwa ubule-lesi namacala e-Europe, okubalwa kukho izigameko ezihlasimulisa kakhulu ezingamanxeba aphakade ezinhliziyweni zabantu, nezenzo eziwukuhlanya zokucekela phansi yonke imizamo namandla abantu, nokuvithiza ubunye babo. Ezinhlakeni zobunye bomphakathi wesintu, kwakunokuhlukahlukaniswa kwabanotho nabangenalutho, nodweshu lokuthibelana ngenxa yamagqubu namaqunga okubangwa ukwehlukaniswa ngukungafani ngokwamazinga okuphila. Okokugcina, ezingeni elishaqisayo lesintu sonkana kwakunenzondo engokobuhlanga, ukugqilazwa, ukuxhashazwa, futhi okubi kunakho konke, ukuqothulwa kohlanga buthule kungachithekanga gazi, okwakwenziwa ngokukubuyisela eceleni abantu abayizigidi eziyizinkulungwane.

Ngakho-ke, maqabane, masingachomi i-Europe uphaphe lwegwalagwala lokuthi isungule imibuso, izikhungo nezinhlangano, konke okubheka i-Europe njengesibonelo esihle sokulingiswa. Isintu silindele kithina okuphathekayo nokunesisindo kunokulingisa i-Europe, okungaba umzamo ongamukeleki nonyanyisayo.

Uma ngabe sifuna ukuguqula i-Africa ibe yi-Europe entsha, kanjalo ne-America, ibe yi-Europe entsha, masibeke ikusasa lethu ezandleni zama-European. Bazokwazi ukuthi bangakwenza kanjani kangcono kakhulu ukwedlula abakhaliphe kunabo bonke kithina.

Kodwa uma sifuna ukuthi isintu siqhubekele phambili, uma sifuna ukuthi sikhuphukele ezingeni eliphezulu kunaleli i-Europe esikhombise lona, lokho kusho ukuthi kumele sisungule okusha, sivumbulule nobekungakafikwa kukho.

Uma sifisa ukufinyelela ezingeni elilindelwe ngabantu bakithi kithina kumele siqalaze engxenye, hhayi e-Europe.

Ngaphezu kwalokho, uma sifuna ukwenza okulindelwe ngabase-Europe kithina, akusizi ngalutho ukubalingisa, ngisho ngabe ukubalingisa okuhle kangakanani ngokwemiphakathi yabo nendlelakucabanga yabo, kwasabona ngezikhathi ezithile ebibanyanyisa kuthi abaphalaze.

Maqabane, ngenxa ye-Europe, ngenxa yethu, ngenxa yesintu; kufanele siqale konke kabusha, kufanele siqambe amasu amasha, sizame ukubumba umuntu omusha.